Leonie Marx

Die Deutsche Kurzgeschichte

3., aktualisierte und erweiterte Auflage

Verlag J.B. Metzler Stuttgart · Weimar

Die Autorin

Leonie Marx ist Professorin für Neuere deutsche Literatur und Skandinavistik an der University of Kansas, USA. Buchpublikationen und Aufsätze zur deutschen und dänischen Literatur und zum Thema der deutsch-skandinavischen literarischen Beziehungen.

Bibliografische Information Der Deutschen Bibliothek
Die Deutsche Bibliothek verzeichnet diese Publikation in der Deutschen Nationalbibliografie; detaillierte bibliografische Daten sind im Internet über <http://dnb.ddb.de> abrufbar.

Gedruckt auf chlorfrei gebleichtem, säurefreiem und alterungsbeständigem Papier

ISBN-13: 978-3-476-13216-1
ISBN-10: 3-476-13216-1

© 2005 J.B. Metzlersche Verlagsbuchhandlung
und Carl Ernst Poeschel Verlag GmbH in Stuttgart
www.metzlerverlag.de
info@metzlerverlag.de

Einbandgestaltung: Willy Löffelhardt
Satz: Boy, Brennberg
Druck und Bindung: C.H.Beck, Nördlingen
Printed in Germany
September / 2005

Verlag J.B. Metzler Stuttgart · Weimar

Vorwort

Die deutsche Kurzgeschichte ist nicht ganz so jung, wie sie oft dargestellt wird. Wie ihre Geschichte zeigt, ist die Aufnahme der amerikanischen Short Story von ausschlaggebender Bedeutung, doch gilt es, genau betrachtet, drei verschiedene Rezeptionsphasen zu unterscheiden.

Die vorliegende Einführung untersucht, welche Themen die Diskussion um die Gattung im deutschen Sprachraum bestimmt und welche Aspekte in ihrer theoretischen und historischen Entwicklung Akzente gesetzt haben. Auf welche Weise sie das Profil der Kurzgeschichte geprägt haben, wird anhand der Schwerpunkte, Kontroversen und bisweilen auch Polemiken dargestellt, die diese Gattung in den verschiedenen Epochen durch gut ein Jahrhundert begleitet haben. Dazu gehört auch die besondere Rolle der Schule für die Entwicklung der Kurzgeschichte nach 1945. Dem Anstieg der Gattung nach 1945 entsprechend konzentrieren sich die Beiträge zur neueren Forschung auf diesen Zeitraum. Dennoch sind die frühen theoretischen Ansätze innerhalb der Forschung zur Kurzgeschichte von Bedeutung, denn sie belegen die intensive Auseinandersetzung mit der Gattung, deren Schwerpunkte verschiedentlich noch in der Diskussion nach 1945 zu erkennen sind.

Vor dem Hintergrund der frühen Rezeption der Short Story um 1900, der erneuten in den 1920er Jahren und dem problematischen Intermezzo während der NS-Zeit kommt dem Interesse an der Gattung nach 1945 ein besonderer Stellenwert zu, da es nun mit einem tief greifenden Erneuerungsanspruch einherging, der Sprache, Literatur und Wertvorstellungen umfasste. In diesem Rahmen erwies sich die Übernahme der Short Story aus Sicht von Autoren, Lesern und Lehrern als zeitgemäß und ließ die Kurzgeschichte zur populärsten Erzählgattung avancieren, bis sich nach zwanzig Jahren das Gleichgewicht unter den Gattungen verschob. Statt zu dominieren wurde die Kurzgeschichte ein fester Bestandteil des literarischen Lebens. In dieser Position bewährt sie sich auch in jüngster Zeit durch die Bereitstellung neuer Foren, nicht zuletzt im neuen Medium Internet. Die Darstellung der deutschen Kurzgeschichte führt in dieser dritten, überarbeiteten und erweiterten Auflage bis an die Gegenwart heran. Hervorhebungen durch Fettdruck wurden ausschließlich für diese Ausgabe vorgenommen und finden sich nicht im Originaltext von verwendeten Zitaten.

Lawrence, Kansas im Dezember 2004

Für P.
Den Mitarbeitern des Deutschen Literaturarchivs
in Marbach danke ich für die freundliche
Unterstützung bei der Materialbeschaffung.
Außerdem gilt mein Dank der University of
Kansas für einen einjährigen Forschungsurlaub.

Inhaltsverzeichnis

1. Wort und Begriff

1.1 Wortgeschichte

Das Wort ›Kurzgeschichte‹ geht auf eine Lehnübersetzung aus dem angloamerikanischen **short story** = ›**kurze Geschichte**‹ zurück, deckt sich mit der englischen Bezeichnung aber nur teilweise, da short story auch längere Erzählungen wie die Novelle umfasst.

Im Deutschen bleibt seit Anton E. Schönbachs Übersetzung des englischen Ausdrucks (1886) zunächst ›kurze Geschichte‹ die verbreitete Benennung; sie wird synonym verwendet mit ›Novellette‹ und ›Skizze‹. Adolf Bartels' Vorschlag (1897), short story mit ›kleine Geschichte‹ oder ›Geschichte‹ zu übertragen, setzt sich nicht durch. R.M. Meyer behält in seiner deutschen Literaturgeschichte des 19. Jh.s noch den englischen Terminus neben der Übersetzung ›kurze Erzählung‹ bei (1900). Die zusammengesetzte Form ›**Kurzgeschichte**‹ taucht bereits **um 1895** im Untertitel einer Sammlung von kurzen Geschichten auf (Karl Pröll: *Am Seelentelefon. Neue Kurzgeschichten*); möglicherweise entsteht sie um diese Zeit analog zu ähnlichen Wortzusammenziehungen, die dem neuen technischen Denken entsprechen und meistens Eile, technische Vervollkommnung oder besondere Qualitätssteigerung ausdrücken (wie Kurzstunde, Kurzwelle, Kurzschrift, Kurzroman; vgl. Zierott 1952, 72). Danach erscheint die Wortbildung ›Kurzgeschichte‹ 1904 in Karl Bienensteins Rezension einiger Geschichtensammlungen, und zwar schon als der verbreitete »unausstehliche, technische Ausdruck« (1344). In einem Nachschlagewerk, *Meyers Konversationslexikon*, ist Kurzgeschichte erstmalig 1910 zu finden (Supplementband), doch nur als in Klammern gesetzte Übertragung für das Stichwort short story.

Julius Wiegand nimmt ›Kurzgeschichte‹ 1922 als Übersetzung für die Bezeichnung short story in seine literaturgeschichtliche Darstellung des Zeitraumes um 1900 (1885-1910) auf; zum **Ende der 1920er Jahre** hin verbreitet sich die Wortbildung ›Kurzgeschichte‹ zusehends in Anthologien (vgl. M. Rockenbach 1926, H. Rinn/P. Alverdes [2]1936) und in Sachartikeln (F. Langer 1929/30, H.M. Elster 1930, H.H. Borcherdt 1930) wie auch in Literaturgeschichten (W. Mahrholz 1930, A. Soergel 1934). Dabei fällt die Bedeutung, die man dem Wort jeweils beimisst, noch genauso unterschiedlich aus wie um die Jahrhundertwende. Bedeutungsvariationen umfassen ›kurze Geschichte‹, oberfläch-

liche Zeitungs- oder Magazingeschichte, künstlerisch anspruchsvolle
Kurzprosagattung bis hin zur Gleichsetzung mit der Anekdote. Auch
die Aufnahme des Stichwortartikels »Kurzgeschichte« in den *Großen Brockhaus* von 1931 ändert nichts an diesem Bedeutungspluralis-
mus; in den Zeitungen erfährt der Terminus weiterhin eine ziemlich
willkürliche Verwendung (H. v. Kraft 1942). Während des Dritten
Reiches mehren sich die Versuche, das Wort unter Ausschluss frem-
der Einflüsse auf eine deutsche Tradition zurückzuführen. So schlägt
Hans-Adolf Ebing für die Zusammenziehung ›Kurzgeschichte‹ eine
mögliche etymologische Entwicklung aus ›kurz‹ und ›Geschehen‹ und
deren adverbialer Zusammensetzung vor.

Erst **nach 1945** – und zwar seit Klaus Doderers ausschlaggebender
Untersuchung (1953) – setzt sich das Wort ›Kurzgeschichte‹, verstanden als Lehnübersetzung aus dem angloamerikanischen short story
durch, nachdem es zunächst neben den rezipierten Bezeichnungen
story und short story verwendet wird. Als Ausdruck für eine eigenständige künstlerische Erzählform, die der modernen **Short Story**
entspricht, findet **Kurzgeschichte** ab 1958 Eingang in wissenschaftliche Nachschlagewerke.

1.2 Begriffsentwicklung

Mit Doderers Arbeit (1953) hat sich zunächst nicht nur die Ansicht
verbreitet, das Wort ›Kurzgeschichte‹ sei um 1920 als direkte Lehnübersetzung aus dem amerikanischen short story entstanden, sondern auch die Auffassung, der Begriff habe erst seit dieser Zeit, als
in Deutschland das Interesse an den Short Storys der jungamerika-
nischen Bewegung aufkam (so z.B. von O. Henry, Theodore Drei-
ser, Sherwood Anderson, Sinclair Lewis, William Faulkner, Ernest
Hemingway u.a.), eine Rolle in der literarischen Diskussion gespielt
(Doderer 1953, 9-10*)*. Helga-Maleen Damrau (1967) widerlegt diese
Behauptung in ihrer Untersuchung zur Begriffsgeschichte und weist
nach, dass der **Begriff** ›**short story**‹ **1886** bereits von Schönbach
auf die Short Storys der amerikanischen Schriftstellergeneration um
1850 und später bezogen wird, desgleichen von R.M. Meyer (1900,
[2]1913, 1913), der in diesem Zusammenhang 1913 auch schon den
Ausdruck ›**Kurzgeschichte**‹ benutzt.

1.2.1 Die Ausgangssituation

Wie die Wortgeschichte zeigt, muss also auch die Begriffsgeschichte mit dieser ersten, nachgewiesenen **Rezeption der Short Story** angesetzt werden. Zu der wechselvollen Entwicklung des Begriffs ›Kurzgeschichte‹ hat nicht zuletzt die Tatsache beigetragen, dass der Begriff ›short story‹ in der amerikanischen Literaturtheorie noch um die Jahrhundertwende relativ neu ist und außerdem die Novelle mit einschließt. Das ist aus Brander Matthews'(1901) Definitionsversuchen ersichtlich sowie aus Alphonso C. Smiths Berliner Gastvorlesungen zum Thema Short Story (1910). Smith beruft sich nicht nur auf Edgar Allan Poes Kompositionstheorie, sondern auch auf Friedrich Spielhagens Novellentheorie. Abgesehen davon fördert die Auflockerung konventioneller Literaturformen durch die naturalistischen Prosaexperimente (»novellistische Studie«; »Skizze«) neue Termini und begriffliche Vorstellungen. Vor diesem Hintergrund werden einerseits die vielen verschiedenen Benennungen und die begrifflichen Meinungsunterschiede bei der frühen Rezeption der amerikanischen Short Story verständlich, andererseits ist damit die **komplizierte Ausgangsposition** für die beginnende Diskussion über die deutsche Kurzgeschichte umrissen.

1886 prägt Schönbach mehrere deutsche Bezeichnungen, die das Bemühen um eine treffende wörtliche Übersetzung erkennen lassen, wie ›kurze Geschichte‹ aus ›short story‹ oder ›Skizze‹ aus ›sketch‹. Schönbach benutzt in seiner Darstellung hauptsächlich ›**Skizze**‹, vermutlich in der Nachfolge von Washington Irvings *Sketch Book*. Daneben zeichnet sich bei einer weiteren, synonym gebrauchten Benennung wie ›**Novellette**‹ der Versuch ab, ›short story‹ so zu übertragen, dass die qualitative Bedeutung von ›kurz‹ in der Diminutivendung verdeutlicht wird, weil damit die kurze Geschichte oder Skizze nicht nur einer bekannten und als ähnlich empfundenen, sondern auch der anerkannt künstlerischen Gattung Novelle angenähert wird. Trotzdem fällt es Schönbach nicht leicht, Wortwahl und Begriffsvorstellung in Einklang zu bringen. Um die Unterschiede zwischen den deutschen Gattungen und der Form der amerikanischen ›kurzen Geschichte‹ hervorzuheben, bezieht er die Medien, in denen sie vorwiegend erscheint – die literarischen und kulturellen Zeitschriften – in die terminologische Bestimmung mit ein und überträgt ›short story‹ auch als »**die kurze Magazingeschichte der Amerikaner**«. Er distanziert sie jedoch ausdrücklich von sensationellen, der Unterhaltung dienenden »Geschichtchen«, den Beispielen »einer niedrigen Gattung«, in deutschsprachigen Zeitschriften und Familienblättern.

Im Untertitel zu Prölls Geschichtenband *Am Seelentelefon: Neue Kurzgeschichten* (1895) ist ein Hinweis auf seinen früheren Band von

1890, *Vogelbeeren*, gegeben, dessen Untertitel noch anders lautet, nämlich: *Kleine Geschichten und Plaudereien.* Die synonyme Verwendung der Bezeichnungen »Kleine Geschichten« und »Kurzgeschichten« fällt auf. Laufen bei Pröll unter diesen Bezeichnungen noch weitgehend kurze Geschichten, so verwendet die *Freie Bühne* 1893 »kleine Geschichten« für Peter Nansens, aus dem Dänischen übersetzte Kurzgeschichten (»Ein Weihnachtsmärchen«, »Der Kanarienvogel«), und der Kritiker Adolf Bartels unternimmt es 1897, mit dieser Bezeichnung für den »von Amerika importierten Ausdruck« ›short story‹ den Begriff zu klären.

Bartels (1897/98) betont, die **begriffliche Verwirrung** sei sehr groß: »Erzählungen und selbst Skizzen geben sich als Novellen, kleine Geschichten als Skizzen usw.«; vor allem erhöben »die Jungen ihre ›Geschichten‹ gern zu ›Novellen‹« (11). Für Bartels ist die ›short story‹ eine selbständige Kunstgattung und scharf unterschieden von Novelle, Erzählung, Skizze oder Novellette »und was man sonst noch unter dem Strich der Zeitungen als gern genossene Lesekost findet. Man versucht zwar, sie hier und da mit dem Wort ›Novellette‹ abzutun, aber von den Schriftstellern selbst wird dieses Wort kaum verwandt [...]« (10). Die ›kleine Geschichte‹ und die ›Skizze‹ erklärt Bartels für zwei verschiedene Ausbildungen der ›short story‹. Bartels' Aufsatz ist in der Kurzgeschichtenforschung bisher nicht beachtet worden, er bringt jedoch einen wesentlichen Beweis für die frühe Rezeption von Wort und Begriff ›short story‹ und stützt somit Damraus These.

Wie von Bartels beobachtet, kennzeichnet den Sprachgebrauch der 1890er Jahre weiterhin das Nebeneinander verschiedenster Benennungen, wenn es sich – wie aus den theoretischen Äußerungen ersichtlich ist – um Kurzgeschichten im Sinne der zeitgenössischen Auffassungen von der Short Story handelt, wofür die *Jugend* und der *Simplicissimus* – beide Zeitschriften lobt Max Hoffmann als **Förderer der neuen Gattung** – Beispiele liefern. In der *Jugend* finden sich solche Kurzgeschichten unter der Bezeichnung ›Skizze‹ (1896). Zur gleichen Zeit bevorzugt die Redaktion des *Simplicissimus* den Terminus ›Novellette‹, austauschbar mit ›Novelle‹ und ›Geschichte‹ (1896), sowie ›ganz kurze Geschichte‹ in der Bedeutung »pointierte Novelle« bzw. »ganz kurze Novelle mit witziger Pointe« und »Novellette« (1897).

Marie Herzfeld dagegen unterscheidet 1898 zwischen **Novelle und Skizze**, bezeichnet mit ›Skizze‹ eine neue eigenständige Gattung und beruft sich dazu auf ältere englische und amerikanische Vorbilder, die Skizzenbücher von Boz (alias Charles Dickens), Washington Irving und William M. Thackeray. Unter den neuen durchweg **ausländischen Vorbildern** nennt sie u.a. Peter Nansens Geschichten, aber vor allem die von Rudyard Kipling als Beispiele für diese moderne »Kunstform par excellence« und verzeichnet die englische und Maupassants französische Art als dominant. Allerdings fasst Herzfeld den Begriff ›Skizze‹ ziemlich weit, da sie vom Skizzenhaften in der modernen Literatur ausgeht, differenziert also nicht zwischen Skizze im engeren Sinn und ›Skizze‹ als Synonym für ›Kurzgeschichte‹.

Auch R.M. Meyer verweist auf die englische Literatur (1900), und übernimmt den dort gängigen Namen ›short story‹ für eine der Novelle »verwandte Gattung«, präzisiert aber seine Verdeutschung ›kurze Erzählung‹ in erkennbarer Anlehnung an Edgar Allan Poes »Philosophy of Composition« (Damrau) mit der Umschreibung: »kurze Erzählung, die man auf einem Sitz genießen kann« (Poe: »at one sitting«). Ebenfalls auf **Poes kompositionstheoretische Überlegungen** stützt sich Max Hoffmann (1902/03), der die Kurzgeschichte ähnlich wie Marie Herzfeld von der Novelle unterscheidet und ›litterarische Skizze‹ nennt. Er sieht in ihr die kurze, qualitativ hochstehende Magazingeschichte, die bereits Schönbach unter ›Skizze‹ und ›short story‹ verstand. Bei Karl Bienenstein (1903/04) finden sich die bis dahin gebräuchlichen Bezeichnungen ›Novellette‹ und ›Skizze‹ gleichbedeutend mit dem Terminus ›Kurzgeschichte‹, der hier als frühester Beleg von Seiten der Literaturkritik für die gattungsspezifische Verwendung der später vorherrschenden, zusammengesetzten Wortbildung nachweisbar ist.

Für Bienenstein ist ›Kurzgeschichte‹, obgleich noch »der unausstehliche Ausdruck«, schon ein verbreiteter Begriff für die neu entstandene Feuilleton- und Magazingeschichte, »jene Prosa [...], die gewöhnlich in den Unterhaltungsbeilagen unserer Tages- und Wochenblätter oder in dem künstlerischen Teile mancher unserer Zeitschriften ihren Platz findet« (1344). Die im Titel wohl als Sammelbezeichnung gedachte Formulierung »kurze Geschichten« verwendet Bienenstein nur dort, bevorzugt im Übrigen ›Skizze‹. Wilhelm Schmidt (1904/05) dagegen meint mit seinem Titel »kurze Geschichten« mehr als einen Sammelnamen, nämlich auch die in Deutschland aufgrund ihres knappen Umfangs missverstandene ›kurze Geschichte‹: »hier ist man noch nicht überall zu der Erkenntnis gelangt, daß die kurze Geschichte nicht notwendig eine wegen der Schwäche des Stoffes oder des Erzählers kurzgebliebene sein muß, sondern daß vielmehr gerade in der Kürze [...] ein besonderer Reiz liegt, daß eben die kurze Geschichte **eine Kunstform für sich** ist« (909).

Max Hochdorf (1904/05) scheint mit dem Gebrauch von »kleiner Geschichte« und lediglich »Geschichte« sowie »Skizze« das Begriffsverständnis aufzunehmen, das Bartels 1897 für die Eindeutigung von ›short story‹ vorgeschlagen hatte. Etwa zur gleichen Zeit steht Moeller-Brucks (1904) Terminus **moderne Novelle** vereinzelt da für die

an den Vorbildern Poes, Jacobsens und vor allem Maupassants orientierte »knapp skizzierte Erzählung« (79).

Wie hartnäckig sich ›**Skizze**‹ hält, belegt R.M. Meyers *Grundriß*
(1907); der 1900 für ›short story‹ angegebenen Übersetzung ›kurze
Erzählung‹ stellt Meyer jetzt ›Skizze‹ voran und ordnet unter dieser
Rubrik auch die bibliographischen Einträge zum Begriff der ›short
story‹ ein. Angesichts dieser Vielzahl unterschiedlicher Bezeichnungen
für die Kurzgeschichte verwundert es nicht, dass man bei ihrer Aufnahme in *Meyers Konversationslexikon* (1909/10) den Namen wählt,
der aus der angloamerikanischen Literatur übernommen wurde, nämlich ›short story‹, dem die Lehnübersetzung ›Kurzgeschichte‹ in Klammern beigefügt ist: »ein Ausdruck, der seit 1890 in Deutschland verbreitet ist und eine Novellette mit starker Handlung bei knapper
Diktion bezeichnet« (789).

In diesem Lexikonbeitrag werden **Novellette und Kurzgeschichte**
synonym gebraucht; der Begriff orientiert sich u.a. an den seit 1886
immer wieder erwähnten Vorbildern Edgar Allan Poe, Bret Harte, Rudyard Kipling, Guy de Maupassant und Anton Tschechow, schließt aber
noch keine deutschen Autoren ein. Gleichzeitig wird der Begriff schon
hier differenziert gedeutet, indem neben der künstlerisch anspruchsvollen Kurzgeschichte ihre niedriger eingestufte Variante auf dem
Feuilletonniveau erwähnt wird. Diese Unterscheidung kennzeichnet
in den nächsten drei Jahrzehnten wesentlich die Diskussion um den
Kurzgeschichtenbegriff.

1.2.2 Präzisierung und Polemik

1910, im gleichen Jahr als Prölls kurze Geschichten unter dem Titel
Gesammelte Kurzgeschichten erscheinen, umgeht Wilhelm Schäfer
Wort und Begriff ›Kurzgeschichte‹, erklärt seine Geschichten größtenteils für Novellen, nennt sie aber bereits seit 1907 »Anekdoten«,
ohne damit »eine neue literarische Gattung« zu meinen (1910, 203);
dort, wo es sich um eine Kurzgeschichte handelt (»Im letzten D-
Zugwagen«), vermeidet er die Bezeichnung, umschreibt sie statt dessen mit: »weder Novelle noch Erzählung«. Die schon bei Bienenstein erkennbare Abneigung gegen die Feuilletongeschichte bestimmt
auch Schäfers Position, wie aus seinem ablehnenden Hinweis auf die
kunstlose Epik im zeitgenössischen Feuilleton hervorgeht. Trotz der
differenziert gehaltenen Darstellung der Short Story in *Meyers Konversationslexikon* und der Festlegung einer einheitlichen deutschen
Bezeichnung setzt sich ›Kurzgeschichte‹ als Wort und als Begriff erst
allmählich durch. Noch 1913 entscheidet sich R.M. Meyer für die

Originalbezeichnung, weil dieser – wenn auch »fremde und miß-
verständliche Name« – inzwischen »zum offiziellen Kunstausdruck«
geworden ist (151). Die ›**Skizze**‹ – »oder gar *sketch*« – lehnt er als
»unfertige Kurzgeschichte« ab (153). Erst nach dem Ersten Weltkrieg
treten Bezeichnung und Begriff ›Kurzgeschichte‹ immer mehr in den
Vordergrund. Für Wiegand ist damit eine vom impressionistischen
Stil, »Telegrammstil«, bedingte skizzenhafte Kleinform gemeint; diese
Begriffsvorstellung erinnert an Herzfelds Definition der Skizze und
bezieht sich auch auf den Zeitraum um 1900. Doch Wiegand präzisiert seine Erläuterungen, indem er drei Spielarten unterscheidet.
Die Kurzgeschichte erzählt:
1. »eine kleine (oft anekdotische) Handlung« oder
2. »den Abschluss einer größeren«, oder sie stellt
3. »eine reichere Handlung skizzenhaft« dar.
Das **Ausschnitthafte, Andeutende** der Kurzgeschichte scheint hier die
begriffliche Vorstellung von ihrem »skizzenhaften« Wesen zu bestimmen (Wiegand 1922, 413).

Vielfach wird ›Kurzgeschichte‹ als gleichbedeutend mit ›**Anekdote**‹
aufgefasst. Zwar bemüht sich Hans Franck 1922 um eine Unterscheidung, prägt aber trotzdem einen Sammelbegriff, wenn er erklärt, die
Anekdote umfasse »alle Arten der Kurzgeschichte: Sage und Satire,
Märchen und Legende, Groteske und Geschichte sowohl wie die
Anekdote im engeren Sinne, die man zur Vermeidung ewiger Mißverständnisse Schnurre nennen sollte« (1922, 26). Für Franck ist ein
anderer Unterschied, der zwischen Dichtung und Gebrauchsware,
wesentlicher; demzufolge setzt er die »dichterische Kurzgeschichte«
als »künstlerische Anekdote« von der auf Effekte angelegten Kurzgeschichte ab, die er mit der »short story der amerikanischen Magazine« assoziiert (1931).

Martin Rockenbach (1926) dagegen greift zu formalen Kriterien und betont die Eigengesetzlichkeit der Kurzgeschichte mit dem
Schlagwort vom »**5-Minuten-Roman**«; er versteht Kurzgeschichte
und Anekdote als separate, positiv zu wertende Begriffe, worin sich
Werner Mahrholz ihm anschließt (1930). Mahrholz, der sich am Vorbild Hemingways orientiert, bekennt zudem, dass er Schwierigkeiten hat, zwischen Kurzgeschichte, Anekdote und kurzer Erzählung
zu unterscheiden.

In der Polemik gegen die Kurzgeschichte aufgrund ihrer Feuilletonvariante werden um 1929 **zwei Standpunkte** deutlich: die Novelle
wird zum Gegenpol erklärt, dem allein künstlerische Bedeutung zuge-
standen wird; so hält es Adolf v. Grolman (1929), der die Kurzgeschichte als journalistisch und amerikanisch-naiv abwertet; ähnlich
deutet Jenkner (1933/34) sie als reportagehaft und kunstlos. Dem-

gegenüber spalten Felix Langer (1929/30) und Hanns Martin Elster (1930) den Begriff auf und vertreten die Meinung, nur die oberflächliche, zur Unterhaltung verfasste Kurzgeschichte der Zeitungen und Magazine sei zurückzuweisen. Sie wird gemäß dieser Aufspaltung als massenhaft und rezeptmäßig, auf Effekthascherei hin produzierte Ware angesehen (Langer), eine **trivialisierte Version für den Massengeschmack** (Elster).

Positiv wertet Langer **die anspruchsvolle Kurzgeschichte**, die er gleichberechtigt neben den Novellenbegriff stellt, und Elster betont, seine Polemik betreffe nicht die andere Spielart, nämlich »die dichterisch-künstlerisch vollgültige, ethisch-menschlich hochstehende Kurzgeschichte« (711). Aus Elsters Gebrauch der Bezeichnung geht allerdings hervor, dass ›Kurzgeschichte‹ »früher einfacher *Geschichte* auch Anekdote genannt«, für ihn – im Gegensatz zu Langer – ein Sammelname ist. Die Auffassung, es handele sich bei der Kurzgeschichte um eine leichte Magazingeschichte, hält sich ebenfalls im *Brockhaus* von 1931, wo ›Kurzgeschichte‹ unter dem deutschen Stichwort aufgenommen wird mit der Erklärung: »gedanklich und stilistisch nicht bes. anspruchsvolle, der Entspannung dienende Erzählung«, von der die Novelle »wesentlich verschieden ist«. Für ›short story‹ findet sich im *Brockhaus* nur ein Querverweis auf die ›Kurzgeschichte‹.

Einen weiteren Beleg dafür, dass die deutsche Bezeichnung sich gegenüber der englischen durchgesetzt hat und in begrifflicher Übereinstimmung mit dieser gesehen wird, bietet G. Fritz, der für seine Darstellung der amerikanischen Short Story fast ausschließlich ihr deutsches Synonym einsetzt (1931). Auch Hans Halm (1933) hält sich in seiner Abhandlung über Tschechows Kurzgeschichte an den deutschen Terminus unter Hinweis auf dessen Synonym ›short story‹; er versteht darunter – entgegen R.M. Meyers Definition (»Romannovelle« [2]1913, 182) – eine **selbständige Kunstform** und nicht etwa nur einen stark verkürzten Roman.

Obwohl sich das Wort ›Kurzgeschichte‹ zu Beginn der 1930er Jahre durchgesetzt hat, ist die begriffliche Auslegung damit keineswegs festgelegt; stellenweise ist noch immer von einem Sammelnamen die Rede (Soergel 1934, Rinn/Alverdes [2]1936, Atzenbeck 1936/37, Franke 1937, Brandt 1936, Sprengel 1941), oder es wird nicht zwischen Anekdote und Kurzgeschichte unterschieden wie bei Hirschmann (1933) und Petsch (1934). Über den **Sinn des Begriffs** ist man sich durchaus nicht einig, teils aufgrund des willkürlichen Gebrauchs der Bezeichnung ›Kurzgeschichte‹ für die verschiedensten Kurzprosaformen in den Zeitungen, teils wegen der zunehmenden nationalistischen und schließlich nationalsozialistischen Tendenzen, die auf die Begriffsbildung einwirken.

1.2.3 Ideologische Positionen

Bestimmend für die weitere Diskussion um den Begriff sind die vielfach geäußerten kritischen Vorbehalte gegenüber der Kurzgeschichte aufgrund ihrer Feuilletonvariante. Hans Pflug-Franken (1938) fächert den Begriff auf, indem er die zur Unterhaltung gedachte kurze Feuilletongeschichte durch den Unterbegriff »Füllgeschichte« abwertet, die künstlerische, eigengesetzliche Kurzgeschichte von ihr unterscheidet und qualitativ auf gleicher Ebene mit dieser eine »aktuelle Kurzgeschichte« mit einschließt, die den Bedürfnissen der nationalsozialistischen Gesinnungspropaganda entspricht. Diese **begriffliche Konzession an die NS-Kulturpolitik** führt dazu, dass die Polemik gegen die Kurzgeschichte auf Zeitungsniveau eine zusätzliche ideologiekritische Dimension durch die Stellungnahmen in der **Exilpresse** erhält. Besonders Karl Obermann (1937) kritisiert die ideologische Einengung des Begriffs von Seiten des Reichspropagandaministeriums (Wilfrid Bade) auf die eine Auslegung, dass nur eine bestimmte Abart – die nationalsozialistische – unter ›Kurzgeschichte‹ zu verstehen sei.

Fritz Erpenbeck (1937) differenziert nach klassenspezifischen Gesichtspunkten zwischen **einer bürgerlichen und einer proletarischen Kurzgeschichte**. Die trivialisierte Form der Magazingeschichte nach amerikanischem Vorbild setzt er mit der bürgerlichen Kurzgeschichte gleich, unterstreicht damit deren Verfall und wählt für sie die Bezeichnung ›short story‹. Die proletarische Kurzgeschichte sieht er als negativ betroffen von dieser Verfallserscheinung. Eine positive Bewertung des Begriffs unter seinem deutschen Namen reserviert Erpenbeck für eine zukünftige Entwicklung mit einem Hinweis auf die Vorbildfunktion sowjetischer Magazine.

Antonie Fried (1937) polemisiert ebenfalls gegen die zeitgenössische Kurzgeschichte in der »kapitalistischen Presse«: »Die Abteilung Feuilleton – sprich Kunstersatz oder Kurzgeschichte – ist ein Zugeständnis an den Publikumswunsch nach Entspannung«; außerdem fasst Fried die Kurzgeschichte noch als unselbständige Gattung auf (»Jenen Kurzgeschichte genannten Keim eines Romans oder einer Novelle« 1937, 44). Was Fried als »gute Kurzgeschichte« ansieht, gleicht der begrenzten Vorstellung von einer Reportage »ohne Doktrin« für die Gegenpropaganda der illegalen Presse. Bei Fried klingen ähnliche kulturpessimistische Maßstäbe an wie sie schon bei Bienenstein (1903/04) für die Begriffsbestimmung ausschlaggebend waren, jedoch sind sie hier mit einer ideologischen, nämlich antifaschistischen Position verbunden. Während Felix Langer bei seinem Standpunkt von 1929/30 bleibt, distanziert er seine Begriffsdarstellung von den zeitgenössischen Feuilletonbeispielen um 1937, indem er den »Tiefstand dessen, was sich im Allgemeinen als ›Kurzgeschichte‹ präsentiert«, auf die NS-Zensur zurückführt und als seiner Begriffsbestimmung nicht entsprechend erklärt (1937, 47).

Wie umstritten der Begriff während des Dritten Reiches bleibt, belegen die einander widersprechenden Stellungnahmen in der Presse und in wissenschaftlichen Untersuchungen. Zwar behauptet Maximilian Ströter 1936, »die Maßgeblichen und Anspruchsvollen« – gemeint sind Autoren, Schriftleiter, Verlagslektoren, Kritiker und »feinsinnige« Leser – verstünden im Gegensatz zur Allgemeinheit unter Kurzgeschichte eine von anderen Kurzprosagattungen abgegrenzte »betont künstlerische, kurze Geschichte«; dennoch ergeben sowohl Ebings Rundfrage von 1935 als auch Helga v. Krafts Untersuchung von 1942, dass die **willkürliche Verwendung** der Bezeichnung durch die Schriftleiter eine klare Vorstellung von der Kurzgeschichte als eigengesetzlicher Gattung behindert. Außerdem lässt sich von Seiten der Zeitungsverleger noch die Auffassung belegen, ›Kurzgeschichte‹ sei kein literarischer, sondern ein zeitungstechnischer Begriff.

1.2.4 Neue Klärungsversuche

Obwohl v. Kraft in ihrer Studie die »literarische Eigengesetzlichkeit« der Kurzgeschichte in der Zeitung gegenüber der kurzen Geschichte herausarbeitet, ist die begriffliche Unklarheit noch 1952 in der zeitungswissenschaftlichen Arbeit von Karlheinz Zierott zu erkennen, der nicht zwischen kurzer Geschichte und Kurzgeschichte unterscheidet. In Zierotts Begriffsbestimmung spiegelt sich die **Praxis der Zeitung** wider, denn er kommt zu folgender Differenzierung: es gibt a) »die journalistisch-kommerzielle Kurzgeschichte, die der Unterhaltung des Massenlesers dient und deren Aufbau schematisch ist wie ein fabrikmäßig hergestellter Konfektionsartikel« und b) »die literarisch-künstlerische Kurzgeschichte [...]. Sie ist zum Sammelbegriff der modernen Kurzerzählung schlechthin geworden, ohne dass es möglich ist, sie als absolute formale Kategorie festzulegen« (101).

Erst nach 1945 beginnt sich der Begriff ›Kurzgeschichte‹ als Bezeichnung für eine künstlerisch anspruchsvolle, von anderer Kurzprosa abgegrenzte Gattung durchzusetzen, zunächst mit Hilfe der englischen Benennung **story** (vgl. Kap. 4.4). Zierott verzeichnete bei vielen jüngeren deutschen Autor/innen und in der Presse eine Vorliebe für diesen Terminus. Über den Begriff gibt vor allem die gleichnamige Zeitschrift *Story* (1946–53) Auskunft, beispielsweise mit Fritz Martinis **Definition**, »unter dem Namen Story, zu deutsch Kurzgeschichte«, sei eine eigengesetzliche Gattung zu verstehen (1950). Hinsichtlich der deutschen Kurzgeschichte kommt Klaus Doderer in seiner Dissertation 1953 zu der gleichen Erklärung. Der so verstandene Begriff verbreitet sich zum Ende der 1950er Jahre durch die Aufnahme in wissenschaftliche Nachschlagewerke trotz verschiedener Widerstände wie z.B. Max Krells Versuch (1953), auf ›kurze Geschichte‹ zurückzugreifen, weil er ›Kurzgeschichte‹ mit der literarischen Massenware amerikanischer Magazine verbindet.

Auch in der **didaktischen Literatur** halten sich noch einerseits die Bedeutungen »Sammelbegriff für alle epischen Kurzformen« und »feuilletonistische deutsche short story« (Gutmann 1970), während andererseits gerade durch die literaturdidaktische Diskussion in den 1950er Jahren wesentlich zur **Klärung des Begriffs ›Kurzgeschichte‹** beigetragen wird. Die so bezeichnete Gattung wird als Entsprechung zur modernen amerikanischen ›short story‹ oder ›short short story‹ verstanden (Schönberner 1949, Lucas 1949, Motekat 1957, Rohner 1973, 41) und infolgedessen auch betont ›moderne‹ Kurzgeschichte genannt. Unter jüngeren Autor/innen der 1990er Jahre zeigt sich wieder häufiger eine Verwendung des Begriffs ›Story‹ neben ›Kurzgeschichte‹, sei es in Erzählbänden (z.B. Brigitte Schär: *Liebesbriefe sind keine Rechnungen. Stories*, 1998) oder für Kurzgeschichten, die als Zyklus einen Roman bilden (Ingo Schulze: *Simple Storys*, 1998); desgleichen bei Ausschreibungen für Wettbewerbe, so der MDR-Literaturpreis für »erzählende Texte (Kurzgeschichte, Short story)« in den Jahren seit 1996.

2. Bisherige Ergebnisse zur Theorie der Kurzgeschichte

2.1 Entstehungstheorien

Die Frage nach der Herkunft der deutschen Kurzgeschichte spielt schon um 1900 eine bedeutende Rolle für die literaturwissenschaftliche Einordnung und Bewertung der Gattung. Ob sie auf eine deutsche Tradition oder auf eine teilweise Übernahme ausländischer Vorbilder zurückgeführt wird, der Bezug zur amerikanischen Short Story fällt immer wieder auf.

2.1.1 Tradition und Moderne

Als Adolf Bartels 1897 die neue Erscheinung in der deutschen Kurzprosaliteratur mit »short story«, dem »von Amerika importierten Ausdruck«, bezeichnet, sieht er diese Gattung auch in Frankreich durch Maupassant vertreten. Die »short story« als ›kleine Geschichte‹ hat sich nach Bartels aus der italienischen Novelle – der »Stammmutter« aller modernen Kurzprosaformen – entwickelt und ist, »da sie die Naivetät dieser nicht mehr gut haben kann, in unserer Zeit eine **sehr schwierige Kunstform** geworden« (11). Die erzähltechnischen Veränderungen im Naturalismus scheinen die Übernahme der Short Story vorbereitet zu haben, denn Bartels begründet die Vorliebe der jüngeren deutschen Autoren für diese Form damit, dass sie der **neuen »Technik«** am besten entspreche. Mit dem nicht weiter erklärten Bedarf für diese neue Form dürfte die wachsende Nachfrage von Seiten der Zeitungen und Magazine gemeint sein.

Wie Bartels betont auch R.M. Meyer den **internationalen Charakter** der Short Story (Guy de Maupassant, Bret Harte) und leitet bereits 1900 (nicht erst 1906 in der 3. umgearbeiteten Auflage seiner *Deutschen Literatur des 19. Jahrhunderts*, wie Damrau irrtümlich meint) eine im Naturalismus neu entstandene Gattung »short story« aus der allgemeinen literarischen Tendenz zur Verkürzung ab, für die er **leserpsychologische Gründe** anführt:

»Die kurze Erzählung, die man auf einen Sitz genießen kann, lenkte zuerst wieder die Aufmerksamkeit der Autoren auf das ganz vernachlässigte Moment der Länge; [...] Gewisse Maße sind für bestimmte, andere für alle Gegenstände

ausgeschlossen – aus psychologischen Gründen sowohl, weil das Publikum
soviel von diesem Stoff nicht verträgt, wie aus rein ästhetischen [...] Ganz
gewiß hatte an dem Einschrumpfen der Romane der intensivere Anteil, den
die Verfasser nahmen und vom Leser voraussetzten, seinen Hauptanteil. Sie
fühlten es, man könne nicht 1000 Seiten lang in der Anspannung bleiben,
die sie verlangten. Es war daher ganz begreiflich, daß der Wunsch nach Konzentration immer weiter ging. Immer intensiver sollte der Stoff durchgear-
beitet, immer intensiver deshalb auch die Wirkung sein. So kam man vom
›Drama‹ zu den einzelnen ›Szenen‹, so kam man zu der kondensierten Lyrik
Stefan Georges und der konzentrierten Halblyrik Peter Altenbergs; so kam
man in der Epik zu der ›short story‹ [...]« (812–813).

In seiner *Weltliteratur im 20. Jahrhundert* (1913) schreibt Meyer das
Aufkommen der Short Story zunächst einer **Parallelentwicklung** in
der amerikanischen und französischen Literatur zu, hält Maupassant
jedoch wegen seiner Stilkunst für das überragende Vorbild; deutsche
Ansätze zur Short Story verzeichnet Meyer bei Hartleben und Omp-
teda, führt sie aber auf den Einfluss Maupassants zurück.

Leserpsychologische Gründe geben auch Max Hoffmann und Karl
Bienenstein an; sie gehen jedoch nicht von der Autorenperspektive,
sondern von den **Erfordernissen der Zeit und des Zeitungswesens**
aus. Hoffmann leitet die Entstehung der neuen, an Poe orientierten
Kurzprosaform aus den Folgen der technischen Entwicklung ab, nämlich aus dem schnelleren Lebenstempo, der rascher und umfassender
anwachsenden Informationsfülle und demzufolge aus der **verknappten
Lesezeit**. Ruhe und Genuss für die langatmigen, gemächlich geschriebenen Romane seien verloren gegangen, die Tageszeitung sei dafür
zur notwendigen Lektüre geworden. Von dieser Zeitnot ausgehend,
kommt Hoffmann zu der Kausalerklärung: »Und so hat sich ganz allmählich die Form der Skizze herausgebildet und entwickelt, durch
die man in kurzer Zeit sein Bedürfnis an Litteratur befriedigen kann«
(1161). Während Hoffmann den Einfluss von Zeitung und Magazin
positiv wertet, weil sie mit ihrer **Forderung nach Kürze** eine wirkungsvoll durchkomponierte Form herausbilden halfen, argumentiert
Bienenstein pessimistisch, wenn er die Kurzgeschichte als »Erzeugnis«
der neueren, materialistisch ausgerichteten Zeit betrachtet: »Man will
alles in kürzester Zeit abthun, sich bei nichts lange aufhalten, denn
Zeit ist Geld. Und so können wir nicht den langen Roman gebrau-
chen, dessen Gedankenfäden wir hundertmale abhacken und dann
wieder mühsam zusammenknüpfen müssen; uns ist die Novellette,
die Skizze, die Kurzgeschichte gerade recht« (1344).

Julius Wiegand verbindet die Entstehung der Kurzgeschichte
(= »short story«) mit einem **Epochenstil** und beurteilt sie vom Standpunkt des Jahres 1922 als eine vom impressionistischen »Telegramm-

stil« bedingte Form, die im Zeitraum 1885–1910 neu erscheint.

Nach diesen frühen Stellungnahmen beherrschen **zwei Theorien** die Diskussion: Entweder wird die Kurzgeschichte auf die amerikanische Short Story, und zwar meistens auf ihre feuilletonistische Variante, zurückgeführt oder auf eine allmähliche eigene Herausbildung der deutschen Literatur des 19. Jh.s. Hans-Adolf Ebings und Helga v. Krafts im Dritten Reich entstandene Arbeiten behandeln die Herkunftsfrage auf sehr unterschiedliche Weise.

Ebing behauptet aus nationalsozialistischer Perspektive, eine eigene Art, »**eine deutsche ›Novelle**‹« sei entstanden, »eben die Kurzgeschichte« (1936, 32) und sie gehe auf Kleist und Hebbel zurück. Sie dient Ebing als ideologisch gedeutetes Gegengewicht zur romanischen Novelle, denn er erklärt die Entstehung der Kurzgeschichte aus einem deutschen Nationalcharakter. Hans Francks Geschichten (und seine *Deutsche Erzählkunst*, 1922) wertet Ebing als die entscheidende Rückbesinnung auf die »urdeutschen« Formgesetze Kleists und kommt so zu einer deutschen Kurzgeschichte, für die er allerdings die Formgesetze der Novelle beansprucht (vgl. Kap. 2.3.2). Demgegenüber unternimmt v. Kraft es, die von Ebing zurückgewiesenen ausländischen Einwirkungen in eine Theorie einzuarbeiten, in der **beide Herkunftsmöglichkeiten** – eine fremde und eine deutsche – berücksichtigt werden. In einigen epischen Schwänken des 16. Jh.s sieht v. Kraft **Vorformen** für die Kurzgeschichte, in Kleists und Hebels Kurzprosa nur stilistische Muster; »im Formalen« lässt v. Kraft sie nicht als Vorbilder »einer modernen, eigengesetzlichen, jahrhundertbezogenen ›Kurzgeschichte‹« gelten (60f.). Auch der Theorie Carl Atzenbecks, die Kurzgeschichte stamme von einer mündlichen ›Urform‹ ab, habe sich über Sage und Märchen entwickelt, widerspricht v. Kraft. Dagegen erkennt sie die Bedeutung Poes, Maupassants und Tschechows an und kommt zu dem Schluss: »Edgar Allan Poes theoretische Ausführungen über die **Technik der Short-story** haben auch für die Kurzgeschichte Gültigkeit« (66).

Die bevorzugte Theorie während des Dritten Reichs verweist jedoch ausschließlich auf die **deutsche Literaturtradition** mit der Auffassung, aus ihren »großen klassischen Vorbildern heraus« habe sich die Kurzgeschichte »zu einer zeitbedingten und zeiterfüllten Form der unterhaltenden, aber künstlerischen Kurzerzählung entwickelt« (Pflug-Franken 1938, 294).

2.1.2 Rezeption und Rückblick

Nach 1945 ergeben die Entstehungstheorien ein etwas verändertes Bild, schon wegen der gleichzeitig verlaufenden **intensiven Aufnahme** ausländischer, insbesondere amerikanischer Kurzgeschichten. So bezieht sich Fritz Martini 1950 unter dem Eindruck solch unmittelbarer Rezeption noch ganz auf die Short Story, nämlich auf ihren Begründer, Edgar Allan Poe; einen weiteren Grund für ihre Entstehung sieht Martini im »Lebenstempo der modernen Zivilisation«. Dagegen erinnert Emil Belzner im selben Jahr, ebenfalls in der Zeitschrift *Story*, an Hebel und Kleist und vertritt die Meinung, schon sie hätten meisterhafte Kurzgeschichten geschrieben, doch sei die Gattung »in den letzten hundert Jahren in Deutschland sehr vernachlässigt, um so mehr aber in den angelsächsischen Ländern gepflegt und zu einer neuen Blüte gebracht« worden.

Obwohl die beiden Auffassungen, die Kurzgeschichte sei eine deutsche bzw. eine übernommene Gattung, weiterhin vorherrschen, fallen die Argumente für eine Entstehung innerhalb der deutschen literarischen Entwicklung z.T. sehr differenziert aus. Gemeinsam ist ihnen höchstens, dass sie die unübersehbare **Blüte der Gattung nach 1945** anerkennen. Während K. Doderer, J. Klein, H. Pongs, H.M. Damrau und J. Kuipers sich hauptsächlich auf die deutsche Entwicklung konzentrieren, dabei **internationale Anregungen** oder eine teilweise Übernahme der amerikanischen Short Story in den 1920er Jahren (Doderer, Klein) gelten lassen, berücksichtigen K. Zierott, R. Lorbe, W. Höllerer und R. Kilchenmann auch das internationale **Phänomen kurzgeschichtlichen Erzählens.** Sie setzen die Entstehung der deutschen Kurzgeschichte mit sehr unterschiedlichen, methodischen Verfahren in der deutschen Literatur des 19. Jh.s an. Demgegenüber führen H. Motekat, H. Piontek, W. Schnurre, H. Bender, A. Datta, L. Rohner und M. Durzak die deutsche Kurzgeschichte hauptsächlich auf die **direkte Übernahme** der amerikanischen Short Story nach 1945 zurück.

Mit Karlheinz Zierotts Arbeit (1952) wird zunächst noch einmal der Versuch unternommen, vom mündlichen Bericht – der »Urform« – auszugehen, allerdings, im Gegensatz zu Atzenbeck (1937), auf internationaler Ebene, nämlich von der altägyptischen Literatur bis zur Gegenwart der frühen 1950er Jahre. Aufgrund dieses Evolutionsprozesses betont Zierott, die Kurzgeschichte sei eine **internationale Gattung**, »nicht das Produkt einer einseitig nationalen Ausbildung« (100), vielmehr sei sie in ihrer heutigen Gestalt das Ergebnis von ständigen Synthesen und internationalen Anregungen. In der deutschen Literatur sieht er den Ansatzpunkt »zur modernen Form der deutschen Kurzgeschichte des 20. Jahrhunderts« bei der impressionistischen Skizze, wozu er sich auf J. Wiegands Begriffserklärung beruft (vgl. Kap. 1.2.2) und daraus folgert, von einer bloßen Nachahmung der amerikanischen Short Story könne nicht die Rede sein; vielmehr sei die deutsche Kurzgeschichte »das Produkt einer Synthese von Handlungsskizze, Charakterskizze und Stimmungsskizze, die durch ihre aktuelle Bezogenheit zugleich auch die Aufgaben des ›Novellistischen Feuilletons‹ zu einem Großteil übernommen« habe (72). Zierotts theoretischer Ansatz liest sich wie eine Gegenreaktion auf betont nationalistische Theorien wie sie bei Ebing und Atzenbeck zu finden sind, doch verstellt er sich den Weg zu einer eigengesetzlichen Gattung ‹Kurzgeschichte›, denn letztlich kommt Zierott nicht über den »Sammelplatz« aller Kurzprosaformen, die kurze Geschichte, hinaus.

Klaus Doderer erklärt die allmähliche **eigenständige Entwicklung** der Kurzgeschichte (nach vereinzelten Vorformen bei E.T.A. Hoffmann, Hebbel und Storm) anhand von geistesgeschichtlichen und gesellschaftlichen Veränderungen. Er argumentiert (1953), die Kurzgeschichte habe sich seit dem Naturalismus als zeitbedingter, literarischer Ausdruck für das von Technik und Intellektualismus bestimmte Dasein aus Novelle und Skizze hervorgearbeitet. Die **geistesgeschichtliche Voraussetzung** dafür ist nach Doderer »das Interesse am Schicksal des Einzelmenschen in seiner Vereinzelung« (74). Außerdem setzt er die neuen psychologischen Erkenntnisse in direkte Beziehung zur Entstehung der Kurzgeschichte, da erst durch ihr Verständnis und ihre Sichtweisen »jene Situationen, in denen ein Mensch sich entscheiden muß oder in denen über ihn entschieden wird, zum alleinigen Stoff von Erzählungen gemacht werden« könnten (80). Es genüge der pointierte, überraschende Einblick in Lebenszusammenhänge. Den **Einfluss der amerikanischen Short Story**, insbesondere **Hemingways**, in den 1920er Jahren begrenzt Doderer auf einen Typus der deutschen Kurzgeschichte, bezieht seine Beispiele dafür allerdings aus der Zeit unmittelbar nach 1945, ohne auf die Bedeutung der Short Story in dieser Nachkriegszeit einzugehen.

Ziemlich vereinzelt steht Hermann Pongs' Theorie (1955) mit dem Versuch da, auf André Jolles' »Einfache Formen« zurückzugreifen. Pongs entwickelt die Kurzgeschichte aus der Form des »Memorabile«, verstanden als »Tatsachenbericht«, »Ausschnitt aus dem Geschehen« (5). Daraus entsteht die Kurzgeschichte als offene Form, ausgelöst durch die Ereignisse des Ersten Weltkriegs, und zwar um den **inhaltlichen Kern** des schockhaften Grauens; der amerikanischen Short Story nach dem Zweiten Weltkrieg misst Pongs nur einen stilistischen Einfluss auf die schon vorhandene deutsche Form bei.

Ruth Lorbe (1957) argumentiert, nicht allein die äußere Notwendigkeit der Zeitersparnis sei ausschlaggebend für die Herausbildung der Kurzgeschichte gewesen. Vielmehr müsse eine innere Notwendigkeit beachtet werden. Damit sind **Bewusstseinsänderungen während des Umbruchs zur Moderne** gemeint, so dass mit den neuen naturwissenschaftlichen Erkenntnissen nicht nur eine veränderte, relativierte Weltsicht und Perspektive der menschlichen Zeit, sondern auch entsprechend **veränderte literarische Gestaltungsweisen** und Strukturen aufkommen. In diesem zeitgeschichtlichen Zusammenhang bildet sich nach Lorbe in der erzählenden Prosa der abendländischen Literatur am Ende des 19. Jh.s die Kurzgeschichte heraus, setzt sich jedoch erst im 20. Jh. durch.

Johannes Klein (1958) dagegen leitet die Kurzgeschichte direkt von **E.A. Poe** ab, den er ihren Schöpfer, ihren ersten Dichter und Theoretiker nennt. Mit der amerikanischen Kurzgeschichte sei nach dem Ersten Weltkrieg ein »fremdes Form-Element« in die deutsche Erzählkunst gekommen, doch hält Klein es für verfrüht, dies näher zu bestimmen.

Einige Kurzgeschichtenautoren schließen in ihren viel beachteten theoretischen Beiträgen auch Äußerungen über die Herkunft der deutschen Kurzgeschichte ein und verweisen auf den entscheidenden **Einfluss der modernen amerikanischen Short Story**. Heinz Piontek (1959) meint, die Short Story habe zwar zu Beginn der 1930er Jahre in Deutschland ihren Einzug gehalten, und stellt fest, sie sei aber erst nach 1945 besonders von viel jüngeren Autoren übernommen und aufgearbeitet worden, so dass sich nach anfänglicher Nachahmung bald »eine legitime deutsche Kurzgeschichte« mit eigenen Spielarten herausgebildet habe (71–72). Wolfdietrich Schnurre (1960) unterstreicht, dass es sich bei der Kurzgeschichte »unmöglich um eine deutsche Kurzform handeln kann« und dass sie »als das Produkt ihres Ursprungslandes [...], als amerikanische short story nämlich«, zu betrachten sei (61). Auch Hans Bender (1962) setzt, zunächst allgemein, die Entstehung der Kurzgeschichte mit Poe an, betont aber gleichzeitig mit Hinweisen auf Tschechow und Katherine Mansfield, dass sie eine internationale Erscheinung sei. Bezüglich der deutschen Kurzgeschichte nach 1945 gilt für Bender in erster Linie die Tatsache: »[...] die Besieger haben sie uns mitgebracht« (1962, 213).

Im Gegensatz zu diesen vorwiegend auf **außerliterarischen Faktoren** beruhenden Entstehungstheorien wendet sich Walter Höllerer (1962) den Veränderungen innerhalb der traditionellen Prosagattungen zu. Er folgt Lorbes Theorie, dass in Deutschland die Zeit des Umbruchs um die Jahrhundertwende »auch die Geburtsstunde der Kurzgeschichte im eigentlichen Sinne war« (227). Als parallele

Erscheinung auf internationaler Ebene erwähnt er Elisabeth Bowens Nachweis für die Entstehung der »Modern Short Story«, dass auch diese »im engeren Sinn, mit dem Beginn der antiklassischen Dichtungsbewegungen im letzten Drittel des 19. Jh.s auftritt, also zugleich mit dem Beginn von revolutionierenden Erscheinungen auf dem Gebiet des Romans« (227). Bowen weist allerdings keine eigenständige Entwicklung innerhalb der englischen Literatur nach, sondern entscheidende Anstöße von Tschechow und Maupassant um die Jahrhundertwende, räumt dabei den angloirischen Short Story-Autoren eine Sonderstellung neben den amerikanischen ein. Nach Höllerer ist auch die deutsche Kurzgeschichte aus **erzähltechnischen Veränderungen** hervorgegangen. Da diese in den traditionellen Prosagattungen nur am Rande hätten aufgenommen werden können, hätten sie notwendig zur Kurzgeschichte führen müssen.

Am Beispiel der deutschen Novelle zeigt Höllerer, wie sich seit dem ausgehenden 19. Jh. **neue Erzählweisen** herausgebildet haben, die in der Kurzgeschichtenform konzentriert zu finden sind, sie also zu einem »Sammelplatz all der Eigenarten« werden ließen, »die die traditionellen Prosagattungen nur am Rande neu aufnehmen konnten, die sich ihnen aber in der neuesten Zeit mehr und mehr aufdrängten« (226). In einer Auswahl von **sieben Grundbedingungen für das Entstehen der deutschen Kurzgeschichte** fasst Höllerer diese neuen erzähltechnischen Besonderheiten zusammen:

»Die Autoren gehen darauf aus
Erstens: sich auf die Augenblicksfixierung, und dabei auf die Rolle der Einzelgegenstände, der einzelnen Worte und Gesten zu besinnen.
Zweitens: die Ansichten über Wichtigkeiten und Belanglosigkeiten zu revidieren; an scheinbar belanglosen Situationen entzünden sich die entscheidenden Stellen; sie werden zu Impulsen. Einmalige bedeutende Ereignisse im Stil der Haupt- und Staatsaktion werden dagegen zum Schattenspiel.
Drittens: Geschehnisse erscheinen mehrdeutig, labyrinthisch, und werden dementsprechend andeutend dargestellt.
Viertens: Subjekt und Objekt, Personen und Gegenstände nähern sich in den Momentsituationen aneinander an. Die Objekte bleiben nicht manipulierbar, sondern spielen mit; werden zuweilen grotesk vergrößert und erscheinen übermächtig.
Fünftens: Die Handlung baut sich oft auf einzelne, unverwechselbar festgehaltene, atmosphärisch genau bezeichnete Abschnitte auf, auf Kabinen des Erzählens, die in sich zusammenhalten, die sich gegenseitig stützen oder sich Widerpart geben.
Sechstens: Der Erzähler sucht nicht zu vertuschen, daß er erzählt; er zeigt das ganz offen und desillusionierend. Das führt zuweilen zu stilistischen Arabesken des Erzählens. Es steht im Gegensatz zu Versuchen einiger Novellen, durch Erfinden eines Berichtes, durch das Auffinden einer Chronik das Erzählen zu motivieren.

Siebtens: Unabgeschlossenheit am Anfang und am Ende treten an die Stelle von Streckenberechnungen und Streckenvermessungen mit aufsteigender und abfallender Handlung« (233).

Damit werden **Kriterien** aus der modernen Entwicklung in der Erzähl-technik isoliert und zum erstenmal für die Entstehung der deutschen Kurzgeschichte angeführt. Ruth Kilchenmann (1967) greift die genann-ten Kriterien auf, um bereits einige Kalendergeschichten Hebels als »echte Kurzgeschichten« einzustufen und auf diese Weise die Anfänge der Gattung auf das frühe 19. Jh. zu verlegen. Kilchenmann betrach-tet die Kurzgeschichte als internationale Erscheinung mit verschiede-nen historischen Schwerpunkten, lehnt daher die These ab, die Kurz-geschichte habe, von Amerika ausgehend, die Welt erobert.

Ähnlich wie Kilchenmann verwendet Helga-Maleen Damrau (1967) einige Kriterien kurzgeschichtlichen Erzählens, mit deren Hilfe sie die Ansätze zur Kurzgeschichte in der deutschen Literatur bei Kleist, Hebbel, E.T.A. Hoffmann beschreibt. Indem sie die Gattung aus der Abwehr der Schriftsteller »gegen die maßvollen Formen der Goethe-zeit« erklärt (157), stimmt sie mit Höllerers These insofern überein, als auch dort den **antiklassischen Dichtungsbewegungen** eine ent-scheidende Rolle zugeschrieben wird. Nur verlegt Damrau den Beginn dieser Entwicklung vor, betrachtet außerdem die Kalendergeschichte als eine Wurzel der Kurzgeschichte. Damrau kommt zu dem Ergebnis, die Kurzgeschichte habe nicht nur internationale Anregungen aufge-nommen, sondern stelle »auch eine Synthese historisch gewachsener und fortdauernder deutscher Erzählformen« dar (155).

Gerhard Träbing (1967) sieht »die zeitgenössischen deutschen Geschichten in der Tradition einer unterschwelligen Erzählform der ›Geschichte‹« (487) und versucht, deren Ansätze mit Aussagen von Kurzgeschichtenautoren zu belegen, die jedoch nicht immer allein auf die Kurzgeschichte zutreffen (Hofmannsthal) und z.T. stark pro-grammatischen Charakter haben wie im Falle Herbert Eisenreichs und Martin Walsers. Träbings maßgebliche Kriterien, **Unabgeschlossen-heit und Augenblicksfixierung**, ergeben eine zu schmale Basis, um darauf die Entstehungstheorie einer spezifischen Gattung ›Kurzge-schichte‹ zu gründen und als deren Vertreter Kleist, Hofmannsthal, Rilke, Th. Mann anzusehen.

Jan Kuipers (1970) setzt mit seiner Entstehungstheorie wiederum im Naturalismus an und beansprucht Höllerers sieben Punkte als Bestätigung für seine These, die Kurzgeschichte sei einerseits aus der Einengung des Novellenbegriffs, andererseits aus der Literarisierung des Feuilletons entstanden. Auf die Eigenschaften **Kürze, Konversa-tionsstil und Aktualität** stützt Kuipers seine Vermutungen, das Feuilleton und der Essay hätten bei der Entstehung der Kurzgeschichte mitgewirkt. Derartige gemeinsame Merkmale müssen jedoch nicht notwendig zur Kurzgeschichte führen, wie die Feuilletonseiten mit ihren kurzen Geschichten beweisen. Für Kuipers liegt ein wichtiger, soziologischer Entstehungsfaktor in der auferlegten **Umfangsbegrenzung durch die Zeitungen und Zeitschriften**, doch verwahrt er sich gegen eine zu einseitige Begründung, indem er den »Drang zur Kürze« nicht lediglich mit äußeren Bedingungen erklärt (vgl. 104, 142). Statt dessen bezieht er Kilchenmanns Aussage über das fragmentarisch wirkende, dissonant-offene Ende und Zierotts Meinung, der relativ kurze Schaffensprozess ermögliche dem Kurzgeschichtenautor die schnellste Reaktion »auf äußere Umstände«, als »die bedeutendsten Gründe für das Entstehen und den Werdegang der Kurzgeschichte« mit ein (150).

Der seit Hoffmanns Äußerung (1903) oft erwähnte Einfluss der Zeitungen und Magazine auf die Herausbildung der Kurzgeschichte, der auch zur Verwechslung mit der nur kurzen Geschichte beigetragen hat, wird stellenweise noch überbewertet. Schon Doderer hatte diesen Einfluss nur als Nebenfaktor eingestuft. Max Krell polemisiert noch 1953 gegen die **Kurzgeschichte als minderwertige Feuilletongeschichte** und assoziiert sie mit der Übernahme des amerikanischen und englischen Magazinwesens nach dem Ersten Weltkrieg, während Siegfried Unseld (1955) in der Zeitungs- und Magazinvariante der Gattung eher ein Zwischenspiel der Kurzgeschichte als »Ware« sieht (144). Doch in Gero v. Wilperts *Sachwörterbuch der Literatur* heißt es noch 1989, die Kurzgeschichte sei in Deutschland »um 1920 im Zusammenhang mit den Erfordernissen der Zeitschriften- und Magazinform, die […] eine kurze Lektüre für den eiligen Einzelleser braucht«, entstanden (493).

Die Vertreter der Theorie, die eigentliche Entstehung der deutschen Kurzgeschichte habe nach dem Zweiten Weltkrieg stattgefunden, nämlich durch die **Übernahme der amerikanischen ›modern Short Story‹**, mehren sich in den 1970er Jahren. Schon 1957 führt Helmut Motekat aus, nach Kriegsende habe »das amerikanische Vorbild […] für die Entwicklung der deutschen Kurzgeschichte die doppelte Funktion der Anregung und Auslösung« erfüllt (21), nimmt aber diese Feststellung 1961 insofern zurück, als er die Entstehung der modernen deutschen Kurzgeschichte mit 1939 ansetzt, und zwar unabhängig von ausländischen Einflüssen. Den Einfluss der amerikanischen Short Story nach 1945 spielt Motekat herunter mit der These, nur ein ähnliches Lebensgefühl, ähnliche Grundbedingungen und Ziele seien für die offensichtlichen Ähnlichkeiten zwischen der modernen deutschen und der amerikanischen Kurzgeschichte verantwortlich.

Am entschiedensten drückt sich Ludwig Rohner (1973) aus, wenn er aufgrund der Zeugnisse deutscher Autoren den amerikanischen Einfluss feststellt und meint, die deutsche Kurzgeschichte der Nachkriegszeit mute geradezu wie eine »Übersetzung« der amerikanischen »Short short-story« an; das betrifft insbesondere den **Einfluss Hemingways**, den Kilchenmann nicht in dem Maße anerkennen möchte (7, 13), obwohl es genug Beweise dafür gibt (vgl. Kap. 4.4). In dieser Hinsicht ergänzt Manfred Durzaks Studie (1980) Rohners Auffassung, indem sie einen Überblick über die Aussagen von Autoren, die nach 1945 wesentlich zur Entwicklung der deutschen Kurzgeschichte beigetragen haben, bietet.

2.2 Frühe theoretische Vorbilder

Aus rezeptionsgeschichtlichen Gründen beschäftigen sich die ersten theoretischen Bestimmungen der Kurzgeschichte im deutschen Sprachraum mit Gattungsbeispielen ausländischer Literaturen. Sie erhalten für die Theoriebildung zur deutschen Kurzgeschichte eine **Vorbildfunktion**, wobei der amerikanischen **Short Story**, den **Geschichten Maupassants und Tschechows** eine zentrale Bedeutung bis in die Zeit nach 1945 zukommt. Noch 1959 gründet Alfred Behrmann seine praktischen Hinweise zum Schreiben von Kurzgeschichten u.a. auf theoretische Erkenntnisse, die an Kurzgeschichtenbeispielen dieser Autoren gewonnen wurden (vgl. Kap. 4.5).

2.2.1 Das Echo auf Poes Poetik

Die früheste bekannte Äußerung zum Wesen der Kurzgeschichte ist Anton E. Schönbachs präzise Beschreibung der amerikanischen Short Story (1886). Schönbach hebt die **qualitative Auswirkung der Kürze** auf die Form sowie den daraus entstehenden Gesamteindruck der Kurzgeschichte hervor. Von wesentlicher Bedeutung erweist sich dabei der Ausschnittcharakter der Kurzgeschichte, denn seine Anlage bestimmt »den poetischen Eindruck« des Ganzen.

»Die kurze Magazingeschichte der Amerikaner ist gegenwärtig meistens ein kleines realistisches Lebensbild, ein Ausschnitt aus einem wirklichen Stück Leben, ein einzelner, oft an sich unbedeutender, aber charakteristischer Vorfall wird beschrieben, oft wiederum nur eine mit etlichen Figuren staffierte Landschaft. Was man von dieser Gattung verlangt, ist Stimmung; es kommt daher alles auf den Erzähler selbst an, der aus der Menge kleiner, scharf beobachteter

Züge den poetischen Eindruck gewinnt und ungeschädigt darstellt. Am ehesten läßt sich damit die Stimmungslandschaft der modernen Malerei vergleichen, die ja [...] durchaus den Charakter der Studie besitzt und bei sorgfältiger Ausführung der Einzelheiten doch auch die Essenz einer gewissen Stimmung wiedergibt; [...] Innerhalb des Rahmens der kurzen Geschichte haben natürlich viele besondere Arten Platz.« (197–198)

Obwohl Schönbach den Theoretiker Poe nicht erwähnt, fallen wichtige Übereinstimmungen mit dessen poetischen Normen auf, mit der ausschlaggebenden **Einheit des Eindrucks** (»unity of impression«) und den zu konzentrierter Form und einheitlicher Stimmung gefügten Details; von daher rührt die empfundene Intensität, durch die der Eindruck einer Studie entsteht. Als repräsentativ für die Gattung führt Schönbach am Beispiel der Geschichten Frank Stocktons noch **»gut gewählte Pointen«** an, außerdem die »Originalität der Erfindung« (von Poe an Hawthornes Geschichten hervorgehoben), die »elegante Schreibweise«, die »Frappierendes, Pikantes, Anziehendes« mit »Witz« darbietet. Schönbach betont die **stofflich-stilistische Variationsbreite** – wie sie schon Poe in seiner Hawthorne-Rezension dem Verfasser einer Prosa-Erzählung eingeräumt hatte – und sieht eine formale Variation in einer dramatisch bewegten Handlung mit prägnant eingefügter Moral.

1910 kann A.C. Smith in seiner Berliner Vorlesung über die amerikanische Short Story schon auf eine intensive Beschäftigung mit dieser Gattung unter amerikanischen Theoretikern, insbesondere auf Brander Matthews' Studie, hinweisen. Smith betont, dass sich **Einheit und Komprimierung** – auch »totality of effect« genannt – nach Poes Theorie aus der Struktur herleiten, denn die Struktur stehe ganz im Dienste der vorherbestimmten Wirkung. Thematisch bestehe unbegrenzter Spielraum; nur die Norm, in direkter Linie auf den Schluss hinzuführen, sei maßgeblich. R.M. Meyer dagegen distanziert sich mit »Romannovelle« bewusst von amerikanischen Theoretikern, die im Sinne Poes definieren, »jeder Satz« müsse »zum Ziel gerichtet sein« (1913, 152).

Schon in den 1890er Jahren werden Merkmale, die mit Schönbachs Definition übereinstimmen, an den Geschichten von Guy de **Maupassant** und Anton **Tschechow** herausgestellt, wobei jeweils unterschiedliche Gattungsbezeichnungen verwendet werden. Heinz Tovote stellt Maupassants »Skizzen und Novellen« vor und schwankt zwischen diesen zwei Bezeichnungen, wenn er an den frühen »Sammlungen jener zahllosen kleinen Novellen, mit denen Maupassant unbestritten den ersten Rang unter allen Erzählern einnimmt« (427), folgende **wesentliche Kennzeichen** feststellt wie Schönbach im Fall der amerikanischen Short Story: den **Ausschnittcharakter** bei besonders scharfer

Beobachtung; die Konzentration auf »ein schlichtes Lebensereignis, bis in seine verstecktesten Eigenthümlichkeiten beobachtet, umgeben von jenem Stimmungshauche, der ihm seine Besonderheit verleiht, [...] wobei er sich bemüht, alles Unwesentliche sorglich zu entfernen, und uns dieses Bildchen auf dem Untergrunde einer Naturschilderung bietet [...]« (427). Bei dieser **auf das Wesentliche ausgerichteten Erzählstrategie** leitet sich ein Großteil der Stimmung aus der sparsam eingesetzten, die Handlung untermalenden Naturschilderung her. Auch Tovote hebt die realistische Zeichnung des gebotenen Bildes hervor und weist darüber hinaus auf die **leserbezogene Eigenschaft** dieser Erzählstrategie hin, und zwar mit Bezug auf Maupassants theoretische Darlegung in der Vorrede zu seinem Roman *Pierre et Jean*: nur die »Äußerungen psychologischer Vorgänge, [...] nur das Bild der Erscheinung« werden objektiv wiedergegeben, »die Erforschung der Motive« dagegen bleibt den Leser/innen überlassen (429).

Während bei Tovote der für Maupassant charakteristische Humor und die ironische Schärfe nicht weiter behandelt werden, ziehen spätere Kritiker die Verbindung zur formalen Gestaltung, nämlich zur **Pointierung der Geschichten**. So unterstreicht Paul Mahn (1908) hinsichtlich der Erzähltechnik Maupassants die »Kunst, Schlüsse zu machen« (418).

Die Schlüsse bezeichnet er als Pointen, die über den bloßen Witz hinausgehen und »die Novelle in ihren wichtigsten Momenten, in ihrem Ton, ihren Personen, in ihrer ganzen Auffassung« spiegeln; »sie geben in einem Extrakt noch einmal das Ganze« (419). Nicht nur in Bezug auf den pointierten Schluss wird daher die **formale Dimension des Humors** deutlich, sondern auch hinsichtlich der gesamten Komposition, und das durchaus im Sinne des für die Short Story als bezeichnend herausgestellten einheitlichen Eindrucks, denn Mahn betont: »Seine Schlüsse klingen wunderbar abgestimmt im Tone des Ganzen aus, ohne eine grelle Deutlichkeit, die [...] die Zukunft noch schnell festlegen möchte, aber auch ohne einen gleichgültigen, unbedeutenden Zug. Bis zuletzt hält er alle Fäden in der Hand, läßt keinen achtlos entgleiten und faßt zum Schluß alle noch einmal zusammen« (418–419).

Aus einer solchen **Einheit des Eindrucks** bzw. der Wirkung (bei Poe: »unity of effect«) zieht vor allem Heinrich Gelzer (1926) die Konsequenz für eine Gruppierung von Maupassants Geschichten nach nicht ausschließlich stofflichen Gesichtspunkten. Er präzisiert den Gedanken der Pointierung in Maupassants Geschichten, indem er eine **stilistische Pointierung** unterscheidet, die über die Geschichte verteilt ist, beispielsweise durch themaverstärkende, kleine Wortpointen ironischer Art oder doppeldeutige Anspielungen auf eine spätere Wende im Geschehen. Sie kann sich zur Schlusspointe steigern, doch kann diese auch fehlen. Aufgrund der Pointierung hebt Gelzer neben der stofflich geordneten Einteilung eine Gruppe, »die Pointengeschichten«, heraus mit der Begründung:

> »Hier ist die Technik eine besondere, es wird erzählt, alles in Hinblick auf einen Schlußeffekt; alles ist Vorbereitung zu dem Höhepunkt, zu der Pointe, womit Maupassant schließt. Diese Art nähert sich der erzählten, nicht der geschriebenen ›short story‹, wodurch aber die Eigenheiten des Stils von Maupassant im guten wie im bösen natürlich nicht ausgeschaltet werden« (91).

Zwar wird Poe nicht erwähnt, doch fällt sogleich auf, dass Gelzers Vorstellung von der Short Story der gänzlich auf eine einheitliche Wirkung hin durchkomponierten Erzählweise entspricht, wie sie in der »Philosophy of Composition« dargelegt ist. Aus Gelzers Beispielen geht hervor, dass Maupassant in den stark vom Gespräch geprägten Geschichten die stilistische Pointierung als **Vorbereitung auf den Schlusseffekt** einsetzt, höchstens in noch strafferer Form. Über den bloßen Ansatz, eine formale Parallele zur Short Story herauszuarbeiten, kommt Gelzers gemischte Einteilung jedoch nicht hinaus.

Dass Maupassant mit Poes Arbeiten vertraut war, ist aus seinen Aufsätzen bekannt, wie auch die Aufnahme Poes in Frankreich in der deutschen Literaturkritik nicht unbeachtet geblieben ist. So versieht Arthur Moeller-Bruck in der zehnbändigen Ausgabe der Werke Poes (1904) die »Philosophie der Komposition« mit einer einleitenden Anmerkung aus Baudelaires »Übertragung des Poeschen Versuches einer Strukturlehre, seiner ›Philosophy of Composition‹«, weil der betreffende »Passus von ästhetischer Wesentlichkeit ist« (83). Darin unterstreicht Baudelaire eines der »Lieblingsaxiome« Poes: »In einem Gedicht wie in einem Roman, in einem Sonett wie in einer Novelle muß alles auf die Lösung hinweisen. Ein guter Autor hat bei der **ersten Zeile**, die er schreibt, schon die letzte im Auge. Der Dichter kann mithin sein Werk am Ende anfangen und wann es ihm gefällt an irgend einem beliebigen Teile arbeiten« (84).

Durch die zweifache Rezeption Poes wird ein für die spätere Gattungspoetik der Kurzgeschichte bedeutungsvolles **theoretisches Prinzip** zusammen mit einer **dichterischen Qualitätsnorm** zusätzlich hervorgehoben und bestätigt. An anderer Stelle, ebenfalls 1904, nennt Moeller-Bruck neben Poe und Jacobsen vor allem Maupassant den »Schöpfer der modernen Novelle« (81), die er formal von der Novelle Boccaccios, der deutschen Romantik und des Realismus trennt und am Vorbildhaftesten bei Maupassant ausgebildet findet. Obwohl auch Moeller-Bruck an der Gattungsbezeichnung »Novelle« festhält, versucht er, das »Moderne«, Neue an dieser knapp skizzierten Erzählung, »in der die Stimmung [...] vornehmstes Mittel zur Deutlichmachung eines Stoffes« wird, durch Maupassants »Punktiermanier« zu erläutern.

Was er etwas mühsam mit einem Terminus aus der pointillistischen Maltechnik umschreibt, nimmt die Beobachtungen von Mahn und Gelzer vorweg, denn es handelt sich um Maupassants **Konzentration** auf wesentliche, präzise beleuchtete Punkte; diese ergeben ein so plastisches Lebensbild, dass die Beziehungen zwischen den einzelnen Punkten zwar sichtbar werden, aber unerwähnt bleiben können. Dazu gehört vor allem Maupassants Kunst, eine Geschichte so abzurunden, dass sie über den Schluss hinaus weiterwirkt.

2.2.2 Die Verbindung zu Tschechow

Abgesehen von den stets wiederkehrenden Vorbildern Poe und Maupassant hat die deutsche Kritik schon früh eine **vergleichbare Verbindung zu Tschechow** gesehen, diesen zunächst als naturalistischen Dichter rezipiert (C. Busse) aber auch in den Schatten Maupassants gestellt (Hoefert).

Als Alexis von Engelhardt (1898) die **formale Qualität von Tschechows Geschichten** charakterisiert, nennt er ihn den »russischen Maupassant«, der

»es verstand, in dem knappsten Rahmen einer oft nur 5-6 Seiten umfassenden Novellette dem Leser ein einheitliches, mit wenigen sicheren Strichen skizziertes Bild eines stets packenden, bezeichnenden Vorgangs zu geben. Ein Meister des kurzen prägnanten Stils, ein souveräner Künstler im Aufbau, in der Komposition, stellt Tschechow die Gestalten [...] so unmittelbar und lebensvoll vor den Leser, daß sie vor dessen geistigem Auge meist greifbarer und eindrücklicher erscheinen, als die mit zahllosen Details geschilderten Persönlichkeiten dickleibiger Romane anderer Autoren« (150).

Auch hier fasziniert die wirkungsvolle Konzentration auf das Wesentliche, das im spannenden, **charakteristischen Vorfall** erfasste, **einheitliche Lebensbild**. Damit ist wiederum eine Definition gegeben, die derjenigen Schönbachs entspricht. Eine deutliche Beziehung zur amerikanischen Short Story stellt jedoch erst Hans Halm in seiner systematischen Untersuchung von Tschechows Kurzgeschichten her (1933). Halm ist bereits mit amerikanischen und deutschen Definitionsansätzen vertraut (Bliss Perry; R.M. Meyer) und geht von einer allgemein gehaltenen Charakteristik der Kurzgeschichte aus, die eine Übereinstimmung mit Poes formalen und wirkungsästhetischen Kriterien erkennen lässt.

Abweichend von R.M. Meyers problematischer Definition der Short Story als »Romannovelle« stellt Halm die Kurzgeschichte als eine von Roman und Novelle **unabhängige Gattung** vor und formuliert in Anlehnung an Bliss Perry drei **verschiedene Aufbautypen** der Kurzgeschichte Tschechows. Er geht dabei von den stofflichen Möglichkeiten sowie von der Kürze aus und erklärt von daher die formale Variationsbreite. Halm betont, »daß der Kurzgeschichte infolge ihrer Kürze inhaltlich Gebiete zugänglich sind, vor denen alle anderen Dichtungsarten stillgehalten haben, wie das Abscheuliche, Schaurige, Krankhafte, Visionäre u. dgl., das auf größerem Raum, in größeren Dosen schwer genießbar wäre« (4).

Die hier spürbare Nähe zu Poes bevorzugten Stoffen wird vor allem in der **wirkungsästhetischen Forderung** deutlich, mit der sich Halm offensichtlich an Poe anschließt: »Vollends muß der Dichter der Kurzgeschichte augenfälligste, packendste Seiten des Menschen hinstellen, damit er den Leser von der ersten Zeile an fesseln kann und mit dem kleinen Raum auskommt« (8); von der so qualifizierten Kürze folgert Halm für die Form: »schon die Ökonomie des Raumes drängt ihn von der Epik zur Dramatik, er darf weniger beschreiben, sondern muß den darzustellenden Menschen oder dessen Stimmung, dessen Psyche auflösen in Handlung« (8). Als besonderes Merkmal für Tschechows Kurzgeschichten fügt Halm hinzu, dass Tschechow »den Rhythmus sogar in den Dienst der Sprachökonomie zu stellen verstand« (9).

Halm unterscheidet **drei Kurzgeschichtentypen** je nach Verlagerung des Gewichts auf **Handlung**, **Charakter** oder **Umstände**:

1. Geschichten, die »das Interesse an den Charakteren vollständig ausschließen und nur auf die *Handlung allein* konzentrieren« (5). Seine Beispiele hierfür bezieht Halm aus der amerikanischen und französischen Literatur, nämlich Frank Stocktons »Negative Gravity«, »The Lady and the Tiger«, Poes »The Pit and the Pendulum« und Maupassants »Réveil«.

2. Geschichten, »die vorwiegend Charakterstudien sind und für die Handlung kein oder wenig Interesse übrig haben«; Beispiele sind Turgenjews »Chor und Kalynitsch« und bei Tschechow »alle die Persiflagen auf kleine Leute, Philister, Beamtennaturen, die den Dichter bis 1887 beschäftigt haben« (6/7). Diesen Typ charakterisiert Halm als Alltagszustand ohne eine seelische Entwicklung der Person.

3. Geschichten, in deren Mittelpunkt »die Umstände« stehen, womit Halm »das Milieu, das ›setting‹, die Stimmung« meint, »in welcher der Charakter steht und sein Handeln abläuft, das nicht so bedeutend ist, daß es ›Handlung‹ genannt werden könnte« (7).

Diese formale Kennzeichnung verbindet Halm mit einer thematischen:

»Nicht Charaktere, die höchstens bescheidene Mittel zum Zweck sind, farblose Typen, aber auch nicht Handlung, die auf ein Minimum heruntergeschraubt ist, sondern Zustände und das Milieu nehmen alle jene Kurzgeschichten Tschechows aufs Korn, die [...] sich unter dem Schlagwort zusammenfassen lassen: Die Provinz, die Kleinstadt frißt den Menschen auf, er geht unter in dem Sumpf der Kleinlichkeit und des Philistertums [...]« (7f.).

Bei diesem Typus beobachtet Halm, wie Tschechow eine **Dramentechnik**, das abgewandelte Mittel der Teichoskopie, verwendet, so dass wir als Leser »nur Zeugen der Reflexe dessen, was hinter der Szene vor sich geht oder vor sich gehen mag«, sind (12). Diese bei Tschechow umfassende Gruppe steht der zweiten nahe aufgrund ihrer **Handlungsarmut**. Halm stellt fest, dass diese Milieu- und Stimmungsbilder bei Tschechow – er hätte sie auch Studien nennen können – mit subtilen psychologischen Analysen und **Blickrichtung auf den Alltagsmenschen** verbunden sind. Als typisch für die Komposition bezeichnet er, »wie Tschechow bei aller Armut an äußerer Handlung, bei aller Milieu- und Stimmungsmalerei unerbittlich hart die Gegensätze aneinanderpreßt, aus deren Zusammenstoß er sofort die Lösung, der Hebung die Senkung, dem Hellsten das Dunkelste, folgen läßt«. Neben dieser **dramatischen Spannung** verzeichnet Halm **rein lyrische Partien** und kommt zu dem Schluss, dass Tschechows Kurzgeschichten eine »Grenzgattung« darstellen, »in welcher sich Epik, Dramatik und Lyrik die Hand reichen« (13).

Zusammenfassend lässt sich sagen, dass die **qualitativ definierte Kürze**, die **Ausrichtung auf das Wesentliche**, als Grundlage für eine Reihe von **gattungsspezifischen Kennzeichen** angesehen wird: für die wirkungsvolle Einheit eines wirklichkeitsnahen Lebensbildes, das aus scharf beobachteten Einzelheiten zusammengesetzt, stofflich-stilistisch sowie formal packend dargeboten ist; es besitzt die Intensität einer Studie und kann in seiner Variationsbreite lyrische und dramatische Merkmale mit einschließen. In der Möglichkeit, diese komprimierte Erzählstruktur mit Hilfe der Stilpointe anzulegen, wird schon früh ein Kunstgriff erkannt, den Helene Auzinger 1956 in ihrer Studie über die Pointe in Tschechows Kurzgeschichten ausführlich behandelt (auch an amerikanischen Beispielen).

Allerdings erfährt die frühe Aufnahme theoretischer Vorbilder **Rückschläge** durch die nationalsozialistische Literaturwissenschaft und Literaturkritik, die eine Modellfunktion Tschechows, Maupassants und der Short Story als »Fremdeinwirkung« einstufen (Wilhelm) und teilweise besonders krass abwerten (Ebing); die Short Story wird als »eine Angelegenheit des Gehirns und der Technik« oder aufgrund ihrer **unheroischen Figuren** abgelehnt (»Käuze, Leute mit einem Tick, seelische Abnormitäten, Pathologen, Süchtige«), während bei Tschechow vor allem die lyrisch-stimmungshafte »Auflösung des festen, sagenden Satzes in der Prosa«, seine »melodiöse Dekadenz«, kritisiert wird, weil die volkstümlich-einfache handlungsbetonte Geschichte vorwiegend aus ideologischen Gründen bevorzugt wird (Wilhelm).

2.3   Definitionsansätze vor 1945

Die schon bei der Begriffsgeschichte erkennbaren Schwierigkeiten spielen auch für die theoretische Bestimmung der deutschen Kurzgeschichte eine zum Teil problematische Rolle. Denn aufgrund der vielen Bezeichnungen und begrifflichen Auslegungen kommt es immer wieder zu Verwechslungen mit anderen Kurzprosagattungen und das erschwert die Definition der Kurzgeschichte als **eigengesetzliche Gattung**. Dort, wo es versucht wird, überwiegen die beschreibend-induktiven gegenüber den normativen Aussagen. Sie gehen meistens vom **Phänomen der Kürze** aus, was sich zwangsläufig aus dem jeweils bevorzugten Terminus ergibt, der – ob »short story«, kurze Geschichte, kurze Erzählung, Skizze, Novellette oder Kurzgeschichte – auf den knappen Umfang hinweist. Dabei kehren auch die von den **theoretischen Vorbildern** her bekannten formalen, stofflich-stilistischen und wirkungsästhetischen Merkmale wieder.

2.3.1 Die Anfänge um 1900

1897 unternimmt Adolf Bartels einen ersten Definitionsversuch und beklagt, dass sich trotz der gewaltigen Entwicklung der »short story« unter den jüngeren Autoren in Deutschland noch »kein deutscher Aesthetiker herbeigelassen« habe, diese **neue Form** »näher zu untersuchen, nach ihrem Umfang und dessen Wesen zu bestimmen«. Nach Bartels ist sie »für die deutsche Aesthetik einfach nicht da. Und doch wäre eine genauere Untersuchung durchaus notwendig« (10). Bartels deutet an, wie wenig stichhaltig das Umfangskriterium allein für eine theoretische Bestimmung der Kurzgeschichte ist, erklärt sie als kleine, von den anderen Kurzprosagattungen **unabhängige Kunstform**:

»[...] hier wird auf das Geschehen, das eigentümliche Schicksal der Hauptnachdruck gelegt. [...] sie muß sich auf das Notwendigste beschränken, darf nie breit werden, dabei soll die Erzählung sich runden, das Zuständliche, das Geschehende knapp motivieren, bei aller Kürze Oberflächlichkeit, Nüchternheit und Trockenheit vermieden werden. [...] die kleine Geschichte ist etwas Ganzes und Vollendetes, das breiter ausgeführt, seine eigentümlichen

Vorzüge verlieren würde, sie soll eben den Kern geben und damit gerade
genug« (11).

Obwohl Bartels an die Theoretiker appelliert, sich um eine präzisere
Definition zu bemühen, gibt es vorläufig nur spärliche Ansätze. Sie
konzentrieren sich in allgemein gehaltenen Beschreibungen auf das
Verhältnis von **Kürze und Wirkung**. Schon die Richtlinien »ganz
kurze Geschichte mit witziger Pointe« im *Simplicissimus* (1897) lassen ein solches Interesse erkennen. Es zeigt sich ebenfalls in den
etwas ausführlicheren Ansätzen, die die in der deutschen Literatur
neue Gattung näher zu bestimmen versuchen, und im Zeitabschnitt
von der Jahrhundertwende bis zur Mitte der 1920er Jahre nur vereinzelt zu finden sind.

Max Hoffmann (1903) stützt seine theoretischen Überlegungen
auf Edgar Allan Poes »Philosophy of Composition« und auf eigene
Beobachtungen anhand von französischen, russischen, amerikanischen sowie deutschen Geschichten, vor allem aus der *Jugend* und
dem *Simplicissimus*. Nach Hoffmann liegt der besondere **Reiz der
Kurzgeschichte** darin, dass sie wegen ihrer Kürze **sorgfältig aufgebaut** sein muss, um eine Wirkung auszuüben, also jene künstlerische Eigenschaft besitzen muss, die Poe »unity of effect« nannte:
»Da muß die Idee neu oder eigenartig, der Stil packend, die Darstellung interessant, die Beobachtung scharf sein, das Ganze muß mit
künstlerischem Sinn entworfen und fein ziseliert sein. [...] Denn sie
hat nichts weiter, um dadurch wirken zu können« (1165). Auch bei
Wilhelm Schmidts ähnlichem Definitionsansatz im folgenden Jahr
ist **Poes Norm** von der »unity of impression«, aus der sich die Wirkung ergibt, zu erkennen, wenn es heißt, dass »gerade in der Kürze,
in der Einheit der Stimmung, in dem kraftvollen Zusammenfassen
alles Geschehens ein besonderer Reiz« liege (909).

2.3.2 Theoretische Neuansätze zwischen 1918 und 1945

Nach den ersten theoretischen Stellungnahmen, die noch unter verschiedenen Bezeichnungen laufen, doch auf die neue Gattung Kurzgeschichte abzielen, wird die Aufnahme der Gattung in einschlägige
Handbücher dadurch erschwert, dass sich in der Folgezeit eine deutsche **Anekdoten-Theorie** herausbildet. Sie geht irrtümlich von Wilhelm Schäfers Geschichten unter dem Titel »Anekdoten« aus, denn
sie beachtet nicht Schäfers Einwand, er habe keinesfalls eine neue
Literaturgattung entdecken, sondern Novellen schreiben wollen.
Dabei wird die Kurzgeschichte vielfach als »künstlerische« oder »lite-

rarische« Anekdote von der volkstümlichen, historisch orientierten
einerseits und von der oberflächlich gestalteten, feuilletonistischen
Kurzgeschichte andererseits abgehoben, also in eine übergeordnete
Gattung ›Anekdote‹ eingeordnet (vgl. Hans Franck 1922 u. 1931;
H.H. Borcherdt 1930; Robert Petsch 1934 u. 1942; J.G. Sprengel
1941). Klaus Doderer hat nachgewiesen (1953), dass zwar bei Hans
Lorenzen (1935) und G.K. Eten (1938) schon die **Unzulänglichkeit
der Anekdoten-Theorie** erkannt wird, da sich einige von Schäfers
Geschichten weder in die Gattung Anekdote noch die der Novelle
einordnen lassen, dass aber die unklare Vorstellung von der »künstlerischen Anekdote« den Blick für die Kurzgeschichtenform verstellte.
Diese Unklarheit zeigt sich auch im Nachwort zum »Anekdotenbuch«
von Rinn und Alverdes ([2]1936).

Dagegen trennt Martin Rockenbach in seiner Definition (1926)
Anekdote und Kurzgeschichte voneinander – allerdings unzuläng-
lich –, indem er die »pointierte Einzelhandlung« der Anekdote von
der stark komprimierten und dennoch komplexen, »das Leben als
Ganzes« formenden Kurzgeschichte unterscheidet. Das unterstreicht
Rockenbach mit dem leicht missverständlichen Schlagwort vom »5-
Minuten-Roman«. Das vielseitige Lebensbild der Kurzgeschichte wird
hier eher quantitativ definiert, die Gattung mit einer künstlerischen
Inhaltsangabe gleichgesetzt.

Felix Langers eingehendere theoretische Darstellung (1930) betont
die **offene Form** der Kurzgeschichte gegenüber der Novelle und analysiert den Ausschnittcharakter der Kurzgeschichte,

»die aus dem lebendigen Fluß allgemein bedeutsamer Erlebnisse eines heraus-
greift, dessen eigenwillige Färbung den weiteren Bezirk der Zeit oder des Milieus, zu dem es gehört, bedeutsam illustriert. Die Kurzgeschichte endet nicht
wie eine ›unerhörte Begebenheit‹ als einmaliges Phänomen mit einem Defini-
tivum, das keinerlei Folgerungen der Entwicklung aus Charakteren und Vorgängen gestattet. Man könnte aus einer vollendeten Novelle keinen Roman
machen, weil sie selbst ihren Stoff vollständig erschöpft, im Gegensatz zur
Kurzgeschichte, die, wie Goethe von dem abrupten Schluß eines Gedichtes
sagte: ›einen Stachel im Herzen [zurückläßt], und die Phantasie ist angeregt,
sich alle Möglichkeiten auszubilden, die nun folgen können‹. Die Kurzgeschichte ist eine Art steno-epischer Vermittlung problematischer Verknotungen von an sich alltäglichen Ereignissen, die durch mehr oder weniger zufällige
Einwirkungen zu besonderer Beachtung drängen, ohne aber die Weiterentwicklung des großen Zeitstromes, dessen Partikel ihre Vorgänge sind, durch
Anspruch auf monumentale Endgültigkeit des in ihr Möglichen zu verhin-
dern. [...] Graphisch dargestellt könnte man sie als ein an den beiden Schmal-
seiten offenes Rechteck sehen, durch das ›der Strom der Zeit‹ hindurchfließt,
in dem längs begrenzten Raume bloß stärker aufleuchtend für die kurze Frist
der Infizierung durch Besonderheitsbazillen« (1930, 613).

Mit dieser bis dahin präzisesten Definition führt Langer die Wirkung der Kurzgeschichte auf ihre **qualitativ verstandene Kürze und Unverschlossenheit** zurück. Er stellt außerdem eine dreiteilige Handlungsstruktur fest: ein alltägliches Ereignis verbindet sich mit einem Zufall und entwickelt sich zu einem besonderen Fall, »der die Kurzgeschichte erzählenswert macht« und der einer Pointe gleichkommt, ohne einen größeren Stellenwert zu erhalten als den eines stärker beleuchteten Punktes im Gesamtbild der Alltäglichkeit. Gerade an diesem Punkt setzt Langer jedoch an, als er gleichzeitig in die Diskussion um die feuilletonistische Kurzgeschichte eingreift, denn als Zeitungsware zielt sie ab auf »die verblüffende Konklusion aus scheinbar unkomplizierten Prämissen« (614). Hier fungiere die Pointe nur als »Stimulans für den Schnelleser«, als Ergebnis statt als »psychologischer Wegweiser« wie im Fall der künstlerisch anspruchsvollen Kurzgeschichte.

Die von Langer berührte Problematik der thematisch verflachten, nur auf die **unterhaltende Pointe** ausgerichteten Kurzgeschichte in den Zeitungsfeuilletons taucht immer wieder in den polemisch gehaltenen Definitionen auf, als sich in den 1930er Jahren eine fortlaufende Diskussion über die »Technik« der Kurzgeschichte mit dem Hauptinteresse an der Pointe entwickelt. Unter den theoretischen Beiträgen befinden sich zunehmend solche von Schriftstellern, die ihre Kurzgeschichten in Zeitungen veröffentlichen. Hinzu kommen auch bereits literatur- und zeitungswissenschaftliche Dissertationen, speziell mit der Absicht, auch zur theoretischen Klärung beizutragen (Otto Hirschmann 1933; Hans-Adolf Ebing 1936; Helga v. Kraft 1942). Hierbei sind die Schwierigkeiten von unterschiedlicher Art, jedoch **symptomatisch für die Entstehungszeit** dieser wissenschaftlichen Arbeiten.

Hirschmann verfährt idealtypisch; einzelne Beobachtungen treffen zwar spezifisch auf die Kurzgeschichte zu, so ihre Eigenschaft, als »in sich geschlossene Andeutung« über den Schluss hinaus weiterzuwirken, doch werden dergleichen Merkmale letztlich – unter Berufung auf Schäfers »Anekdoten« – mit Eigenschaften der Anekdote zu einer idealen Form vermischt: »so ist jede Kurzgeschichte auch eine weitergefaßte Anekdote« (65 u. 67).

Ebing erreicht mit seinem Definitionsversuch am Beispiel der Geschichten von Hans Franck ebenfalls nicht das gesetzte Ziel, nämlich die theoretische Klärung der Gattung Kurzgeschichte, weil er im Sinne von Francks weitgefasster Begriffsvorstellung klassifiziert, also auch Sage, Märchen, Legende bei den verwendeten Beispielen mit einbezieht. Schließlich verstellt ihm noch seine nationalsozialistische Grundhaltung, die nur die deutsche Erzähltradition gelten lässt, den Blick für eine präzise Definition der Kurzgeschichte. Ebing weist die theoretische Bedeutung der amerikanischen Short Story sowie der Kurzgeschichten Maupassants und Tschechows zurück und lässt seine Untersuchung in einer **ideologisch-inhaltlichen Definition** gipfeln, wodurch gattungsspezifische Unterschiede zwischen Novelle und Kurzgeschichte verwischt werden: »Hans Friedrich Blunck sagte es wohl am klarsten und schönsten: ›Kurzgeschichte ist die knappeste Form jener Erzählungen (Novellen), in denen der Schicksalswille eines Menschen dargestellt wird oder sein Lebensweg vom Eingriff einer höheren Macht berührt wird‹« (1936, 162; vgl. dazu Borcherdts Definition »konzise Novelle« ebd., 49 u. 150).

Auch in formaler Hinsicht definiert Ebing die Kurzgeschichte **nicht als eigengesetzliche Gattung**, wenn er behauptet, dass »am ehesten Tiecks Wendepunkttheorie dem Wesen der Kurzgeschichte« entspreche. Letztlich beansprucht Ebing, mit seiner Definition der deutschen Kurzgeschichte gleichzeitig das theoretische Fundament für eine Novelle deutscher Art geliefert zu haben. Abgesehen von der Tendenz zur inhaltlich-ideologischen Definition, der formale Kriterien untergeordnet werden (vgl. Atzenbeck 1936/37, Franke 1937), bestätigt Ebings Arbeit mit dem Ergebnis einer Umfrage an Schriftsteller und Akademiker die herrschende theoretische Verwirrung; denn aus den Antworten wird ersichtlich, dass Definitionsansätze zur Kurzgeschichte in den meisten Fällen lediglich auf den **Normen der Feuilletonschriftleiter** (knapper Umfang und pointierte Handlung) beruhen.

Am ehesten trägt noch Helga v. Kraft mit ihrer zeitungswissenschaftlichen Dissertation zur theoretischen Bestimmung der Kurzgeschichte bei. Sie geht empirisch vor, stützt ihre allerdings summarisch abgefasste Definition aber auf Zeitungsgeschichten, ohne deren Titel und Verfasser anzugeben. V. Kraft erklärt, grundsätzlich wesensbestimmend für die Kurzgeschichte sei vor allem die ihr »eigene Dramaturgie«, so »wie sie in einer solchen Hundertzeilengeschichte zur Darstellung kommt« (1942, 25). Charakteristisch für eine solche »Dramaturgie« sind das allgemeingültige **Alltagsgeschehen**, der schlaglichtartig beleuchtete **Ausschnitt** und die **konzentrierte, spannende Handlung mit einer Pointe**. V. Krafts Beispiele im Anhang illustrieren hauptsächlich die »kurze Geschichte« in der Zeitung und dienen der Abgrenzung zur Kurzgeschichte, bei der es, den wenigen Beispielen zufolge, um leicht verständliche Alltagsthematik in unkomplizierter Gestaltung auf einen überraschenden, abrundenden Schluss hin geht.

Die wissenschaftlichen Arbeiten zur Kurzgeschichte von Hirschmann, Ebing und v. Kraft sind Ergebnisse des Nebeneinanders verschiedener Definitionsansätze; sie spiegeln die **theoretische Situation ihrer Entstehungszeit**:

- die vorherrschende Anekdoten-Theorie, die dem Wunsch nach **Vorbildern aus der deutschen Literatur** (Kleist, Hebel) entgegenkommt und die Gattungsgrenzen verwischt,
- die primär **inhaltlich-ideologisch** vorgehende Definitionsweise,
- die nach den **Bedürfnissen der Tageszeitung** definierte, ganz kurze, auf den Überraschungseffekt hin konstruierte Kurzgeschichte.

Gerade in der theoretischen Diskussion um die Kurzgeschichte in der Zeitung halten sich die von der amerikanischen Short Story her bekannten Normen, wofür Otto Ernst Hesse, der Feuilletonschriftleiter der *Berliner Zeitung am Mittag* 1934 einen grundlegenden Beitrag liefert. In seinem eindringlichen Appell an die Schriftsteller, beim Verfassen von Kurzgeschichten ein Formbewusstsein zu entwickeln, stellt Hesse **fünf Normen für die Kurzgeschichte** auf:

1. Der Erzähler muss hinter dem Erzählten verschwinden, den Leser durch **indirekte Gestaltung**, »durch den Stoff selbst«, packen.
2. »Die Kurzgeschichte muß, um mit Paul Heyse zu reden, einen ›Falken‹ haben. Moderner gesprochen: sie steht auf einem **Einfall**, der sich zu einer **Pointe** zu steigern hat«.
3. »Sie muß ein ganz bestimmtes **Zeit-Stadium** einhalten, eine ›Situation‹ als Mittelpunkt haben, die klar und eindeutig ist«.
4. »Der **Themenkreis** ist [...] vollkommen unbeschränkt«.
5. Sie soll **Ironie** enthalten, die »leichter und bequemer als der tiefere Humor zu handhaben ist«, die den flüchtigen Zeitungsleser »leichter als der schwere Ernst anrührt« (1934, 828).

In Punkt zwei lässt sich die Verschmelzung von Heyses Falkentheorie mit einer »modernen« Theorie, die Edgar Allan Poes Ausführungen in seiner »Philosophy of Composition« gleicht, erkennen; ebenso die Forderung eines begrenzten Zeitumfangs in Punkt drei. Während die Gegner einer »Technik« der Kurzgeschichte sie als »Handwerk« und künstliches Konstruieren verwerfen (C. Atzenbeck; W. Haacke), befürworten andere Theoretiker in der nachfolgenden, bis in die frühen 1940er Jahre anhaltenden Debatte die von Hesse angegebenen Kriterien.

Maximilian Ströter beobachtet 1936, dass der Inhalt der Kurzgeschichte »möglichst dem lebendigen Alltag, der Kleinwelt entstammt« (35), dass der Stoff »möglichst dem unscheinbaren Leben entnommen ist und Bedeutsames durchscheinen läßt« (36). In Ströters Feststellungen tauchen einige Merkmale wieder auf, die schon in früheren Definitionsansätzen genannt werden, nämlich die vielen möglichen Stilvarianten und der dargestellte »Einzelfall«, der aber über die betreffende Situation hinausweist, indem »der gänzlich überraschende und

doch nicht ruckhafte Schluß« eine **allgemeinere Perspektive** eröffnet. Von Bedeutung ist hier vor allem, dass die Pointe mit einer **über
den Schluss hinausweisenden Dimension** charakterisiert wird, was
ihr sonst oft abgesprochen wird.

Noch stärker limitiert Richard Martin Möbius die Kurzgeschichte
mit seiner ausführlichen theoretischen Darlegung (1937), weil er so
weit geht, im Interesse der Verkürzung (»Beschränkung«) den **Neben-
sinn der Worte** als unmöglich auszuschließen. Im Übrigen bezieht
sich Möbius am deutlichsten auf O.E. Hesses Kriterien, weist jedoch
den »Falken« zurück, hält sich um so mehr und ausführlicher an jenes
von Hesse als moderner bezeichnete Gesetz, wobei die Rezeption der
amerikanischen Short Story-Theorie zwischen den Zeilen abzulesen
ist. Poes theoretische Ausführungen gelangen hiermit in eine **streng
normative Anleitung** für den Schriftsteller von Kurzgeschichten: so
z.B. soll das Zeitstadium begrenzt sein, und der Einfall sich zur Pointe
steigern, weshalb die Geschichte **vom Ende her aufgebaut** werden
soll; gleich von Anfang an soll mitten in die Situation hineingeführt
werden, wobei die literarischen Mittel die Überraschung des Lesers
bewirken sollen. In Möbius' Definition zeigt sich die Gefahr, dass
die Kurzgeschichte theoretisch auf eine eindimensionale, nur auf den
überraschenden Schlusseffekt hin konstruierte Handlung festgelegt
wird. Dementsprechend kommt der Pointe in den meisten Definitionsansätzen besondere Bedeutung zu.

Gegen die **Pointe** als notwendigen Bestandteil der Kurzgeschichte
richtet sich Karlheinz Holzhausen (1937), da sie »alles ins Unprob-
lematische« auflöse. Auch Hans Pflug-Franken (1938) bemüht sich,
die »gute Kurzgeschichte« von dergleichen Einseitigkeit abzuheben,
indem er einschränkt, die Pointe brauche nicht witzig zu sein; außerdem solle die vom ersten Satz an in medias res führende Handlung
nach den **klassischen drei Einheiten** verlaufen. Trotzdem gelingt es
Pflug-Franken nicht ganz, die Kurzgeschichte als eigengesetzliche Gattung von der Novelle abzugrenzen, wenn er erklärt, die anspruchsvolle Kurzgeschichte enthalte auch immer »Novellensubstanz«, weil
sie über eine lediglich unterhaltende Funktion hinausgehe.

Diese Entwicklung der theoretischen Diskussion, deren Grundthema
fast immer die Niveaulosigkeit der Kurzgeschichte ist, belegt, wie die
Theoriebildung blockiert wird, weil die Gattung weiterhin umstritten bleibt. Richard Wilhelm gibt dafür 1943 zwei Ursachen an; beide
berühren die problematische, theoretische Einengung der Kurzgeschichte, einerseits durch ihre **Festlegung auf den Unterhaltungs-
zweck** und eine bestimmte, knapp bemessene Zeilenanzahl in der Tageszeitung; andererseits durch die **akademische Definition**, wobei »um
der Präzision des kurzen Verlaufs willen manche erzählerischen Mit-

tel wie das Gespräch und die Stimmungszeichnung verboten bleiben sollen«. Dialog und lyrische Stimmung waren in Ebings viel beachteter Arbeit, aus der Wilhelm offensichtlich über Herkunft und Begriff referiert, als impressionistisch abgelehnt worden zugunsten einer deutschen, primär auf Kleist aufbauenden Tradition. An dieser Richtung kritisiert Wilhelm die einseitige Perspektive, derzufolge »das mißverstandene Beispiel Kleists« dazu geführt habe, »Kürze und Konzision nur in einem Stil von atemberaubendem Gefälle zu sehen«.

Auf dem Höhepunkt, jedoch am Rande dieser Debatte in der Moskauer Exilzeitschrift *Das Wort*, liefert Fritz Erpenbeck 1937 einen theoretischen Beitrag aus **ideologiekritischer Perspektive**. Darin verbindet er **formale** mit **leserspychologischen Normen**, erklärt, aufgrund der Kürze der Gattung seien außerordentliche Charaktere – in der Art eines Michael Kohlhaas etwa – nicht möglich, weil sie psychologisch nicht gestaltbar seien. Daher müsse die moderne Kurzgeschichte im Gegensatz zur Novelle »Alltags-Charaktere« beschreiben, die der Leser gleich erkennen müsse, bei »sparsamster Verwendung jeder weiteren selbständig handelnden Figur« (4l). Der Leser müsse sich mit der Hauptfigur identifizieren können, um deren Verhalten in einer außergewöhnlichen Situation zu verstehen, »ohne daß dies psychologisch erklärt werden müßte, also Raum verlangte«. Die spannende, dramatische Fabel habe im Konflikt die sozialen Triebkräfte bewusst zu machen, wodurch für den Leser die Frage entstehe: »Wie würde ich, der Leser, einer durch das Leben an mich herangetragenen, außergewöhnlichen Situation begegnen?« (42). Die **Schlusspointe** wäre demnach überflüssig, denn Erpenbeck kritisiert sie als Ersatz für den fehlenden Gehalt, vor allem als Ersatz für die fehlende »Aufhellung gesellschaftlicher Triebkräfte und Widersprüche« (43).

Bei Erpenbecks normativer, an der klassischen kurzen Geschichte orientierten Definition wird die Gefahr deutlich, dass eine Unterscheidung zwischen der Kurzgeschichte und anderen Kurzgattungen wie Bericht, Anekdote, Kalendergeschichte – obwohl beabsichtigt – nicht möglich ist, denn ihnen allen schreibt Erpenbeck gemeinsame Charakteristika zu: die außergewöhnliche Handlung bei nur angedeutetem sozialem Hintergrund, die grelle Beleuchtung gesellschaftlicher Kräfte an einer Stelle, nämlich »beim Zusammenstoß weniger Handlungsträger« (40); nur die Novelle wird durch ihre außergewöhnliche Hauptfigur unterschieden.

Auch bei Erpenbecks theoretischen Überlegungen scheint die **Anekdoten-Theorie** ihren Einfluss hinterlassen zu haben, bedenkt man seine Forderung, die moderne Kurzgeschichte müsse sich wieder an die schon seit der Antike bekannte, klassische Novelle annähern, »deren kaum unterbrochene Linie – umgetauft in ›Kurzgeschichte‹ – fortsetzen«, wobei er das Beispiel Heinrich v. Kleists anführt, »der mit seinen ›Anekdoten‹ die Linie der ›klassischen‹ Novelle fortsetzt« (4l).

2.4   Theoriebildung seit 1945

Auf die Schwierigkeiten, die Kurzgeschichte zu definieren, ist im Zusammenhang mit ihrem **Nuancenreichtum** gerade in der Theoriebildung nach dem Zweiten Weltkrieg immer wieder hingewiesen worden, vor allem seit Hans Bender deshalb für sie die Bezeichnung »Chamäleon der literarischen Gattung« (1962, 207) prägte. Dieser Name wie auch zahlreiche personifizierende und metaphorische Beschreibungen der Kurzgeschichte bestätigen zwei fast allen theoretischen Äußerungen gemeinsame Kennzeichen, nämlich das Wissen um die Problematik sachgerechter Definitionen, gleichzeitig aber auch die Faszination, die von einer vielgestaltigen, schwer erfassbaren Gattung ausgeht.

Infolge der generellen Abneigung gegenüber normativen Definitionen bemühen sich die Theoretiker fast ausschließlich um eine induktiv-beschreibende Darstellung der Kurzgeschichte. Stellenweise führt die Abneigung gegen eine Definition dieser flexiblen literarischen Form zu weiterer Verwirrung, wenn die Kurzgeschichte aufgrund ihres faszinierenden Nuancenreichtums als Urform eingestuft wird (Kilchenmann 1967), wenn Gattungsgrenzen verwischt werden (Damrau 1967) oder wenn auf verwirrende Weise typisiert wird (Kuipers 1970).

Trotzdem zeichnet sich seit Mitte der 1950er Jahre, verglichen mit den theoretischen Bestimmungsversuchen vor 1945, ein zwar komplexes, aber klareres Bild ab. In sowohl sachlich tief greifenden als auch umfassenden Analysen der einzelnen formalen Kennzeichen und der Gesamtstruktur der Kurzgeschichte werden die **Grundfigur der Gattung** sowie ihre möglichen Spielarten charakterisiert. Zahlreiche Hinweise auf **amerikanische Short Story-Muster** belegen deutlich deren Vorbildfunktion bei den Versuchen, die deutsche Kurzgeschichte theoretisch zu erfassen. Die Pointe verliert ihre zentrale Bedeutung für die Diskussion; statt dessen verlagert sich der Schwerpunkt auf die **Zeitbehandlung** in der Kurzgeschichte, wobei sich das Interesse besonders auf das Konzept vom Augenblickscharakter der Kurzgeschichte richtet, das den Diskussionsverlauf sehr bald beherrscht. Sowohl die Untersuchungen zur Zeitbehandlung als auch zu den verschiedenen formalen Merkmalen dienen einem gemeinsamen Erkenntnisinteresse. Es geht darum, dem schon immer faszinierenden **Verhältnis von Kürze und Wirkung** auf die Spur zu kommen und zu diesem

Zweck freizulegen, mit welchen Erzählmitteln die wirkungsvolle Verdichtung und Erzählintensität in der Kurzgeschichte sowie ihre vielschichtige Wirklichkeitsgestaltung erreicht werden.

2.4.1 Erste Typologisierungsversuche: Inhalt versus Form

Wie schwierig zunächst die Bestimmung einer umstrittenen Gattung im Anschluss an die verwirrende, in mancher Hinsicht fragwürdige theoretische Debatte vor 1945 ist, zeigt sich in Karlheinz Zierotts 1952 erschienener zeitungswissenschaftlicher Arbeit. Als gemeinsames formales Gattungsmerkmal für die »journalistisch-kommerzielle« und die »literarisch-künstlerische« Kurzgeschichte gilt Zierott, dass »der geschlossene Ring des Geschehens stets als Grundform gewahrt bleiben« müsse (101), worunter er wohl die zuvor erwähnte »Zuspitzung auf eine Pointe hin« versteht (72). Darüber hinaus weist er einen einheitlichen Formenkanon wegen der vielen möglichen Spielarten der Kurzgeschichte zurück. Da Zierott nicht, wie beabsichtigt, eine zureichende Definition der Kurzgeschichte als eigengesetzliche Gattung gibt, schließen diese Spielarten ebenfalls andere Kurzprosagattungen mit ein.

Klaus Doderers Untersuchung (1953) bringt dagegen eine **erste Klärung**, denn sie schafft trotz ihrer Schwächen eine übersichtliche theoretische Basis für die deutsche Kurzgeschichte dadurch, dass zunächst die Anekdoten-Theorie von der Kurzgeschichte getrennt wird und sodann die bislang hervorgehobenen **formalen Kennzeichen der Gattung** bestätigt und klar zusammengefasst werden: der mit dem ersten Satz mitten in die Handlung führende, Spannung erzeugende, das Leserinteresse weckende Anfang; der Aufbau auf den Schluss hin, der »von vornherein [...] fest vorgeschrieben« ist, gleichzeitig als Wende- und Höhepunkt fungiert, ernüchternd wirkt, doch die Handlung nur anhält, also offen lässt (36-38). Vorrangig ist dabei das unvorhergesehene Ereignis, eingefügt in einen Ausschnitt aus dem ansonsten gesetzmäßigen Lebensablauf eines oder mehrerer Menschen, das schon von Langer (1930) als der »besondere Fall, der die Kurzgeschichte erzählenswert macht«, hervorgehoben wurde. Aber Langer hatte diesem besonderen Vorfall nur den Stellenwert flüchtiger Erheiterung oder Tragik innerhalb des alltäglichen Geschehens zuerkannt, während Doderer fast ausschließlich eine ernste Dimension gelten lässt und dem plötzlich eintretenden Vorfall als »Schicksalsbruch« monumentale Bedeutung beimisst. Obwohl Doderer die Schlusspointe durch einen »Bruch« ersetzt, stimmt seine Definition im Übrigen mit derjenigen überein, die v. Kraft (1942) aufstellte und nach dem Idealtyp der amerikanischen Short Story ausrichtete; außerdem zeigt sich eine deutliche Ähnlichkeit mit Ebings Definition (1936) aufgrund des schicksalhaften Wende- und Höhepunktes am Schluss, weil beide Theorien noch weitgehend vom **Novellenbegriff** beeinflusst sind.

Neu hinzu kommt bei Doderer noch, dass er den »Schicksalsbruch« zum grundlegenden Kriterium für eine **inhaltliche Untergliederung** in **zwei mögliche Kurzgeschichten-Typen** macht, je nach der Reaktionsweise der Hauptfigur auf diesen »Schicksalsbruch«. Bei aktiver Reaktion (der Held »rafft sich auf und versucht, gegen das Schicksal anzurennen«) spricht Doderer von einem »Handlungs-Typ«, bei passiver Reaktion (der Held »unterwirft sich dem Geschehen«) von einem »Haltungs-Typ« (44). Diese Einteilung ist jedoch problematisch, da Haltung von Handlung eigentlich nicht zu trennen ist. Außerdem lässt sich aktives, also ›handelndes‹ Reagieren in so viele Nuancen auffächern, dass es schwer fallen dürfte, in diesem Schema gültige Kategorien für die Kurzgeschichte zu sehen. Doderer selbst hat Schwierigkeiten, seine Einteilung überzeugend auf einige Gattungsbeispiele anzuwenden, ganz abgesehen davon, dass in einer Geschichte wie Wilhelm Schäfers »Im letzten D-Zugwagen«, seinem Hauptbeispiel, keine Möglichkeit zur »Reaktion auf den Schicksalsschlag« besteht (46). Auch Doderers späterer Versuch (1958), diese Typenaufteilung durch drei mögliche »Arten der Reaktion des Helden auf das geschilderte Geschehen« zu untermauern (1957/58, 97), kann nicht überzeugen, denn nur die erste Art – Bewusstwerdung und darauf folgendes konsequentes Handeln – kann als Reaktion gewertet werden; fehlende Gelegenheit (Schäfer: »Im letzten D-Zugwagen«) und Unfähigkeit zu Reaktionen, weil der Held schicksalsblind ist und die Tragweite des Geschehens nicht begreift, liegen jedoch außerhalb der Entscheidungsmöglichkeit der Figur(en). Ein weiterführender theoretischer Ansatz ist hauptsächlich mit Doderers formaler Definition gegeben. Das zeigt sich auch darin, dass Doderer im historischen Teil seiner Arbeit (1953) aufgrund von strukturellen Merkmalen zu drei Gattungstypen kommt, wobei er auch die Nachkriegskurzgeschichte, allerdings nur flüchtig, in Betracht zieht (vgl. Kap. 4).

Erst ab Mitte der 1950er Jahre entwickelt sich eine **intensive theoretische Beschäftigung** mit der deutschen Kurzgeschichte; sie stützt sich vorwiegend auf eine **steigende Anzahl von Nachkriegskurzgeschichten**, greift aber teilweise auch auf Beispiele aus anderen Literaturen, besonders aus der amerikanischen, zurück, gerät auch immer mehr in die literaturwissenschaftliche und literaturdidaktische Diskussion. Über die offene Struktur der Kurzgeschichte sind sich die Theoretiker allgemein einig, ebenso darüber, dass Stoff und Figuren dem Alltag entnommen und Träger einer allgemeingültigen Bedeutung sind. Die **Definitionsversuche** unterscheiden sich hauptsächlich darin, dass **einige primär auf inhaltlichen, andere dagegen auf formalen Kriterien** beruhen, wie aus den 1955 etwa gleichzeitig erschienenen Aufsätzen von Hermann Pongs und Siegfried Unseld hervorgeht. Weder Pongs noch Unseld scheinen Doderers Untersuchung zu kennen; sie bemühen sich um grundlegende Definitionsansätze, die als solche im weiteren Diskussionsverlauf ebenso beachtet werden wie Doderers Arbeit, obwohl die letztere sehr bald zum verbreiteten Maßstab für die Gattung wird (vgl. Kap. 5).

Pongs geht von André Jolles' »Einfachen Formen« aus, und zwar von der Form des Memorabile als »Tatsachen-Ausschnitt«. Er definiert die Kurzgeschichte als »neue ›Einfache Form‹«, in deren Gestaltung das Grauen unvermittelt mit dem Alltagsgeschehen verbunden wird. Diese »offenste aller Formen« versteht er als zeitlos, sich immer wieder herstellend um einen spezifischen **inhaltlichen Kern**: »um das schockhafte Grauen, wie es den wehrlosen Einzelnen vor den wilden Zufällen eines Massenzeitalters überkommt« (20). Die Wirkung dieser Auffassung lässt sich vor allem in den **literaturdidaktischen Stellungnahmen** zur Kurzgeschichte verfolgen (vgl. Kap. 5).

Im Gegensatz zu Pongs lenkt Unseld die Aufmerksamkeit auf einzelne erzähltechnische Mittel, mit denen der Kurzgeschichtenautor den hohen Grad an Intensität für eine allgemeingültige Aussage erreicht. Unselds Aufsatz wird insofern **richtungsweisend für eine Verlagerung des Erkenntnisinteresses**, als er an einem Hauptmerkmal der Kurzgeschichte, der Verkürzung, darauf hinweist, wo die Komplexität der Gattung formal begründet liegt. Unseld stellt fest: Die lineare, auf das Ende drängende Komposition »operiert mit der Technik der Andeutung und Auslassung«. Ein besonderer Aspekt dieser **gedrängten Kürze** ist die »Verkürzung der Zeit«; die Zeitraffung kann soweit vorangetrieben werden, dass sich eine **stark verdichtete Zeitstruktur**, nämlich die Gleichzeitigkeit verschiedener Momente ergibt:

»Der Kurzgeschichtenschreiber, der den Raum verengt und verallgemeinert, verkürzt und komprimiert die Zeit. Das, was geschieht, geschieht gleichzeitig im Sinne unserer Uhr, und doch auch wiederum in verschiedenen Zeitebenen. Die Kurzgeschichte bietet so eine geraffte Folge von Zeitpunkten, von punktierten Augenblicken. Diese Augenblicke sind gegenwärtig bedeutsam, weil sie zugleich auf Zukünftiges weisen« (145).

An Borcherts Geschichten demonstriert Unseld, wie umfassend das **Formprinzip der Verkürzung** in der Kurzgeschichte angewendet werden kann: »Die Konzentration auf den rigoros verdichteten Augenblick, der Verzicht auf spezifische Landschaft, auf spezifische Charaktere und auf die gewohnte Bewegung der Zeit [...], geballte Intensität des sprachlichen Ausdrucks« – wobei die statt längerer Erklärungen eingesetzten Vergleiche auch der Verkürzung dienen – »fixieren die epische Art der Kurzgeschichte, wie sie uns bei Borchert begegnet« (142). Diese Ergebnisse werden später oft als maßgeblich für die Kurzgeschichtentheorie herangezogen, obwohl Unseld hier einschränkend bemerkt, sie beträfen in erster Linie die Geschichten Borcherts.

2.4.2 Kompositionsprinzipien und Strukturtypen

Unselds Ausführungen geben einen wichtigen Anstoß für weitere Definitionsversuche, indem vor allem die **Behandlung der Kategorie ›Zeit‹** in ihrer inhaltlichen und formalen Bedeutung für die Kurzgeschichte theoretisch ausgelotet wird. In dieser Hinsicht führt Ruth Lorbes Analyse der Kurzgeschichte um die Jahrhundertmitte (1957) sowohl Doderers als auch Unselds Ansätze fort. Lorbe präzisiert zunächst den Begriff »Schicksalsbruch«: »Dieses übermächtige Ereignis [...] ist das Gegenüber jener überwältigenden, weitergreifenden Wirklichkeit« (40). Hiermit berührt Lorbe einen Wesenszug der Kurzgeschichte, der in bisherigen Definitionen dem oft festgestellten **plötzlichen Erhellen im Alltagsgeschehen** entspricht, und weist darauf hin, mit welchen Mitteln dabei etwas Allgemeingültiges beleuchtet wird: »Einzelgegenstände [...], die einzelnen Worte, Wendungen und Gesten« erhalten »besonderes Gewicht [...], treten aus dem Alltäglichen, sie treten dem Leser neu und unmittelbar gegenüber und erzeugen so jene wirklichere Wirklichkeit, auf die es die Kurzgeschichte anlegt« (38). Mit einer solchen Bewusstmachung der umfassenderen, im alltäglichen Geschehen **verschütteten Wirklichkeit**, die »befreit vom Klischee der Gewohnheit« plötzlich erkennbar wird, umreißt Lorbe ein erzähltechnisches Mittel, das, seit Brecht unter dem Namen ›Verfremdungseffekt‹ bekannt, in der gedrängten Kurzgeschichtenform eine auffällige und wichtige Rolle spielt.

Dieser Hauptwesenszug ist eng verbunden mit dem von Unseld beobachteten Merkmal der Zeitverkürzung auf den Augenblick, durch das eine **verfremdende Wirkung** hervorgerufen werden kann. Lorbe misst dem Charakter des Augenblicks, so wie er vom veränderten Raum- und Zeitbewusstsein seit Beginn der Moderne aufgefasst wird, eine zentrale Bedeutung für die Struktur der Kurzgeschichte bei. Die festumrissene Vorstellung von einer minimalen, flüchtigen, punktuellen Zeiteinheit wird relativiert, erweitert, zerdehnt durch ein zusätzliches Zeitmaß, die kosmische Zeit. Dadurch zeigt sich der Augenblick nunmehr in anderen Dimensionen, nämlich in ungeheurem Ausmaß, scheint weder über einen Anfang noch über ein gültiges Ende zu verfügen: »man erkennt das Nebeneinander verschiedenster, getrennter Ereignisse in einem Augenblick« (37). Dementsprechend kann sich die Kurzgeschichte in einer Spielart »auf einen Augenblick beschränken und einzelne Situationen in diesem Augenblick so beleuchten, daß man sie plötzlich der kosmischen Zeit gegenübersieht und in dieser Fremdheit als wahre Wirklichkeit erkennt« (37).

Das **Zeitkonzept des Augenblicks** verliert also die eindimensionale Bedeutung einer kleinsten, chronometrisch messbaren Einheit einerseits durch das Bewusstsein, dass in einem Moment vieles gleichzeitig geschieht, andererseits durch den Versuch, dieses Bewusstsein in der Kurzgeschichte anhand von literarischen Gestaltungsmitteln so umzusetzen, dass sich die **Vielschichtigkeit eines Augenblicks** mitteilt. Dabei richtet sich das Interesse auf die Behandlung der Wirklichkeit, genau genommen auf »das Nebeneinander der verschiedenen Wirklichkeiten, das von einem Augenblick erhellt wird« (38). Dass ein Augenblick nur einer unter unzählig vielen ist, findet zusätzlich Ausdruck in einer anderen Darstellungsart, dort nämlich, wo verschiedene, kausal unverbundene Augenblicke in einen **mosaikartigen Zusammenhang** eingehen. Aus der so verdichteten Zeitstruktur in der umfangsmäßig knappen Kurzgeschichte ergibt sich eine einheitliche Wirkung, die sich nicht nur als komplex erlebte Zeit mitteilt, sondern als solche auch vom Leser nachempfunden werden kann.

Auf dieser Grundlage stellt Lorbe **drei Kurzgeschichtentypen** zusammen:

1. ein Augenblicksbild mit eingeblendeten Erinnerungsaugenblicken (Borchert: »Die Küchenuhr«),
2. aneinandergefügte, kausal unverbundene Mosaiksteine, von denen jeder in sich ebenfalls mosaikhaft in einzelne Augenblicke gegliedert ist (Borchert: »An diesem Dienstag«; Hemingway: »Schnee auf dem Kilimandscharo«),
3. ein durch stofflich-stilistische Mittel verfremdeter, besonders hervorgehobener Augenblick, in dem der grotesk oder surreal akzentuierte, parabelhafte Charakter dieses Kurzgeschichtentyps bewusst gemacht wird (Böll: »Unberechenbare Gäste«; Dürrenmatt: »Der Tunnel«).

Was die künstlerische Verdichtung in der Kurzgeschichte betrifft, so wird die **Konzentration auf das Wesentliche** immer wieder – nicht nur hinsichtlich der Zeitgestaltung – **als Kompositionsprinzip** hervorgehoben. Sie manifestiert sich in der Beschränkung auf eine kurze Zeitspanne, einen Ausschnitt, auf »ein Stück herausgerissenes Leben« (W. Schnurre 1961) sowie in der Unverschlossenheit »nach vorwärts

und rückwärts« (E. Essen 1957, H. Wippermann 1959), dem offenen Anfang und dem keine Lösung bietenden Schluss. Als entscheidend für die konzentrierte Erzählweise sieht Helmut Motekat (1957)
die vom ersten bis zum letzten Wort genau eingestellte Optik des
Erzählers an. Darüber hinaus werden für die **aussparende Erzählweise** im Einzelnen einige wesentliche Strategien angegeben, beispielsweise in den viel beachteten Beiträgen von Kurzgeschichtenautoren. Die meisten dieser Autoren gewinnen ihre Erkenntnisse nicht
nur an deutschen Geschichten der Nachkriegszeit, sondern vor allem
an der amerikanischen Short Story (Sherwood Anderson, Ambrose
Bierce, Stephen Crane, William Faulkner, Ernest Hemingway, O.
Henry, Thomas Wolfe u.a.).

Herbert Eisenreich (1957) macht auf eine bis dahin kaum beachtete
Reduktionsstrategie aufmerksam, die den Erzähler der Kurzgeschichte
betrifft, genauer: Das Verhältnis zum Gegenstand seiner Darstellung,
in der **Stoff und Perspektive** reduziert werden. Der Erzähler konzentriert sich ausschließlich auf den Moment der Konfrontation mit seinem Gegenstand, erzählt nicht, »was seinem Gegenstand widerfährt«
(172). Er verzichtet auf die olympische Perspektive, gibt die epische
Distanz zu seinem Gegenstand auf und wagt sich von allen Prosais-
ten am dichtesten an ihn heran; er reduziert »die natürliche Faktizität
des Gegenstandes auf ein andeutungsweises Minimum« (169), da es
ihm wie dem Lyriker um eine **erregende Einsicht** in das Wesen des
Gegenstandes geht und weniger darum, unsere Tatsachen-Erfahrung
zu bereichern. Nach Eisenreich wäre die Kurzgeschichte somit »das
am meisten entstofflichte, das dünnste und duftigste epische Gebilde«
(173). Diese Beschreibung hat deutlich programmatischen Charakter,
insbesondere für Eisenreich selbst, trifft aber kaum auf die Kurzgeschichte überhaupt, sondern nur auf eine mögliche Spielart zu.

Heinz Piontek (1959) und Wolfdietrich Schnurre (1960 u. 1961)
gehen etwas mehr auf die Hintergründigkeit der Kurzgeschichte ein
und erläutern, inwieweit Reduktionsstrategien, die Struktur und
Figur(en) betreffen, zu **Komplexität und Wirkung** der Kurzgeschichte beitragen. Piontek verbindet den **Wegfall der Schlusspointe**
mit der aussparenden Erzählweise. Er isoliert allerdings einen Typus
und verallgemeinert am Beispiel von Hemingways »Alter Mann an
der Brücke«, das Entscheidende spiele sich in der Kurzgeschichte in
inneren Vorgängen ab, erfordere, dass der Schluss nicht übergewich-
tig ausfalle; dadurch verteile sich die Pointe gewissermaßen über die
ganze Geschichte. Was aber die Bedeutung der inneren Vorgänge
betrifft, so wird diese laut Piontek nur indirekt sichtbar, da Gedanken und Gefühle der handelnden Personen nur andeutend in den
Handlungsverlauf eingearbeitet sind. Piontek wie Schnurre sprechen

von einer sorgfältig dargebotenen **Oberfläche der Geschichte**, die, so Schnurre, »bei aller scheinbar realistischen Schreibweise unterkellert ist von einem wahren Fallgrubensystem, aus dem sich der arglose Leser nur mit großer Anstrengung wieder befreit« (62), wozu nicht zuletzt das Understatement beiträgt.

Diese **Hintergründigkeit der Kurzgeschichte**, ihre Herausforderung an den Leser, klingt auch in Siegfried Lenz' metaphorischer Beschreibung (1966) an. Er richtet die Aufmerksamkeit wieder auf den Augenblickscharakter der Kurzgeschichte: »Sie ist weiter nichts als die Spiegelung der Sekunde, in der das sorgfältig gelegte Tellereisen zuschnappt: das Ablösen und der Transport der Beute werden dem Leser überlassen. Freilich, es kommt viel auf die Placierung der Falle an und auf ihre Tarnung« (129). Was Lenz als **das bewusst komponierte leserbezogene Augenblicksgeschehen** umschreibt, nannte Piontek die »epische Darlegung und Ausbeutung eines Zeitpunktes« in einer zeichenhaften Situation (68f.); für Eisenreich war die Kurzgeschichte »ortgewordener Augenblick« (172). Das **Konzept der kleinsten Zeiteinheit** kehrt immer wieder, sowohl in den bildhaft einfühlenden Bestimmungsversuchen der Autoren als auch in literaturwissenschaftlichen Theorien. Es kann sich dabei um die momentane, pointiert gestaltete Erhellung einer Situation handeln oder um die plötzliche, subtil ausgeführte Bewusstmachung überindividueller Lebenszusammenhänge in einer alltäglichen Situation, um eine »epiphany«, wie sie aus den *Dubliners* von James Joyce bekannt ist.

So teilt Hans Bender (1962) die Auffassung Ruth Lorbes (1957) von der vielschichtigen kleinen Zeiteinheit und deutet an, wie es zu der **komplexen Gestaltung** kommen kann: »Der Kurzgeschichtenautor begnügt sich mit der Zelle, die jedoch, je genauer sie betrachtet wurde, wiederum zur vielfach gebrochenen Facette werden mußte« (225). Was Bender mit dieser Feststellung nur berührt, erläutert Walter Höllerer (1962) etwas ausführlicher, nämlich mit welchen Mitteln die Zeiteinheit des Augenblicks zerdehnt wird, wodurch also die Kurzgeschichte auf diesem Wege bei gleichzeitiger Komprimierung ihren komplexen Aufbau erhält. Das kann geschehen, wenn eine Augenblickssituation durch **assoziative Anhäufung von Details** im Redefluss eines Ich-Erzählers – durch stilistische Arabesken – erweitert wird (Ilse Aichinger: »Rede unter dem Galgen«). Weitere Möglichkeiten ergeben sich dadurch, dass verschiedene Augenblicke zueinander in Beziehung gesetzt werden, beispielsweise vergangene zu einem gegenwärtigen (Hemingway: »Schnee auf dem Kilimandscharo«).

Höllerer bietet, indem er auf seine dargelegten Entstehungsbedingungen für die Kurzgeschichte zurückgreift (vgl. Kap. 2.1.2), die bis dahin umfassendste Definition der Gattung. Ihrer Evolution zufolge ist die Kurzgeschichte einerseits ein Sammelplatz **moderner Erzähl-techniken** und andererseits, im Gegensatz zum Roman, die **besonders konzentrierte Kombination** dieser neuen Merkmale.

Einige dieser Punkte stimmen mit den von Lorbe herausgearbeiteten Kennzeichen überein: die Konzentration auf den Augenblick, der offene Anfang und Schluss, die Bedeutung der einzelnen Gegenstände, Worte, Gesten. Höllerers übrige Punkte präzisieren oder erweitern den Bestand an bekannten Gattungsmerkmalen. Zum besonderen Gewicht der Einzelgegenstände kommt, dass die nicht länger manipulierbaren oder sogar grotesk vergrößerten Objekte mitspielen, sich den Figuren annähern. Die **Verlagerung der Bedeutung** von monumentalen, einmaligen auf alltägliche, scheinbar belanglose Ereignisse lässt von diesen wichtige Impulse für das Geschehen ausgehen; mehrdeutig, labyrinthisch empfundene Ereignisse werden andeutend als solche, dem modernen Bewusstsein entsprechend, gestaltet.

Hatte Unseld das formale Grundprinzip der Kurzgeschichte im **Wechselspiel von Andeutung und Auslassung** gesehen und mit der Bezeichnung »Kunst der Prosa-Atome« (145) umrissen, so erfasst Höllerer diese Eigenschaft der Kurzgeschichte durch eine erzähltechnisch adäquatere Charakterisierung, weil er ihre Bedeutung speziell im strukturellen Bereich erkennt und dafür den Begriff »Kabinen des Erzählens« prägt (233). Diese Handlungseinheiten, »die in sich zusammenhalten, die sich gegenseitig stützen oder sich Widerpart geben« (233), sind für Konzentration und Wirkung der Kurzgeschichte mitverantwortlich. Hinzu kommt, dass der bis dahin kaum beachtete Erzähler in der Kurzgeschichte durch sein **offenes und desillusionierendes Erzählen** zur Wirkung beitragen kann, vor allem wenn es dabei zu stilistischen Arabesken kommt. Auf der Grundlage dieser Kennzeichen teilt Höllerer die Kurzgeschichte ein in Augenblicksgeschichte, Arabeskenkurzgeschichte, Überdrehungs- und Überblendungskurzgeschichte.

Wie Lorbes Typenreihe, so beruht auch die von Höllerer, abgesehen von der Arabeskenkurzgeschichte, auf der **Zeiteinheit des subjektiv zerdehnten Augenblicks**, die wie eine zeitlich äußerst verkürzte, aber dennoch höchst komplexe Erzählphase behandelt wird:

- Die **Augenblicksgeschichte** stützt sich auf einen Augenblick mit erinnerten »Augenblickssituationen« (Borchert: »Die Küchenuhr«; 240) und deckt sich mit Lorbes erstem Typus.
- Die **Überblendungskurzgeschichte** verbindet »Geschehen, das an verschiedenen Orten spielt, [...] in einem Augenblick oder in einem kurzen Zeitabschnitt« (Borchert: »An diesem Dienstag«; Bender: »Die halbe Sonne«; 245) oder blendet erinnertes Geschehen von verschiedenen Orten in eine Gegenwartssituation ein

(Hemingway: »Schnee auf dem Kilimandscharo«) und entspricht Lorbes Mosaik-Typ.

- Die **Überdrehungskurzgeschichte** oder abgewandelte Augenblickskurzgeschichte läuft wie Lorbes dritter, parabelhafter Typ auf einen stofflich-stilistisch verfremdeten Augenblick der Erkenntnis zu.
- Dagegen werden im Monolog der Arabeskenkurzgeschichte keine derart markanten Einheiten, sondern vielmehr Augenblicksregungen durch **sprunghaft-assoziative Reflexionen** wiedergegeben.

Höllerers Ausführungen stellen insofern eine Präzisierung von Lorbes Typenreihe dar, als sie für die Augenblickskurzgeschichte Varianten angeben – je nachdem, ob die besonders hervorgehobene Augenblickssituation am Schluss des Geschehensverlaufs platziert ist (Andersch: »Grausiges Erlebnis eines venezianischen Ofensetzers«) oder ob zwei bzw. mehrere sich entsprechende Augenblicke miteinander kombiniert sind (Böll: »Wir Besenbinder«; Rehmann: »Der Gast«); hier stuft Höllerer abweichend von Lorbe, die Geschichte Benders (»Die Wölfe kommen zurück«) als Variation von »vier locker aufeinander folgenden Augenblicksbildern« ein (241). Obwohl die Zeitgestaltung für diese Einteilung in Kurzgeschichtentypen eine zentrale Rolle spielt, werden die in der Entfaltung des Geschehens wirksamen erzähltechnischen Verbindungsmethoden nur angedeutet. Doch geht aus dieser Typenreihe hervor, dass Komprimierung und Komplexität in den verschiedenen Strukturtypen der Kurzgeschichte auf unterschiedliche **Verbindungs- und Verkürzungsmethoden** innerhalb der Spanne erzählter Zeit zurückzuführen sind.

Dafür, wie sich die beiden oft festgestellten Kennzeichen, Reduktion und Nuancenreichtum, miteinander vereinbaren lassen, erreicht Kurt Kusenberg (1965) eine andere Erklärung. In Bezug auf die Komposition hält er die »paradoxe Wendung«, den »Umschlag ins Gegenteil dessen, was für sicher gehalten, was erstrebt, was gefürchtet wird«, für das strukturbildende Grundmuster der Kurzgeschichte, das, stets variiert, die Grundlage für individualisierte neue Formen bildet (837). Im Übrigen weist Kusenberg auf das wichtige Faktum hin, dass die Kurzgeschichte, bei aller Reduktion, dort ausführlicher wird, »wo es ihr ergiebig und nötig scheint« (833), also selektiv ausspart.

Während die bisherigen Definitionsversuche primär von Kurzgeschichten ausgingen, unternimmt es Gerhard Träbing (1967), die Gattung durch theoretische Aussagen von namhaften Kurzgeschichtenautoren einzukreisen. Er gelangt ebenfalls zu dem zentralen Begriff des Augenblicks, führt ihn zurück auf Goethes »Unterhaltungen deutscher Ausgewanderten«, in denen von der Gestaltung bestimmter

Augenblicke – gemeint sind **existentielle Situationen** – die Rede ist. Nach Träbing ist die Augenblicksgeschichte »eine besonders ›hervorragende‹ Art von Geschichte«, und zwar versteht er sie als eine »Prosaform, die gestaltete Augenblicke zum Inhalt hat« (498, 476). Träbings Definition bleibt jedoch zu allgemein, zumal er sich, abgesehen von den beiden isolierten Merkmalen der Unabgeschlossenheit und der Augenblicksgestaltung, nicht mit Höllerers Kriterien für diesen Typus auseinandersetzt, sondern sie nur referiert.

Dass es sich bei diesem für die theoretische Bestimmung der Kurzgeschichte so bedeutenden Konzept des Augenblicks nur um eine »artistische Konstruktion« handelt, betont Helga-Maleen Damrau (1967), indem sie andeutet, wie die **erzählte Zeit** komprimiert wird. Was nämlich der Moment an Geschehen beinhaltet, übersteigt die messbare, kurze Dauer. Trotzdem aber entsteht der Eindruck eines »Augenblicksgeschehens«, weil die zeitlich und räumlich auseinanderliegenden Ereignisse in komprimierter Darstellung »punkthaft zusammengerückt« werden, wie es dem subjektiv erlebten Zeitwert entspricht (173). Im Übrigen distanziert sich Damrau von einer zu genauen Bestimmung der Kurzgeschichte und möchte ihren Formenreichtum »keinem künstlichen Schema unterwerfen« (115), was in ihrer Untersuchung dann allerdings zu **Vermischungen mit anderen Kurzprosagattungen** führt, z.B. mit der Fabel und der Kriminalgeschichte.

Während Damrau unterstreicht, die Kurzgeschichte sei keine ›Einfache Form‹, kommt Ruth Kilchenmann (1967) zu einem Ergebnis, das die Kurzgeschichte – ähnlich der Pongs'schen Theorie – einer ›Einfachen Form‹ gleichsetzt, wie P.O. Gutmann hervorhebt (Gutmann 1970, 88). In gänzlicher **Ablehnung einer Definition** vertritt Kilchenmann die Auffassung, die Kurzgeschichte stelle ein »formales Grundelement«, eine »Ur-Form zeitgenössischen Sagens«, also eine sich stets wandelnde Form dar (195). Mit dieser Theorie versucht Kilchenmann, den Nuancenreichtum der Kurzgeschichte zu erklären, verfährt jedoch nach einem **widersprüchlichen methodischen Ansatz.** Sie orientiert sich an den von Höllerer zusammengestellten Kriterien, bezieht sich auch auf andere Theorien, so auf Doderers »Schicksalsbruch« und Schnurres »Stück herausgerissenen Lebens«. Kilchenmann wendet damit in der Praxis eine feste begriffliche Vorstellung für ihre historische Untersuchung an, spricht vielfach von der bzw. von einer »echten« oder »wahren« Kurzgeschichte, obwohl sie theoretisch weder den Gattungsbegriff noch eine Liste charakteristischer Merkmale gelten lässt. Kilchenmann verwechselt die von Höllerer angegebenen Kennzeichen moderner Erzähltechnik, die in der Kurzgeschichte stets variierende Kombinationen eingehen, mit dem

»Kurzgeschichtlichen« schlechthin und konstruiert daraus einen inhaltlichen, primär aus der existentiellen Situation nach 1945 abgeleiteten
Begriff: »Das Kurzgeschichtliche ist mehr als Gattung oder Typus: es
ist Form gewordene Einstellung, Haltung, Denk- und Daseinsweise,
das zum ursprünglichen Ausdruck des Erlebens der Menschen des
20. Jh.s wird als Kern, Nucleus und Zentrum literarischen Schaffens«
(194). Mit diesem Ergebnis liefert Kilchenmann keinen akzeptablen
Ersatz für den eingangs abgelehnten Gattungsbegriff.

2.4.3 Aufarbeitung vernachlässigter Aspekte

Hatten sich die Theoretiker in den ersten zwei Jahrzehnten nach 1945
hauptsächlich damit beschäftigt, die Kurzgeschichte anhand ihrer erzähltechnischen Besonderheiten in ihren wesentlichsten Eigenschaften zu
beschreiben – meistens auf der schmalen Basis von wenigen Modellgeschichten aus der frühen Nachkriegszeit (Borchert, Böll, Bender,
Kaschnitz, Aichinger) –, so richtet sich das Erkenntnisinteresse seit
Ende der 1960er Jahre auf vernachlässigte **Aspekte der Erzähltechnik**
und deren Auswirkungen auf die einzelnen Komponenten der Fabel
mit dem Ziel, vorhandene Theorien zu präzisieren und zu ergänzen.
Auch die Textgrundlage wird umfassender.

Paul-Otto Gutmann (1970) widmet sich in seiner Untersuchung
von 170 Kurzgeschichten einigen in der Theorie bislang vernachlässigten formalen Aspekten, und zwar den strukturbildenden, für die
Nachkriegskurzgeschichte typischen Erzählweisen. Er wendet sich gegen
die Theorien von Pongs und Kilchenmann, die Kurzgeschichte bilde
sich als ›Einfache Form‹ oder ›UrForm‹ immer wieder von selbst heraus und unterstreicht demgegenüber, sie setze »einen strengen Form-
und Gestaltungswillen des Autors« voraus (155). Gutmann stützt
sich auf die **Funktion** von Titeln, Erzähleingängen, Erzählschlüssen,
Erzählverhalten und Erzählperspektive. Er betrachtet seine Untersuchungsergebnisse als allgemeingültig für die Gesetzmäßigkeiten der
Kurzgeschichte und weist nach, dass die genannten Einzelelemente
wesentlich zur konzentrierten, **leserbezogenen Darbietungsstrategie** dieser Gattung beitragen. Insbesondere ermöglicht seine Analyse
ein genaueres Verständnis der wichtigen Funktion von Erzählverhalten und Erzählperspektive in der Kurzgeschichte:

»Die Kurzgeschichte erfordert einen personalen (oder zeitweilig neutralen)
Erzähler, der um eine enge, partnerschaftliche Beziehung zum Leser bemüht
ist, aus naher Perspektive erzählt, die präteritale Fiktion des Geschehens auf-
hebt und dem Leser ein ›Gegenwartsbewußtsein‹ vermittelt. [...] Die Kurzgeschichte läßt keinen auktorialen Erzähler mit olympischer Perspektive zu« (155).

Hinsichtlich des auktorialen Erzählers modifiziert Ferdinand Piedmont (1973) die Ergebnisse Gutmanns dahingehend, dass er auf weitere Möglichkeiten hinweist, die sich aus dem ironischen Spiel mit dem auktorialen Erzähler ergeben können (vgl. Kap. 2.5).

Jan Kuipers (1970) wendet sich in seiner Arbeit nach einem umfassenden Überblick über die Kurzgeschichtenforschung seit der Jahrhundertwende auch den einzelnen Formaspekten zu, jedoch vorrangig der Zeitbehandlung, mit der Absicht, einen **Archetypus der Kurzgeschichte** aufzustellen sowie Entstehung, Art und Funktion der Grundstrukturen zu untersuchen. Dass die Darstellung nicht zu einem Archetypus führt, begründet Kuipers mit dem scheinbar fehlenden einheitlichen Formenkanon dieser Gattung, gelangt aber dennoch zu einem formalen Grundschema, dessen Kennzeichen er in dem Paradox der erzählten Zeit – der »zeitlosen Zeit« – sieht: »Einerseits steht die Zeit scheinbar still, andererseits läuft ein Geschehen notwendigerweise in der Zeit ab« (102). Aus dem Spannungsfeld dieses Zeitverhältnisses – von subjektivem gegenüber objektivem Zeitbild – leitet Kuipers die streng begrenzten Gestaltungsmöglichkeiten in der Kurzgeschichte ab und kommt zu **vier Grundstrukturen**: »Momentphotographie« (fast statisch), »kurze Zeitspanne«, »Mosaik« (zeitliches Nebeneinander), »Summe eines Menschenlebens« (zeitliches Nacheinander).

Bezeichnungen und Einteilung sind problematisch, denn eine kurze Zeitspanne liegt allen vier Typen zugrunde. Kuipers geht nur flüchtig darauf ein, wie die erzählte Zeit in dieser Spanne komprimiert oder ausgedehnt wird. Obwohl er sich offenbar an Günther Müllers Ausführungen über das Verhältnis von Erzählzeit und erzählter Zeit orientiert, beschreibt Kuipers mehr die Wirkung als die erzähltechnischen Mittel, durch die Konzentration und Intensität erzielt werden. So kann er dann zu dem unhaltbaren Ergebnis kommen, die Zeit spiele gleich dem Raum »eine sehr untergeordnete Rolle« in der Kurzgeschichte (148).

Eine völlig andere Richtung schlägt Marjorie O. Tussing (1971) ein, um zu einer Typeneinteilung der Kurzgeschichte zu gelangen. Sie misst dem **Symbol** eine Schlüsselfunktion bei, durch die der einzelne kritische Augenblick, der eine Weltanschauung ausdrückt und entweder die Erzählfigur oder den Leser verändern soll, bewusst gemacht wird. Die Unterschiede erklärt Tussing aus der jeweils voneinander abweichenden symbolischen Funktion eines Gegenstandes, einer Figur oder Situation. Daraus erhält sie die Grundlage für ihre **Einteilung in sieben Typen**.

1. In der **dialektischen Kurzgeschichte** werden etablierte Wertvorstellungen als unpassend dargestellt und durch scheinbar entgegen-

gesetzte, der jeweiligen Situation rational angepasste neue Normen ersetzt (Brecht: »Der Augsburger Kreidekreis«, »Die unwürdige Greisin«).

2. Die **ironische Kurzgeschichte** zeigt, wie Objekte, Situationen, entgegen der Konvention, durch Umkehrung ihrer Bedeutung ins Gegenteil eine neue Bewertung erhalten; hier scheint Ironie des Schicksals gemeint zu sein (Schnitzler: »Die Blumen«; Borchert: »Die Küchenuhr«; Andersch: »Vollkommene Reue«).

3. Die **paradoxe Kurzgeschichte** verbindet zwei gegensätzliche, unvereinbare Ansichten; ihre vieldeutige Perspektive kann eine Situation gleichzeitig von mehreren Seiten beleuchten, wobei die Unvereinbarkeit einen menschlichen Zwiespalt im 20.Jh. sichtbar werden lässt (Kafkas Kurzgeschichten; Böll: »Wir Besenbinder«).

4. In der **satirischen Kurzgeschichte** wird der kritische Vergleich zwischen den gesellschaftlichen Normen und der abweichenden Position einer oder mehrerer Figuren durch satirische Stilmittel ermöglicht (Böll: »Der Bahnhof von Zimpren«).

5. In der **humorvollen Kurzgeschichte** wird das Gleichgewicht von positiven und negativen Aspekten nie extrem gestört, die ausgewogene Perspektive durch das Symbol immer wieder hergestellt (Borchert: »Schischyphusch«; Böll: »Unberechenbare Gäste«).

6. Die **groteske Kurzgeschichte** verbindet Lächerliches mit Entsetzlichem, vermittelt dem Leser, wenn er ihre Verbindung erkennt, eine Polyperspektive, so dass sich auch die Bedeutung des kritischen Augenblicks enthüllt (Dürrenmatt: »Der Tunnel«; Aichinger: »Spiegelgeschichte«).

7. In der **absurden Kurzgeschichte** wird das Sinnlose einer Lage dargestellt; dem Erkenntnisvermögen des Lesers bleibt es überlassen, eine mögliche Richtung daraus abzuleiten (Nossack: »Das Mal«).

Als gemeinsamer Nenner für die **Funktion des Symbols** zeichnet sich bei Tussing ab: Figuren, Dinge, Situationen werden durch die verschiedenen, jeweils einem Typus zugeordneten, stilistischen Mittel verfremdet und fungieren auf diese Weise als auslösende Elemente, um dem Leser eine kritische Situation mehr oder weniger drastisch vor Augen zu führen und so einen problematischen Sachverhalt bewusst zu machen. Es empfiehlt sich jedoch kaum, Gattungstypen allein auf **stilistischen Erzählmitteln** aufzubauen, die sich außerdem nicht klar isolieren lassen und sich vielmehr oft miteinander verbinden. Im Gegensatz zu Tussing vermeiden es die meisten Theoretiker, von einer zentralen Bedeutung des Symbols zu sprechen. Lorbe und Höllerer deuteten zwar an, dass einzelne Gegenstände und Gesten einen besonderen **Verweisungscharakter** erhalten, stellen damit jedoch eine Abweichung von der traditionellen Erzählweise heraus. Auch Ludwig Rohner (1973) distanziert sich vom Symbolbegriff, um den Unterschied zur Erzähltradition zu betonen.

Die Arbeiten von Asit Datta (1972), Ludwig Rohner (1973), Josef Donnenberg (1973) und Manfred Durzak (1980) bieten unterschiedlich umfassende Überblicke über die Theorie der Nachkriegskurzgeschichte.

Datta fasst zehn Hauptmerkmale der Kurzgeschichte, wie sie von Bender, Essen, Höllerer, Kilchenmann, Lorbe, Motekat, Piontek, Schnurre und Unseld herausgestellt worden sind, knapp zusammen. Seiner Definition zufolge findet sich aus dieser ergänzbaren Liste von Merkmalen meistens eine größere Anzahl Kriterien in einer Kurzgeschichte, und diese ist »deshalb als Komplex zu verstehen« (186). Diese Auffassung Dattas entspricht Höllerers Theorie von der **Kurzgeschichte als »Sammelplatz« bestimmter moderner Erzählweisen,** ohne dem eine neue Dimension hinzuzufügen.

Rohner (1973) liefert mit seiner Arbeit die umfangreichste und detaillierteste Darstellung zur Theorie der Kurzgeschichte. Im Anschluss an eine kommentierte Bibliographie präzisiert er die bekannten Gattungsmerkmale in einer **phänomenologischen Untersuchung** auf breiter Textgrundlage. 150 Texte von zehn Autor/innen, die alle vorwiegend zwischen 1945 und 1960 Kurzgeschichten geschrieben haben, werden analysiert. Dazu überprüft Rohner seine Ergebnisse an ebenso vielen Textbeispielen anderer zeitgenössischer Kurzgeschichtenautoren und verifiziert diese Ergebnisse, indem er die Kurzgeschichte zusätzlich noch anhand von Beispielen aus Zeitschriften, Lesereihen und Anthologien zu definieren versucht. Zwar berücksichtigt Rohner keine satirischen Kurzgeschichten und kaum solche mit extrem weitgetriebener Entfabelung, doch bietet sein breit angelegtes Spektrum eine **repräsentative Basis** für den bisher am gründlichsten durchgeführten Versuch, zu gültigen, gattungstypologischen Resultaten zu gelangen. Rohner behandelt nicht nur die vorherrschenden Gattungsmerkmale der Kurzgeschichte, sondern hebt die strukturell ausschlaggebende Rolle der Kürze hervor, wie es vor ihm Friedman, Wolpers, Goetsch und nach ihm Lubbers auch für die moderne Short Story getan haben. Das Grundprinzip der Kurzgeschichte besteht demzufolge in »weitgetriebener Reduktion« (²1976, 162). Diese Feststellung ist insofern von Bedeutung, als die in der Kurzgeschichte beobachteten Merkmale, die Höllerer auch im modernen Roman als Folge einer allgemeinen erzähltechnischen Entwicklung verzeichnet hatte, durch das **Gestaltungsprinzip der umfassenden Verkürzung** ihren gattungsspezifischen Stellenwert erhalten.

Insgesamt besehen erbringt Rohners Untersuchung, obwohl sie teilweise ziemlich summarisch verfährt, wichtige Ergänzungen zur Darstellungstechnik der Kurzgeschichte. Besonders an dem noch vernachlässigten **Aspekt der Sprachgestaltung** zeigt Rohner, mit welchen sprachlichen Mitteln die Struktur der Kurzgeschichte, vor allem hinsichtlich ihrer Offenheit, strategisch ergänzt wird (vgl. Kap. 2.5). Einen viel versprechenden Ansatz bietet sein Versuch, **unterschiedliche Bauarten der Kurzgeschichte** zu erläutern, indem er vom chronologischen Verlauf des erzählten Geschehens ausgeht und diesen unter dem Gesichtspunkt unterschiedlicher Vergegenwärtigungsmethoden betrachtet. Es ergeben sich zwei Hauptgruppen von vergleichbar großem Umfang und eine kleinere Gruppe, deren Varianten stärker von Strukturexperimenten bestimmt sind.

Die erste Gruppe kennzeichnet das einsinnig-chronologische, sukzessiv-geraffte **Durcherzählen auf einer Zeitebene**, wobei sowohl die Erzählzeit als auch die erzählte Zeit – vor allem was das vorbereitete Ereignis selbst betrifft – oft sehr knapp ausfallen, so dass der Eindruck entsteht, es werde zeitdeckend erzählt (200).

Eine weitere umfangreiche Gruppe charakterisiert Rohner mit der missverständlichen Bezeichnung »**spiegelnde**« Kurzgeschichte, nennt sie »auch mehrschichtig oder doppelbödig« (213); diese Eigenschaften treffen jedoch genauso gut auf Geschichten aus den anderen Gruppen zu, nur dass sie dort durch andere erzähltechnische Mittel erreicht werden. Rohner erläutert anhand dieser Termini Geschichten, in denen von zwei vorhandenen Bereichen – Erzählgegenwart und verfügbare, erinnerte Vergangenheit – der letztere assoziativ in die Erzählgegenwart einbezogen wird und damit ein »Zugleich« beider Bereiche entsteht (214). Es geht also genau besehen um eine Situation in der Erzählgegenwart, in die **Rückwendungen** eingefügt sind, und dadurch kommt es zur Erweiterung der erzählten Zeit um mindestens eine Vergangenheitsebene.

Außer derartigen Abweichungen von der chronologischen Folge des Geschehens stellt Rohner einige **Experimente mit der Zeitgestaltung** fest. Die Kurzgeschichten beziehen hierbei ihre Suggestivkraft durch verschiedene Methoden, imaginäre Zeit in die Darstellung einzubeziehen und so zeitdeckend wie möglich zu erzählen. Rohner nennt die »**Panoramatechnik**« absolute Vergegenwärtigung durch Montage. Sie erweckt den Eindruck von Gleichzeitigkeit und suggeriert außerdem räumlich-geographisches Nebeneinander durch asyndetische Parataxe (Schnabel: »Um diese Zeit«). Wenn Rohner jedoch von »**Koexistenz statt Sukzession**« spricht (203), wäre zu betonen, dass es sich dabei nur um einen Eindruck handelt, nämlich um evozierte Koexistenz der verschiedenen erzählten Geschehnisse, da sie von einem olympischen Erzählerstandort aus mitgeteilt, doch sukzessiv-parataktisch gereiht sind.

Als weitere Möglichkeit, »Zeit rein zu vergegenwärtigen«, nennt Rohner das **»freischwebende Selbstgespräch«** (207), offensichtlich eine Entsprechung zu Höllerers Arabeskentypus; jedoch gibt Rohner keinen Aufschluss darüber, wie in diesem Selbstgespräch versucht wird, »simultan zu erzählen und den Leser mit dem Erzähler gleichzusetzen« (207). Unter der **Vergegenwärtigungsmethode »Gleichzeitigkeit«** nennt er die Augenblicksgeschichte mit ihren Variationen, bezieht hier aber auch Höllerers Überblendungstyp mit ein, indem er zwischen Gleichzeitigkeit durch »Isolierung von Augenblicken« und »Gleichzeitigkeit durch Montage« (Überblendungstyp) differenziert (208ff.).

Unter der letztgenannten Bezeichnung ließen sich auch die Geschichten mit »Panoramatechnik« einordnen, während einige der von Höllerer angeführten Augenblickskurzgeschichten keineswegs den Effekt von Gleichzeitigkeit hervorrufen (Andersch: »Grausiges Erlebnis eines venezianischen Ofensetzers«; Bender: »Die Wölfe kommen zurück«), vielfach Rückwendungen beinhalten, es also zur Überschneidung mit Rohners »doppelbödiger« Kurzgeschichte kommt (Borchert: »Die Küchenuhr«; Rehmann: »Der Gast« z.B.). Trotz des viel versprechenden Ansatzes konzentriert sich Rohner letztlich wie schon Lorbe und Höllerer auf bestimmte **methodische Einzelaspekte**, ohne sie dem übergreifenden Erzählprinzip – der chronologischen Gliederung des Geschehens bzw. den Abweichungen davon – unterzuordnen.

Demgegenüber unternimmt es Erna Kritsch Neuse (1980) in ihrer systematischen Studie über **charakteristische Bauformen** der deutschen Kurzgeschichte erstmals, Gattungstypen aus der Behandlung der erzählten Zeit und ihrer Relation zur Erzählzeit abzuleiten. Von einer breiten Textgrundlage von tausend Geschichten, die zum größten Teil allerdings nicht im Einzelnen angegeben sind, dienen etwa siebzig eingehend besprochene Texte als repräsentative Strukturmuster für sieben Hauptformen mit einer Anzahl von Varianten. Kritsch Neuse lehnt den Terminus »Augenblickskurzgeschichte« ab, weil in der Kurzgeschichte »immer eine deutlich meßbare erzählte Zeit vorhanden« ist, die sich schon allein, was die physikalische Zeit der Gegenwartssituation betrifft, von einigen Minuten bis zu einigen Monaten erstreckt (208f.). Obwohl der Begriff bei Lorbe als »Augenblicksbild«, bei Höllerer als »Augenblickssituation« bzw. »Fixierung auf einen Augenblick« innerhalb einer Geschichte gebraucht wurde, ist es angesichts der ungenauen und teilweise recht unterschiedlichen Verwendung dieses Begriffs in der theoretischen Diskussion vorzuziehen, mit Kritsch Neuse »anstatt von erzählten Augenblicken von **Situ-**

ationen zu sprechen« (210), wie es im Übrigen auch Paul Goetsch für die moderne Short Story tut.

Je nach der Abfolge solcher Situationen in der erzählten Zeit einer Geschichte stellt Kritsch Neuse **sieben verschiedene Hauptformen** fest, die sie als jeweils noch zu erweiternde Ansätze verstanden wissen möchte. Von diesen Hauptformen beruhen vier – Progression, Kettentechnik, Rückwendung und Rahmentechnik – auf der Einhaltung oder unterschiedlichen Abweichung von chronologisch verlaufender erzählter Zeit. Problematisch ist die Einstufung der drei anderen – Kreis, Permutation, Überdrehung – als Hauptformen, denn sie gründen sich auf stofflich-thematische und stilistische Merkmale, ließen sich aber ihrer Struktur nach unter Progression und Rückwendung, hierunter auch speziell als Rahmengeschichte (wie im Fall von Stefan Heym: »Ein sehr guter zweiter Mann« und Marie Luise Kaschnitz: »Ja, mein Engel«) einordnen, wären also Varianten dieser beiden Hauptformen.

Als Kreis bezeichnet wird eine Form, in der Anfang und Ende durch Wiederholung des ersten Satzes im letzten verbunden sind, entweder bei Rekapitulation oder bei Gegenwartshandlung, um einen Dauerzustand auszudrücken. Im Falle der Permutation sind die Erzählfiguren betroffen, indem bei zwei Gegenspielern eine »Vertauschung oder Umstellung in symmetrischer Gegenläufigkeit« stattfindet (184), was ihre Position, ihre existentiellen Umstände angeht. Die auf Überdrehungstechnik beruhende Form, die sich schon bei Lorbe und Höllerer findet, beruht auch bei Kritsch Neuse auf **stofflich-stilistischer Verfremdung**, wobei die grotesken oder surrealen Überraschungseffekte auf das **Verhalten des Erzählers** zurückgehen, die Geschichten strukturell aber progressiv oder rückwendend erzählt werden.

Über die systematische Untersuchung der Bauformen hinaus legt Kritsch Neuse noch einige **Ergebnisse zu Stoff, Titel und Figuren** in der Kurzgeschichte vor. Dem Anspruch einer Korrektur bestehender Auffassungen können diese Ergebnisse jedoch nur insofern genügen, als sie die bereits vorliegenden Arbeitsresultate Damraus (Stoff, Figuren), Gutmanns (Titel) und Rohners (Figuren, Titel) bestätigen.

Manfred Durzak geht wie Rohner vom **Strukturprinzip der Verkürzung** aus und verwendet dafür den von Henry James geprägten Terminus »explosive principle«, den bereits Paul Goetsch (1971) seiner Untersuchung über die Situationsverknüpfung in der modernen Short Story zugrunde legte. Durzak bietet anhand von Einzelinterpretationen »Bausteine zu einer induktiv vorgehenden, historisch beschreibenden Poetik«, die – »auf einige phänotypische Grundtendenzen hin« verallgemeinert – »das formale Spektrum der Kurzgeschichte charakterisieren können« (1980, 301). Allerdings lässt sich dieses Verfahren nicht so einfach als das sinnvollere erklären gegenüber der summarischen Erfassung gattungstypischer Besonderheiten bei Rohner, Kuipers, Gutmann, Donnenberg.

Zunächst dürften diese unterschiedlichen Arbeiten nicht so pauschal nebeneinandergestellt werden; denn Gutmanns und Rohners auf breiter Basis angelegte empirische Untersuchungen sind darum bemüht, zu überprüfen, wie repräsentativ die in der deutschen Kurzgeschichtentheorie beschriebenen gattungstypologischen Merkmale für die Geschichten des behandelten Zeitraumes sind, ohne damit eine normative Poetik anzustreben. Außerdem wäre es kaum ergiebig, sich für die eine oder die andere Methode zu entscheiden, da sich beide Verfahren notwendigerweise ergänzen. Wichtiger ist es, die Ergebnisse der Kurzgeschichtenforschung in **historischer Perspektive** zu sehen, um eine Normierung zeitweilig dominanter Merkmale zu vermeiden, was durchaus von Gutmann und Rohner beachtet wird; doch stellt Durzaks Verfahren in dieser Beziehung eine Ergänzung der beiden Bestandsaufnahmen dar, weil der so wesentliche **Aspekt formaler Wandlungsfähigkeit** in den Vordergrund rückt.

Der angewandte Gattungsraster besteht aus wenigen Hauptkriterien: der zentralen Situationseinheit des Plot, deren strukturelle Verdichtung dem Prinzip komplexer Kürze unterliegt, auf einen Kulminationspunkt am Schluss ausgerichtet ist oder auf eine Epiphanie, d.h. auf »das plötzliche Sichtbarwerden eines Sinnzusammenhangs im Kontext einer bestimmten Erzählsituation, ohne dass diese Erzählsituation von sich aus kausal auf diesen Sinn hindeutet« (306). Statt dessen kann sich die Handlung auch auf eine Peripetie oder auf eine Pointe hin entwickeln. Dieser formale Raster bedeutet keinen Verzicht auf die charakteristischen Andeutungs- und Verweisungstechniken, jedoch bleibt die methodische Ausgangsbasis hierbei offener für noch nicht kanonisierte komprimierende Erzählweisen.

Während Durzak sich einerseits an der Typenreihe Höllerers orientiert und auch den Begriff der »Kabinen-Struktur« übernimmt, um die komplexe Beschaffenheit selbst des linearen Erzählverlaufs zu unterstreichen, bezieht er andererseits in Anlehnung an Ergebnisse aus der amerikanischen Short Story-Theorie die **inhaltlichen Typen** Initiationsgeschichte, exotisch-abenteuerliche, satirische und lyrische Kurzgeschichte mit ein. Mit einer solchen Ergänzung führt Durzak der deutschen Kurzgeschichtenforschung eine notwendige Erweiterung ihrer theoretischen Perspektiven zu, die gerade angesichts der früheren problematischen Versuche, Inhaltstypologien zu erstellen (vgl. Doderer 1953, 1957/58 und Brustmeiers Typologie für die Kurzgeschichten Borcherts, 1966) zu berücksichtigen wäre.

Überblickt man die allmähliche Theoriebildung zur Kurzgeschichte seit der Jahrhundertwende, so lässt sich eine durchgängige,
wenn auch nicht immer gleich starke **Wirkung der theoretischen
Schwerpunkte Edgar Allan Poes** erkennen. Noch Höllerer verweist
in seinen typologischen Darlegungen auf Poes Begriff »Totalität des
Effekts« (241). Die suggestive Wirkung, die Technik dieser kurzen,
doch komplexen und wandelbaren Form beschäftigte die Theoretiker schon früh, ebenso die Bedeutung des ersten Satzes für die im
Anfang angelegte Wirkung, oft vereinfacht als bloßes lineares Hinführen auf eine eklatante Schlusspointe hin verstanden. Zwar wurde
die Short Story-Theorie nach 1945 vorrangig über die Geschichten
selbst rezipiert (Damrau 1967, 29; vgl. dazu Kap. 4.4.ff.), doch bedeutet die **Orientierung am strukturbildenden Prinzip der Kürze**,
das die wesentlichen Merkmale der Kurzgeschichte bestimmt, wieder eine Annäherung an die Poetik Poes, worin die deutsche Kurz-
geschichteforschung der modernen Short Story-Theorie folgt (vgl.
auch Ahrends 1980, 51). Nach der lange verzögerten Anerkennung
der Kurzgeschichte als selbständiger Gattung ermöglichen es die in
der deutschen Kurzgeschichtentheorie zusammengetragenen gattungsspezifischen Merkmale, nicht nur die Eigenständigkeit, sondern auch
die Wandelbarkeit der Kurzgeschichte zu erklären.

2.5 Theoretische Schwerpunkte der Kurzgeschichtenforschung

Die wissenschaftlichen Untersuchungen zur Kurzgeschichte haben
eine Reihe wesentlicher Gattungsmerkmale herausgestellt, deren
Bedeutung auch unter namhaften Kurzgeschichtenautoren, unabhängig von ihren individuellen Vorstellungen hinsichtlich Thematik, Stil und Wirkung, anerkannt ist. Zwar liegt die gattungsspezifische Leistung dieser einzelnen Merkmale der Darbietungsstrategie im
jeweiligen Zusammenspiel mehrerer dieser Aspekte, woraus sich charakteristische Strukturtypen ergeben, doch wird die Entfaltung der
Fabel in der Kurzgeschichte stets von einem durchgängig erkennbaren Erzählprinzip, der Kürze, entscheidend geprägt.

2.5.1 Die Kürze

Schon seit den frühen theoretischen Stellungnahmen zur deutschen Kurzgeschichte wird der von redaktioneller Seite auf etwa 250 bis 300, später auf 100 und weniger Druckzeilen angesetzte **Umfang** in qualitative Beziehung zu Form und Wirkung der Kurzgeschichte gesetzt. So äußert sich Hoffmann anerkennend zu dem »conciseren Stil« aufgrund der Maximalgrenze von 250 bis 300 Zeilen (1902/03, 1164); er beruft sich dabei auf Geschichtenbeispiele aus Zeitschriften, vor allem aus der *Jugend* und dem *Simplicissimus*. Im *Simplicissimus* setzt die Redaktion 1896 die Grenze »bis zu 350 Druckzeilen des Blattes« (I, 26: 6). Ein Jahr später wünscht man die »ganz kurze Geschichte« mit »90 Druckzeilen zu ca. 15 Silben« (1897, II, 7: 54). Etwa gleichzeitig gibt man in der *Jugend* die Begrenzung von »nicht über 300 Druckzeilen (zu je 9 Worten) lang« an (1896, I, 9: 148).

Als Rockenbach 1926 einige Autoren zu Kurzgeschichtenbeiträgen für seine Zeitschrift *Orplid* einlädt, versieht er seine Einladung mit einer Definition, in der von 30 bis 300 Schreibmaschinenzeilen die Rede ist. Dieser Umfangsdefinition schließt sich Mahrholz in seiner Literaturgeschichte an. Um die Mitte der 1930er Jahre geben Autoren aus ihrer Erfahrung mit Zeitungsredaktionen laut Ebings Rundfrage ähnliche Begrenzungen für den äußeren Umfang an: »zwischen 100 und 500 Druckzeilen« (IX, 50), »soll eine Mindestlänge von etwa 100 und eine Höchstlänge von etwa 200 Zeilen haben« (XII, 52) oder »von ca. 30-140 Zeilen« (XX, 59). Karlheinz Holzhausen zitiert 1937 die Norm einer großen Berliner Tageszeitung »nicht länger als 120 Zeilen« (337), und Helga v. Kraft gibt 1942 »die Hundertzeilengeschichte« als maßgebend an, stellt aber aufgrund ihrer Untersuchung von Zeitungskurzgeschichten einen Umfang von 40 bis 150 Zeilen fest, wobei gelegentlich die obere Grenze überschritten wird (25, 35).

Bei ihrem Kurzgeschichten-Wettbewerb 1954 gab *Die Zeit* eine obere Umfangsbegrenzung von »180 Schreibmaschinenzeilen« bekannt (Hühnerfeld 1955, 6), während für den seit 1960 jährlich ausgeschriebenen »Georg Mackensen Literaturpreis für die beste deutsche Kurzgeschichte in deutscher Sprache« ein Umfang »bis zu drei Textseiten zu einer maximalen Länge von 12 Schreibmaschinenseiten« akzeptabel ist (Durzak 1980, 461); 1986 wurden es dann mit der Umbenennung in »Westermann's Literaturpreis« zehn Schreibmaschinenseiten (*Westermanns Monatshefte*, April 1986, 55). Eine ähnliche Norm, »3.000 Wörter oder 10 maschinengeschriebene Seiten zu je 30 Zeilen (1½ Zeilenabstand, 5 cm linker Rand)«, gilt für den »Deutschen und Internationalen Kurzgeschichtenpreis« der Stadt Arnsberg (vormals

Neheim-Hüsten; Ausschreibungsblatt 1983 und noch 1990). Der seit 1991 ausgeschriebene »Bettina-von-Arnim-Preis« setzte »höchstens sieben Schreibmaschinenseiten (die Seite zu 30 Zeilen à 60 Anschlägen)« fest (Ausschreibungsblatt 1995, *Brigitte* 19, 147). Demgegenüber erarbeitet Rohner für die Kurzgeschichte des Zeitraumes 1945 bis 1960 aus 400 Texten einen Durchschnittsumfang von 8 Druckseiten (in der Regel 4–8 Seiten). Der Wettbewerb des Mitteldeutschen Rundfunks in Halle (seit 1996) führt noch den mündlichen Vortrag als ein weiteres Kriterium ein, und begrenzt die Länge einer Kurzgeschichte »auf maximal 15-Vorlese-Minuten (ca. 6 Manuskriptseiten mit je 30 Zeilen à 60 Anschläge pro Seite)« (Ausschreibung 2004), während bei vielen Kurzgeschichten auf Internetseiten meistens eine Länge von zwei bis drei Seiten bevorzugt wird.

Die qualitative Bedeutung des knappen Umfangs schlägt sich in einer eigenen »Dramaturgie« der Kurzgeschichte (v. Kraft, 25), in ihrem **Hauptkompositionsprinzip, der Verdichtung bzw. Verkürzung**, nieder. Betroffen sind, mit jeweils unterschiedlicher Intensität, alle Aspekte der erzähltechnischen Verfahrensweisen einschließlich der sprachlichen Gestaltung. Dadurch häufen sich die **Aussparungsmethoden** in der Kurzgeschichte und wirken sich entscheidend auf die Raum-, Zeit- und Figurendarstellung sowie auf die Handlungsführung aus. Dementsprechend steht immer wieder der **Ausschnittcharakter** als hervortretendes Merkmal der Kurzgeschichte im Blickpunkt theoretischer Erörterungen. Obwohl damit ein allgemeines künstlerisches Auswahlprinzip angesprochen wird, kommt der »Pars pro toto-Effekt« (Kuipers 1970) in der Kurzgeschichte in gesteigertem Maße zur Geltung, weil sich hier Kürze und mehrschichtige Darstellung – oft mit besonderer Intensität – verbinden. Indem die Kürze alle Erzählbereiche qualitativ erfasst, kann das grundlegende, eng mit der **Suggestivkraft** verbundene Gestaltungsprinzip der Kurzgeschichte als »weitgetriebene Reduktion« (Rohner [2]1976, 162) bezeichnet werden.

2.5.2 Stoff und Stil

Es lassen sich einige grundlegende Kennzeichen zusammenstellen, die nicht an eine bestimmte Epoche gebunden sind. Übereinstimmend wird immer wieder beobachtet, der Stoff sei vorwiegend dem **Bereich faktischer alltäglicher Lebensbedingungen** entnommen; stilistisch seien alle Nuancen anzutreffen. So kann der Stoff »ebensowohl humoristisch und satirisch, verständig und phantastisch, als auch tiefernst bis zur Religiosität und Mystik« gestaltet sein; es gibt

»Seelenstudien«, durch »überraschenden Tiefblick« gekennzeichnet (Hoffmann 1902/03, 1164), auch vereinzelt Humoresken (Bienenstein 1903/04). Da jedoch eine »ernste Unterschicht« besteht, »ist der Humor in der Kurzgeschichte immer nur vordergründig« (Doderer 1953, 42). Grotesken sowie betont gesellschaftskritische Satiren und »skurrile Bilder« gehören ebenfalls zum Repertoire der Kurzgeschichte (Wippermann 1959, 107).

Alltagskrisen und -konflikte, wie sie für zwischenmenschliche Beziehungen charakteristisch sind, werden thematisiert. Der Mensch wird im alltäglichen Geschehen gezeigt, in der Problematik der Lebensphasen oder konfrontiert mit einem Alltag, der durch politische Einwirkungen verändert ist. Die sogenannte »Kleinwelt« (Ströter 1936, v. Kraft 1942) steht im Mittelpunkt der Kurzgeschichte, wobei ›alltäglich‹ jedoch relativ zu verstehen ist. Schon Langer (1929/30) beobachtet, dass ein besonderer Zufall in das regelhafte, alltägliche Geschehen eintritt, um es kurz danach wieder vorherrschen zu lassen: »Die Kurzgeschichte ist eine Art steno-epischer Vermittlung problematischer Verknotungen von an sich alltäglichen Ereignissen [...]« (613). Helga v. Kraft differenziert weiter und stellt fest, es handele sich nicht um eine »unerhörte Begebenheit« sondern der alltägliche Vorfall werde erst »zum Besonderen erhoben« (1942, 32). Es geht nicht um »einmalige bedeutende Ereignisse im Stil der Haupt und Staatsaktion« (Höllerer 1962, 233), und selbst Doderers »Schicksalsbruch« (Klein: »Lebensbruch«, 1958, 913) stellt eine zu monumental und einseitig aufgefasste stoffliche Charakterisierung dar. Rohner modifiziert sie zu »Störung« ([2]1976, 220).

Allerdings beinhalten die erzählten Verhältnisse bzw. Ereignisse jeweils ein besonderes Gewicht für die betroffenen Figuren, haben für sie meistens den Stellenwert von **Grenzfällen** im Alltag, während aus allgemeiner Sicht »latente Möglichkeiten alltäglicher Wirklichkeit« vor dem Hintergrund eines gleichförmig ablaufenden täglichen Lebens gestaltet werden (Damrau 1967, 160 u. 173).

Das dargestellte **Spannungsverhältnis zwischen Alltäglichem und Besonderem** dürfte darauf zurückzuführen sein, dass die Ereignisse und Zustände, die sich mühelos in den gewöhnlichen Alltag einer Massengesellschaft einordnen lassen und – so allgemein gesehen – keine herausragende Bedeutung erhalten, für den individuell Betroffenen dagegen eine bedeutungsvolle Unterbrechung seiner Alltagsroutine beinhalten. Außerdem kann dieses Spannungsverhältnis in der Art der gewählten Erzählfiguren begründet liegen (vgl. Kap. 2.5.3). Hinzu kommt, dass in der Kurzgeschichte oft eine paradoxe Situation dargestellt wird (vgl. Kusenberg 1965). Grundsätzlich formuliert: Die Kurzgeschichte gestaltet das, was »unmöglich aber wahrscheinlich« und das, was »möglich, aber unglaubhaft« ist und lässt beides gleich gelten (Rohner ²1976, 242).

Bei der Konzentration auf das Wesentliche in einem prinzipiell unbegrenzten stofflichen Bereich haben Verdichtungstechniken eine spannungssteigernde Funktion und prägen die **sprachliche Gestaltung** der Kurzgeschichte unterschiedlich stark. Da sich mit der verdichtenden eine andeutende, verweisende Sprache verbindet, werden höhere Anforderungen an die Aufmerksamkeit des Lesers gestellt. Äußerlich mag die Sprache einfach und unprätentiös erscheinen, weil die Wortwahl oft alltäglich und umgangssprachlich ist, doch erreicht sie ihre hintergründige Qualität indirekt, denn das thematisch Bedeutsamste findet sich oft auffällig in einem Nebensatz, so dass der Leser es überall erwarten muss (Essen 1957, 56).

So erhalten Worte, die auf den ersten Blick banal wirken, eine sinngerichtete, andeutende, eventuell pointierende Funktion; sie kalkulieren also eine bestimmte Lesererwartung mit ein. Das findet sich vielfach bei untertreibendem Stil, vor allem, wenn die stark verkürzende und verdichtende dialogische Gestaltung eingesetzt wird. Einerseits ist so die Beschreibung ausgespart, da das Verhalten der Figuren aus der direkten Rede hervorgeht und sie auf diese Weise charakterisiert; andererseits trägt das zur Offenheit und Vergegenwärtigung des Dargestellten bei. Denn die umgangssprachliche, dialogisch-aussparende Diktion sorgt für Spannung und Wirklichkeitsnähe, teils weil die unmittelbare direkte Rede in Verbindung mit personalem bzw. neutralem Erzählverhalten (und präsentisch Verben und Adverbien) eine Gegenwartsfiktion schafft (vgl. Kap. 2.5.6), teils weil eine solche Diktion die Kurzgeschichte betont leserbezogen und offen hält, indem beispielsweise die Erklärungen für unverständliches – vielleicht widersprüchliches – Verhalten fehlen, so dass die Leser/innen zum Mitgehen und Mitdenken in das Geschehen eingespannt werden.

Die umgangssprachliche Diktion der Kurzgeschichte kann bis zum »**Telegrammstil**« verkürzt sein (v. Kraft 1942), um eine spannungssteigernde Verdichtung zu erzielen, wobei vor allem der Dialog alle Möglichkeiten grammatischer Verkürzungen einschließt und somit der Sprache einen nicht fixierten, vorläufigen, also **offenen Charakter** verleiht (Rohner ²1976, 239). Nicht allein die Wortwahl wirkt umgangssprachlich und einfach, sondern auch der parataktische Satzbau, zumal er die Kurzgeschichte weitgehend beherrscht, so dass von einem »Prinzip der Reihung, der oft asyndetischen Parataxe, konjunktionsloser Fügungen, verbloser elliptischer Sätze« gesprochen werden kann (ebd., 228). Die gedrängte, intensive Reihung – nicht zuletzt von Erinnertem und Gegenwärtigem – ergänzt auf stilistischer Ebene, was Erzählverhalten und Erzählperspektive an Gegenwartsbewusstsein

erzeugen; sie dient der andeutenden sowie der lyrisch-stimmungshaf-
ten Gestaltung in der Kurzgeschichte (ebd., 231), trägt infolgedessen
zur Suggestivkraft und effektiven Kürze bei.

2.5.3 Raum und Figuren

Allgemein fällt die umrisshaft, skizzierend gehandhabte Behandlung von **Erzählraum** und Figuren auf. Der Raum spielt gegenüber
der Zeit eine untergeordnete Rolle. Wie ausführlich er in die Kurzgeschichte einbezogen wird, hängt von seiner Funktion im Geschehensverlauf ab, doch lässt er – mehr oder weniger reduziert – jeweils
»eine größere Ausdehnung vermuten« (Kuipers 1970, 113). Er bietet sich z.B. vor der Kulisse eines Ganzen als Bruchteil, Ausschnitt
aus einem Ganzen, dar; er kann offen, ohne feste Begrenzungen,
mit verschwimmenden Konturen oder bedrückend eng gestaltet sein
(Wippermann 1959, 106). Oft wird er schon am Anfang der Kurzgeschichte mit einem Wort bestimmt: nebenan, Bahnhof, Wartesaal,
Kino, Mietshaus (Gutmann 1970, 148).

Die **Einheit des Ortes** wird häufig gewahrt, wobei der Raum
assoziativ erweitert werden kann durch Einblenden verschiedener
Örtlichkeiten (z.B. durch Traum, Vision, Erinnerung). Auch kann
er mehrere, ineinander verschränkte Örtlichkeiten durch mosaikar-
tige Zusammenschau – durch »Überblenden« – umfassen (Bender, Lorbe, Höllerer), so dass ein einheitlicher Eindruck entsteht.
Zu einem solchen Eindruck trägt auch eine Figurenperspektive
bei, da ein personaler Erzähler, wie Gutmann bemerkt, den Leser
an den gebotenen Erzählraum bindet. Der Raum gibt vorwiegend
den **Hintergrund für das Geschehen** ab (Kuipers), entspricht vielfach einer menschlichen Grenz- oder Übergangssituation, beispielsweise durch abgelegene, begrenzte, auch isolierte Räumlichkeiten:
Stadtrand, Zimmer, Zugabteil, Schiff, usw. (Rohner ²1976, 173–
174).

In der Kurzgeschichte treten nur wenige **Figuren** auf; häufig sind
es drei einschließlich des Ich-Erzählers. Rohner gibt an, auf welche verschiedene **Konstellationen** sich die Kurzgeschichte meistens beschränkt:
auf das Verhältnis zwischen einem isolierten Ich und einer größeren
Gruppe oder auf zwei Personen und einen »Streitwert« (Person, Tier,
Gegenstand, Vorgang), der »stumm anwesend ist oder in seiner Abwesenheit wie anwesend wirkt«. Selbst wenn eine einzelne Figur durch
inneren Monolog vorgestellt wird, ergibt sich »eine Dreiheit«, indem
sich das Ich als Du anspricht und antwortet, während »sie« und »die
Andern« als Dritte vorhanden sind (ebd., 178–180).

Hinsichtlich der **Art der Erzählfiguren** gibt es zwei unterschiedliche Theorien: eine akzentuiert den Durchschnittsmenschen, die andere den Außenseiter; übereinstimmend heißt es in beiden, dass die Kurzgeschichte keine idealisierten Figuren vorstelle. Es sind vielmehr »Menschen, die uns im Alltag begegnen« (Unseld 1955, 145); »der Mensch wie er ist«, nicht aber »wie er sein könnte« wird gezeigt (Schnurre 1960, 1). Sowohl Schnurre als auch Bender gehen primär von der amerikanischen Short Story aus, wenn sie den **Außenseitern** eine gewisse Vorrangstellung einräumen. Schnurre charakterisiert das Verhältnis zwischen durchschnittlichen Menschen und denen, die außerhalb der gesellschaftlichen Norm stehen, folgendermaßen: »[...] den Außenseitern gehört das Herz, den Durchschnittsmenschen nur der Intellekt des Short Story-Autors«, weshalb »seine Helden so oft Kinder, Geisteskranke, verstümmelte Boxer, schwachsinnige Tramps, seelisch ausgehöhlte Ehepaare und innerlich zu Tode verwundete Kriegs-›Helden‹ sind« (1).

Was die deutsche Kurzgeschichte angeht, so besitzt Schnurres Beschreibung der Figuren eher eine Vorbildfunktion für sie. Das ist auch bei Benders Feststellung über die Short Story der Fall, denn er hebt ihre **komplizierteren Menschen** ebenfalls von den vereinfachten Idealfiguren ab, zieht »kranke, spleenige, verrückte, perverse Menschen« vor, »kindische Alte und altgescheite Kinder, Herren und Damen, die auf das Sofa des Doktor Freud gehören, verkrachte Existenzen, Bohemiens, Träumer, Schwermütige, Verklemmte« wie sie in der Short Story typisiert werden (1962, 214). Etwaige Entsprechungen in der deutschen Kurzgeschichte treten in geringerem Maße auf (vgl. Rohner [2]1976). Schnurres Beschreibung hat außerdem noch programmatischen Charakter für die Gestaltung der Erzählfiguren.

Häufiger wird die Auffassung vertreten, es gehe in der Kurzgeschichte um **Durchschnittsmenschen**, um Träger einer allgemeingültigen Bedeutung, in deren individueller Situation der Leser seine eigenen Lebenslagen und Probleme erkennt (Lehmann 1956, 6). Gleich welcher Art die Figuren sind, unerheblich ist die dargestellte Situation für sie nicht (Piontek 1959, 68). Einen Moment lang werden sie zu »Ausnahmemenschen«, nämlich zu »Menschen, die eine ungewöhnliche Lage mit einer ungewöhnlichen Reaktion zu beantworten haben« (Damrau 1967, 164). Das Ungewöhnliche ist hierbei wiederum relativ zu sehen, da es einen gradweise unterschiedlichen Wert für die einzelnen Figuren annimmt.

Die starke Aussparung bei der Figurenzeichnung äußert sich auf verschiedene Weise: in der **Tendenz zur Typisierung**, der fehlenden Entwicklung sowie in der oft ausgesparten Beschreibung von Gedanken und Gefühlen. Die Menschen werden in der Kurzgeschichte meistens mit einem charakteristischen Wesenszug, einer besonderen Eigenart in Aussehen oder Verhalten ausgestattet. Typisieren verbindet sich hier mit Andeuten, etwa durch die Namensgebung, Benehmen, charakterisierende Kleidungsstücke, Gesten, seelische Zustände und Sprache (v. Kraft 1942, 27 f.). Diese knappe Skizzierung steht in einem sinntragenden Verhältnis zum Geschehen, wobei die Personen nicht entwickelt (Unseld 1955, Damrau 1967), höchstens enthüllt werden (Doderer 1957/58). Die andeutende Zeichnung herrscht vor, enthüllt Motive und Emotionen der Erzählfiguren vorwiegend mittels ihrer Verhaltensweisen (Sprache, Gesten, Reaktionen). Im Zusammenspiel damit erhalten einzelne Gesten oder Gegenstände oft ein besonderes Gewicht statt nur eine begrenzte, themastützende Funktion (Lorbe 1957, Höllerer 1962), und häufig scheinen die Dinge mächtiger als der Mensch zu sein (Wippermann 1959).

2.5.4 Der Titel

Allgemein ist bisher über die Titelart in der Kurzgeschichte festgestellt worden, diese Gattung bevorzuge »als Titel stets den andeutenden, tarnenden gegenüber dem kommentierenden und enthüllenden« (v. Kraft 1942, 62). Auch Gutmann und Rohner kommen zu dem Ergebnis, der Titel umgehe den direkten, entschlüsselnden Hinweis auf das Thema der Geschichte.

Gutmann (1970) teilt sein Material in **vier etwa gleich große Kategorien** ein:
1. »Titel, in denen ein ›Ding‹ genannt wird« (Borchert: »Die Küchenuhr«; Böll: »An der Angel«);
2. »Titel mit Orts-, Zeit- oder Situationsangaben bzw. mit einer Beziehung zwischen diesen Größen« (Kaschnitz: »Mitte Juni«; Lenz: »Nacht im Hotel«; Schnurre: »Auf der Flucht«; Böll: »Hier ist Tibten«);
3. »Titel mit benannten oder unbenannten ›Figuren‹« (Bender: »Iljas Tauben«; Rehn: »Der Zuckerfresser«);
4. »Verrätselnde, problem- oder gleichnishafte, provozierende Titel« (Gaiser: »Der Mensch, den ich erlegt hatte«; Kaschnitz: »Lange Schatten«; Böll: »Unberechenbare Gäste«; Schnurre: »Man sollte dagegen sein«; Bender: »Hilversum gibt es nicht«).

Entsprechend ihrer Hauptfunktion haben die meisten Titel **verrätselnden Charakter**, sei es durch ungewöhnliche Wortkombinationen (Böll: »Abenteuer eines Brotbeutels«; »Schicksal einer henkellosen Tasse«), durch stark provokative Wendungen (Bender: »Hilversum gibt es nicht«) oder durch scheinbare Vorausdeutung, womit eine im Titel erzeugte, bestimmte Erwartung gemeint ist, die aber nicht der Aussage im Text entspricht (bestimmter Artikel, Demonstrativpronomen erwecken den Eindruck des Bekannten, Vertrauten). Eine solchermaßen »irregeleitete Erwartung« bezeichnet Gutmann als »typisch kurzgeschichtenhafte Erzählweise« (93).

Traditionell vorausdeutend sind die **Figurentitel**; nur gelegentlich ungewöhnliche Kombinationen (Lenz: »Der Amüsierdoktor«) lassen hier auf eine »sinnverkehrende, ironisch-satirische Aussageweise« schließen (94). Eine besondere, strukturverbundene Funktion ist bei den Titeln aus Gutmanns letzter Gruppe zu erkennen, denn sie scheinen die Geschichte bereits zu eröffnen, indem sie »Vergangenheitsfiktion und Zeitgefühl des Lesers aufheben« (96), beispielsweise durch das Präsens der Verben (Gaiser: »Die Vögel singen so laut«), durch eine Aufforderung oder Frage (Borchert: »Bleib doch, Giraffe«; Kaschnitz: »Wer kennt seinen Vater«); einige Titel weisen sogar auf »Aussagen oder Antworten aus einem bereits in Gang befindlichen Gespräch« hin (96) und stellen eine sofortige, enge Verbindung zum Leser her, die in dieser unmittelbaren Form mit den anderen Titeln nicht erreicht wird (Kaschnitz: »Ja, mein Engel«; Borchert: »Vielleicht hat sie ein rosa Hemd«; Böll: »Auch Kinder sind Zivilisten«).

Rohner unterscheidet zusätzlich nach formalen Gesichtspunkten »Satztitel« und die häufigeren »Bruchstücke von Sätzen« (^{2}1976, 136 f.). Er präzisiert aufgrund seiner Ergebnisse Gutmanns Kategorien, indem er die vierte den homogen nach inhaltlichen Gesichtspunkten ausgerichteten ersten drei Gruppen angleicht. Daraus ergibt sich **das einfachere Schema**:
1. »Dingtitel«
2. »Situationstitel«
3. »Figurentitel«
4. »Vorgangstitel« (z.B. Schnurre: »Reusenheben«)

Obwohl die »reinen Dingtitel« traditionell wirken, sind sie keineswegs symbolisch, sondern »gewollt mehrdeutig, verrätselt«, was auch an den vielen elliptischen Titeln auffällt (ebd., 134, 137). Den maßgeblichen Einfluss auf die Art der Titelgebung in der deutschen Kurzgeschichte führt Rohner auf die viel gelesenen Geschichten Poes, Maupassants, Tschechows und Hemingways zurück.

2.5.5 Anfang und Schluss

Für Anfang und Schluss der Kurzgeschichte gilt die **Unabgeschlossenheit** als gattungsspezifisches Strukturmerkmal. Das bedeutet: Schon
vor dem ersten Satz (oder vor dem Titel) hat das Geschehen längst
begonnen, ist zu Beginn der Geschichte bereits in vollem Gang; »der
Leser springt sozusagen auf den fahrenden Zug« (Rohner ²1976, 249).
Am Schluss dauert die Spannung des Geschehens bis über den letzten
Satz hinaus fort, lässt den Leser emotionell bzw. gedanklich nicht los,
spannt ihn zur Mitarbeit ein, weil keine Lösung geboten wird. Langer (1929/30) verbindet die Offenheit mit einer bestimmten Haltung
nämlich mit dem Verzicht auf »monumentale Endgültigkeit« dessen,
was die Kurzgeschichte darstellt (613). Dieser Verzicht findet nach
1945 seine Begründung in der modernen und speziell in der historisch bedingten Wirklichkeitserfahrung: dem Bewusstsein fehlender
absoluter Grenzen und Lösungen entspreche die über Anfang und
Ende hinaus offene, fragmentarisch und dissonant wirkende Gestaltung (vgl. Lorbe 1957, Kilchenmann 1967).

    Erzähltechnisch gesehen werden bei der Komposition des Anfangs
leserpsychologische Gesichtspunkte stark berücksichtigt. Da hier die
Spannung der komprimierten Gesamtstruktur angelegt ist, fällt dem
unmittelbaren, Interesse weckenden Einsatz große Bedeutung zu. Normativ formuliert heißt es bei Möbius (1937), der Anfang müsse »mit
zwei drei Schritten, die etwas Zeit zum Umblicken lassen, mitten in
die Sache hineinführen und dann gleich die Verhandlung beginnen«
(437). Besonderes Gewicht liegt auf dem **ersten Satz**. Hier springe
die Handlung den Leser geradezu an »mit der Kühnheit des Geschehens«, bedürfe keiner Einleitung; vielmehr werde der Leser »bereits
mit dem ersten Satz entrückt und geradezu als aktiver Teilnehmender
mitten in die Handlung gestellt« (Pflug-Franken 1938, 292).

    Gemäß dem Reduktionsprinzip der Gattung wird die Einleitung
ausgespart. Darüber, dass die Kurzgeschichte mit unvermittelt in den
Kern des Geschehens versetzendem Anfang sofort Interesse und Spannung erzeugt, besteht kein Zweifel. Die Theoretiker sind sich einig,
doch weniger über die Bedeutung des handlungsbetonten als über die
des unverschlossenen Einsatzes (vgl. Doderer, Motekat, Lorbe, Höllerer, Rohner). Wie aber seine strukturbildende Funktion im Einzelnen angelegt ist, wird erst durch Gutmanns umfassende Analyse
von 170 Erzähleingängen erläutert. Eine ausführliche Interpretation
des Kurzgeschichtenanfangs findet sich schon bei Motekat (1957),
jedoch nur am Beispiel einer einzelnen, als repräsentativ betrachteten
Geschichte Bölls (»So ein Rummel«). Gutmann (1970) orientiert sich
an den vier bzw. fünf Modellen, die Fritz Leib und Nino Erné jeweils

für den Novellenanfang ausgearbeitet haben, und schlägt eine eigene, für die Kurzgeschichte gültige Typenaufstellung vor. Obwohl einige Erzähleingänge nicht eindeutig auf einen Typ festgelegt werden können, unterscheidet Gutmann **drei mögliche Gruppen**.

Ein »**orientierend-situationsbeschreibender Beginn**« vermittelt dem Leser in äußerst knapper Weise gerade so viel Auskunft über Figur(en), Raum, Zeit, Situationen, dass er dem Handlungsverlauf folgen kann. Eine Orientierung beinhaltet meistens schon einen bedeutenden Hinweis für das richtige Verständnis der Geschichte (Bender: »Die Wölfe kommen zurück«).

Ein »**atmosphärisch-symbolhafter Anfang**« löst eine bestimmte Erwartung beim Leser aus, indem er mit einem stark stimmungshaltigen Bild beginnt, das immer schon eine ungewisse oder gewisse Vorausdeutung enthält (Borchert: »Der Kaffee ist undefinierbar«). Es lässt sich wohl ein Schwerpunkt setzen, wie »überwiegend atmosphärisch« oder »überwiegend symbolhaft«, aber eine glatte Trennung ist nicht möglich, weil erst am Schluss der Geschichte klar wird, ob der atmosphärische Anfang auch symbolhaften Charakter hat; in diesem Verfahren liegt ein emotioneller Appell an den Leser.

Ein »**unvermittelt-gesprächseröffnender, provokativer Einstieg**« gibt dem Leser keine Hilfen durch den Erzähler, lässt ihn sich statt dessen selbst in einer Szene zurechtfinden (Rehn: »Der Zuckerfresser«); der Leser wird direkt angesprochen oder vom Erzähler provoziert (Gaiser: »Das Mörderspiel«; Kaschnitz: »Zu irgendeiner Zeit«). Dieser Einsatz wirkt stark verschlüsselt, erfordert daher **höhere Aufmerksamkeit und Beteiligung** des Lesers. Äußerlich kann diese Eröffnung abrupt, szenisch oder provokativ ausfallen. Ein abrupter Anfang ist aufgrund seiner wichtigen Funktion innerhalb der Geschichte nicht als »Willkür des Autors« zu verstehen (97–122).

Problematisch an Gutmanns Einteilung ist, dass er »offen« mit »abrupt« – nach Wolfdietrich Rasch im Sinne von ausschnitthaft und »nicht episch« – assoziiert und als gegensätzlich zu »orientierend« und »bildhaft« versteht. Auch in den beiden erstgenannten Gruppen kann aber der Anfang den Eindruck erwecken, das Geschehen habe längst begonnen, sei den Leser/innen schon bekannt und die Geschichte gebe nur einen Ausschnitt daraus wieder. So bringt Rohners Untersuchung (aufgrund von 150 Texten) das eindeutige Ergebnis, der Kurzgeschichte entspreche der offene Anfang, denn Rohner differenziert zwischen »offen« und »abrupt«, da es viele Einsätze gibt, »die zwar offen, aber keineswegs abrupt wirken« (²1976, 145; z.B. Schnurre: »Die Tat«: »Als die Schwester gegangen war, kam noch einmal der Arzt.«). Vielmehr ist der Anfang in der Kurzgeschichte so zu verstehen, dass der erste Satz mitten ins Geschehen führt (vgl. auch Kusenberg 1965,

833), »in medias res« einsetzt, während der abrupte Anfang »ein Spezialfall des offenen Anfangs, aber auch alles andere als beliebig« ist (Rohner ²1976, 147). Um eine Zwischenform einzuordnen, schlägt Rohner einen weiteren Begriff vor, den des »halbgeöffneten Anfangs« (146; z.B. Kaschnitz: »Der Strohhalm«: »Kurz vor zwölf Uhr mittags habe ich den Brief gefunden.«). In dieser Gruppe leitet der erste Satz einen Rückblick ein, wobei er gleichzeitig mitten in die Situation, in ein schon begonnenes Geschehen, hineinführt.

Es bleibt noch darauf hinzuweisen, dass der Anfang schon im **Titel** gesetzt sein kann, keineswegs also mit dem ersten Satz zu beginnen braucht. Das ist der Fall, wenn das Geschehen durch Anredeform, Vergegenwärtigungs- oder Antwortcharakter des Titels eröffnet wird, wodurch der Titel gleichzeitig zur Unverschlossenheit des Anfangs beiträgt (vgl. Kap. 2.5.4). Der Titel kann auch, bei wirkungsvoll verdichteter Gestaltung, als Anfangsteil des ersten Satzes auftreten (Böll: »Als der Krieg ausbrach«).

Vielfach entsteht der mehr oder weniger deutliche Eindruck, der Autor biege die Geschichte durch einen überraschenden Schluss »mit einem kühnen Schwung zum Anfang zurück«, so dass sich **Anfang und Ende** entsprechen (Ströter 1936, 35). Normativ formuliert Möbius (1937) das strukturelle Verhältnis zwischen Anfang und Schluss der Kurzgeschichte und lässt mit seiner Forderung nach Ausrichtung auf den Schlusseffekt die Normen Poes erkennen, wenn es heißt, die Form der Kurzgeschichte entstehe »vom Ende her«, der Autor habe »von der Pointe aus rückwärts zu entwerfen und das Gerüst zu ordnen«; damit wird die Pointe zum »Ausgangspunkt des Aufbaus« und bestimmt auch maßgeblich den Anfang der Geschichte (437).

Die Kurzgeschichte kann mit einer **Schlusspointe** versehen sein, ohne deshalb gleich ein geschlossenes Ende zu haben, denn die Struktur- oder Schlusspointe (Auzinger 1956) ist nicht so offensichtlich angelegt, wie es zunächst den Anschein haben mag. Sie muss, will sie nicht mit der handlungsbetonten Ausrichtung auf den spannungslösenden Schlusseffekt verflachen, »zu diesem äußeren Höhepunkt der Strukturpointe noch einen inneren Höhepunkt« enthalten, »der den tieferen Sinn der Erzählung zu erkennen gibt« (ebd., 71). Diese beiden Höhepunkte können entweder zusammenfallen oder getrennt behandelt werden. Eine Kurzgeschichte kann demnach formal geschlossen, aber thematisch offen auslaufen. Die Pointe kann sich mit einem offenen Schluss verbinden, indem sie durch eine überraschende Enthüllung nur momentan eine fortbestehende allgemeine Lage erhellt (Langer 1929/30). Auch kann sie durch eine unerwartete Reaktion eine leichte Verschiebung der Verhältnisse bewirken und auf diese Weise bei ungelöst-offenem Ende lediglich eine zur Ausgangsposition parallele Schlusssituation herstellen (Ströter 1936). Die innere Spannung dauert an, weil der Grundkonflikt nicht behoben und die Wiederholung eines ähnlichen Vorfalls möglich ist. Die Pointe beleuchtet das Geschehen »schlaglichtartig«, vermittelt eine Tiefenperspektive über den einzelnen Vorfall hinaus, weist auf »unerkannte Ursachen, und unerwartete Folgen, undurchschaubare Zusammenhänge« hin, kann aufklärend, mahnend, fragend oder witzig sein (v. Kraft 1942, 33). Falls die verrätselnde Gestaltung nur der spannungssteigernden Vorbereitung auf den Schlusseffekt dient und in diesem Lösung und »sicheren Abschluß« (v. Kraft) erhält, so erhöht sich die Gefahr der thematischen und formalen Verflachung zu schematischer, effekthaschender Darstellung auf den Schlusspunkt hin.

Demgegenüber ist die »**Stilpointe**« nicht »struktur-« sondern »sinngerichtet« und erzielt die Pointierung u.a. durch verdeckte, d.h. durch doppelwertige, sinngerichtete Wortwahl, ist damit über die gesamte Geschichte verteilt und also nicht an die Enthüllung im Schluss gebunden (Auzinger). Sie braucht aber auch nicht auf diese Enthüllung zu verzichten, wofür es bei den theoretischen Vorbildern, den Geschichten Maupassants, Tschechows und Hemingways sowie unter deutschen Kurzgeschichten genügend Beispiele gibt. Während so von dem inneren Konflikt nie direkt die Rede ist, entsteht der Eindruck seltsam schwebender Schlüsse (Piontek 1959, 67).

Der Pointierungsstrategie nähert sich Peter Wenzel (1989) mit dem Begriff des Bezugsrahmenwechsels, indem er das Verhältnis von Exposition und Schluss einer Kurzgeschichte untersucht. Er stellt fest:

»Die radikale Sinnverschiebung, die eine gute Pointe mit sich bringt, wird immer nur dadurch ermöglicht, daß es eine große Zahl von Konstanten gibt, die Exposition und Pointe schlüssig miteinander verbinden und auf diese Weise einen symmetrischen Hintergrund konstituieren, vor dem das radikal sinnverändernde, asymmetrische Moment der Pointe überhaupt erst spürbar wird« (266).

Dabei brauchen die »symmetrischen und asymmetrischen Sinnbezüge nicht mehr schlagartig« sichtbar zu werden, sie können auch schrittweise erkennbar werden (267). Wenzel präzisiert damit Auzingers Ergebnisse hinsichtlich des Aufbaus von Pointierungen.

Wenngleich die Kurzgeschichte nicht auf das unabgeschlossene Ende festgelegt werden kann, so ist der **offene Schluss** mit unterschiedlich angelegter, über das Ende fortdauernder Spannung doch vorherrschend. Er kann, vom ausschnitthaften Charakter der Kurzgeschichte her gesehen, wie ein »Abbruch« des Geschehens erscheinen, den fehlende Abrundung, plötzliche Ernüchterung und desillusionierende Wirkung kennzeichnen (Doderer 1953, 38). Eine Lösung wird nicht geboten, woraus die stark leserorientierte Funktion des offenen Erzählausgangs hervorgeht, denn der Leser wird nicht von einer spannenden Handlung eingefangen, um großen Anteil am Geschehenskonflikt und dessen Lösung zu nehmen; vielmehr ist entscheidend, wie durch das strukturelle Zusammenspiel, besonders von Zeitgestaltung und ungelöstem Konflikt, der Frage- und Anrufcharakter der Kurzgeschichte zustande kommt, ihr »offener Horizont« (Unseld 1955), so dass sie einen bestimmten Wirklichkeitszusammenhang bewusst macht, die Leser/innen engagiert und über das Ende der Geschichte hinaus aktiviert (Lorbe 1957). Auf diese Weise drängt der offene Schluss dazu, einen Standpunkt zu beziehen, zielt also auf die **Meinungsbildung** des Lesers ab. In der knappen, aussparend komponierten Struktur der Kurzgeschichte auf den Schluss hin fällt ein solches Kennzeichen moderner Erzählweise wie das offene, vielfach dissonante, provozierende Ende besonders stark ins Gewicht.

Um genauere Ergebnisse über Art und Funktion des Erzählschlusses in der Kurzgeschichte haben sich Gutmann und Rohner bemüht. Nach Gutmann ist die Kurzgeschichte nicht auf einen offenen Schluss im Sinne eines Abbruchs von erzähltem Geschehen festzulegen. Das stimmt insofern, als eine solche Definition von »offen« zu einseitig ausfällt. Gutmanns Ergebnisse zeigen einen weiten Spielraum »zwischen schlußpunktartigem Ende und problematischer Offenheit«, den Gutmann in **drei möglichen Gruppen typischer Erzählschlüsse** zu erfassen versucht (1970, 122-137):

- Ein »**schlußpunktartiges Ende**«, d.h. der »lösende« Schluss kann in einem Endzustand zum Ausdruck kommen (Böll, »Kumpel mit dem langen Haar«) oder in der dargestellten Umkehrung des vorher Gesagten (Lenz: »Ein Freund der Regierung«).
- Bei einem »**symbolhaft-vorausdeutenden Ausklang**« werden am Ende zwar die Konsequenzen, also das weitere Geschehen nicht ausgesprochen, doch beruht der abschließende Charakter darin, dass dem Leser eine fast sichere Zukunftserwartung gegeben wird (Borchert: »Die Kirschen«: hier wird die zu erwartende Versöhnung durch das beschämte Verhalten des Jungen angedeutet; Bender: »Die Hostie«: die zu erwartende, haltgebende Funktion der Hostie wird angedeutet).
- Bei einem »**problematisch-offenen Schluß**« wird die Ausweglosigkeit einer Situation dargestellt (Borchert: »Der Kaffee ist undefinierbar«), oder es kann eine symbolhafte, ungewisse Vorausdeutung gegeben werden (Bender: »Die Wölfe kommen zurück«).

Es ergeben sich Schwierigkeiten bei der Zuordnung zu diesen Gruppen, weil **der Begriff** ›**Offenheit**‹ zu eng gefasst wird. Geschichten mit formal abgerundetem, »der Leistung nach aber problematisch-offenem Schluß« (Kaschnitz: »Zu irgendeiner Zeit«; 136), lassen sich gar nicht einordnen. Die innere, thematisch bedingte Spannung, die sich auf die allgemein-menschliche, existentielle Situation bezieht, besteht über die dargestellte Episode hinaus weiter, fordert die Reaktion des Lesers heraus. Ähnlich verhält es sich mit der Geschichte von Lenz; sie wird der ersten Gruppe zugeordnet, verfügt aber keineswegs über einen konfliktlösenden Schluss, da nur das äußere Geschehen einer Episode zu Ende geht, gerade damit jedoch der ungelöste Konflikt bestätigt und der Leser aktiviert wird. Als problematisch erweisen sich die Gruppen zwei und drei, da es sich bei ihnen um **Spielarten des offenen Erzählschlusses** handelt. Zwar erkennt Gutmann die Zwischenstellung von Benders Geschichte (»Die Wölfe kommen zurück«), sieht aber nicht, dass sich diese beiden Gruppen überschneiden; doch »vorausdeutend ist eben offen« (Rohner [2]1976, 247). Zusammengelegt bestätigen Gruppe zwei und drei Rohners Ergebnisse, dass in der Kurzgeschichte die offenen Erzählschlüsse überwiegen (mindestens zwei Drittel). Es gilt also, die Unabgeschlossenheit am Ende nicht zu eng zu definieren, u.a. auch die Rolle der Pointe für den Erzählausgang zu berücksichtigen, zumal die Kurzgeschichte durch entsprechende Handhabung der Erzähltechnik über zahlreiche Möglichkeiten verfügt, Offenheit zu evozieren. Ebenso wie die formal geschlossene Kurzgeschichte gehaltlich offen ausgehen kann, fragt es sich bei einer Schlusspointe, ob außer dem äußeren Geschehen auch der innere Konflikt beendet worden ist.

Deshalb unterscheidet Rohner die fast durchgängig offene Geschichte von offenen Kurzgeschichten mit geschlossenem Schluss (hier wird die Geschichte unvermutet geschlossen, entweder durch die abschließende Strukturpointe oder indem sich ganz am Schluss die Stilpointe in blitzhafter Erhellung enttarnt; Aichinger: »Die geöffnete Order«); weitere Spielarten sind die formal geschlossene, aber thematisch offene (Bender: »Die Hostie«), die unterwegs geschlossene Geschichte, die sich zum Schluss hin noch öffnet (Langgässer: »Untergetaucht«; 248). Der letzte, meistens lapidare Satz trägt ebenfalls zur offenen Eigenschaft des Erzählausgangs bei, wenn er am Ende einer direkten Rede steht. Dafür nennt Rohner vier gleichmäßig vertretene Grundmöglichkeiten: den Aussagesatz (Schnurre, »Die Reise zur Babuschka«: »Die Fuhre hättest Du Dir sparen können«), den Aufforderungssatz (Aichinger, »Spiegelgeschichte«: »Still! Laß sie reden!«), den Ausrufesatz (Bender, »Mary Long«: »Abstürzen soll er!«); für den Fragesatz werden drei Möglichkeiten verzeichnet, nämlich Entscheidungsfragen (Schnurre, »Blau mit goldenen Streifen«: »›Fröhlich‹, sagte Burkner; ›hörste schwer?‹«), Ergänzungsfragen

(Weyrauch, »Die kranke Agnes«: »Was aber wird unten sein?«), rhetorische Fragen (Langgässer, »Im Einklang«: »Ist es das Leben? Ist es das Schicksal? Oder bin ich es selbst?«; 250). Außerdem kann die Funktion des letzten Satzes darin liegen, dass er gleichzeitig als Anfangssatz für eine mögliche neue Geschichte dienen könnte, nämlich als der »Endpunkt eines Abgeschlossenen und der Anfang eines Werdenden, nicht mehr Auszuführenden, nur eben in seiner ersten Phase noch Angedeuteten. Immer enthält dieser Schlußsatz eine Bewegung und eine Geste.« (Bender, »Schafsblut«: »Der Schäfer sah ihnen nach, bis sie anfingen zu singen.«; 250 f.).

Aufgrund des von Rohner präzisierten Begriffs der Unverschlossenheit ist sowohl aus seinen als auch aus Gutmanns Ergebnissen zu ersehen, dass der Kurzgeschichte in der Regel die Form des offenen Anfangs und Schlusses entspricht, wenngleich sie nicht ausschließlich auf diese Form festzulegen ist.

2.5.6 Der Erzähler

Für die oft betonte Wirkung der Kurzgeschichte spielt der Erzähler eine wichtige Rolle, denn je nachdem wie er den Leser in das Geschehen einbezieht, erhöht sich die Spannung. Dementsprechend richtet sich O.E. Hesse (1934) in seinem Plädoyer für eine indirekt und spannend erzählte Handlung gegen den auktorialen Erzähler. Desgleichen fordert Möbius (1937), der Erzähler solle aus der Geschichte verschwinden. Auch wenn es nicht primär um eine handlungsbetonte Geschichte geht, wirkt sich die Funktion des Erzählers entscheidend auf die Intensität des dargestellten Geschehens aus.

Nicht zuletzt wegen dieses Wirkungsanspruches liegt der Akzent in der Kurzgeschichte auf einer **partnerschaftlichen Beziehung zwischen Erzähler und Leser**. Darüber hinaus beruht diese auf der allgemeinen Voraussetzung, dass sich beide – sowohl Erzähler als auch Leser – einem undurchschaubaren Wirklichkeitszusammenhang gegenübergestellt sehen. Daraus ergibt sich einerseits der Fragecharakter der Kurzgeschichte und andererseits das Bündnis zwischen Erzähler und Leser. Dieses manifestiert sich nach Damrau darin, dass der Erzähler ein Problem aufwirft, die damit verbundenen Fragen jedoch »unbeantwortet an den Leser weitergibt«, und seine Mitarbeit gleichzeitig auf eine bestimmte Perspektive einstellt (1967, 167). Da der Erzähler aufgrund der genannten Wirklichkeitserfahrung mitten in einer erkennbaren existentiellen Situation steht, also nicht mehr den Anspruch auf Allwissenheit erhebt, rückt er dem Leser näher; das wird in der Kurzgeschichte durch erzähltechnische Mittel entspre-

chend dargestellt. Daher kommt meistens kein auktorialer Erzähler
mit olympischer Perspektive vor, bzw. wird er gleich zu Anfang einer
Geschichte durch Verkürzung der Perspektive gegen einen neutralen
oder personalen Erzähler ausgetauscht (Gutmann).

Daneben gibt es den »reduzierten« auktorialen Erzähler, der, etwa
in ironischem Spiel mit dem Leser, seine eigene Unsicherheit offen-
kundig macht oder mit Hilfe der Verfremdungstechnik als »unzuver-
lässiger Erzähler« gezeigt wird; indem seine traditionelle Rolle verfremdet wird, provoziert der Erzähler Fragen, statt dem Leser Antworten
zu geben (Piedmont 1973). Die Reaktion der Leser/innen, sei es auf
derartige Provokationen, sei es auf Aussparungen des Erzählers (z.B.
fehlende Auskunft über Gedanken und Gefühle) oder auch verfremdende Einschübe »erzählfremder Prosaformen« wie Zitat, Diskus-
sions-Protokoll (Piedmont) sind Mittel, deren sich die Kurzgeschichte
bedient, um die Leser/innen zum Einfühlen, zum Mitdenken über
das Erzählte und den Erzähler selbst zu engagieren, um sie sozusagen
am Erzählvorgang zu beteiligen. Piedmont sieht darin die Übertragung von Erzählfunktionen auf die Leser/innen in der Kurzgeschichte,
womit allerdings ein Aspekt modernen Erzählens überhaupt berührt
wird. Im begrenzten Bereich der Kurzgeschichte erfährt er lediglich
eine stärkere Akzentuierung, weil von den verschiedenen erzähltechnischen Mitteln hauptsächlich die Aussparung bevorzugt wird. Da
sie die Kurzgeschichte grundlegend bestimmt, ergibt sich daraus die
starke Beteiligung der Leser/innen am Erzählvorgang.

Was Piedmont mit indirekt-rhetorischer Wirkung (fehlender auktorialer Erzähler) umschreibt, läuft meistens auf das Vorhandensein
des personalen Erzählers hinaus, in dessen bevorzugtem Einsatz Gutmann die für die Kurzgeschichte typische **partnerschaftliche Erzählweise** sieht. Sie wird erreicht durch Komprimierung, doch verbunden
damit erweist sich die Vergegenwärtigung des Geschehens in der Kurzgeschichte als entscheidend für die enge Beziehung zwischen Erzähler
und Leser, an deren Zustandekommen vor allem Erzählverhalten und
Erzählperspektive maßgeblich beteiligt sind. Der Erzähler verhält sich
hauptsächlich personal oder auch neutral. Das heißt, indem er sich
entweder mit einer der Figuren identifiziert oder ein Außenstehender
bleibt, vermittelt er auch dem Leser den begrenzten Blickwinkel einer
Figur, zumindest aber den Eindruck, als Beobachter mit am Schauplatz
des Geschehens, seinem »Orientierungszentrum«, anwesend zu sein
(Gutmann 1970). Dass der Kurzgeschichtenerzähler auf diese Weise in
der Lage ist, die Fiktion von Objektivität und Gegenwart in dem an
sich stark verdichteten Kontext der Geschichte äußerst eindrucksvoll
zu verwirklichen, ist offensichtlich. Vielfach entsteht die Illusion, die
Geschichte erzähle sich selbst, es sei kein Erzähler vorhanden. Ande-

rerseits kann ein besonders direktes Verhältnis zum Leser in der Ich-Form gestaltet werden, zumal, wenn der innere Monolog verwendet wird, so dass der Leser den »stilistischen Arabesken« (Höllerer 1962) – also dem ständigen Blickpunktwechsel eines Ich-Erzählers – folgen muss, möglicherweise sogar von diesem unverdeckt erzählenden Ich gleich einem Gesprächspartner angeredet wird.

Es versteht sich von selbst, dass bei einer komprimiert angelegten Form wie der Kurzgeschichte schon der Anfang eine strategisch wichtige Rolle spielt, gerade was die Funktion des Erzählers, speziell in seiner Beziehung zum Leser betrifft, denn schon am Anfang einer Geschichte übernimmt der Leser den **Standort einer Erzählfigur**, wodurch die von Motekat beobachtete einheitliche Optik zustande kommt. Für die formale Gestaltung dieses Vorgangs bietet Gutmanns Untersuchung der Erzähleingänge einige präzise Angaben. In seiner Aufstellung von drei für die Kurzgeschichte charakteristischen Erzähleingängen fallen zwei Arten stärker ins Gewicht. In der atmosphärisch-symbolhaften Eröffnung wird der Leser »emotionell angesprochen und sofort in den Bann gezogen«, um anschließend das Geschehen aus der Sicht des Erzählers zu betrachten (1970, 106f.). Die größte Anforderung an die Beteiligung des Lesers stellt die Gruppe mit unvermittelt-gesprächseröffnendem, provokativem Einstieg, weil hier eine »Erzähler-Leser-Gemeinschaft im Sinne einer gleichberechtigten Partnerschaft« hergestellt wird. Diese Funktion kann auf unterschiedliche Weise zustandekommen. Entweder stellt sich der Erzähler auf eine Stufe mit dem Leser, eröffnet ein Gespräch mit ihm, wobei er zu erkennen gibt, dass er dessen Reaktion, beispielsweise den Unwillen über den provozierenden Anfang, versteht (116), oder aber er provoziert den Leser mit der Absicht zu schockieren, Widerspruch auszulösen. In diesem Fall enthüllt er sich selbst, reagiert selbst zuerst, statt eine bestimmte Reaktion des Lesers vorzubereiten (117). In beiden Fällen, sei es als übereinstimmender oder als widersprechender Gesprächspartner des Erzählers, steht der Leser sogleich in einer Auseinandersetzung, die seine gesammelte Aufmerksamkeit für das zu erwartende Geschehen beansprucht. Es gilt, sofort eine Position zu dem Widersprüchlichen des Anfangs zu beziehen, eventuell sich auf eine ironische oder satirische Erzählweise einzustellen (118 f.).

Nicht nur die Begrenzung des Erzählerblickwinkels findet am Anfang der Kurzgeschichte statt, auch die **Gegenwartsfiktion** wird hier mit verschiedenen Mitteln hergestellt. Bereits im ersten Satz kann der Erzähler von einem auktorialen auf ein personales Verhalten überwechseln, rückt damit an das Geschehen heran, erzählt aus der Nähe und leitet dadurch ein Gegenwartsbewusstsein ein: »Als der Krieg ausbrach, lag ich im Fenster, hatte die Hemdsärmel hochge-

krempelt, [...]« (Böll; s. Gutmann 1970, 144 f.). Auch mit Hilfe der
erlebten Rede kann die präteritale Bedeutung des Erzähleinganges
schon durch Verben des inneren Vorgangs aufgehoben und das prä-
sentische Bewusstsein noch adverbial verstärkt werden (Böll: »Trunk
in Petöcki«: »Der Soldat *spürte, daß* er *jetzt endlich* betrunken war«;
vgl. Sperrung, 145). Der Übergang von auktorialem zu personalem
Erzählverhalten kann sich mit der Vergegenwärtigung des Geschehens verbinden: »Erst im Frühjahr 1950 kehrte ich aus dem Krieg
heim, und ich fand niemanden mehr in der Stadt, den ich kannte.
Zum Glück hatten meine Eltern mir Geld hinterlassen. Ich mie-
tete ein Zimmer in der Stadt, *dort* lag ich auf dem Bett, rauchte und
wartete und *wußte* nicht, worauf ich wartete [...]« (Böll: »Die blasse
Anna«, 142). Dadurch entsteht eine engere Beziehung zum Leser,
so dass beide erzähltechnischen Mittel eine vorbereitende Funktion
für die Struktur des Geschehens in der Kurzgeschichte erfüllen. Die
Leserbeteiligung erfährt eine Steigerung in den neueren, gänzlich aus
vorwiegend dialogischen Gesprächen aufgebauten Kurzgeschichten
Schnurres (vgl. den Band *Ich brauch Dich*), da sich der Leser selbst
in die ständig wechselnde Figurenperspektive, d.h. in die Optik des
jeweils Sprechenden hineindenken muss.

Im Hinblick auf die Erzählsituationen in der Kurzgeschichte kommt
Erna Kritsch Neuse in ihren Untersuchungen (1987; 1991) zu dem
Schluss, dass die Anzahl auktorial und personal erzählter Geschich-
ten etwa gleich groß ist.

2.5.7 Zeit und Struktur

In den typologischen Ansätzen zur Kurzgeschichte wird das **Bauschema**
meistens ziemlich allgemein beschrieben, nämlich als geradlinig auf
eine Schlusspointe zulaufend (Langer 1929/30, v. Kraft 1942, Bender
1962) oder auf einen Höhepunkt (Doderer 1953, Klein 1958); auch
wird statt der punktuellen eine gleichmäßig über das gesamte Geschehen verteilte Akzentuierung als charakteristisch bezeichnet (Piontek
1959). Damit wird in der Regel jeweils ein bestimmtes Schema zum
Idealtypus erhoben, ohne dass daraus die **formale Vielfalt** innerhalb
der Gattung ersichtlich wird. Auch Kusenbergs Versuch (1965), ein
Grundmuster für verschiedene Varianten in der paradoxen Umkehrung einer Ausgangssituation aufzuweisen, führt nur zu einem Bauschema mit stofflich-thematischen Variationen. Von den unterschiedlichen Ansätzen, eine Typenreihe für die Kurzgeschichte aufzustellen
(Doderer 1953, Lorbe 1957, Höllerer 1962, Kuipers 1970, Rohner
²1976, Kritsch Neuse 1980), bietet Kritsch Neuses Ansatz die zuver-

lässigste Ausgangsbasis, da er nach den von Günther Müller und Eberhard Lämmert ausgearbeiteten Grundprinzipien der Erzähltechnik ausgerichtet ist. Denn entscheidend für das strukturelle Zusammenspiel der wesentlichen Merkmale in der Kurzgeschichte ist die Art, wie der jeweilige Geschehensverlauf in einem Zeitgefüge nach dem Hauptgestaltungsprinzip der Gattung, der umfassenden Reduktion, entfaltet wird.

Wie sich die Verkürzung über die charakteristischen Formen der Anfangs- und Schlussgestaltung sowie über die Verbindungsfunktionen von Titel und Erzählperspektive hinaus auf die Entfaltung des Geschehens auswirkt, ist aus der **Zeitbehandlung** ersichtlich, d.h. aus der Art, wie die erzählte Zeit komprimiert oder ausgedehnt wird. Sie ist ebenfalls erkennbar in dem Verhältnis dieser Raffungen und Dehnungen zum chronologischen Ablauf des Geschehens einerseits und zur Erzählzeit andererseits, sei es bei einsinnig-chronologischem Durcherzählen auf einer Zeitebene oder bei Abweichungen vom chronologisch geordneten Geschehensablauf im Erzählvorgang. Indem die Einzelelemente der Fabel sowie die erzähltechnischen Verbindungs- und Akzentuierungsmechanismen ungleich stark vom Reduktionsprinzip geprägt werden, letztere bei hohem Verdichtungsgrad oft schwer erkennbar sind, ergibt sich das wechselvolle Spiel von Andeutung und Aussparung, durch das die Kurzgeschichte ihre hintergründige Wirkung ausstrahlt. Ihr **Hauptgestaltungsprinzip** kann deshalb als suggestive Reduktion bezeichnet werden. Besonders bei experimentellen Kurzgeschichten ist das Verhältnis von Erzählzeit und erzählter Zeit von umfassend eingesetzter **Raffungstechnik** gekennzeichnet. Von daher bezieht die Gattung ihren häufig betonten vielgestaltigen, wandelbaren und schwer erfassbaren Charakter.

Anhand der allgemeingültigen Erzählprinzipien (vgl. Müller, Lämmert) lassen sich nach den Ergebnissen Kritsch Neuses Grundstrukturen zusammenstellen je nach der Methode, die zur Verbindung der einzelnen Erzählphasen gemäß deren jeweiliger Funktion angewandt wird. Dabei ergibt sich unter dem spezifischen Gestaltungsprinzip der Kurzgeschichte eine **Reihe von Gattungstypen**, die mit ihren Varianten ein breites Spektrum von sehr unterschiedlich komplizierten Bauweisen darstellen.

Sowohl Rohner als auch Kritsch Neuse unterscheiden zunächst die **linear auf einer Zeitebene durcherzählte Geschichte**, deren Varianten Kritsch Neuse unter der Hauptbezeichnung »Progression« aufführt. Für dieses Bauschema gilt allgemein, dass die Erzählphasen bei unterschiedlicher Raffungsintensität **chronologisch** aufeinander folgen. Die Ereignisse sind kausal verbunden, wobei sich die Struktur des Geschehens aus drei Situationen zusammensetzt: einer Ausgangssituation, einer mittleren, in der eine Veränderung eintritt, und einer Schlusssituation, in der die Lösung oder Veränderung der Anfangssituation sichtbar wird. Variationen der linearen Progression ergeben sich durch Gewichtsverschiebungen im Grundschema: dem geradlinigen Verlauf über einen Wendepunkt zum Höhepunkt des Geschehens im Schlussteil (»einfache Progression«; Kurt Marti: »Neapel sehen«). Dabei kann die Grundform durch breiter angelegte Handlungsabschnitte, mehrgliedrige Phasen, – gerafft durch zeitdeckendes, szenisches Erzählen – variiert werden (»Stationenreihe«; Hans Bender: »Die Wölfe kommen zurück«), oder der Höhepunkt am Ende verbindet sich mit einer Schlusspointe und verblüffender Umkehrung der Anfangssituation (»Pointe«; Herbert Malecha: »Die Probe«).

Auch kann der mittlere Teil durch ein zentrales Ereignis bei vorausgegangenem Vorspiel und folgendem Nachspiel zum Schwerpunkt der Geschichte werden (»zentrales Ereignis«; Schnurre: »Das Manöver«), oder es gibt weder ein zentrales Ereignis noch einen Höhepunkt am Schluss, sondern ein stark akzentuiertes Anfangs- und Endereignis bei zeitweilig abflauender Spannung im Mittelteil (»Hängebrücke«; Friedrich Bischoff: »Die Hinrichtung nach dem Tode«). Kurzgeschichten, denen Variationen der linearen Progression zu Grunde liegen, kennzeichnet außerdem Kürze der Erzählzeit und in der Regel ein starkes Spannungsgefälle auf den Schluss zu (Kritsch Neuse 1980, 15). Dieses Grundschema des linearen Fortschreitens ist meistens als für die Kurzgeschichte charakteristisch bezeichnet worden, wobei allerdings, wie schon erwähnt, hauptsächlich zwischen Varianten mit oder ohne Pointe oder auch zwischen solchen mit einem Höhepunkt und solchen mit weniger starker Akzentuierung differenziert wurde. Zur Progression gehören auch einige der Augenblickskurzgeschichten Höllerers (Böll: »Wir Besenbinder«; Bender: »Die Wölfe kommen zurück«), ebenso die von Kuipers (1970) als Momentphotographie klassifizierte Geschichte Borcherts, »Das Brot« (103).

Ein komplexeres Bauschema kommt zustande, wenn die Erzählphasen, statt chronologisch aufeinander zu folgen, **durch Rückwendungen gegliedert** sind. Ziemlich selten ist hier zunächst die Variante mit Umkehrung des chronologischen Verlaufs der Erzählphasen; sie wird im Gegensatz zum linear fortschreitenden Durcherzählen in rückläufig erzählter Reihung und geordneter Rekapitulation vom Ende zum Anfang hin gestaltet, beispielsweise vom Begräbnis der Hauptfigur bis zu ihrer Geburt (Aichinger: »Spiegelgeschichte«). Kritsch Neuse nennt diese Form »Retrogression«. Häufiger dagegen finden sich Varianten des rückwendend geordneten Bauschemas, indem die chronologische Erzählfolge durch eingeschobene Rückwendungen unterbrochen wird, so dass die Ebene des Gegenwartsgeschehens durch eine oder zwei weitere Ebenen ausgedehnt wird, nämlich durch ein Vergangenheits- und möglicherweise noch durch ein Vorvergangenheitsgeschehen. Hierher gehören die von Rohner ([2]1976) als »doppelbödig« charakterisierten Kurzgeschichten sowie diejenigen, die erinnertes Geschehen in eine knappe Gegenwartssituation einfügen und bei Lorbe (1957) als Augenblicksbild mit eingeblendeten Erinnerungsaugenblicken (Borchert: »Die Küchenuhr«; Kaschnitz: »Unfall an der Schranke«), bei Höllerer (1962) mit unter dem Typus »Augenblickskurzgeschichte« aufgeführt sind (Rehmann: »Der Gast«; Borchert: »Die Küchenuhr«).

Charakteristisch für das Bauschema in den Kurzgeschichten dieser Gruppe ist die in den einzelnen Varianten unterschiedliche **Proportionierung von Gegenwarts- und Vergangenheitsgeschehen**, für die Kritsch Neuse vier typische Arten angibt: bei »chronologisch nachholendem Erzählen« wird die Gegenwartssituation zu Beginn und am Schluss kurz genannt, während das dazwischenliegende Vergangenheitsgeschehen als Haupthandlungsebene fungiert, wobei vom chronologisch entferntesten Punkt aus »progressiv« zur Gegenwartssituation hin erzählt wird, um diese zu erhellen (Rinser: »Die rote Katze«). Beim »Alternieren zwischen Gegenwartshandlung und Rückwendung« dagegen sind die einzelnen Teile der erinnerten, begründeten Handlung durch ständiges Überwechseln in die Gegenwartshandlung voneinander getrennt (Kaschnitz: »Schneeschmelze«). Auch kann eine »Ausweitung der Rückwendung ins Vorvergangene« stattfinden, so dass der Erzählvorgang zwischen der rahmenartigen Gegenwartsebene und zwei Vergangenheitsebenen alterniert – nämlich zwischen der ersten Erinnerungsebene mit der Haupthandlung in physikalisch messbarer Zeit und der Vorvergangenheitsebene mit der zeitlich unbestimmbaren Vorgeschichte (Gaiser: »Der Mensch, den ich erlegt hatte«; Eich: »Züge im Nebel«). In einer anderen Variante, dem »Vermischen mehrerer Zeitebenen in der Erinnerung«, wird Vergangenes durch den Denkprozess einer Figur in sprunghaften Assoziationen vergegenwärtigt, zwar nach einem bestimmten Plan, doch in schnellem Wechsel, so dass die Abgrenzungen zwischen den Zeitebenen für den Leser verschwommen erscheinen; Haupthandlungsebene ist die der fernsten Vorvergangenheit (Anna Seghers, »Der Ausflug der toten Mädchen«).

Einen besonderen Typus des rückwendenden Erzählens stellt die Kurzgeschichte dar, die eine **Gegenwartssituation als Rahmen** mit einem Vergangenheitsgeschehen als Binnenerzählung verbindet und über zwei verschiedene Erzähler verfügt (vgl. Lämmert [5]1972, 34 u. 209f.). Kritsch Neuse differenziert bei diesem Typus zwischen drei Varianten nach dem jeweils unterschiedlichen Verhältnis des zeitlich

kürzeren und örtlich begrenzten Rahmengeschehens zur Binnengeschichte: der Rahmenerzähler kann »neutral«, d.h. einführend auftreten (Hühnerfeld: »Geschlossene Gesellschaft«) oder »komplemen-
tierend«, wenn er eine ergänzende Rolle zu der des Binnenerzählers
spielt (Langgässer: »Glück haben«) oder auch »kontrastierend«, indem
er das Rahmengeschehen und sich selbst – die eigentliche Hauptfigur
– kontrastierend vom Binnengeschehen und Binnenerzähler abhebt
(Eisenreich: »Die ganze Geschichte«).

Gesteigerte Komplexität im Bauschema der Kurzgeschichte wird
außerdem erzielt, wenn das Geschehen aus mehreren, kausal verbundenen **Episoden** besteht. Lorbe hatte auf eine entsprechend
»mosaikartig« gestaltete Bauart hingewiesen (Borchert: »An diesem
Dienstag«), und Höllerer wählte für dasselbe Beispiel die umstrittene Bezeichnung »Überblendungskurzgeschichte« (ebenso für Bender: »Die halbe Sonne«). Demgegenüber präzisiert Kritsch Neuse, es
handle sich bei diesen Episoden um gleichwertige, »in sich geschlossene Etappen einer Handlung« (1980, 63), in denen stets neue Figuren eingeführt werden, abgesehen höchstens von einer einzigen, das
erzählte Geschehen durchgängig verbindenden Figur. Kritsch Neuse
differenziert bei diesem Bauschema (»Kettentechnik«) zwischen »Suk-
zessivhandlung« (mehrere Handlungen werden in zeitlicher Sequenz
erzählt, was sonst nie in der Kurzgeschichte der Fall ist; verbunden
sind sie durch einen Gegenstand, einen Menschen, ein Tier oder den
Erzähler; Böll: »Abenteuer eines Brotbeutels«) und »Simultanhandlung« (die Episoden sind nicht getrennt, greifen vielmehr als gleichzeitige, durch einen Katalysator thematisch verbundene Handlungen
ineinander; Bender: »Die halbe Sonne«). Missverständlich sind diese
Bezeichnungen insofern, als auch in anderen Bauformen gleichzeitige Ereignisse als solche evoziert werden können, so z.B. in einem
chronologisch-linearen Verlauf bei olympischer Perspektive (Schnabel: »Um diese Zeit«) oder in der chronologisch nicht fixierten Sukzession des Traumes (Lampe: »Laterna Magica«).

Kritsch Neuse vermischt gleichzeitig stattfindendes Geschehen mit
erzählstrukturell nur angenäherter Evokation einer Simultanhandlung,
denn Gleichzeitigkeit wird in den unter »Simultanhandlung« geführten episodischen Geschichten durch besonders auffälliges Experimentieren mit der sukzessiven Reihung, doch ohne dass auf sie verzichtet
wird, zum Strukturprinzip erhoben. In Borcherts Geschichte »An diesem Dienstag« etwa sind die einzelnen Episoden bei relativer Gleichzeitigkeit des Geschehens in sich geschlossen, nacheinander gereiht
und über einen Tag verteilt, wohingegen in Benders Geschichte »Die
halbe Sonne« jede mehrfach aufgeteilt und mit den anderen verschränkt gereiht ist. Indem die chronologische Folge in jeder einzel-

nen Episode ständig unterbrochen und zwischen den einzelnen Episoden alternierend weitergeführt wird – wobei die erzählte Zeit auf die Spanne einer partiellen Sonnenfinsternis reduziert ist –, wird die Gleichzeitigkeit verschiedener Geschehensverläufe primär durch die strukturelle Auffächerung der Episoden in der erzählten Zeit erreicht; das führt zu einem Spiel mit der chronologischen Reihung.

Eine weitere experimentelle Form kommt durch sogenanntes »zeitloses« Erzählen zustande (vgl. Lämmert [5]1972, 89), wenn nämlich die erzählte Zeit nicht dem chronologischen Raffungsprinzip unterliegt, sondern nach der **Ideenassoziation** im inneren Monolog eines Ich-Erzählers geordnet, also unbestimmbar ist, wofür Höllerer die Bezeichnung »Arabeskentyp« wählte (1962).

Die bisher in der Kurzgeschichtenforschung erarbeiteten **Bauformen** lassen sich zu folgenden **Typen und Varianten** ordnen:

I. Chronologisches Durcherzählen
    1. Einfache Progression
    2. Stationenreihe
    3. Schlusspointe
    4. Zentrales Ereignis
    5. Hängebrücke
    6. Episodenreihe
       – in sich geschlossen
       – ineinander verschränkt

II. Rückwendendes Erzählen
    1. Retrogression
    2. Zwischengeschobene Rückwendung
       – chronologisch nachholendes Erzählen
       – Alternieren zwischen Gegenwartshandlung
         und Rückwendung
       – Ausweitung der Rückwendung ins Vorvergangene
       – Vermischen mehrerer Zeitebenen in der Erinnerung
    3. Rahmentechnik
       – neutral verbunden
       – komplementär verbunden
       – kontrastierend verbunden

III. Zeitloses Erzählen: Arabeskenordnung

Stofflich-stilistische Gestaltungsmöglichkeiten werden des Öfteren zu eigenständigen Typen verselbständigt, sind jedoch als Ergänzung zu den drei Gruppen von Bauformen zu sehen wie in der satirisch oder lyrisch geprägten Kurzgeschichte. Beispielsweise können groteske, surrealistische Verfremdungsmittel und parabelhafte Wirkung (»Überdrehungstechnik«: Lorbe 1957, Höllerer 1962, Kritsch Neuse 1980) in allen drei Gruppen vorkommen. Das gleiche gilt für das stilistische Akzentuierungsmittel der Satzwiederholung (»Kreis«, Kritsch Neuse), während die Umkehrung der Figuren in einer Geschichte (»Permutation«, Kritsch Neuse) in den ersten zwei Gruppen möglich ist und selbst in der dritten möglich sein dürfte. Desgleichen verbinden sich Stofftypen wie die Initiations- und die Gegenstandsgeschichte ebenfalls mit den Formtypen.

Die Schwerpunkte der bisherigen deutschen Kurzgeschichtentheorie stellen somit heraus, auf welche Weise die Erzählsituation der Kurzgeschichte durch einen unterschiedlich subtil gestalteten Erhellungsmoment in der Gesamtstruktur vom Schluss her erkennbar wird. Dabei sollte beachtet werden, dass die gattungstypologischen Merkmale unter dem dominanten Prinzip komplexer Kürze überwiegend für ein Korpus von Geschichten aus dem Zeitraum 1945 bis 1970 erarbeitet wurden und demzufolge historisch zu betrachten, also auch zu erweitern sind.

3. Das Verhältnis zu anderen Kurzprosa-gattungen

Generell wird die Kurzgeschichte zwischen Novelle, Anekdote, Kalendergeschichte, Erzählung und Skizze eingeordnet. Seit sie gegen Ende des 19. Jh.s Gegenstand der literarischen Diskussion wurde, hat es – wie Begriffsgeschichte und Definitionsversuche belegen – stets Schwierigkeiten gegeben, sie von den bereits etablierten Kurzprosagattungen abzuheben. Dazu hat neben außerliterarischen Faktoren besonders die formale Ausrichtung der Kurzgeschichte auf einen komprimiert erzählten, oft mit Pointierung und einem Höhepunkt versehenen Einzelfall beigetragen, da sie diese Wesenszüge mit einer Reihe epischer Kurzformen teilt, beispielsweise mit der straff und vielfach dramatisch gebauten Anekdote, ebenso mit der Novelle oder auch mit der Kalendergeschichte. Die Abgrenzung der Kurzgeschichte von diesen Gattungen ist nicht nur durch die schon erwähnte deutsche Anekdotentheorie erschwert worden (vgl. Kap. 2.3), sondern zum Teil auch dadurch, dass viele der frühen Definitionsansätze unklar sind, sei es, dass sie zum Idealtypischen neigen, sei es, dass sie auf inhaltlichen oder auf vereinzelten formalen Kriterien beruhen, die ebensogut für andere Kurzprosagattungen gelten können.

Zur Verwischung der **Gattungsgrenzen zwischen Anekdote und Kurzgeschichte** durch die oft ziemlich weitgefasste Definition der Anekdote hat die Tatsache beigetragen, dass einige Theoretiker es mit der Faktizität der Anekdote nicht so genau genommen haben und meinten, es genüge eine innere Wahrheit (noch bei Grenzmann 1958, E. Bender 1957). Gegenüber solchen Theorien betont jedoch Hans Peter Neureuter (1973), dass die Faktizität als das entscheidende Gattungsmerkmal für die Anekdote unentbehrlich ist. Im Gegensatz zur Kurzgeschichte geht es in der Anekdote, die wie der Schwank im Bereich der Komik liegt (Grothe 1984, Straßner 1968), ohne deshalb eine ernste Dimension auszuschließen, um eine »historisch relevante [...] Charakteristik«, nämlich um die »mittelbare Charakterisierung einer Person – manchmal auch einer Gruppe von Personen oder einer bestimmten Epoche« (Bausinger 1967, 124); die Handlung findet ihre Lösung nach linearem Verlauf in einem meistens pointierten Höhe- und Schlusspunkt.

Als schwierig erwiesen hat sich auch die unklare Einstufung der **Kalendergeschichten** Hebels, die in einigen theoretischen Abgrenzungsversuchen als kurzgeschichtenhaft aufgefasst werden (Kilchenmann 1967; H. Bender 1962), während Wilhelm Grenzmann sie mit in die Definition der Anekdote einschließt, eine Verwandtschaft mit der Kurzgeschichte erwähnt, aber lediglich nach stilistischen Merkmalen zwischen Anekdote und Kalendergeschichte unterscheidet. Die sichtbaren gemeinsamen Merkmale in den drei Gattungen gehen jedoch jeweils auf ein anderes zentrales Gestaltungsprinzip zurück und betreffen, was die Kurzgeschichte angeht, vor allem einen Typus, den knapp und linear auf eine Schlusspointe ausgerichteten Bautyp.

Zwar bemüht sich auch die Kalendergeschichte vielfach um eine historisch relevante Charakteristik und gründet wie in der Anekdote die straffe, aussparende Komposition auf die »Bindung an ein Ergebnis in Form der Pointe« (Lypp 1970, 393), doch steht in der Kalendergeschichte ein anderer, formbestimmender Zweck im Mittelpunkt, die Intention der Belehrung, Volksaufklärung durch Beispiel und Symbol, die darauf abzielt, »eine Lösung zu zeigen oder anzudeuten« (Kilchenmann 1970, 19). Von daher gestaltet sich auch die Bindung an die Pointe anders, denn sie wird nicht explizit mitgeteilt, sondern in den Dialog mit dem Leser übergeführt, so dass sich aus der »geselligkeitsstiftenden Redeweise eine fortlaufende Pointierung des Sprachduktus« ergibt und die strenge Geschlossenheit der Anekdote dadurch aufgelöst wird (Lypp 1970, 394); die sprachliche Schlusspointe kann, muss aber nicht zusätzlich eingesetzt werden. Schon Helene Auzinger hatte diese Art der »Pointe im weiteren Sinne« als »Stilpointe« von der »Strukturpointe« (der Schlusspointe oder »Pointe im engeren Sinne«) wie sie die Anekdote verwendet, abgehoben (1956, 71). Auf diese Ergebnisse stützt Rohner seine formale Unterteilung einerseits in die geschlossene, dramatische Anekdote Kleists (auf eine Strukturpointe am Schluss zulaufend) und andererseits in die offene, epische Anekdote Hebels (mit fortlaufender, sprachlich-stilistischer Pointierung oder »Sinnpointe«). Nach Rohner ist »Kalendergeschichte« nur eine andere Bezeichnung für »epische Anekdote«, in der keine massive, abschließende, sondern eine »stil- oder sinnpointierend über die ganze Geschichte verteilte, verdeckte Enthüllung stattfindet« (1978, 434).

Mit der Stil- bzw. Sinnpointe ist gleichzeitig ein gemeinsames Merkmal von Kalendergeschichte und Kurzgeschichte berührt worden. Was beide Gattungen trennt, hat man gewöhnlich mit Volkstümlichkeit und Lehrhaftigkeit umrissen. Pongs (1957) baut seine **abgrenzende Definition der Kalendergeschichte** ausschließlich auf dem untauglichen Inhaltskriterium der »Volksseele« auf. Rohner hingegen prüft, wie sich die oft erwähnte Volkstümlichkeit in der formalen Gestaltung der Kalendergeschichte niederschlägt und stellt folgende Kennzeichen zusammen: In der leicht verständlich und interessant erzählten Geschichte über eine Merkwürdigkeit, aus der eine Lehre gezogen wird, bleibt die chronologische Ordnung der erzählten Zeit erhalten, wird das Kausalitätsgesetz befolgt; alltäglich-einfache Wortwahl und Syntax werden verwendet und in den älteren Kalendergeschichten kommt die Nähe zum Sprichwörtlichen hinzu (1978, 419).

Die einfache, alltäglich bis umgangssprachlich gehaltene Diktion sowie typisierte Figuren zählen auch zu den charakteristischen Merkmalen der Kurzgeschichte, doch unterstehen sie – gleich der Stilpointe – in der Kalendergeschichte einem anderen Gestaltungsprinzip, nämlich der Formel lehrhafter Dichtung »docet et delectat«, sind deutlich als derart zweckbedingt zu erkennen (Kilchenmann 1970, 20, 33). Diesem Zweck dient ebenfalls das auktoriale Erzählverhalten bei olympischer Perspektive im Gegensatz zur Kurzgeschichte. Diese zielt nach dem Prinzip der umfassenden Reduktion auf suggestive Wirkung ab und verzichtet auf ein deutendes Erzählen. Sie baut das Geschehen nicht wie die Kalendergeschichte auf eine sinngebende metaphysische Ordnung und daher auch nicht auf die Glaubwürdigkeit eines übergeordneten allwissenden Erzählers auf. Dementsprechend weist Rohner auf die Bedeutung von Hans Benders Aussage hin, die Kurzgeschichte sei die »säkularisierte Kalendergeschichte« der Zeit nach 1945 (Bender 1962, 205), denn diese Aussage beinhaltet, dass Wirkung und aufgeworfene Frage in der Kurzgeschichte an die Stelle von Lehre und Lösung in der Kalendergeschichte getreten sind (vgl. Rohner 1978, 450).

Strukturell erzielt die Kurzgeschichte ihre Wirkung durch den hohen Grad an erzählerischer Verdichtung, ohne dass damit ihre Komplexität aufgegeben wäre, da nämlich die Geschichte vor allem durch Aussparungen in allen Bereichen der Fabelentfaltung geprägt wird und Spannung bis über den Schluss hinaus vermittelt, besonders durch das Spiel mit der chronologischen Anordnung des Geschehens. Dadurch sowie durch ihre Offenheit unterscheidet sich die Kurzgeschichte von der schon umfänglich etwa zehnmal längeren **Novelle**, für die ein deutender, zumindest »hinter dem ›Vorhang‹ hervor« erklärender Erzähler (Rohner 1973, 157) und »Geschlossenheit und Prägnanz eines einmaligen Falles« charakteristisch sind (v. Wiese 1962, 27). Gegenüber der dramatisch auf ihr Ziel hinführenden Novelle äußert sich die weiter getriebene Verdichtung in der Kurzgeschichte u.a. in den strukturellen Varianten, die die Erzählsituation mit Hilfe verschiedener, simultan geschauter Zeiten und Schauplätze komprimieren. Sie heben sich von der Novelle ab, wie v. Wiese feststellt (1963, 83), doch betrifft diese Abgrenzung nur einige wenige Kurzgeschichtentypen, in denen mit dem Gefüge der erzählten Zeit experimentiert wird, nicht jedoch die Gattung insgesamt. Als generelles Unterscheidungsmerkmal aber äußert sich die umfassendere, formprägende Reduktion in der Kurzgeschichte darin, dass sich die Geschichte nicht in wenigen Sätzen zusammenfassen lässt, vielmehr an die Schriftlichkeit gebunden ist, da in der Kurzgeschichte »alles gleich wichtig« ist (Rohner 1973, 168 u. 185).

Eng verbunden mit derartiger Komprimierung ist der ebenfalls durchgängige Unterschied der Unverschlossenheit; denn die Kurzgeschichte hält sich, abgesehen von ihrem überwiegend offenen Schluss, auch syntaktisch offen, indem sie Relativ-, Temporalsätze sowie parataktische Reihung von Gleichwertigem und Gleichwichtigem bevorzugt, nicht Kausalketten bildet und in sprachlicher Hinsicht ebenfalls die Spannung anders als die Novelle realisiert, nämlich andeutend statt ausdeutend (Rohner 1973, 235). Im Gegensatz zur Novelle bietet die Kurzgeschichte keine Lösung oder Erklärung. Zwar möchte Jørgen Dines Johansen (1970) die Novelle einerseits, Kurzgeschichte und moderne Short Story andererseits als zwei verschiedene Pole derselben Gattung verstanden wissen, doch spricht die jeweils unterschiedliche Grundform mit ihren Spielarten gegen eine solche These. Dass die Novelle überdies neben der Kurzgeschichte fortbesteht, belegen die zahlreichen, nach 1945 entstandenen Novellen (vgl. dazu Aust 1990, ³1999).

Die **Erzählung** hebt sich von der Kurzgeschichte ab, weil ihr Handlungsverlauf viel weniger verdichtet angelegt ist und in der Regel auf ein spannungslösendes Ende zuläuft; dabei wird die kausale Reihenfolge der Ereignisse beibehalten, die erzählte Zeit durch erklärendes Verweilen geprägt, so dass die Erzählung auch in ihrer kurzen modernen Form durch starke Beteiligung des auktorialen Erzählers einen ausdeutenden Charakter erhält und »eindeutig klärende Interpretation« mit einbezieht (Piedmont 1973, 153). Zu einem Sammelbegriff wird der Terminus wieder im *Handbuch der deutschen Erzählung* (1981); Karl Konrad Polheims Definition der Erzählung als mit der Novelle identischer wertfreier Begriff für eine epische Art »mittlerer Länge« (16) relativiert die Gattungen. Demgemäß verliert die Kurzgeschichte in Dieter Hensings Aufsätzen zur Erzählung seit 1945 ihre Gattungskontur, wird zum Prosatext eingeebnet.

Nicht selten ist die Kurzgeschichte mit der **Skizze** verwechselt worden, zumal da die Kurzgeschichtenstruktur auf eine dominante, intensive Stimmungswirkung gerichtet sein kann; doch erreicht sie diese durch Handlung, während die Skizze stattdessen »Stimmungen, vermischt mit Reflexionen« wiedergibt (Höllerer 1962, 238). Gegenüber der Kurzgeschichte liegt der Schwerpunkt in der Skizze somit auf der »Gestaltung des Zuständlichen«, wobei die Darstellung fragmentarisch-offen wirkt (Spahmann 1956, 6 u. 3).

Eine ähnliche, vielfach polemisch fundierte Verwechslung der Kurzgeschichte mit der **Feuilletongeschichte** erfordert eine klärende Abgrenzung zwischen dieser Kurzprosaform – auch »kleine Form« genannt (Haacke 1952, 203) – und der Kurzgeschichte. Bestimmt wird die Feuilletongeschichte von der leichten, plaudernden und humorvollen Stillage bei meist nur angedeuteter Handlung. Dementsprechend kann sie nebensächliche Beobachtungen oder eine einmalige, erlebte Stimmung impressionistisch, auch pointierend wiedergeben; sie »ist mit einem kleinen, nachdenklichen (oder unauffällig erzieherischen) Kommentar« versehen (Haacke 1952, 204; vgl. auch Fechter 1950, 96).

An der **Parabel** hat man hervorgehoben, sie sei vom Schluss her konstruiert, was auch öfter von der Kurzgeschichte gesagt worden ist. Doch in der Parabel verläuft die Handlung »einsträhnig« auf ihr Ziel am Ende zu, von dem aus sie auch deutbar wird (Miller 1959, 202). Erkenntnis wird dabei durch den analogen Vergleich aus einem anderen Vorstellungsbereich ermöglicht. Außerdem ist der Parabelendpunkt fest »in einer höheren geistigen Ordnung« verankert, wodurch sich die traditionelle didaktische Parabel deutlich von der Kurzgeschichte abhebt sowie von moderner Dichtung überhaupt, sofern in dieser nicht auf die traditionelle Parabel zurückgegriffen wird, wie etwa bei Brecht (vgl. Miller). Kennzeichnend auch für die moderne Parabel ist, dass sie als lehrhafte Dichtung das Erzählte »stets gerundet, in und aus sich verständlich und sinnvoll« darbietet (Brettschneider 1971, 15). Es lässt sich jedoch ein parabolischer Zug in der modernen Literatur, u.a. gerade auch in der Kurzgeschichte feststellen, der nicht auf dem herkömmlichen Vergleich beruht. Dieser bisweilen erkennbare Zug fußt strukturell auf der indirekten Gegenüberstellung zweier Vorgänge und entspricht einer gestisch angedeuteten Bewegungsrichtung des Geschehens (vgl. Miller, Höllerer). Demnach liegt die Bedeutung der Parabel zwar auch hinsichtlich der Kurzgeschichte »in der hermeneutischen Hilfe, die sie für die Ausbildung neuer Strukturen geboten hat« (Heselhaus 1977, 11), doch bleiben Parabel und Kurzgeschichte als Gattungen getrennt. Dort, wo die Kurzgeschichte parabolische Züge aufnimmt, läuft sie Gefahr, mit zunehmender Abstraktion auch ihr suggestives Spiel mit Bedeutungsebenen zu reduzieren (vgl. Durzak 1986).

Von einer weiteren, eng benachbarten Form, der **Kürzestgeschichte**, unterscheidet sich die Kurzgeschichte insofern, als die Reduktion der Fabel dort noch weiter getrieben ist. Die Bezeichnung verwendete Heinrich Edelhoff 1942 zunächst in quantitativer Hinsicht, synonym mit Kurzgeschichte im Sinne von kurzer Geschichte, ohne näher auf den flüchtig erwähnten qualitativen Aspekt der Verkürzung einzugehen. Eine andere Bewertung erfuhr diese Bezeichnung, als Heimito v. Doderer sie für seine 1955 erschienenen ganz kurzen Geschichten einsetzte, die nicht nur quantitativ, nämlich auf wenige Sätze reduziert, sondern auch qualitativ durch stark verdichtende Aussparung gekennzeichnet sind. Die Kürzestgeschichte ist »sprachlich noch dichter und pointierter gehalten« als eine Kurzgeschichte, so dass sie als »Zuspitzung der Kurzgeschichte« charakterisiert worden ist (Lorbe 1957, 54); ihre extrem reduzierte Fabel stellt eine »Fortentwicklung der Weglassungskunst« dar (Datta 1972, 190). Dadurch werden allerdings die gattungsspezifischen Merkmale der Kurzgeschichte ausgelöscht, und es bleiben nur »erzählerische Zwitter« zurück, »die zum Aphorismus, zur Parabel, zum Tagebuchnotat tendieren« (Durzak 1980, 309). Höllerer grenzt die Kürzestgeschichte vom Witz ab, indem er betont, sie sei im Gegensatz zu diesem nicht scharf pointiert (1962, 237), wenn sie überhaupt eine Pointe verwendet. Mehrfach betont wird das innovative Experimentieren in der Kürzestgeschichte (Riha 1989; Schubert 1997), wobei Karl Riha auf das Spiel mit verfügbaren Erzählformen hinweist und darauf, dass »Ereignis- und Geschehnishaftes [...] ständig ins Sprachspiel« übergehen (437).

Was die Beziehung zwischen **Kurzgeschichte und Short Story** angeht, so muss berücksichtigt werden, dass die »long short story« die Novelle und den Kurzroman mit einschließt, während moderne oder »short short story« und Kurzgeschichte einander entsprechen. Sie lassen sich auch nicht durch die unhaltbare inhaltliche Differenzierung unterscheiden, die moderne deutsche Kurzgeschichte hebe sich ab »von ihrem amerikanischen Muster« durch die Frage nach dem Sinn »einer spezifischen Situation gegenwärtigen Lebens«, die sich »aus den Tiefen des deutschen Wesens« sowie aus der historischen Situation nach 1945 herleite (Motekat 1957, 35). In einer solchen Abgrenzung scheint sich vielmehr das bekannte Vorurteil gegen die oberflächlichere amerikanische Kurzgeschichte zu halten.

Dessen ungeachtet bestätigt ein Blick auf die Rezeption der Short Story in Deutschland, dass ihre **zwei Grundtypen** die deutsche Kurzgeschichte entscheidend geprägt haben: einerseits die handlungsbetonte »plot story« Poes, fortgeführt in O. Henrys Pointentyp und verbreitet durch Magazine und Handbücher zum Schreiben von Short Stories, andererseits die »slice-of-life story« Sherwood Andersons, die vorwiegend nach 1945 aufgenommen und mit einem »Stück herausgerissenen Lebens« (Schnurre) verglichen wurde. Dieser ähnlich ist auch die auf eine »epiphany« hin komprimierte Kurzgeschichte von Joyce, die »subtile, entdramatisierte Alternativen« zum ersten Haupttypus eröffnete (Lubbers 1977, 28). Die Affinität besteht nicht nur unter den Geschichten selbst, sondern auch in der Theorie, vor allem was die neuere deskriptive Short Story-Theorie angeht, in der es stellenweise zu wechselseitiger Berücksichtigung kommt (vgl. Lubbers 1977, Goetsch 1978). Es wird keineswegs mehr lediglich nach Anzahl der Wörter unterschieden (2000 bis 30000 für die lange und unter 2000 für die kurze Short Story) wie Kilchenmann meint (1967, 10). Vielmehr wird Kürze seit Norman Friedmans Aufsatz »What Makes a Short Story Short?« (1958) auf ihre strukturbildende Funktion hin untersucht. Friedman betonte, Kürze sei nicht einseitig auf den äußeren Umfang zurückzuführen, ebenso wenig auf eine fehlende Entwicklung, ein kurzes Geschehen oder einen begrenzten Stoff; stattdessen sei Kürze eine Frage der Darstellungsweise.

Die Untersuchungen zur strukturellen **Behandlung des Materials** bauen ergänzend auf produktionsästhetischen Überlegungen zur Kürze bei Poe und Henry James u.a. auf. Paul Goetsch (1978) beispielsweise geht vom Spannungsverhältnis zwischen dem Umfang einer Short Story und dem »explosive principle« (Henry James) aus und demonstriert anhand der Arten der Situationsverknüpfung – motivisch-thematische Situation überschneidet sich hierbei mit Erzählphase – die unterschiedliche Verwirklichung von Kürze und Fülle, um die sich viele Short Story-Autoren seit Poe in theoretischer und praktischer Hinsicht bemüht haben (40ff.). Wie in der deutschen Kurzgeschichte bildet die Kürze als gattungsspezifische Dominante die Grundlage, die die charakteristische Andeutungs- und Verweisungsfunktion der übrigen wesentlichen Merkmale der Short Story bestimmt (vgl. dazu die Arbeit von Lubbers 1977). Ebenso lassen sich unter diesem Gesichtspunkt ähnliche Ergebnisse verzeichnen, was die Gestaltung von Raum, Zeit, Figuren, Geschehensverlauf und stilistischer Darstellung betrifft (Ahrends 1980, 52).

In der Short Story-Theorie stärker beachtet wurden einige nach stilistischen und inhaltlichen Kriterien eingeteilte **Untergruppen**:

- Die **satirische Short Story** verweist anhand von satirischen Stilmitteln auf eine tiefere Bedeutung (Fitz Gerald 1976).
- Die **lyrische**, von Tschechow ausgehende »**offene« Short Story** verlagert das Geschehen von außen nach innen, d.h. eine komplexe Gefühlslage rückt ins Zentrum des Geschehens, oft unter Einsatz des inneren Monologs und unter Aufgabe des chronologischen Erzählverlaufs (Baldeshwiler 1976).
- Besonders berücksichtigt wurde der stofflich bestimmte, nach einem anthropologischen Konzept benannte Typus der »**initiation story«**. Er zeigt die Hauptfigur, wie sie eine bedeutende Veränderung hinsichtlich ihres Wissens um das Leben und um sich selbst erfährt, oder auch eine Charakterveränderung durchmacht; diese Veränderung muss, mindestens ansatzweise, zur Welt der Erwachsenen

hinführen. Je nachdem bis zu welchem Grad eine solche Initiation zum Übergang in das Lebensstadium des Erwachsenen führt,
lassen sich wiederum Untergruppen aufstellen (Marcus 1976).

Der Einfluss der **lyrischen Prosa** auf die Kurzgeschichte äußert
sich in umfassenderer metaphorischer und rhythmischer Konzentration, wobei die Handlung zugunsten von Stimmung und Illusion an
Gewicht verliert, was die Kurzgeschichte überlasten und verdunkeln
kann (Höllerer 1962, 239). Entgegen Fülleborns problematischer Definition – die Kurzgeschichte sei gegenüber dem **Prosagedicht** nach-
erzählbar, »ohne dadurch eine andere Geschichte zu werden« (1970,
27) – zieht Rohner die Grenze zwischen diesen beiden Gattungen,
indem er das Prosagedicht als »Denkerzählung«, d.h. als eine »Fabel
der Reflexion«, die den erzählerischen Fortschritt ausschließt, definiert ([2]1976, 188).

Ansätze zu einer Untersuchung über das Verhältnis zwischen **Kurzgeschichte und Roman** geben Höllerer (1962) und Kilchenmann
(1967). Die Beziehung zwischen beiden Gattungen zeigt sich in mehrfacher Hinsicht: Die Kurzgeschichte kann zunächst unabhängig und
später wieder als Teil in einem Roman erscheinen; sie kann Weiter-
führung eines Romans sein oder umgekehrt, ein Roman kann eine
Kurzgeschichte weiterführen; außerdem kann die Kurzgeschichte im
Rahmen eines »Romans in Geschichten«, so Schnurre im Untertitel zu
Als Vaters Bart noch rot war, auftreten (vgl. Kilchenmann 190ff.), wie
sie auch in Ingo Schulzes *Simple Storys* (1998) eingesetzt wird. Selbst
wenn die einzelnen Geschichten, bzw. Storys selbständig erscheinen
können, so beleuchten sie sich als Sammlung gegenseitig und erreichen durch unterschiedlich gewichtete, »einheitsstiftende Elemente«
wie Zeit, Schauplatz oder Figuren ein Gesamtbild, entsprechen damit
dem Kurzgeschichtenzyklus mit lockerer Verbindung der Geschichten untereinander (Lubbers 1977, 148). Frei »von den Zwängen der
Handlungsführung und -verknüpfung, wie der Roman sie ausübt«,
kann »eine Vielfalt menschlicher Situationen und Schicksale« gestaltet werden (ebd.). Das trifft insbesondere auf die *Simple Storys* von
Schulze zu, der im Gegensatz zu Schnurre auf die verbindende Perspektive eines einzelnen Protagonisten verzichtet.

4. Historische Entwicklung der deutschen Kurzgeschichte

Einen ersten historischen Überblick über die deutsche Kurzgeschichte unternahm Klaus Doderer in seiner 1953 erschienenen Arbeit; sie geht begreiflicherweise noch kaum auf die Entwicklung seit 1945 ein, doch werden die hier gebotenen Thesen auch in Doderers späteren Arbeiten zur Kurzgeschichte, u.a. im Vorwort zur nachgedruckten Auflage (1969 u.ö.), nicht wesentlich verändert.

Doderer baut auf der Grundlage seiner idealtypischen Definition ein **dreistufiges »formgeschichtliches Gerüst«** auf (1972, 89). Demzufolge werden die »skizzenhaften Kurzgeschichten« mit naturalistischen und impressionistischen Merkmalen von den »streng epischen Kurzgeschichten« abgelöst, zu denen in den 1920er Jahren durch den Einfluss amerikanischer Literatur – besonders Hemingways – die »objektivistischen Kurzgeschichten« (reportagehaft, mit versteckten Effekten) hinzukommen, für die Doderer seine Beispiele allerdings aus der Zeit unmittelbar nach 1945 bezieht.

Die hier verzeichneten **Entwicklungsstufen** ändert Doderer in zwei späteren Aufsätzen nur dahingehend, dass er auf die Gruppenbezeichnungen verzichtet und auf einer ersten Stufe alle für das 19. Jh. genannten Vorläufer zusammenfasst, auf einer zweiten die Naturalisten mit dem Vermerk, auch sie hätten noch nicht »zur echten Form der Kurzgeschichte durchgefunden« (1957/58, 98), die Gattung habe, »von einzelnen Vorläufern abgesehen«, zu Anfang des 20 Jh.s noch nicht existiert (1961, 94). Die heutige Form (1961) sei in den 1920er Jahren erreicht worden, und seither lasse sich das »Anwachsen der Hochform« durch Einwirkungen amerikanischer Literatur nach dem Ersten Weltkrieg verzeichnen. Die Kurzgeschichte habe sich jedoch erst nach 1945 durchsetzen können, da sie aufgrund ihrer fehlenden »Endlösung« im Dritten Reich »nicht der ideologisch gestanzten offiziellen Auffassung« entsprochen habe (95). Auf die Versuche im Dritten Reich, die Gattung kulturpolitisch einzusetzen, geht Doderer in seinen Arbeiten nicht ein.

Die historische Einteilung erweist sich als problematisch, denn sie berücksichtigt nicht den Formenreichtum der Kurzgeschichte; außerdem fehlt es dort, wo eine Variation vermerkt wird, an Differenzierungen. Das äußert sich darin, dass Doderer **zwei formale Ausprägungen der Hochform** feststellt, einerseits die konsequent auf den Schluss hin komponierten Geschichten: Sie gestalten das zentrale

Ereignis am Schluss als schockierenden »Schicksals- oder Lebensbruch, der dargestellt, aber nicht verfolgt wird«; andererseits Geschichten mit lockerem Bau, die »ein Leben oder einen Zustand ohne offensichtliche Endakzentuierung« schildern (1961, 96). Die beiden Ausprägungen entsprechen den ursprünglich als »streng epische und objektivistische« Kurzgeschichten bezeichneten Entwicklungsstadien. Da keinerlei Differenzierung der stark akzentuierten Schlussgestaltung vorgenommen wird, rücken die Geschichten mit schockierendem Ende »nach Art der Zeitungsgeschichte« neben die gering geschätzte feuilletonistische Ausprägung der Kurzgeschichte, selbst wenn Doderer den Begriff der Pointe sorgfältig vermeidet (ebd.). Für die **Blütezeit der Kurzgeschichte nach 1945** nennt er nur Beispiele der lockeren strukturellen Ausprägung, so dass der Eindruck entsteht, ein in sich nicht weiter differenzierbarer Formtypus habe lediglich den anderen abgelöst.

Die bislang ausführlichsten Versuche, eine systematische Entwicklung der Kurzgeschichte mit Beginn im 19 Jh. aufzuzeichnen, haben Helga-Maleen Damrau und – unter Berücksichtigung der Kurzgeschichte als internationaler Erscheinung – Ruth Kilchenmann in ihren 1967 erschienenen Arbeiten vorgelegt. Beide Untersuchungen können schon die Hauptentwicklungsphase der deutschen Kurzgeschichte, die Ende der 1960er Jahre keine beherrschende Rolle mehr spielt, behandeln, was aber nur summarisch geschieht. Zudem führen die Schwächen der theoretischen Grundlage in beiden Arbeiten zu unzuverlässigen Ergebnissen (vgl. Kap. 2.4 u. Rohner [2]1976, 47f., 50).

Wie Doderer so stellen auch Damrau und Kilchenmann an einigen Geschichten des 19. Jh.s (bei E.T.A. Hoffmann, Hebbel, Hebel u.a.) kurzgeschichtliche Züge fest. Damrau fügt Kleist hinzu, doch beruhen ihre vergleichenden Interpretationen vor allem auf motivisch-thematischen Analogien, während der formale Raster (unvermittelter Einsatz, kommentarloses offenes Ende, Fragecharakter) nicht präzise genug gehandhabt wird. Daher kommt es zur **Vermischung von Gattungen**, etwa zwischen Kurzgeschichte und impressionistischer Skizze einerseits oder andererseits zwischen Kurzgeschichte und Anekdote wie beispielsweise beim Vergleich von Kleists »Französisches Exerzitium«, das man nachmachen sollte« mit Paul Ernsts »Der große König« und Borcherts Kurzgeschichte »An diesem Dienstag«. Ähnliche Schwierigkeiten ergeben sich aus Kilchenmanns Untersuchung. Zwar werden – trotz eingangs erklärter kategorischer Ablehnung – beständig normativ eingesetzte Kriterien verwendet, um die historische Entwicklung der Kurzgeschichte aufzuzeichnen, doch werden infolge der theoretischen Ausgangsbasis statt Formen der Gattung nur kurzgeschichtliche Merkmale geboten; nicht das strukturelle

Gesamtgefüge solcher Kennzeichen und seine Spielarten sind Gegenstand der Untersuchung.

Unterschätzt wird der **Einfluss der amerikanischen auf die deutsche Kurzgeschichte**, wobei die Bedeutung Hemingways nicht nur heruntergespielt, sondern auch vorwiegend im Stofflichen gesehen wird. Obwohl die Zeit nach 1945 als die eigentliche Epoche der Kurzgeschichte eingeschätzt wird, behandelt Kilchenmann die Entwicklung bis Mitte der 1960er Jahre äußerst summarisch an wenigen Geschichten von Elisabeth Langgässer, Wolfgang Borchert, Heinrich Böll, mit knappen Hinweisen auf Hans Bender, Gerd Gaiser, Luise Rinser, Gabriele Wohmann, Helmut Heißenbüttel, Arno Schmidt, Reinhard Lettau und die Anthologie *Ungewisser Tatbestand* (1964) jeweils nach thematischen und sprachlich-stilistischen Gesichtspunkten.

Am ergiebigsten für die deutsche Kurzgeschichte nach 1945 sind die Arbeiten von Ludwig Rohner (1973) und Manfred Durzak (1980). Rohner bietet, obwohl bei ihm der Schwerpunkt im theoretischen Bereich liegt, einen stichwortartig gerafften Überblick über die Entwicklung bis 1971 – einschließlich der Zeit vor 1945 (Vorbericht u. Umfrage). Außerdem gibt seine theoretische Untersuchung nicht allein Aufschluss über Formfragen, sondern auch über thematische und stilistische Besonderheiten der Kurzgeschichtenentwicklung.

Die bisher umfassendste Übersicht über die deutsche Kurzgeschichte seit dem Zweiten Weltkrieg, einschließlich der Kurzgeschichte in der DDR, lässt sich aus Durzaks historischer Darstellung gewinnen (Durzak, [3]2002). Sie setzt sich aus drei Teilen zusammen; aus Werkstattgesprächen (mit Wolfgang Weyrauch, Stephan Hermlin, Wolfdietrich Schnurre, Hans Bender, Günter Kunert, Gabriele Wohmann), einem werkgeschichtlichen Teil, der auch rezeptionsgeschichtliche Aspekte bei namhaften Kurzgeschichtenautoren mit einbezieht (zu den bereits genannten kommen Wolfgang Borchert, Heinrich Böll, Alfred Andersch, Elisabeth Langgässer, Kurt Kusenberg, Siegfried Lenz, Heinz Piontek, Herbert Eisenreich, Johannes Bobrowski, Josef Reding, Hermann Kant, außerdem Alexander Kluge); einem gattungsgeschichtlichen Exkurs schließlich folgt ein Teil mit Interpretationen einzelner Geschichten, der sich auf die Darstellung der Zeitgeschichte konzentriert.

Durzak arbeitet ausführlich die Bedeutung der amerikanischen Short Story für die deutsche Nachkriegskurzgeschichte heraus, wobei allerdings stellenweise nur stofflich-thematische Analogien aufgezeigt werden können, da spezifische Einflüsse nicht in allen Fällen durch Selbstzeugnisse der Autoren nachweisbar sind. Außerdem unternimmt Durzak es, seine These, die Kurzgeschichte sei auch in den 1960er und 1970er Jahren eine **vitale Gattung** und ein zentraler, **konti-**

nuierlicher Bestandteil der deutschen Literatur geblieben (1980, 16), anhand von Querschnitten durch das Werk von »wesentlichen Autoren« zu belegen. Er weist darauf hin, dass in der Schreibpraxis dieser Kurzgeschichtenautoren ein Festhalten an der Form bzw. eine Rückkehr zu ihr oder ein experimentelles Weiterentwickeln erkennbar ist, obwohl sich für die Kurzgeschichte erhebliche Behinderungen durch alte Vorurteile und zunehmende Distributionsschwierigkeiten ergaben.

Zweifellos bietet Durzak ein breites Spektrum an Autoren, doch lässt sich trotz einer relativ kontinuierlichen Kurzgeschichtenproduktion dennoch nicht übersehen, dass hier überwiegend Autoren der älteren Generation behandelt werden, deren schriftstellerisches Debüt, wenn nicht sogar vor 1945, so in der unmittelbaren Nachkriegszeit oder in den 1950er Jahren liegt. Eine Nachfolge unter den jüngeren, nach 1945 geborenen Autor/innen geht aus diesem Überblick nicht hervor, wäre aber ein wesentlicher Beweis für eine vitale Gattung. Zu Bedenken gibt weiterhin, dass für die Kurzgeschichte bedeutende Autor/innen wie Ilse Aichinger, Marie Luise Kaschnitz, Martin Walser, die sich spätestens in den 1970er Jahren von der Gattung abwandten, nur peripher behandelt werden, zumal eine repräsentative Entwicklungslinie der Kurzgeschichte nach 1945 geboten werden soll und die Querschnitte darüber hinaus »als Segmentierungen des historischen Entwicklungsspektrums der deutschen Gegenwartsliteratur« verstanden werden sollen (18). Insgesamt gesehen aber bietet Durzaks Arbeit einen wichtigen rezeptions- und entwicklungsgeschichtlichen Überblick über die deutsche Nachkriegskurzgeschichte, vor allem angesichts der gänzlichen Vernachlässigung dieses literarhistorischen Komplexes in dem von Polheim herausgegebenen *Handbuch der deutschen Erzählung* (1981; vgl. Kap. 3.).

Dem Schwerpunkt der Kurzgeschichte in der deutschen Literatur entsprechend ist der Zeitraum nach 1945 am besten dokumentiert. In der von Valerie D. Greenberg vorgelegten Studie (1982) über das Verhältnis von Literatur und Gesellschaft am Beispiel von 73 »short stories« aus der *Neuen Rundschau* im Zeitabschnitt 1922 bis 1933 wird die Bezeichnung »short stories« als Sammelname verwendet; sie umfasst Geschichten, die vom jeweiligen Autor entweder als »Erzählung« oder »Novelle« oder gar nicht näher bezeichnet wurden. Die Gattungsfrage fällt nicht in den Rahmen dieser Abhandlung.

4.1 Modelle und Versuche:
Die Kurzgeschichte um 1900

Unter den Theoretikern, die eine eigenständige Entwicklung vertreten, gilt als Beispiel für den **Beginn der deutschen Kurzgeschichte** im Naturalismus die Geschichte »**Ein Tod« von Arno Holz und Johannes Schlaf** (1889). Das Geschehen ist reduziert auf die Nachtwache zweier Freunde bei dem im Duell tödlich verwundeten Studenten Martin, und zwar auf den im Sekundenstil zerdehnten Wartezustand und Sterbeprozess, bis Martins Tod am Morgen den Schluss der Geschichte bildet. In Dialoge und kurze Berichtstücke werden Fiebermonologe eingeschoben »die einen Teil der Vorgeschichte enthüllen« (Kilchenmann 1967, 73 u. 74); die Einheit von Zeit, Ort und Geschehen bleibt gewahrt. Doderer ordnet diese Geschichte seiner ersten Gruppe, den »skizzenhaften Kurzgeschichten« zu und versteht darunter solche Geschichten, in denen ein abrupter, offener Schluss auf einen »schicksalsentscheidenden Augenblick« folgt, die Handlung jedoch karg ausfällt, da sie sich hinter der detaillierten Zustandsschilderung versteckt (1972, 81 u. 83). Die häufige direkte Rede sowie die hinzugezogenen akustischen Effekte dienen der knappen, szenischen Gestalt und verleihen der Geschichte ihren, trotz minuziöser Schilderung, prägnanten Ausdruck. Diese szenisch-verdichtende Technik charakterisiert Höllerer als »Arabesken [...] um den Dialog«, denn »alles, was Bedeutung sein könnte, ist nur aus der Tonart des Dialogs und zwischen den Zeilen abzulesen« (244). Diese andeutende Struktur entsteht, da sowohl auf ausgewogenes, motivierendes Erzählen als auch auf einen kommentierenden, allwissenden Erzähler verzichtet wird (Damrau 1967, 74). Indem sich detaillierte Milieuschilderung und verkürzte, prägnante Konstruktion hierbei komplementieren, erhält die naturalistische Kurzgeschichte eine höchst artistische Gestalt: »je detaillierter, sachnäher sich die Kurzgeschichte gibt, desto künstlicher muß sie zwangsläufig werden, desto arabeskenhafter« (Höllerer 1962, 244).

Dass trotz eigener Ansätze zur Form der Kurzgeschichte in der deutschen Literatur im späten 19. und frühen 20. Jh. letztlich die Verbreitung der amerikanischen – der Geschichten selbst, nicht allein ihrer Theorie – einen zentralen Orientierungspunkt abgibt (Durzak 1980, 12 f.), trifft, wenn auch in geringerem Umfang, schon für das ausgehende 19. Jh. zu.

1897 konstatierte Adolf Bartels, es fände neuerdings in Deutschland »eine gewaltige Entwicklung der kleineren Erzählungsliteratur« statt; »wie im verflossenen Menschenalter die Novelle«, so scheine im gegenwärtigen die **amerikanische »short story«** zur **Lieblings-**

form deutscher Erzähler geworden zu sein. Bartels begründete das Phänomen nur teilweise mit dem großen Bedarf der Zeitungen; die Short Story sei auch deshalb die bevorzugte Erzählform geworden, »weil man die neu erworbene Technik in ihr am zwanglosesten und glücklichsten verwenden kann« (10). Die übersetzte amerikanische Literatur und das deutsche Interesse an der Erzähltechnik im letzten Drittel des 19. Jh.s bestätigen Bartels Feststellungen.

In den 1870er Jahren stellte der *Novellenschatz des Auslandes* neben Edgar Allan Poes Kriminalgeschichte »Der Mord in der Rue Morgue« die später oft zitierte Kurzgeschichte von **Bret Harte** »Das Glück von Roaring Camp« als repräsentative Beiträge der amerikanischen Novellistik vor (1874), nachdem 1872 bereits die englische Fassung, »The Luck of Roaring Camp« in *Prose and Poetry by Bret Harte* erschienen war (Tauchnitz Edition, Bd. I). Bret Hartes Geschichten wurden in der Folgezeit intensiv rezipiert, teils in der Tauchnitz Edition, teils in vielen übersetzten Ausgaben, von **Poe** dagegen hauptsächlich die Gedichte, Essays und phantastischen Geschichten. Die literarische Experimentierfreudigkeit des ausgehenden 19. Jh.s begünstigte die eingehende Beschäftigung mit erzähltechnischen Fragen, so dass Poes theoretische Essays besondere Beachtung fanden. Hans Heinz Ewers bewunderte in seiner Monographie über Poe (1905) beispielsweise gerade dessen theoretische Darlegung des Handwerksmäßigen.

Bereits Schönbach hatte sich 1886 anerkennend über die formale Qualität der amerikanischen Short Story geäußert (vgl. Kap. 2.2) wie auch im selben Aufsatz über die »hohe Ausbildung der Technik« bei den amerikanischen Romanautoren. Ähnlich lobend, doch mit Blick auf die europäische Entwicklung, schrieb R.M. Meyer über Guy de Maupassant und Bret Harte, die schon Bartels als Hauptvertreter der »short story« hervorgehoben hatte. Für Meyer ist **Maupassant »der unerreichte Meister dieser Gattung«** und von internationaler Bedeutung, nicht zuletzt gerade für die deutsche Kurzprosa. Mit seinen »zu einer ganz neuen Kunstgattung herausgebildeten Geschichten« habe Maupassant »der neuen realistischen Kunst und vor allem der Verjüngung der Erzähltechnik einen fast so großen Dienst geleistet, wie der Autor von *Volksfeind* und *Wildente* der Auffrischung des Dramas«. Im Urteil Meyers hatte ihm »Bret Harte, der originelle Amerikaner [...] vorgearbeitet; aber er konnte die fein berechnende Kunst Maupassants nicht geben. Und vor allem tat unserer schleppenden oder überhasteten Erzählung dies Beispiel not, wie man im kleinsten Punkte die größte Kraft sammeln könne« ([4]1910, 274).

Die von der Erzähltechnik ausgehende Faszination lässt sich um die Jahrhundertwende besonders in der Rezeption auf breiter Basis ablesen, nämlich in den literarisch-kulturellen Zeitschriften. Dort fand eine intensive Aufnahme internationaler Kurzprosa statt, darunter Kurzgeschichten der Skandinavier (beispielhaft ist Peter Nansens sozialkritische, aus dem Dänischen übersetzte Kurzgeschichte »Ein Weihnachtsmärchen«, *Freie Bühne*, 1893) und Kurzgeschichten von **Maupassant und Tschechow**, die laufend im *Simplicissimus* und in der *Jugend* erschienen. Den Kurzgeschichten von internationalem Rang kam eine deutliche Modellfunktion zu, da sich die beiden letzteren Zeitschriften bei ihrer Gründung 1896 auch zum Ziel gesetzt hatten, junge deutsche Autoren bei ihren ersten künstlerischen Versuchen zu fördern; zu diesem Zweck wurden in den ersten zwei Jahren nach der Gründung Kurzprosawettbewerbe veranstaltet.

Aufschlussreich für die Förderungstätigkeit sind nicht allein die Normen der Wettbewerbe und der Preiszuteilung, sondern vor allem auch die redaktionellen Kommentare anlässlich der Auswertung des eingesandten Materials im *Simplicissimus*.

In den Ankündigungen der **Preisausschreiben** für die beste »Novellette« oder »kurze Geschichte« hieß es anfänglich, bei Stoffwahl und Charakter der Arbeit wolle man den Autoren keine Vorschriften machen. Allerdings folgte eine Einschränkung, offensichtlich um der Niveaulosigkeit vorzubeugen: »Bemerkt sei nur, daß wir unter gleichwertigen Arbeiten denen den Vorzug geben werden, welche aus den Tiefen und Gegensätzen unseres modernen socialen Lebens schöpfen und nicht ausschließlich in Detailmalerei und psychologischen Spitzfindigkeiten ihre Wirkung suchen« (1896; I, 5: 7). Sonst wurden in der Regel nur formale Normen angegeben, und zwar knapper Umfang und Pointierung, also Kriterien, mit denen auch Maupassants Geschichten charakterisiert wurden.

Wie wenig die Autoren in den ersten Wettbewerben diesen Normen mit überzeugenden Arbeiten entsprechen konnten, geht aus der Bewertung der eingesandten Geschichten hervor. In einer ausführlichen Analyse nach dem zweiten Preisausschreiben heißt es zwar, diese Arbeiten stünden bereits auf einem »viel höheren Niveau«, doch zeigt die Charakterisierung der 165 unverwendeten (von 220 eingesandten) Geschichten eine schwache Bilanz, in stofflicher und erst recht in formaler Hinsicht.

Nach stofflichen Gesichtspunkten fielen die Geschichten **in vier Klassen**; dazu heißt es:

»Erstens in Raubmordgeschichten; sie nehmen den breitesten Raum ein. Zweitens in Krankenhausgeschichten; sie sind sehr sentimental [...]. Drittens Ateliergeschichten; sie behandeln den Künstler in seiner verschwiegenen Häuslichkeit und sein Verhältnis zum Modell. Viertens in sehr demokratische Arbeitergeschichten; sie handeln vom Strike, von der grenzenlosen Ausbeutung durch den Fabrikherrn und vom betrunkenen Mann, der seinen Lohn

nicht nach Hause bringt und Weib und Kinder prügelt. Neben diesen Haupt-
themen laufen viele Unterkategorien. Nichts ist so tiefsinnig und so trivial,
nichts so unwahrscheinlich und so selbstverständlich, nichts so verrückt und
so wunderlich, als daß des Dichters Feder in seltsamem Wahnsinn nicht darin
herumgestochert hätte [...] bei gegebener gleicher Belanglosigkeit der Form
kann ein Maßstab eben nur an den Stoff gelegt werden« (1896; I, 36: 6).

Die hier umrissenen Niveauprobleme tauchten um die Jahrhundertwende immer wieder in den Klagen der Rezensenten auf, wenn es
um Sammelbände von »Geschichten«, »Skizzen«, »Novelletten« ging.
In den weiteren Preisausschreiben des *Simplicissimus* für die witzig
pointierte, »ganz kurze Geschichte« (auch die *Jugend* setzte einen
Sonderpreis für die kürzeste Arbeit aus) zeigte sich vor allem die formale Schwierigkeit, eine solche prägnant gestaltete Geschichte in den
geforderten Umfangsgrenzen zu halten, mit dem Ergebnis, dass bei
steigender Anzahl von eingesandten Arbeiten die Zahl der verwend-
baren sank, letztlich sogar kein erster Preis erteilt wurde.

Auch die *Jugend* traf eine strenge Auswahl und berichtete nach
ihrem Wettbewerb (»Kurze Prosabeiträge für die *Jugend*, 1896), ein
erster Preis habe nicht erteilt werden können, sei dafür in einen zusätz-
lichen zweiten und dritten umgeändert worden. Angesichts dieser
Qualitätsprobleme darf nicht vergessen werden, dass es sich bei den
eingesandten Geschichten um erste Versuche handelte. Von Bedeutung ist, dass die Geschichten vielfach den zeitgenössischen Vorstellungen von der Short Story entsprachen.

Die prämierten Geschichten im *Simplicissimus* und die als »Skizze«
bezeichneten in der *Jugend* erfüllen eine Reihe von Kriterien die von
Seiten der deutschen Literaturkritik um die Jahrhundertwende als
maßgebend für die neue Gattung angesehen wurden (vgl. Kap. 2.2
u. 2.3). Sie sind durchaus »auf einen Sitz« zu lesen, geben ein kom-
primiertes Lebensbild, indem sie sich auf eine besondere, psychologisch motivierte Situation konzentrieren und diese aus dem Alltagsgeschehen momentan herausheben. Nicht immer sind sie mit
einem Schlusseffekt versehen, wirken meistens durch einen offenen,
in unterschiedlicher Stärke dissonanten Schluss weiter über das Ende
der Handlung hinaus.

Es eröffnet sich ein über den Alltag hinausreichender Einblick in
das Leben, beispielsweise in eine komplizierte Erwachsenenwelt (für
den kindlichen Erzähler in **Ernst Hardts** »Die Gardinenwäsche«,
1896), in die moralisch befrachtete, zwischenmenschliche Problematik, wenn Tradition und gesellschaftliche Veränderungen aufeinander-
prallen (in **Hubert Kampers** »Der Fronleichnamstag«, 1896), oder in
die Erlebniswelt des Jugendlichen, der sich zum ersten Mal verliebt
(in **Karl Busses** »Der Windig«, 1896). Ein Beispiel für die unterhal-

tende, mit witziger Pointe abgerundete Geschichte ist »Ja, Mama!«
(1897/98) von **Max Hirschfeld**; hier wird das Geschehen szenisch
aufgebaut, die Vorgeschichte ganz aus dem, hauptsächlich von der
Mutter bestrittenen Dialog heraus erschlossen, und zwar bei äußerster Komprimierung, denn der Anteil der Tochter ist auf die wiederholte, im Titel gegebene Antwort »Ja, Mama!« beschränkt. Eine tiefere, auf allgemeine Verhältnisse weisende Dimension ist nur leicht
angedeutet durch die geschäftsmäßige Einstellung der Mutter zur Ver-
heiratung ihrer Tochter.

In diesen Geschichten verläuft die Handlung meistens linear auf
einen Höhepunkt zu, die nachfolgende Veränderung im Leben der
Hauptfigur bleibt der Phantasie des Lesers überlassen. »Der Fronleichnamstag« beginnt ohne vorbereitende Erklärung mitten im Geschehen,
doch aus der distanzierten Sicht des allwissenden Erzählers, während
»Die Gardinenwäsche« zwar noch einleitend-reflektierend einsetzt, das
Geschehen aber andeutend aus der Figurenperspektive vergegenwärtigt.
Die vorbereitende Funktion der langsam eingeleiteten Handlung findet sich noch in vielen Geschichten (vgl. Doderer 1972), selbst wenn
diese ansonsten über eine prägnante Komposition verfügen und auf
einen starken einheitlichen Eindruck hin angelegt sind.

Peter Altenberg ist verschiedentlich als Vertreter der impressionistischen Kurzgeschichte bezeichnet worden, ohne dass allerdings erläutert wurde, durch welche erzähltechnischen Mittel sich die impressionistischen Stilmerkmale manifestieren und die Entwicklung eines
eigenständigen, von der naturalistischen Kurzgeschichte abgehobe-
nen Formtyps bewirkten. Damrau (1967) führt zur Unterscheidung
an, die impressionistische Kurzgeschichte neige nicht wie die naturalistische dazu, »sich in Dialog und durch unartikuliertes Sprechen
gekennzeichnete Dialogfetzen aufzulösen« (77), sondern tendiere zur
Handlungslosigkeit, zum Lyrischen, notiere sinnlich-seelische Eindrücke, lebe vom Andeuten und sei »zufälliges Festhalten des flüchtigen Moments« (79).

Mit dieser Charakteristik könnte jedoch ebensogut die Skizze
gemeint sein. Auch Altenbergs Aussage, seine »kleinen Sachen« seien
»**Extrakte des Lebens**«, er bevorzuge »das abgekürzte Verfahren«,
nämlich »den Telegramm-Stil der Seele« und wolle »einen Menschen
mit *einem* Satz schildern, ein Erlebnis der Seele auf *einer* Seite, eine
Landschaft in *einem* Worte«, gibt zwar Aufschluss über Altenbergs
methodisches Ziel, die Kunst des Aussparens und Andeutens, der
Reduktion auf Wesentliches, – eine Methode, die auch für die Kurzgeschichte von entscheidender Bedeutung ist – aber sie gibt keinen
Aufschluss über die Art, wie die Entfaltung der Fabel von einer solchen Komprimierung erzähltechnisch geprägt wird.

Dagegen ist an **Heinrich Manns** früher Kurzprosa nachgewiesen worden, wie Ansätze zu struktureller Komprimierung eine derartige Prägnanz erzielen können, beispielsweise in Manns »Drei-Minuten-Roman« (1904), wo ein ganzes Leben auf eine Sequenz von Bildern gebracht wird, z.T. mit filmtechnisch gehandhabter Sprungraffung (vgl. Durzak, 1983, 13). Andererseits komprimiert Mann wirkungsvoll durch metaphorische Sprache in »Heldin« (1905), so dass statt ausladender Beschreibung kurze, vielseitige Eindrücke einer Landschaft, eines Milieus, einer seelischen Verfassung zustande kommen (ebd. 20f.).

Als Adolf Bartels 1897 die Beobachtung machte, die meisten jüngeren deutschen Autoren hätten sich in der neuen Gattung »short story« versucht, stellte er vergleichend fest: »In Deutschland werden, wie gesagt, zur Zeit viele gute ›Geschichten‹ und auch ›Skizzen‹ geschrieben, wenn wir auch keinen Dichter haben, der ihnen seinen Ruhm hauptsächlich verdankte, wie Bret Harte in Amerika seinen *Kalifornischen Erzählungen* oder auch wie Maupassant, bei dem Skizze und Geschichte freilich oft durcheinander gehen« (11). Auch bei Max Hoffmann, der nicht wie Bartels zwei Ausbildungen der Short Story unterschied, sondern allein »Skizze« verwendete (mit Rückbezug auf Poes Kompositionstheorie, vgl. Kap.1.2), ist das Bewusstsein spürbar, dass eine Rezeptionsphase in eine **Verarbeitungsphase** übergegangen ist. An Vorbildern nannte er außer den Skizzen Bret Hartes (*Kalifornische Erzählungen*) und Maupassants noch die von **Turgenjew, Gorki und Tschechow**. Für die Entwicklung der »Technik der Skizze« in Deutschland hob er die *Jugend* und den *Simplicissimus* als »epochemachend für die litterarische Skizzenkunst« hervor; sie seien noch immer »die wichtigsten Organe der originellen Skizze für freie und unabhängige Geister« (1902/03, 1164). Sowohl für Bartels und Hoffmann als auch für R.M. Meyer bestand die gemeinsame Vorstellung von der neuen Gattung in der straff und prägnant gestalteten Form, wie sie Schönbach an der Short Story und Engelhardt an den Geschichten Tschechows charakterisiert hatten (vgl. Kap. 2.2).

Abgesehen von den ausländischen Vorbildern betrachtete Hoffmann noch die Rolle der **Feuilleton-Korrespondenzen** als wesentlich für die deutsche Entwicklung, denn hier habe der für Zeitungen und Wochenblätter vorgeschriebene knappe Umfang erzieherisch gewirkt; die Weitschweifigkeit sei abgebaut worden, und ein konziserer Stil habe sich ausgebildet. Mehrere Kritiker und Befürworter der »short story« bzw. »Skizze« verzeichneten bereits, diese Gattung dränge die Novelle zurück; bei Bartels klang es deutlich an, Marie Herzfeld sprach es aus (1898) und Hoffmann formulierte es noch endgültiger, nämlich, sie habe die Novelle getötet (1902/03). Bei R.M. Meyer hieß es 1913, mit der Blüte der Novelle scheine es vorüber zu sein, denn »die short story einerseits, die größeren Gebilde andererseits graben ihr das Wasser ab« (151). In diesem Zusammenhang zog Meyer vom vergleichenden Standpunkt aus die Bilanz, in der deutschen Literatur sei man durch die Anfänge **Omptedas** und **Hartlebens** – beide charakterisierte er schon früher als Maupassant-Schüler (vgl. 1900; ^{2}1900, 228f.) – auf dem besten Wege zur Short Story gewesen; doch die »Skizze«, für Meyer »die unfertige Kurzgeschichte«, habe diesen Prozess unterbrochen: »und so sind wir einstweilen in der Entwicklung einer besonders für die technische Erziehung wichtigen Gattung steckengeblieben« (1913, 153).

Auf Entwicklungsprobleme wurde schon früher hingewiesen. Bartels hatte sich trotz seiner Anerkennung differenziert ausgedrückt, als er urteilte, die »short story« sei »in ihren besseren Exemplaren unbedingt Kunst« (10). Auch Hoffmann hielt es für nötig, einschränkend hinzuzufügen, natürlich unterlaufe auch manches Minderwertige, da Mittelmäßiges sich überall ausbreite. Doch bezog sich scharfe Kritik, besonders bei den Rezensionen von Geschichtensammlungen, meistens auf die trivialisierte, effekthaschende Zeitungsgeschichte (Bienenstein 1903/04, S. Zweig 1902/03, Hochdorf 1904/05). Allerdings richtete sie sich stellenweise gegen die neue Gattung überhaupt und verband sich mit einem emphatischen Eintreten für die Novelle, so bei Paul Ernst und Wilhelm Schäfer. Diese Haltung lässt sich bis in die Zeit nach 1945 verfolgen.

4.2　Kunst und Ware:
　　　Die Kurzgeschichte in den zwanziger Jahren

Für die expressionistische Epoche konzentrieren sich gattungshistorische Hinweise auf Namen, Titel, thematisch-motivische Gesichtspunkte (vgl. Uhlig 1963, Kilchenmann 1967, Damrau 1967). Lediglich bei Kritsch Neuse (1980) findet sich eine spezifische Strukturanalyse der Geschichte »Die Hinrichtung nach dem Tode« von **Friedrich Bischoff** (1925); dabei werden aber keine für den Expressionismus charakteristischen Erzählmethoden herausgestellt (vgl. Kap. 2.5.7), ebensowenig bei Doderer, der sich an Wilhelm Schäfer orientiert und an realistischen, handlungsbetonten Geschichten, die auf die deutsche Erzähltradition des 19. Jh.s (Kleist, Hebel) zurückgreifen.

Diese »**streng epischen Kurzgeschichten**« stuft Doderer als eine Reaktion auf die naturalistischen und impressionistischen Merkmale der »skizzenhaften Kurzgeschichten« ein, und zwar auf »Zustandsschil-

derung«, »psychologische Zerfaserung« und »Stimmungsmache«, die
Schäfer ablehnend anführte und durch andere Normen ersetzte: erzählt
und aufgezählt werden dürfe nur, was »in den Ring der Handlung«
gehöre und die Sprache müsse, auch wenn sie betont einfache Menschen charakterisieren soll, anders sein »als das Gestammel, zu dem
sie im ersten Bühneneifer der Naturalisten wurde« (Doderer 1972,
84). Die formale Änderung äußert sich nach Doderer in der Art, wie
die Kurzgeschichte einsetzt, nämlich darin, dass sie bereits vom ersten
Satz an nicht durch Zustandsschilderung, sondern durch Handlung
auf das überwältigende Ereignis am Schluss der Geschichte vorbe-
reite, indem jeder Satz »zum Weitertreiben der Handlung« eingesetzt
werde. Dafür werde vorwiegend die Form des Berichts angewandt;
statt des abrupten, primär unerwarteten Schlusses in den »skizzenhaften Kurzgeschichten« finde sich in dem neuen Typus ein abrupter, primär gewichtiger, überwältigender Schluss, was große, schwer-
wiegende Stoffe für diesen Typus voraussetze (ebd., 84 f.).

Als Vertreter dieser Kurzgeschichtenform nennt Doderer außer
Wilhelm Schäfer u.a. **Paul Ernst** (Komödiantengeschichten), **Hans
Franck**, **Friedrich Bischoff** und **Wilhelm Schmidtbonn**. Die bestim-
menden formalen und stofflichen Aspekte in Doderers Charakteristik dieser »streng epischen« Geschichten tendieren in die Richtung
der inhaltlichen Norm des »Schicksalsbruchs«, wie Doderer sie an
Schäfers Geschichte von 1907, »Im letzten D-Zugwagen«, definiert
hat (vgl. Kap. 2.4). Die formale Gestaltung in den genannten Beispielen fällt jedoch keineswegs immer so straff aus, wie es Doderers
Beschreibung nahelegt.

In **Schmidtbonns »Eisgang«** (aus *Uferleute*, 1921) klaffen Einlei-
tungs- und Handlungsteil auseinander. Der ausführliche, im Berichtstil
geraffte Einleitungsteil bereitet die Kulisse, die Ankunft des Treibei-
ses, vor; sie lässt den Menschen vor dem übermächtigen Eindruck
des Naturereignisses hilflos erscheinen. Ohne weitere Verbindung
zu diesem Teil vermittelt der allwissende Erzähler das eigentliche
Geschehen, den Kampf zweier Männer um den Platz auf ihrer trei-
benden Eisscholle, der überraschend mit dem Sieg des alten, schwä-
cheren Mannes endet.

Dagegen lässt **Bischoffs »Der Clown«** (aus dem *Orplid*-Sonder-
heft: *Kurzgeschichten*, 1926) eine straffe, einheitlichere Strukturierung
erkennen. Hier dient sachlicher Berichtstil der Orientierung über die
Hauptfigur und der Motivierung des Höhepunktes, der vom ersten
Satz an vorbereiteten, letzten Vorstellung des Clowns im Altersheim.
Im Hochgefühl seines erfolgreichen Auftritts verbindet sich für den
Clown die Gegenwart mit der Erinnerung an vergangene glanzvolle
Auftritte, bis er, seine Kräfte überschätzend, während der Vorstel-

lung plötzlich tot zusammenbricht. Bischoffs Geschichte beleuchtet eine Auslegungsmöglichkeit jener Definition der Kurzgeschichte als »5-Minuten-Roman« im Vorwort dieses Sonderheftes, die Rockenbach seiner Einladung an die Autoren beigelegt hatte. Im Gegensatz zu **Heinrich Manns** »Drei-Minuten-Roman« liegt hier eine viel größere stoffliche Begrenzung vor, wobei allerdings ebenfalls ein ganzes Leben im Verhalten der Hauptfigur zusammengefasst wird. Demgegenüber können **Georg Brittings** Initiationsgeschichten »Fischfrevel an der Donau« und »Brudermord im Altwasser« durchaus neben den modernen Kurzgeschichten nach 1945 bestehen (vgl. *Erzählungen 1920–1936*, 1958).

Abgesehen von der fortdauernden begrifflichen Unsicherheit (vgl. Kap. 1.2) kennzeichneten auch die 1920er Jahre Befürwortung der Kurzgeschichte und Polemik gegen sie. Für beide Haltungen rückte immer wieder die amerikanische Short Story ins Bild, einerseits durch die rezipierten Geschichten, andererseits durch die Kritik an der Magazingeschichte und an rezepthaften Anleitungen zum Schreiben von erfolgreichen Kurzgeschichten.

Das Interesse an amerikanischer Literatur, speziell an der Kurzgeschichte, nach dem Ersten Weltkrieg lässt sich mit zeitgenössischen Äußerungen aus den 1920er Jahren belegen, die über Friedrich Bries allgemein gehaltene Beobachtungen (1922) oder Paul Fechters negative Haltung gegenüber dem »Amerikanismus« (1929) hinausgehen.

Mitte der 1920er Jahre erinnerte Walter Fischer an die Kurzgeschichten **Bret Hartes**, vor allem – aus literatursoziologischer Sicht – an die bekannte Geschichte »The Luck of Roaring Camp«; sie charakterisierte er als »frühes Beispiel amerikanischen und demokratischen Denkens in dieser Literaturgattung« (1926, 137). Der »local color story« des amerikanischen Westens stellte er die Kurzgeschichten **O. Henrys** aus dem Milieu der New Yorker Ladenmädchen und Handlungsgehilfen zur Seite und erklärte, sie erfüllten Walt Whitmans und Hamlin Garlands »demokratische Forderung nach dem Durchschnittscharakter« (138). Durchschnittsmensch und Alltagsmilieu wurden bald zu festen Bestandteilen in den Äußerungen über den Gattungscharakter auch der deutschen Kurzgeschichte und in ihren Beispielen selbst.

Besonders beliebt wurden **Jack Londons** Romane und Geschichten wegen ihrer faszinierenden Exotik und Vitalität; sie waren schon vor dem Ersten Weltkrieg bekannt und konnten selbst während des Dritten Reichs unausgesetzt erscheinen (Springer 1960). Außerdem wurde **Ernest Hemingway** gerade für die Kurzgeschichte, beispielsweise mit seinen Geschichtenbänden *Männer* (1929; *Men without Women*) und *In unserer Zeit* (1932; *In our Time*) sowie mit Veröffentlichungen in Zeitschriften, zum bedeutenden Vorbild. Hemingway fand in Deutschland hauptsächlich großen Anklang, weil sich einerseits das Interesse am sozialkritischen, reportagehaften Roman erschöpfte und dem Wunsch nach einer neuen Erzähltechnik wich, andererseits weil der neue Erzählstil Hemingways durch den Abdruck seiner Kurzgeschichten in den Zeitschriften einem breiteren Publikum zugänglich gemacht wurde (Springer 1960, 80–84). In zeitgenössischen Stellungnahmen zu Hemingways Arbeiten (einschl. der Romane: *The Sun also Rises*, dt. *Fiesta*, 1928 und *A Farewell to Arms*, dt. *In einem anderen Land*, 1930) wird die Faszination sichtbar, die von Hemingways Erzähltechnik ausging. Es ist die Suggestivkraft seines einfachen, kommentarlosen Stils (Hans Fallada 1930 u.1932), die »raffinierte Kunstlosigkeit« (Klaus Mann 1931), die nicht durch Psychologisierung überfrachtet ist (Alfred Polgar 1930). Irene Seligo nannte Hemingways Einfluss auf die jungen europäischen Autoren ein Zeitsymptom (*FZ*, 1932, 969–970) und F.C. Weiskopf besprach 1937 in der Exilzeitschrift *Das Wort* den Band *Men without Women* (ersch. im selben Jahr auf Englisch im Albatross Verlag) mit ähnlicher Bewunderung für Hemingways lapidaren Sprechstil und seine wirkungsvolle Ausspartechnik in Aufbau und Gesprächsführung. Als Beispiel diente – wie in Falladas Essay (1930) – die Geschichte »Die Killer«.

Werner Mahrholz (1930) legte mit einem Blick auf Hemingway und auf das *Orplid*-Sonderheft: *Kurzgeschichten* eine Beziehung zwischen **Kurzgeschichte und Reportage** nahe, sah beide Formen in engem Zusammenhang mit der »neuen Sachlichkeit« und der wachsenden Bedeutung des Feuilletons für das literarische Leben. Er äußerte die Vermutung, die Kurzgeschichte sei, »vielleicht angeregt durch ihren Meister, den amerikanischen Dichter Ernest Hemingway, wenn nicht neu entstanden, so doch beliebt geworden« (430).

Tatsächlich bestand auch eine große Nachfrage von Seiten der Zeitungen nach deutschen Kurzgeschichten. Angesichts dieser Nachfrage und der bewussten Förderung der Kurzgeschichte durch Preisausschreiben verzeichnete Felix Langer Ende der 1920er Jahre Klagen über mittelmäßige Ergebnisse, über den Mangel an guten Kurzgeschichten bei deutschen Autoren, wohingegen weder die amerikanische noch die englische Literatur derartige Schwierigkeiten kannten. Gleichzeitig war um diese Zeit eine scharfe **Polemik gegen die Kurzgeschichte**, vor allem gegen die amerikanische, nicht zu überhören. Sie gründete sich nicht nur auf die feuilletonistische Short Story (wie bei Adolf v. Grolman 1929 u. Hans Jenker 1933/34), sondern auch auf die amerikanischen und englischen Anleitungen und Handbücher zur erzähltechnischen Schulung im Schreiben von Kurzgeschichten. Schon R.M. Meyer (1913) hatte bei einer Reihe von amerikanischen

Theoretikern vermerkt, ihre Arbeiten seien »alle mit merkwürdig eingehenden praktischen Ratschlägen, die sich bis auf die Titel erstreckten« versehen (182).

Hans Greiffenhagen setzte sich 1930 mit diesem Thema auseinander und führte an, der englische Schriftsteller **H.G. Wells** habe »für die Kurzgeschichte das Maß bestimmt: man muß sie in fünf bis zehn Minuten auslesen können«. Für den anglo-amerikanischen Bedarf beurteilte Greiffenhagen ein solches Prinzip als akzeptabel, und zwar aus dem bekannten zivilisationspessimistischen Grund, dort herrsche der Leitgedanke »Time is money«. Gegen ein solch kaufmännisches Erwägen und gegen seine Massenprodukte – die Ware ›Literatur‹ – richtete sich Greiffenhagen mit dem Beispiel eines englischen Literaturberaters: »Er gibt richtige Rezepte für die Herstellung der in England und Amerika so beliebten ›Ware‹. Er warnt vor schönem Stil, fordert Sachlichkeit und Fortschritt der Handlung, verlegt den Höhepunkt an den Schluss und verlangt eine überraschende Lösung«.

Diese Kritik Greiffenhagens richtete sich nicht so sehr gegen die gute, doch seltene Kurzgeschichte als vielmehr gegen die serienmäßige Herstellung **einer als Ware verstandenen Literaturform**, die er auf den handwerklich-praktischen Unterricht und die geschäftstüchtige Einstellung anglo-amerikanischer Institute, Leitfäden und Literaturberatungen zurückführte. Greiffenhagens weitere Charakteristik der kunstlosen Magazingeschichte verrät allerdings eine Vorliebe für die längere, deutsche Novelle. Außerdem wird darin deutlich, dass eine in künstlerischer Hinsicht rücksichtslos vorgehende **Zeitungspraxis**, die sich nach ihrem verfügbaren Platz richtete und literarische Begriffe willkürlich verwendete, für die geringe Wertschätzung der Kurzgeschichte mitverantwortlich war.

Denn was die Kurzgeschichte laut Greiffenhagen dem Leser bot, war »entweder eine ausgeführte Anekdote oder eine Aufzählung von äußerlichen Geschehnissen im Telegrammstil«. Sie habe »kein Gespräch, höchstens Bemerkungen«, gehe »jeder Psychologie ängstlich, weil notgedrungen, aus dem Wege« und breche sogar zuweilen »gerade dann ab, wenn das Interesse des Lesers zu erwachen« beginne. Eine derartige mit gewolltem Kunstgriff beendete Geschichte aber bezeichnete Greiffenhagen schlechthin als »undeutsch«. Sieht man von dem fragwürdigen völkerpsychologischen Kriterium und von dem zivilisationspessimistischen Pauschalurteil ab, so war vor allem seine Kritik am literarischen Massenkonsum berechtigt, der in der deutschen Zeitungspraxis durch den Einsatz von Kurzgeschichten als Füllsel gefördert wurde.

Dagegen vertrat Hans Jenkner (1933/34) die Meinung, »für diesen unedlen Zweck« des Platzsparens sei die Kurzgeschichte, »der Onkel aus Amerika«, gerade gut genug, denn sie verfüge über »keine Gestal-

tung, sondern Reportage«, wenn auch »im guten Sinn« (332). Sowohl
Greiffenhagen als auch Jenkner scheinen sich gegen das verbreitete
Erzählen im Berichtstil zu wenden, möglicherweise auch – zumin-
dest was Jenkners Polemik anbelangt – gegen eine Nachahmung von
Hemingways nur scheinbar kunstlosem, berichtendem Stil.

4.3   Im Zerrspiegel der Ideologie:
Die Kurzgeschichte im Dritten Reich

Eine wissenschaftliche Arbeit über die Kurzgeschichte im Zeitraum
1933 bis 1945 liegt bisher noch nicht vor. Von den beiden, in dieser Zeit entstandenen Arbeiten ist die von Hans-Adolf Ebing (1936)
mit Vorbehalt zu lesen; Helga v. Krafts Untersuchung (1942) bietet
einen Überblick über die Art der Zeitungskurzgeschichte, doch kaum
spezifische Beispiele, und vermittelt außerdem einen Eindruck vom
Stellenwert der Kurzgeschichte bis zum Beginn der 1940er Jahre. Im
Übrigen sind Wertschätzung, propagandistische Funktion der Gattung sowie andauernde Polemik gegen sie einer Fülle von Aufsätzen
aus dieser Zeit zu entnehmen.
   Die zunehmenden Klagen in Leserzuschriften veranlassten 1934
den Feuilletonschriftleiter der *Berliner Zeitung am Mittag*, Otto Ernst
Hesse, nach zehnjähriger redaktioneller Erfahrung zu dem Vorschlag,
man solle erwägen, »ob man nicht parallel zu den Konservatorien und
den Kunstschulen ›Dichterschulen‹ einrichten« müsse. Als besonders
enttäuschend wertete Hesse das klägliche Ergebnis des letzten Preis-
ausschreibens seiner Zeitung, denn gut fünfundzwanzig Prozent der
elfhundert Einsendungen hätten mit einer Kurzgeschichte nichts zu
tun gehabt, und das, obwohl der Wettbewerb »ausdrücklich auf die
Mitglieder des Reichsverbands der Deutschen Presse und des Reichsverbands der Deutschen Schriftsteller beschränkt« worden war, »um
den Fachleuten Gelegenheit zu geben, ihr Können unter Beweis zu
stellen«; selbst die ausgewählten zehn Preisarbeiten hätten »nur ein
mäßiges Niveau« gehabt. An dem **mangelnden handwerklichen
Können** beanstandete Hesse vor allem die Direktheit der Aussage.
O.E. Hesses Vorschlag schien insofern Anklang gefunden zu haben,
als von der 1936 gegründeten Zeitschrift *Der deutsche Schriftsteller*,
dem Organ »für die in der Reichsschrifttumskammer eingegliederten
Schriftsteller«, eine fortlaufende theoretische und kulturpolitische
Diskussion über die Kurzgeschichte ausging. Im Verlauf dieser Diskussion ist die amerikanische Short Story, wenn auch nicht immer
explizit, vielfach als Bezugspunkt zu erkennen (vgl. Kap. 2.3.2).

Dass amerikanische Literatur nach 1933 zunächst weiterhin erscheinen konnte, haben die Untersuchungen von Erich Leitel (1958) und Anne M. Springer (1960) mit vielen Materialangaben belegt. Freilich waren einzelnen Autor/innen unterschiedliche Verbotsgrenzen gesetzt, über die Springers Studie nähere Auskunft gibt. Für die Kenntnis der amerikanischen Kurzgeschichte fielen in dieser Zeit außer Hemingway noch William Faulkner und Thomas Wolfe ins Gewicht. Von **Faulkner** brachte 1933 *Die Neue Rundschau* »Heute nacht« (»That Evening Sun«), »Eine Königin« (»There was a Queen«), die *Europäische Revue*: »Ehre« (»Honor«), und der Albatross Verlag nahm 1935 auf Englisch die Geschichte »Smoke« in die Sammlung *Book of American Short Stories* auf; 1937 erschienen von **Wolfe** die Sammlung *Vom Tod zum Morgen* (*From Death to Morning*) sowie einzelne übersetzte Kurzgeschichten und Auszüge aus Romanen in Zeitschriften und Zeitungen; von **Hemingway** brachte Rowohlt noch den Kurzgeschichtenband »Die Killer« (1933). Auf die Verbreitung seiner Geschichten in deutschen Zeitschriften machte Hemingway selbst aufmerksam, als er in der Kandisky-Episode in »The Green Hills of Africa« auf seine Veröffentlichungen im *Querschnitt* hinwies, worüber im *Querschnitt* zu lesen war (Januar 1936, »The Man with the Tyrolese Hat«; vgl. Springer 1960, 80–95).

1937 gab Kurt Ullrich die Anthologie *Neu Amerika* heraus und hob in der Einleitung besonders die neue Schriftstellergeneration hervor. Die Auswahl sollte die qualitativ hoch stehende amerikanische Literatur vorstellen und ein **Gegengewicht zu den Bestsellern** darstellen, »die von den Vereinigten Staaten aus alljährlich den literarischen Weltmarkt« überschwemmten und die »in ihrer Glätte, Gefälligkeit und handwerklichen Routine lediglich einem längst standardisierten Durchschnittsgeschmack ausgesprochen internationaler Färbung« entsprachen. Für sein Vorhaben hatte Ullrich die Kurzgeschichte gewählt, »weil sie eine spezifisch amerikanische Form der erzählenden Prosa« war (9). Zusammen mit einer bio- und bibliographischen Einführung zu jedem Autor bot die Sammlung ein **breites Spektrum von Geschichten**:

Sherwood Anderson: »Der Tod im Walde« (»Death in the Woods«);
Conrad Aiken: »Leiser Schnee, heimlicher Schnee« (»Silent Snow, Secret Snow«);
Kay Boyle: »Dein Leib ist ein Juwelenschrein« (»Your Body is a Jewel Box«);
Whit Burnett: »Dreitausendmal am Tag« (»Three Thousand Times a Day«);
William Faulkner: »Morgen, Kinder, wird's was geben« (»That Will be Fine«);

F. Scott Fitzgerald: »Wiedersehn mit Babylon« (»Babylon Revisited«);
Manuel Komroff: »Die launische Fortuna« (»That Blowzy Goddess Fame«);
Katherine Anne Porter: »María Concepción« (»María Concepción«);
Elizabeth Madox Roberts: »Kinder der Erde« (»Children of the Earth«);
Glenway Wescott: »Eine Sünderin« (»A Guilty Woman«);
James M. Cain: »Der Tote« (»Dead Man«);
Erskine Caldwell: »Warmer Strom« (»Warm River«);
Morley Callaghan: »Zwei Männer angeln« (»Two Fishermen«);
Josephine Johnson: »Das war Arkadien« (»Arcadia Recalled«);
John O'Hara: »Freundinnen« (»All the Girls He Wanted«);
William Saroyan: »Vom Onkel des Barbiers, dem von einem Zirkustiger der
    Kopf abgebissen wurde« (»The Barber Whose Uncle Had His Head Bit-
    ten Off by a Circus Tiger«), »Unsere kleinen braunen Brüder von den
    Philippinen« (»Our Little Brown Brothers the Filipinos«);
Allan Seager: »Unsere Stadt und Salamanca« (»This Town and Salamanca«);
Jesse Stuart: »Einer gegen alle« (»One of the Lost Tribe«);
Thomas Wolfe: »Sonne und Regen« (»The Sun and the Rain«);
Leane Zugsmith: »Kein Platz in der Welt« (»Room in the World«).

Dass diese Anthologie nicht ohne Einfluss auf jüngere deutsche Autor/
innen blieb, zeigte sich in der Rezeptionsphase nach 1945, u.a. auch
darin, dass sie 1947 erweitert und neu aufgelegt wurde. Dazwischen
lag allerdings die **Unterbrechung durch den Zweiten Weltkrieg**, als
»Feindliteratur« nicht mehr angezeigt werden durfte, Übersetzungen
verhindert wurden bzw. im Ausland erschienen und die Schrifttumsab-
teilung des Reichsministeriums für Volksaufklärung und Propaganda
das »Verzeichnis englischer und amerikanischer Schriftsteller« (1942)
herausgab, das den »Volks-, Werk- und Leihbüchereien als Hilfsmit-
tel für die Herausnahme von Autoren der Feindländer« dienen sollte
(vgl. Leitel 1958, 8 u. 99ff.).

Die **Polemik gegen die amerikanische Kurzgeschichte** richtete
sich gegen jene, von Ullrich angesprochene Bestsellerliteratur und
gegen ihre Nachahmung in deutschen Zeitungskurzgeschichten. Als
sich die **Diskussion über die Gattung um 1937** intensivierte, berichtete Hein Hausmann:

»Wir haben die ›short story‹ übernommen. In Deutschland wurde sie erst
nach dem Kriege bekannt. Und obwohl nun fast zwanzig Jahre verflossen sind
und wir die Kurzgeschichte als eine eigene Kunstform empfinden, begnügt
sich ein großer Teil von ›Schriftstellern‹ damit, deutsch in einem amerikanischen Stil zu schreiben. Oder sollte ich noch nicht begriffen haben, daß dies
die höchste Form ist? Nun, ich glaube, wir können getrost auf Anglizismen
und das ewige ›Well, well‹ verzichten« (381).

Auch Hausmann beklagte an der »**Kurzgeschichtenkonjunktur**«,
dass es sich dabei in erster Linie um eine geschäftliche, nicht um

eine künstlerische Konjunktur handle und wandte sich gegen den verbreiteten Kitsch in stofflicher Hinsicht: »Unsere Kurzgeschichten aber strotzen von einer Romantik, die eine üble Mischung von übertriebenen Indianergeschichten und Gangstererzählungen ist« (382). Diese Faszination, die von einer exotischen »Neuen Welt« ausging und die Rezeption von Fenimore Coopers und Jack Londons Werken stark begünstigt hatte (vgl. Springer 1960, 23 u. 31ff.), schlug sich – wie auch das amerikanische Gangstermilieu – in solchen Kurzgeschichten nieder, die der Forderung nach Unterhaltung und Spannung folgten. Allerdings bot Hausmann zu einer solchen »Flucht ins Ausland« nur die Alternative volksnahen deutschen Stoffes, was auf die Variante einheimischer, ebenso trivialer Stoffe hinauslief. Dass Hausmanns Beobachtungen nicht vereinzelt dastanden, geht aus Karlheinz Holzhausens Statistik (1937)aufgrund einer mehrwöchigen **Untersuchung der Kurzgeschichten in einer großen Berliner Tageszeitung** hervor:

»75 Prozent der Geschichten spielen nicht in Deutschland, sondern in Amerika oder sonst einem fernen Land, mit dessen Verhältnissen der Leser kaum vertraut sein kann. Inhalt und Pointe dieser Arbeiten waren dementsprechend sensationell und kaum wahrscheinlich. Die restlichen 25 Prozent der Kurzgeschichten, die Deutschland als Hintergrund für den Inhalt hatten, teilten sich wiederum, und die Mehrzahl der Arbeiten hatte als Thema: Die Liebe. Wie einfach eine Pointe sein kann, hätte ich mir nie gedacht. Ein Mädchen verliert einen Schlüssel, auf dem sein Name eingraviert ist, ein junger Mann findet ihn, und zum Schluß finden sich beide. Pointe: Der verlorene Hausschlüssel wurde der Schlüssel zur Ehe. Für den Schlüssel kann man nach Belieben einen Hund, Koffer, Gürtel, Auto usw. einsetzen« (337).

Außer dem Niveau solcher Kurzgeschichten kritisierte Holzhausen eine der Ursachen, nämlich die Tatsache, dass die Zeitungsredakteure derartige Geschichten verlangten. Gegen die verbreitete Begründung, die Kurzgeschichte müsse kurz, pointiert und unterhaltend sein, weil der eilige Leser beim Frühstück, auf dem Weg zur Arbeit, in der Pause weder Zeit noch Nerven für schwerere oder längere Literatur habe, wandten die Kritiker – oft waren sie selbst Schriftsteller – ein, die Kurzgeschichte müsse auch der allgemeinen Bildung dienen (Holzhausen, Pichnow).

Wie die Kurzgeschichte **zur Leserbildung beizutragen** hatte, wurde von offizieller Seite durch kulturpolitische Forderungen für die »tägliche Kurzgeschichte« bestimmt. Sie spielten eine wesentliche Rolle für die dominante Form der Zeitungskurzgeschichte, denn von den Richtlinien für den Unterhaltungteil der Zeitungen waren die Autoren von Kurzgeschichten ebenfalls betroffen. Das verdeutlichte die Forderung von Wilfried Bade (Regierungsrat im Reichsministerium für Volksaufklärung und Propaganda) anlässlich der ersten »Konferenz des deutschen Feuilletons« im Juli 1933. Bade zufolge sollten »Kurzgeschichten, Skizzen oder Novellen in einer deutschen Landschaft spielen, von deutschen Menschen und deutscher Umwelt getragen werden« (vgl. Obermann 1937, 54). Er ließ keinen Zweifel daran, dass ein hohes künstlerisches Niveau für die **literarische Gleichschaltung** nicht maßgeblich war, denn »auch das alleroberflächlichste Unterhaltungsbuch ist seiner inneren Wirksamkeit nach noch immer eine Waffe des kulturellen Kampfes innen- und außenpolitisch [...]«. Selbst wenn das Feuilleton in stofflicher Hinsicht nicht so leicht anzugleichen war, wie aus Hausmanns und Holzhausens Beobachtungen ersichtlich ist, so waren doch künstlerische Maßstäbe eindeutig politischen untergeordnet worden, womit der Niveaulosigkeit Vorschub geleistet wurde. Dementsprechend hieß es bei Ernst Jerosch (1936) über die »Kultur der Kurzgeschichte« in der Tageszeitung, der Sinn der Kulturpolitik liege darin, dass »durch den Unterhaltungsteil oftmals mehr Politik dem Volk vermittelt« werde »als durch den Leiter« (213). Nach dem Verbot der Kunstkritik (1936) und dem Beginn der Kampagne gegen »entartete Kunst« (1937) setzte die Verbreitung derartiger auf »Lesererziehung« abzielender Richtlinien durch die offizielle Massenpropaganda ein (vgl. Hartung 1983, 172f.).

Die spezifisch **von nationalsozialistischer Literaturpolitik geprägte Kurzgeschichte** kritisierte Karl Obermann 1937 in der Moskauer Exilzeitschrift *Das Wort*. Was sich innerhalb der eng gesetzten stofflichen Grenzen als Kurzgeschichte ausgab, teilte Obermann in zwei Kategorien ein: »einmal die Hitlerjugend-, Arbeitsdienst- und SA-Kurzgeschichte, sodann die historische, die Kriegs- und Soldaten-Kurzgeschichte« (54). Der Unterschied falle jedoch minimal aus, da die nationalsozialistische Idee sowohl dem Stoff als auch der Form zugrunde liege. In der ersten Gruppe komme das Milieu am wenigsten zur Geltung; die soziale Umwelt sei nicht an der Handlung beteiligt, nur Ort der Handlung, lebloser Hintergrund für Zwiegespräche und Gedanken der Personen. Kameradschaftliches Verhalten der Hitleranhänger werde konstruiert und nicht gestaltet, wodurch diese Kurzgeschichten eher »einem Akt aus einem Drama« glichen, nicht aber einem erzählten Vorgang, einem Handlungsablauf, »der *durch sich selbst spricht*« (55).

Obermann führte **Gerhard Dabels** Geschichte »**Zwei Kameraden halten zusammen**« an; dort entscheiden sich zwei Jungen für die Hitlerjugend statt für angebotene Fortbildungsmöglichkeiten, führen in Gedanken und Zwiegesprächen einen »inneren Kampf« und »bewähren sich« durch ihre Entscheidung im Sinne der nationalsozialistischen »Idee« (55-56). – Darin zeigt sich deutlich der entscheidende Ausgangspunkt der nationalsozialistischen Kurzgeschichte, nämlich ihre Ideologie:

»Ihre Personen sind bloße Träger von Ideologien, keine Menschen von Fleisch und Blut. Die Umstände, die sich aus dem Verhältnis der vorhandenen oder nicht vorhandenen Beziehungen dieser Personen zu nationalsozialistischen Ideen ergeben, begrenzen den Raum für Vorgänge, Handlungen und Bewegungen – für das eigentliche Element der Kurzgeschichte. [...] In all diesen Kurzgeschichten wird also nicht ein bestimmter Ausschnitt aus dem Leben behandelt, sondern in Gesprächen demonstriert, daß die nationalsozialistische ›Idee‹ diese oder jene Tat, dieses oder jenes Erlebnis bedingt« (55).

Indem fast ausschließlich in der Er-Form von Ideen geredet werde, komme es nur zu einer Scheinhandlung.

Mit der zweiten Gruppe, den **historischen Kurzgeschichten**, verhalte es sich nahezu genauso, nur dass diesmal das Selbstgespräch bevorzugt werde, um am Beispiel einer einzelnen Person das »aus ›innerer Verpflichtung‹« motivierte »Heldenschicksal« zu demonstrieren, beispielsweise das »›pflichtbewußte, heldenhafte Sterben‹ eines Einzelnen ›für den König‹« (in **Hans Francks** »Der Leutnant von Köckeritz«, **Claus Dorners** »Der rote Sven«; 56).

Außer der begrenzten Stoffwahl in der nationalsozialistischen Kurzgeschichte bemerkte Obermann noch, der gewählte Ausschnitt sei immer sehr eng; von einer Schlacht werde zum Beispiel nur das Schießen des einen Schiffes, bzw. des einen Geschützes, dafür aber in Gesprächen und Kommandos die gewünschte Gesinnung und damit eine verfälschte Wirklichkeit wiedergegeben (**Jan Murr**: »Kasematte Eins ausgefallen«). So werde erreicht, dass »die Wirklichkeit möglichst bruchstückartig zu sehen ist und nicht die gesamten wirklichen Zusammenhänge eines Vorganges sichtbar werden« (58). Es ging also darum, die nationalsozialistische Auffassung von Pflichtgefühl und Heldentum zu propagieren und ein so genanntes Kampfbewusstsein zu wecken (53–58).

Die **militärische Zweckfunktion** solcher Geschichten geht aus den Leseheften der Reihe *Kriegsbücherei der deutschen Jugend* hervor (herausgegeben »Im Auftrag des Jugendführers des Deutschen Reichs und im Einvernehmen mit den Oberkommandos des Heeres und der Kriegsmarine und dem Oberbefehlshaber der Luftwaffe«), wo sie mit unkaschierter Soldatenwerbung verbunden wurden (Riha 292ff.). Abgesehen davon beeinträchtigte, wie aus Obermanns Darstellung zu ersehen ist, die Aufnahme literaturpolitischer Forderungen zutiefst das künstlerische Verständnis und wirkte sich entwicklungshemmend auf die Gattung aus.

Gerühmt wurden im Dritten Reich besonders **Hans Francks** Geschichten (vgl. Soergel 1934); Ebing erklärte sie als repräsentativ für die deutsche Kurzgeschichte, wobei formale Gesichtspunkte hinter die ausschlaggebenden stofflich-thematischen und ideologischen zurücktraten. Dass seine Theorie vom »sittlichen Wendepunkt«, die er an Francks Geschichten gewann, den kulturpolitischen Richtlinien sichtbar entgegenkam, zeigt das Musterbeispiel, eine Geschichte Francks aus der Sammlung *Zeitenprisma*, worin ein Bahnwärter sein Kind opfert, damit den Zusammenstoß zweier Züge verhindert, sich dadurch aber den Hass seiner Frau zuzieht. Diese kommt, als sie sich an ihrem Mann rächen will, durch eine schicksalhafte Wende zur Einsicht, so dass beide harmonisch in neuem häuslichen Glück weiterleben. Ebing versicherte, dieses »happy end« sei »doch vom amerikanischen Kitsch etwas verschieden«, nämlich wegen des »sittlichen Wendepunktes«, der hier, wie meistens bei Franck, »ein sieghafter Durchbruch des Guten zum Licht« sei (1938/39, 380 u. 379).

Die Geschichte passte – wie die aus ihr abgeleitete Theorie – in das **ideologische Konzept des Dritten Reichs**, wenngleich sie bereits vor 1933 entstanden war, denn hier wurde an einem einfachen deutschen Beamten die Pflicht des Einzelnen gegenüber der Gemeinschaft betont, ihre Erfüllung materiell belohnt und noch durch das ›Schicksal‹ bestätigt. Diesem Inhalt entsprach die formale Abrundung durch restlose Beseitigung des Konflikts im Höhe- und Wendepunkt, womit die Geschichte dem Bauprinzip der Novelle folgte (vgl. Kap. 2.3.2). Das wurde keineswegs als störend empfunden, weil ein derartig gerundeter Schluss erforderlich war, wenn die Geschichte den ideologischen Anforderungen genügen sollte.

Wie umfassend das kulturpolitische Ziel, den Leser durch die tägliche Kurzgeschichte zu erziehen, angelegt wurde, zeigt sich nicht allein in Obermanns Beobachtungen, sondern ist auch den entsprechenden richtungsweisenden Aufrufen in der Zeitschrift *Der deutsche Schriftsteller* zu entnehmen, so aus Hans Pflug-Frankens **Anleitungen** (1940):

»Das erzieherische Moment ist auch hier das ethische. Eine gute Kurzgeschichte [...] muß einen Hintergrund haben. D.h. sie muß einen ethischen Kern, ein Herz haben, das sich nicht im Handlungsmäßigen, im Lärmenden, in den Handgreiflichkeiten des Geschehens also, *allein* erschöpft. Der Heimatgedanke, die Kameradschaft und damit der Gemeinschaftsgedanke, die soziale Idee, die Gerechtigkeit, das sittliche Gewissen usw. sind die Hintergründe der deutschen Kurzgeschichte. Ihr dichterischer Wert liegt nicht nur im dichterischen Wort und in der dichterischen Gestaltung eines Vorwurfes, sondern auch in ihrer tragenden Idee. – Heute weiß jeder Schriftsteller, daß er ein Hüter höchster nationaler Güter ist. Der Kurzgeschichtenschreiber weiß, daß es auf die *positive Gesinnung* ankommt. Er wird sich also nie in der bloßen Schilderung negativer Taten erschöpfen. Er wird sich nicht nur mit der Erzählung der Schattenseiten des Lebens abgeben, sondern an ihnen aufzeigen, daß, je tiefer der Schatten, desto heller das Licht ist. Um des Lichtes willen aber schaffen wir alle!« (5)

Die von Pflug-Franken skizzierte **Gesinnungspropaganda** kehrte in anderen, ähnlichen Aufrufen wieder; außerdem akzeptierte man in diesem Aufgabenbereich die oft kritisierte, unterhaltende **Feuilletongeschichte**. Die zu gestaltenden Themenkreise zielten ab auf Einsatzbereitschaft für »WHW, KdF, NSV, Werkscharen, Hitler-Jugend, Arbeitsdienst, Wehrmacht – alles Dinge«, die sich nach Bert Brenneckes Meinung wohl dazu eigneten, »in der Kurzgeschichte behandelt und in lebensnaher Darstellung dem Zeitungsleser vor Augen geführt zu werden« (1938, 76). Mit dieser Einstellung visierte Brennecke überdies einen bestimmten Lesertyp an: »[...] für den ungeschulten Leser erweist sich die Kurzgeschichte, wenn sie diese Probleme in unterhaltender Form aufnimmt, als ein besonders geeignetes Mittel, ihm das Ideengut der nationalsozialistischen Weltanschauung nahezubringen« (ebd.). Ein besonders extremes Beispiel für den kulturpolitischen Einsatz der Kurzgeschichte im Feuilletonteil der Zeitung gab Heinz Leippe (1938). Er schlug vor, die stofflichen Grenzen der Gattung so zu verengen, dass sie mit dem politischen Tagesgeschehen in der Zeitung jeweils strategisch übereinstimmten, um die Kurzgeschichte als festen Bestandteil in das Konzept der Zeitung integrieren zu können.

Nach Kriegsausbruch spitzte sich die Diskussion zu, sowohl hinsichtlich der wachsenden Niveaulosigkeit der Kurzgeschichte, als auch bezüglich der **Forderung, Ideologie mit Unterhaltung zu verbinden** (Heinrich Edelhoff 1942, Karl Nennstiel 1942). Vor allem Nennstiel beklagte die trivialen Fabeln, auf denen die meisten Kurzgeschichten aufgebaut waren, aber gleichzeitig, dass die Autoren die Milieutheorie und Maupassants Themen (gemeint waren Liebesgeschichten) bevorzugten, statt die biologischen Anschauungen über die Erbmasse zu verarbeiten.

Berechtigte Skepsis am Durchsetzungsvermögen der Kurzgeschichte als literarischer Kunstform gegenüber »den zahllosen kurzen Geschichten« in der Zeitung drückte Helga v. Kraft (1942) in ihrer eingehenden Untersuchung aus (72). Ihre Arbeit beleuchtet, soweit das von der Entstehungszeit her zu erwarten ist, eine sichtbare Kreisbewegung in der Polemik gegen die Kurzgeschichte: Das Lesepublikum klagte über das mangelnde Niveau – den Warencharakter –, die Zeitungen über die Unkenntnis von literarischer Gestaltung und Lesergeschmack unter den Autoren, die Autoren über die willkürliche redaktionelle

Behandlung ihrer Kurzgeschichten als Ware; über allem lag die Verwirrung, was den Gattungsbegriff anging (Kap. 1.2).

Aufschlussreich ist in diesem Zusammenhang die Auskunft der Pressekorrespondenz »Hanseatendienst«, in der es hieß, vor allem mittlere Zeitungen verlangten »spannungsreiche, und stark pointierte Erzählungen, also das, was man im eigentlichen Sinne als ›Kurzgeschichten‹ zu bezeichnen« pflege. Je knapper der Umfang, desto niedriger sei das Niveau, weil es unmöglich sei, »im Rahmen eines Umfanges von 80 bis 100 Schreibmaschinenzeilen einen Stoff wirklich durchzugestalten«, weshalb es »alle Erzähler von Rang« in der Regel ablehnten »›Kurzgeschichten‹ zu schreiben« (ebd. 76). Vielfach wurde allerdings das Niveau nach den offiziellen Qualitätsnormen, Kürze und Gesinnung, bestimmt, die weitläufig verbreitet wurden, so im Kurzgeschichten-Preisausschreiben der NS-Parteikorrespondenz (1942): »In Betracht kommen kurze Erzählungen im Umfang von 1200 bis 2000 Silben von Stoffen der Vergangenheit und Gegenwart, die in künstlerisch einprägsamster Form einen Appell an die deutschen Charakterwerte des Mutes, der Entschlossenheit, der Treue und Beharrlichkeit, des Leistungswillens, Opfergeistes und Gemeinsinnes darstellen« (vgl. v. Kraft, 80).

Trotz ihrer empirisch ausgerichteten Untersuchung der Kurzgeschichte »als Gegebenheit« endet v. Kraft bei der »Idee«, dem ideologisch fundierten Postulat, die amerikanische Short Story müsse als Bezugspunkt für die deutsche Kurzgeschichte aufgegeben werden, denn es sei »das **Kriterium der Gesinnung** [...], was die Kurzgeschichte von der Short-Story absolut« unterscheide (82).

Dort, wo die Kurzgeschichte, polemisch oder befürwortend, als eigenständige Kunstform angesprochen wurde, handelte es sich um den mit amerikanischen Magazinen assoziierten, handlungsstarken und geradlinig auf einen pointierten Schluss zulaufenden Typus, was einige Kritiker dazu herausforderte, der Kurzgeschichte als künstlerische Alternative die literarische Form des Feuilletons unter der Bezeichnung »kleine Form« entgegenzusetzen (vgl. Haacke).

Vor diesem Hintergrund wird der Ausnahmecharakter von **Friedo Lampes** Band *Von Tür zu Tür* (posthum, 1946) deutlich, dessen Titelgeschichte im Zeitungsabdruck 1943 noch »Geh mal zu Tante Gertrud« hieß. Lampe (1899–1945) orientierte sich u.a. an deutschen und ausländischen Autoren der Jahrhundertwende und des frühen 20. Jh.s. In seinen Kurzgeschichten ist wiederholt auf die besondere Affinität zur müden Spätwelt Herman Bangs, Jens Peter Jacobsens, Eduard v. Keyserlings und zur Epik Katherine Mansfields hingewiesen worden sowie auf die frühe Verwendung des Filmischen in der Prosa (Pfeiffer 1962, Piontek 1959).

Mit Hilfe der impressionistischen **filmschnittartigen Erzähl-weise** gelingt es Lampe in der Geschichte »Von Tür zu Tür«, verschiedene Zeitabschnitte aus der Vergangenheit der Hauptfigur mit ihrer gegenwärtigen Situation zu verbinden, indem er Erinnerungsbruchstücke assoziativ aneinander anschließt. Die Türen öffnen sich zu Räumen und Episoden, so dass ein traumhaftes Ineinandergleiten zustande kommt. Dadurch suggeriert Lampe ein »vielschichtiges Nebeneinander«, verleiht den Bildern »etwas Arabeskenhaftes« stellt – unvermittelt einsetzend und endend – für die kurze Zeitspanne eines Erinnerungsmoments Tod und Leben nebeneinander, bis er die Hauptfigur »zurückführt in die bürgerlich umfriedete Alltäglichkeit« (Pfeiffer 1962, 31).

Lampe variiert seine Komprimierungstechnik in »Die Alexanderschlacht« durch den eingeschobenen Traum, in »Am Leuchtturm« durch das räumliche Panorama von der Spitze des Leuchtturms verbunden mit wechselnden Eindrücken vom Leben der zufällig am Leuchtturm zusammengetroffenen Menschen. Was Lampe als methodisches Ziel vorschwebte, geht aus einer Äußerung von 1932 hervor (anlässlich der Niederschrift des Romans *Am Rande der Nacht*, ersch. 1933). Das Geschehen sollte in knapper Zeitspanne durch »lauter kleine, **filmartig vorübergleitende, ineinander verwobene Szenen** nach dem Hofmannsthalschen Motto: ›Viele Geschicke fühle ich neben dem meinen,/Durcheinander spielt sie alle das Dasein‹« gestaltet werden (vgl. Pfeiffer 1962, 30).

Diese Aussage zur Methode ergänzt Piontek mit dem Hinweis auf den Satz »Das Wichtigste ist doch nur der Schnitt« aus der posthum erschienenen Geschichte »Laterna Magica« (Piontek 1959, 92). In dieser Geschichte scheint sich die Zeit verselbständigt zu haben. Motiviert durch den Rahmen wird die erträumte Filmmontage »Die Vermählung der Welt« eingeschoben, »jede Kontinuität des Raumes (in der Geographie), jede Chronologie der Zeit (in der Geschichte) ist willentlich aufgehoben«, so dass der Eindruck entsteht, die Zeit erzähle sich selbst (Rohner [2]1976, 204f.).

Ernst Kreuder (1903–1972) veröffentlichte, abgesehen von »politisch indifferenten Liebes- und Abenteuergeschichten« ab 1934, die Bände *Die Nacht des Gefangenen* (1939), *Das Haus mit den drei Bäumen* (1944) und versuchte unter Verwendung surrealistischer, z.T. grotesker Erzählweise, »Zeitkritik und Poesie miteinander zu verschmelzen« (Gehl 1969, 405). Auch **Kurt Kusenberg** (1904–1983) hielt seit den Bänden *La Botella* (1940) und *Der blaue Turm* (1942) weitgehend an seinen Themen und Erzählweisen fest (vgl. Kap. 4.4.2). Von **Alfred Andersch** (1914–1980) sind aus den frühen 1940er Jahren erste literarische Versuche bekannt, die jedoch nicht mit seinen

Kurzgeschichten nach 1945 vergleichbar sowie überhaupt untypisch für seine späteren Arbeiten sind; ähnlich verhält es sich mit **Gerd Gaiser** (vgl. Kap. 4.4.).

4.4   Die konstitutive Phase der Nachkriegskurzgeschichte (1945–1950)

Vor dem Hintergrund der frühen Rezeption der Short Story um 1900, der erneuten in den 1920er Jahren und dem problematischen Intermezzo während der NS-Zeit hob sich das Interesse an der Gattung nach 1945 vor allem dadurch ab, dass es mit einem tief greifenden **Erneuerungsanspruch** einherging, der Sprache, Literatur und Wertvorstellungen umfasste. In diesem Rahmen erwies sich die Übernahme der Short Story als zeitgemäß.

Daher ist der plötzliche, umfassende **Aufstieg der deutschen Kurzgeschichte** als moderner, eigenständiger Literaturform nach 1945 im Zusammenhang mit diesen bewussten Umorientierungsversuchen in der deutschen Literatur in den ersten vier bis fünf Nachkriegsjahren zu sehen, nämlich in Verbindung mit einem neuen, aus dem Krisenbewusstsein der Zeit herrührenden ethischen Konzept, mit der Rezeption und Aufarbeitung der literarischen Moderne und der Verwendung der Kurzgeschichte als literarischem Experimentierfeld. Dass aber von einer Nullpunktsituation nicht die Rede sein kann, und speziell nicht von einem literarischen »Kahlschlag« (Weyrauch 1949) und absolutem Neuanfang, wie es anfangs programmatisch im Umkreis der Gruppe 47 verbreitet wurde, ist inzwischen mehrfach festgestellt worden (vgl. u.a. V. Wehdeking 1971, U. Widmer 1966, H. Mayer 1967, F. Trommler 1971, F. Kröll 1979). Die **Revision des Nullpunkt-Konzepts** schlägt sich in den neueren Periodisierungsentwürfen, vor allem in der Epocheneinteilung für den Zeitraum seit 1945 nieder (vgl. D. Roberts 1981, R. Schneider 1981). Diese Epochenkonzepte beruhen auf den beiden Hauptzäsuren von 1945 und von etwa 1965 und lassen sich, berücksichtigt man besonders die konstitutive Phase der Trümmerliteratur bis ungefähr 1950, weitgehend auf die Entwicklungslinie der Kurzgeschichte übertragen.

Während Hans Mayer keinen Traditionsverlust im Bereich der Gattungen sieht, wäre dem entgegenzuhalten, dass die im Dritten Reich so beliebte Anekdote und auch die Novelle nach 1945 von der Kurzgeschichte abgelöst wurden (Rohner [2]1976, 12f.), und zwar von einer begrifflich umgewerteten, weder auf Unterhaltung noch auf tagespolitische Zwecke abzielenden Kurzgeschichte, die sich im Zuge

der Short Story-Rezeption herausbildete. Dennoch gilt es auch hier,
eine gewisse **Kontinuität** zu beachten, sowohl bei den rezipierten
amerikanischen Kurzgeschichtenautor/innen als auch bei deutschen
Autor/innen, deren literarische Anfänge vor 1945 lagen. So trifft beispielsweise Alfred Anderschs Behauptung in der Zeitschrift *Horizont*
(1948), seit 1933 sei »natürlich kein Buch von Hemingway mehr in
Deutschland erschienen und sein Name [...] totgeschwiegen worden«
(4), nicht zu. Sie belegt höchstens das stark ausgeprägte Bewusstsein,
vor einem Neuanfang zu stehen, und die Notwendigkeit, ihn zu fördern, zumal Andersch selbst – nach den für seine späteren Arbeiten
untypischen Anfängen im nachromantisch-schwülstigen Stil um 1940
– die entscheidenden literarischen Impulse aus amerikanischen Werken, besonders Hemingways, durch das Re-Education-Programm im
amerikanischen Kriegsgefangenenlager (1944–1945) erhalten hatte
(vgl. Wehdeking 1971, 1981 u. 1983).

Für die deutsche Kurzgeschichte empfiehlt es sich, gerade in Anbe-
tracht der gegensätzlichen Entstehungstheorien, zu differenzieren, in
welchem Verhältnis die erwähnte Kontinuität aus der Zeit vor 1945
zu den **Erneuerungen** im Gattungsbereich der Kurzgeschichte nach
dem Zweiten Weltkrieg steht. Das lässt sich einerseits aus der Wort-
und Begriffsgeschichte (Kap. 1) sowie aus der Theoriebildung (Kap.
2.4) ablesen, andererseits aus den ethischen und formalen Schwerpunkten bei der intensiven Rezeption der Short Story zwischen 1945
und 1950.

4.4.1 Die Rezeption der Short Story

Entscheidend für die Entwicklung der Kurzgeschichte waren unmittelbar nach 1945 das günstige Klima auf dem literarischen Markt
und die Rezeption der Moderne, speziell über die Gattungsbeispiele
der amerikanischen Short Story. Für die erste Nachkriegszeit mangelt es weder an Aussagen noch an Zeitschriften und Anthologien,
aus denen sich die intensive Aufnahme dieser Gattung und, verbunden damit, auch die **Aufwertung der Kurzgeschichte für die deutsche Literatur** belegen lassen. Dementsprechend spiegeln die zeitgenössischen Aussagen zur Short Story, welche Faszination von ihr
ausging, daneben die sichtbare Aufwertung von Begriff und Gattung und damit eine Abkehr von der zuvor gängigen Polemik gegen
die oberflächliche amerikanische und englische Magazingeschichte.
Dass gerade Hemingway und andere Autoren der »lost generation«
eine bedeutende Rolle für diesen Rezeptionsprozess spielten, erklärt
sich z.T. aus deren Situation nach dem Ersten Weltkrieg, die eine

gewisse Identifikationsmöglichkeit für die so genannte »junge Generation« in Deutschland nach 1945 bot, z.T. sicher auch daraus, dass sie einigen unter diesen jungen Autoren schon aus den 1930er Jahren bekannt waren.

So unterstrich Ernst Schnabel 1946 den zeitlichen Stellenwert und die **beispielhafte Aussagekraft der amerikanischen Short Story**, stellte sie als charakteristische Literaturform des 20. Jh.s vor und assoziierte sie mit der »lost generation«, die »aus einem tiefen Mißtrauen gegen alles Überkommene« nach neuen literarischen Ausdrucksmöglichkeiten gesucht und zur Story gefunden hatte (27). Diese Short Story erklärte Schnabel für die zeitlich gegebene, auch für Europa **maßgebliche Prosaform**. Dabei wurde die Definition der Story in wechselseitige Beziehung zu einem zeittypischen Weltbild gesetzt und nachdrücklich von der Novelle, der Kunstform des 19. Jh.s, abgehoben:

»Was aber sehen wir in der Mitte unseres Weltbildes? Eine fließende Macht: das Schicksal. Die Zusammenwirkung von Raum und Zeit und Zufall. In einer solchen Zeit braucht es der Kunst nicht mehr um den Lebenslauf eines Individuums zu tun zu sein. Es kann ihr um Atmosphäre gehen, um Haltung, um das So-und-So, mit welchem das Individuum seine Zeit besteht. – Wenn die Novelle eine entscheidende Phase des Lebens darstellt, so ist die Story ein bezeichnender Querschnitt durch den Lebensstrom, ein Querschnitt, bei welchem es weniger auf die Breite als auf die Tiefe ankommt, darauf, daß er bis auf den Grund geht« (26).

Die maßgebliche **existentielle Erfahrung** wird somit zur Grundlage für Schnabels Definition, in der die Pointe nicht länger figuriert. Diese ausschnitthafte Komplexität, betont Schnabel, erreiche die Story immer wieder durch ihre **stofflich-stilistische und formale Variationsbreite**, keinesfalls aber durch Beschränkungen »auf irgendwelche Stoffe, Milieus, die Gegenwart oder die Einheit von Ort und Zeit« (27). Damit schien Schnabel, der sich noch von der als oberflächlicher eingestuften deutschen Kurzgeschichte distanzierte, die Story deutlich von der vor allem stofflich-thematischen Einengung der Kurzgeschichte während des Dritten Reichs abheben zu wollen (vgl. Pflug-Franken in Kap. 2.3 u. 4.3). Als repräsentative Beispiele für die Story nannte Schnabel Geschichten von **William Saroyan** (»Family of Three«, »Vom Onkel des Barbiers, dem von einem Zirkustiger der Kopf abgebissen wurde«), **Ernest Hemingway** (»Heute ist Freitag«) und **Thomas Wolfe** (»Sonne und Regen«). Der knappen Besprechung dieser Geschichten zufolge ist die Story thematisch ansprechend, weil sie menschliche Tragik, die Berührung des Unermesslichen durch indirekte Darstellung ohne allwissenden Erzähler andeutet, auf diese

Weise Ahnungen hervorruft, Perspektiven eröffnet und eine besonders packende, auch erschütternde Wirkung erzielt.

Die Mehrzahl von Schnabels Beispielen lag schon 1937 in deutscher Übersetzung vor (Saroyan: »Vom Onkel des Barbiers, ...«, Wolfes: »Sonne und Regen« in Kurt Ullrichs Anthologie *Neu-Amerika*; Hemingway: »Heute ist Freitag« in *Männer*, 1929). Der Rückgriff auf vor 1945 bekannte amerikanische Autoren liegt hier besonders deshalb nahe, weil Hemingways Band *Men without Women* (*Männer*) aufgrund der amerikanischen Literaturpolitik nach 1945 nicht lizensiert werden durfte, da er für das Amerikabild als nicht positiv genug gewertet wurde (vgl. Wehdeking 1977, 147). Dieser Band fehlte bezeichnenderweise in Anderschs Bibliographie zu Hemingway, als er dessen Werke 1948 in der Zeitschrift *Horizont* besonders nachdrücklich den jungen Autoren seiner Generation empfahl.

In der Art wie Hemingway als Schriftsteller in moralischer, stofflich-thematischer und formaler Hinsicht auf seine Erfahrungen im Krieg und auf menschliche Konflikte reagierte, sah Andersch eine Affinität zu eigenen Reaktionsmöglichkeiten, desgleichen in **Sherwood Andersons** Werken (von Anderson war 1937 in *Neu-Amerika* die Geschichte »Der Tod im Walde« erschienen). Dem Aufruf Anderschs, Hemingway zu lesen, folgten der Abdruck der Geschichte »Drei Tage Sturm« aus der Sammlung *In unserer Zeit* und eine Antikriegserklärung Hemingways aus der Zeitschrift *Free World*.

Auch in Edith Oppens' Versuch (1947), die Kurzgeschichte von einer breiteren Basis ausländischer Geschichten her zu deuten, war noch die Diskussion um die umstrittene Gattung Kurzgeschichte spürbar. Oppens spielte auf das Misstrauen der Leser gegenüber der Kurzgeschichte an, weil der Gattungsbegriff noch immer vom negativen Image der Feuilletongeschichte bestimmt wurde, jenem Typus, bei dem es nur auf Unterhaltung ankam, »und zwar in der kürzesten Zeit und mit den kräftigsten Mitteln«. Um eine Korrektur dieser Vorstellung zu bewirken, machte Oppens auf **angelsächsische und französische Kurzgeschichten** von Somerset Maugham, Katherine Mansfield, Dorothy Parker, Elizabeth Goudge, Alphonse Daudet und Guy de Maupassant aufmerksam: diese andere Art von Geschichten mache die »vielleicht liebenswürdigste künstlerische Gattung der Literatur« aus, setze außerdem »die größte Könnerschaft« voraus; alle bewegten sich »in reicher Abstufung zwischen zwei Extremen: der geballten, dramatisch zugespitzten, pointierten Handlung« Maupassants und der »zarten, schwingenden, ganz pointenlosen Seelenschilderung wie bei Katherine Mansfield«.

In dieser Beobachtung waren die **Hauptentwicklungslinien** in der Formgeschichte der Gattung seit Poe enthalten, ohne dass Oppens auf die amerikanische Kurzgeschichte eingegangen wäre oder die Geschichten Mansfields mit dem von Tschechow ausgebildeten pointenlosen Typus in Beziehung gesetzt hätte. Was Oppens an gemeinsamen typologischen Merkmalen in diesen Geschichten herausstellte, kehrte stets wieder in den wesentlichen Punkten der Theorie zur deutschen Kurzgeschichte, wie sie sich in den 1950er Jahren aufgrund der intensiven Rezeptionsphase herausbildete (vgl. Kap. 2.4 u. 2.5).

Als charakteristisch bezeichnete Oppens vor allem, dass die Verfasser von Kurzgeschichten »alle besessen vom Menschen« seien; das Menschliche werde so knapp und so scharf wie möglich eingefangen, Durchschnittsmenschen seien am häufigsten vertreten, sehr oft auch Käuze, sehr selten dagegen Helden oder Schurken. Immer werde sofort aufgeblendet bei Verzicht auf Erklärungen, Räsonnement, umständliche Exposition. Es herrsche eine starke Konzentration auf das Seelische, der »Held« werde oft gerade an einem Wendepunkt seines Lebens gezeigt, die Handlung aber sei oft im Grunde nebensächlich, und das Abblenden geschehe ebenso plötzlich wie das Aufblenden.

Für den künstlerischen Wert und die Wirkung der Kurzgeschichte führte Oppens zwei Hauptgründe an: die Schlussgestaltung, bei der vor allem **die pointenlosen Schlüsse** faszinierten, und die frappierende, **sichere Menschenkenntnis**. Daraus ergaben sich die Norm und die hohe Wertschätzung der Gattung: die Kurzgeschichten zeigten »das Leben an sich, ohne Anfang und ohne Ende«, und Menschenkenntnis sei »geradezu ein Prüfstein für ihren Wert«.

Oppens begründete die Tatsache, dass »selbst die künstlerisch reife Kurzgeschichte« in der deutschen Literatur weder geschätzt noch gepflegt würde, mit einer Reihe fortbestehender Fehleinschätzungen: des knappen Ausschnitts bei unausgeführtem Anfang und Ende wegen erscheine die Kurzgeschichte als nicht gründlich genug, Klarheit und Einfachheit würden mit Oberflächlichkeit verwechselt. Als Irrtum wies Oppens ebenfalls den vagen Einwand zurück, dass sich die deutsche Sprache »nicht für die knappe, federnde Kurzgeschichte eigne, da sie weder so durchsichtig wie das Französische, noch so kurz und treffend wie das Englische sei« und hielt dem entgegen, eine Sprache sei immer das, wozu man sie mache. Für diese Korrektur dürfte die Entwicklung der deutschen Kurzgeschichte seit Borchert die Beweisstücke erbracht haben.

Neben den Beiträgen von Schnabel und Oppens gingen Impulse für eine Rezeption der Short Story mit veränderter Wertschätzung von **Anthologien** aus, wie *Junges Amerika* (1948; *Prize-Stories of 1946*) und *Neu Amerika* (1947; Ausgabetag 10.1.1948). Bei *Neu Amerika* handelte es sich um die Neuauflage der Ausgabe von 1937, jetzt erweitert um Geschichten von Hemingway (»Indianisches Lager« aus *In Our*

Time) und John Steinbeck (»Die Flucht« aus *Gabilan*) und um den
Einakter von Thornton Wilder *Glückliche Reise!* (*The Happy Journey
to Trenton and Cambden*).

Daneben leistete ***Story*** (1946-1953), eine der ersten lizensierten,
im Rotationsverfahren auf Zeitungspapier gedruckten Zeitschriften,
wesentliche Rezeptionsarbeit mit einem breiten internationalen Spektrum von Geschichten, zunächst im Sinne der amerikanischen und englischen Gattungsdefinition der »modern short story«. Anfangs führte
Story den Untertitel »Novellistik des Auslands«; 1948 gab die Redaktion einen Sammelband *Erzähler des Auslands* heraus, änderte den
Untertitel mit dem vierten Jahrgang (1949) zu dem weiter gefassten,
aber zeitlich präziseren *Erzähler unserer Zeit* (Heft 1-3) und schließlich zu *Die moderne Kurzgeschichte*. 1949 wurde auch der Umfang
erweitert; hinzu kamen skandinavische, osteuropäische, fernöstliche
Erzähler, und mit Heft 10 ging *Story* zum Taschenbuchformat über.
Unter den Heften befanden sich 1948 gleich zwei Sondernummern,
eine für James Thurber und eine für Ernest Hemingway zu dessen
fünfzigstem Geburtstag. Bis Ende 1949 wurden Betrachtungen zur
Short Story von ausländischen Autoren sowie Übersichtsartikel von
Literaturkorrespondenten aus New York und London eingeschoben;
1950 traten vorwiegend deutsche Reaktionen auf *Story* und die Short
Story an ihre Stelle. Im Zeitraum dieser ersten vier Jahrgänge bildete
sich somit ein entscheidendes Profil der Short Story heraus.

In der Auswahl durchweg positiver Äußerungen zur Kurzgeschichte
kamen nicht allein formale oder stoffliche Aspekte zur Sprache, sondern auch ethische. In dieser Hinsicht ist Guitet Vauquelins Aussage
im ersten Jahrgang der *Story* von Interesse. Sie kam, bedenkt man den
kulturpolitischen Missbrauch der deutschen Kurzgeschichte im Dritten Reich, einer **Rehabilitierung der Gattung** gleich, denn Vauquelin
schätzte den Aufgabenbereich der »täglichen Kurzgeschichte« in der
Zeitung ganz anders ein, als das unter diesem Schlagwort in der NS-
Presse der Fall gewesen war. Nach Vauquelin zeigt die Kurzgeschichte
in der Zeitung »jeden Tag [...] eine Minute der Moral an«, weshalb
sie »mit äußerster Sorgfalt, auch mit dem Bewußtsein einer höheren
Verantwortung« zu schreiben sei, denn sie sei sowohl Kunst als auch
Sendung. Die moralische Verantwortung des Autors ziele letztlich auf
Erziehung des Lesers ab, aus der Überzeugung heraus, die Mensch-
heit werde sich »von der beharrlichen Barbarei entfernen, je mehr ihr
Empfindungsvermögen [...] sich verfeinert« (1946/47, 32).

Nach dieser hohen, primär ethischen Wertschätzung herrsch-
ten die Betrachtungen zu Stoff, Form und Entwicklung der Gattung
vor. Elizabeth Bowen erinnerte an den zeit- und lebensnahen Charakter der Kurzgeschichte, indem sie nicht die Summe der allgemei-

nen Erfahrungen, sondern eine andere Ebene für den richtigen **Ausgangspunkt** dieser Gattung hielt, nämlich »eine etwas tiefere Stufe, auf der das Leben mehr und mehr beharrlich gelebt wird, wo sich die Erregbarkeit unseres verworrenen und ungebändigten Zeitalters kristallisiert ohne gleich zu Eis zu erstarren, und von der aus man über einen einigermaßen ausgedehnten Horizont verfügt« (32). Ansonsten änderte Bowens Beschreibung kaum etwas an der gängigen Vorstellung von der Kurzgeschichte, wenn es hieß, sie sei knapp, konzentriert, handlungsbetont wie das Drama, doch mit »überragender Einfachheit«, freilich aber auch »zugleich ungestüm und sensibel« und »sehr entwicklungsfähig«.

In ähnlicher Weise beantwortete William Saroyan (1946/47) mit einer metaphorisch umschriebenen Definition die Frage, was eine Story sei, hob **Konzentration und Vielseitigkeit als wesentliche Maßstäbe** hervor: »Eine Story ist diese Erde, vergrößert auf einem kleinen Raum, etwas das die Gesamtheit dieser Erde, die Gesamtheit des Universums und die Gesamtheit aller Dinge, besonders aber die Gesamtheit des menschlichen Denkens fühlbar macht. Eine Story hat scheinbar einen Anfang, aber in Wahrheit ist sie mehr ein Ende als ein Anfang« (32). Saroyans Rat, »schreibe ohne Worte, schreibe mit Schweigen. Schaffe dir deine eigene Grammatik«, spielte trotz der künstlerischen Allgemeingültigkeit auf die gerade in der Kurzgeschichte ausgeprägte Komprimierung an, da im Zusammenhang mit ihrer Definition die **Kunst des Andeutens**, des Weglassens unterstrichen wurde.

In den nachfolgenden Beiträgen zur englischen und amerikanischen Kurzgeschichte wurde stets nachdrücklich unterschieden zwischen der **künstlerisch anspruchsvollen** und der **massenhaft verbreiteten populären Unterhaltungskurzgeschichte**, deren Standardtypus »sich im allgemeinen durch eine gewisse technische Präzision auszeichnet, aber von vornherein keine ernsthaften Ansprüche auf literarischen Wert erhebt« (Schönberner 1949, 28). Allerdings richtete sich Somerset Maughams Aufsatz gegen die in vielen polemischen Angriffen ausgedrückte Annahme, Short Storys seien minderwertige Zeitungskurzgeschichten, »weil sie gut gebaut und dramatisch sind und überraschend enden« (1947/48, 31). Maugham nahm eine differenzierte Bewertung vor, je nach **Integration des Schlusses** in eine Geschichte: »Einem überraschenden Schluß haftet nichts Verdammungswürdiges an, wenn er der natürliche Schluß einer Geschichte ist. Im Gegenteil, er ist ein Vorzug. Schlecht ist es nur, wenn ein unmotivierter Schluß, wie in manchen von O. Henrys Erzählungen, an den Haaren herbeigezogen wird, um den Leser zu verblüffen«. Im Zusammenhang damit machte Maugham auf ein **Rezeptionsproblem** aufmerksam:

»Heutzutage ist es bei Schriftstellern, die Tschechow nachahmen, ohne ihn recht zu verstehen, Mode, Geschichten zu schreiben, die irgendwo beginnen und ohne Pointe enden. Sie halten es für ausreichend, wenn sie eine Stimmung beschrieben, eine Atmosphäre geschaffen oder einen Charakter geschildert haben. [...] Auch macht sich heute eine Angst vor wirklicher Handlung bemerkbar. Was dabei herauskommt, ist diese Flut farbloser Geschichten, in denen nichts geschieht« (31).

Gerade Tschechows **Konzentration auf das Alltagsleben** nach dem einseitig-programmatisch formulierten Leitsatz: »Die Menschen gehen nicht zum Nordpol und fallen von Eisbergen herunter; sie gehen in Büros, streiten mit ihren Frauen und essen Kohlsuppe«, sei dabei missverstanden worden. Denn wenn in der Darstellung des banalen Alltags durch Kohlsuppe der Zorn über ein fehlgeschlagenes Leben ausgedrückt werde, könne auch Kohlsuppe zum Symbol für eine Katastrophe werden wie der Sturz von einem Eisberg, was sie dann aber ebenso ungewöhnlich mache. Mit dieser Korrektur gehörte Maugham zu den Stimmen, die sich »gegen einen eigensinnigen ›Tschechowianismus‹ ohne Tschechow« richteten, wie es in einem Auszug aus dem *Times Literary Supplement* London (1948) hieß. Dort wurde die Wegentwicklung der Short Story von Poes Theorie unterstrichen: Der lockere Aufbau habe über Poes Lehren triumphiert, so dass die Kurzgeschichte »planvoll oder planlos« sein könne und ihr Thema »ein gewissenloser Mensch, das soziale Gewissen selbst oder gar der Schöpfer selbst« (30). Generell wurde festgestellt: »Der Ausschnitt aus dem Leben ist zur Gewohnheit geworden. [...] Der poetische Zweck der Kurzgeschichte ist: ein Spiegel der Welt zu sein« (31).

Einen mit dieser Charakteristik übereinstimmenden Trend verzeichnete Franz Schönberner (1949) für die amerikanische Short Story. Fast ganz aus der Mode gekommen sei »die scharf pointierte, auf einen dramatischen oder auch ironischen Überraschungseffekt zugespitzte Form der Erzählung, wie sie gerade von O. Henry und seiner Schule (z.T. gewiß unter dem Einfluß Maupassants und anderer französischer Novellisten) gepflegt wurde« (29). Schönberner verband diese, besonders unter den jungen Autor/innen zu beobachtende Entwicklung mit dem **Einfluss Hemingways**, »dessen nur scheinbar primitiver Lakonismus und dessen (oft gewollte) Kunstlosigkeit schon fast zu einer literarischen Konvention geworden« seien; häufig wiederkehrende Stoffe ließen sich beobachten, »oft in der Form von Kindheitserlebnissen«, daneben die »Schilderung pathologischer Zustände und die Darstellung von Rassenproblemen«. Aus Schönberners Beobachtungen lässt sich die Wirkung nicht allein von Hemingways Stil, sondern auch von seinen Protagonisten ablesen; es sind die Antihelden, die Unterdrückten und die Kinder, die auf die deutschen Schriftsteller eine vergleichbare Faszination ausübten (vgl. Kap. 4.4.2). Welche Formen die **Abkehr vom pointierten Typus** im Einzelnen annahm, vermittelte Schönberners präzise Beschreibung wie folgt:

»Es handelt sich überhaupt nur noch selten um ein bestimmtes exzeptionelles Ereignis, sondern eher um psychologische oder soziologische Zustandsschilderungen, häufig einfach um eine Art photographischer Momentaufnahmen, um Ausschnitte aus dem Leben, deren objektive Exaktheit die eigentlichen künstlerischen oder moralischen Absichten des Autors häufig bis zur völligen Unkenntlichkeit verdeckt. Der Erzähler sucht im allgemeinen die Haltung des scheinbar unbeteiligten, fast wissenschaftlich kühlen Beobachters zu bewahren in einer manchmal allzu wörtlichen Auslegung der ›Impassibilité‹ Flauberts. Die einzelnen Szenenbilder, oft auf einem höchst sensitiven Film mit allen feinsten Nuancen festgehalten, sind meist nicht einmal nach Zolas berühmtem Rezept ›gesehen durch ein Temperament‹, sondern eher durch die kühle Linse einer Kamera. Dabei aber bleiben unter Umständen die faktischen Zusammenhänge, alles was nicht ins Bild gehört, die Vorgeschichte, der Hintergrund und manchmal sogar das Geschehen selbst unklar und schattenhaft. Es ist, als ob diese Scheu vor der gefühlsmäßigen Beteiligung und dieser Wille zur Wahrhaftigkeit sich am liebsten auf dokumentarische Zeugenaussagen über die menschliche Wirklichkeit beschränken wollte, ohne irgend etwas hinzuzusetzen oder zu verschweigen und ganz gewiß, ohne zu verschönen« (29).

Diese Charakteristik der modernen amerikanischen Short Story ließe sich weitgehend auf die deutsche Kurzgeschichte unmittelbar nach 1945 übertragen.

Zu ganz ähnlichen Ergebnissen über die zeitgenössische englische Short Story kam Robert Lucas (1949). Er versuchte aber gleichzeitig, etwaige Missverständnisse zu vermeiden, als er die Gattung als besonderes Medium charakterisierte, »das **Wortkargheit und Sachlichkeit**« verlange, bei dem »heute das Vorwiegen der psychologischen Studie« auffalle sowie eine Methode, die sich (nach Christopher Isherwood) stichwortartig umreißen lasse mit dem Slogan »Entwickeln, Kopieren, Fixieren«. Lucas betonte nämlich, die Short Story sei auf jeden Fall eine »eminent persönliche Ausdrucksform«, so dass es falsch wäre, »in ihr nicht mehr zu sehen als eine auf die Literatur übertragene Kamera-Technik« (189). Abgesehen von einem historischen Abriss der Gattung, in dem Lucas bei den irischen Kurzgeschichten die Verbindung von Alltagsrealismus und starkem poetischem Zauber würdigte, hob er an den von Tschechow beeinflussten »feinfühligen, nervösen Kurzgeschichten« Katherine Mansfields ihr neuerdings zusehends gestiegenes Prestige hervor.

Nach diesen Überblicken über die **moderne Erzähltechnik in der Kurzgeschichte** wurde 1950 noch ein Beitrag des amerikanischen Lite-

raturprofessors William Peden zur Klärung des Begriffs ›Short Story‹
gedruckt, der sich vorwiegend an den Normen Poes orientierte und
im Wesentlichen den entwicklungsgeschichtlichen Darlegungen der
vorhergegangenen Hefte entsprach. Pedens äußerst allgemein gehaltene Definition allerdings schloss so ziemlich alle Kurzprosaformen
seit der Bibel mit ein und relativierte damit den Gattungsbegriff zur
kurzen Geschichte.

Abgesehen von Pedens Betrachtungen waren in *Story* ab Heft 12
(1949) ausschließlich deutsche, und zwar höchst **affirmative Reaktionen** auf das Angebot der Zeitschrift und auf die Gattung Kurzgeschichte zu lesen. Geschätzt wurde die Rolle der Zeitschrift als Ver-
mittler ausländischer Prosa von Niveau, vor allem die »weltoffene und
unvoreingenommene Haltung« bei der Auswahl wichtiger Autoren
(*Neue Zeitung*, München), die »ohne Rücksicht auf Gesinnung, politische Grenzen oder Ismus-Zugehörigkeit der Schriftsteller« vorgenommen wurde (Wolfdietrich Schnurre 1950: 1). Schnurre wertete *Story* als
die »wichtigste aller augenblicklich bei uns erscheinenden literarischen
Zeitschriften«. Man sah in ihr den Botschafter der »solange vorenthal-
tenen Literaturen des Auslandes« (*Münchener Kurier*), und das nicht
allein, weil sie die »großen Namen der zeitgenössischen internationalen
Literatur« brachte, sondern auch, weil sie »eine Reihe junger Autoren,
die in ihrer Heimat in die literarische Diskussion gekommen« waren,
vorstellte, so dass man »im Flusse der Entwicklung mit beiden Beinen
in einer Welt ohne Grenzen« stehe (Georg Hensel 1950: 1). Sie habe
»nach dem Krieg eine Tür zur ausländischen Dichtung« geöffnet, zu
alten und neuen Bekannten, habe Unterhaltung und Beratung geboten, wobei besonders erfreulich sei, dass hier – im Gegensatz zu den
»surrealistischen Sehern« – Autoren »eine ›richtige Geschichte‹ spannend – und dabei sogar literarisch! –« erzählten (Hanns W. Eppelsheimer 1950: 6). Ihr Niveau und die Förderung deutscher Kurzgeschich-
tenverfasser wurden gelobt (Carl Zuckmayer 1950: 3), die *Story*-Hefte
wurden als Gegengewicht zu den Erzeugnissen der »Kitschfabrikan-
ten« und von daher als besonders wertvoll für die literaturdidaktische
Arbeit an den Schulen betrachtet (Emil Belzner 1950: 9; vgl. Kap. 5).

Aus einer Reihe von theoretischen Äußerungen zu maßgeblichen
Gattungskriterien geht deutlich hervor, wie stark die Vorstellung von
der Kurzgeschichte nach 1945 durch das **Angebot an übersetzten
Geschichten** geprägt wurde. Wolfgang Liebeneiner (1949) verband
die Definition der Kurzgeschichte eindeutig mit der Übernahme der
Gattung von amerikanischen Vorbildern. Er erklärte, »diese neu-
este literarische Kunstform« kennzeichne eine »unheimliche Kom-
pression«, denn wie ein Gedicht sei sie **auf einen einzigen Einfall
gegründet,**

»der nun seine kürzeste, präzisest formulierte Form erhalten hat, die über den Inhalt passen muss wie die Haut über einen Körper. Da gibt es Kurzgeschichten, die lesen sich wie ein Achtzeiler von Goethe, randvoll mit sprachlichen, gedanklichen und gefühlsmäßigen Beziehungen und Verdichtungen. Andere wieder erscheinen so komprimiert, daß sie beim Lesen zerknallen wie Handgranaten. Für meine Generation war es wohl der frühe Hemingway, der uns die ersten Erlebnisse dieser Art vermittelte, etwas völlig Neues in der Form und gleichzeitig eine völlig neue Landschaft der Seele. Dann entdeckten wir Verwandtschaften bei Maupassant und vor allem bei Kleist in seinen Anekdoten, und es erwies sich, daß in Amerika ein Keim aufgegangen und zu einem großen Baum geworden war, der in Europa nur vereinzelte spärliche Blüten hatte treiben können. Erst die Verpflanzung nach drüben gab ihm die richtigen Lebensbedingungen. Die *Story* zeigt uns, daß inzwischen das amerikanische Vorbild und der Wandel des Lebensgefühls in Europa auch hier einer Reihe von Dichtern den Zugang zu dieser modernsten Ausdrucksform erschlossen haben.« (1949: 12, Umschlagtext)

Komprimierte, packende Darstellung und Variationsreichtum waren, wie schon bei Schnabel und Oppens, so auch in den von *Story* gedruckten deutschen Kommentaren stets wiederkehrende Kriterien; desgleichen das Ausschnitthafte und die Tiefendimensionen. Hensel nannte aus dem Angebot der Zeitschrift Autoren wie Jean-Paul Sartre, Somerset Maugham, Henry Miller, Marcel Aymé, Thomas Wolfe, G.K. Chesterton und destillierte aus seinen verschiedenen Eindrücken die Vorstellung von der Short Story als »fünf bis zehn Schreibmaschinenseiten, Bruchstück eines Schicksals, hinter dem das Mysterium Leben aufleuchtet, in immer neuen Variationen menschlichen Sich-Bewährens«.

Zuckmayer differenzierte speziell die amerikanische Kurzgeschichte von etablierten europäischen Gattungen und betonte, sie decke sich nicht mit »der in deutscher Sprache von Kleist zur klassischen Form geprägten Novelle, auch nicht mit dem in Frankreich etwa durch Maupassant zur höchsten Brillanz entwickelten ›conte‹, der knappen, geschlossenen Erzählung«, womit Zuckmayer allerdings Maupassants erzählerisches Werk nicht differenziert genug darstellte. Für die souveräne, künstlerisch anspruchsvolle Short Story (etwa Hemingways oder Saroyans) brachte Zuckmayer einen weiteren Aspekt in die Diskussion ein, indem er ein **leserorientiertes Grundmerkmal** der Gattung herausstellte und unterstrich, die amerikanische Kurzgeschichte wende sich »auch in ihrer artistisch vollendetsten Form immer an den unbefangenen, voraussetzungslosen Leser, nicht an eine isolierte Bildungsschicht«, sie verzichte selbst dort, »wo sie in sprachliches Neuland vorstößt, auf esoterische Abgrenzung« und könne »für die Entwicklung neuer europäischer, besonders auch deutscher Literatur von höchstem Anregungswert sein« (1950: 3, Umschlagtext).

Als Aufforderung, aus der Short Story moderne erzähltechnische Formen zu erarbeiten, kann auch Fritz Martinis in theoretischer Hinsicht ausführlichste Stellungnahme gesehen werden. Zwar verdanke man, so Martini, der Kurzgeschichte »neue Formen und Möglichkeiten des literarischen Sprechens von hohem künstlerischen Reiz«, doch stehe die Kurzgeschichte erst am Beginn, denn sie sei »das noch nicht voll entdeckte, noch gar nicht ausgeschöpfte Amerika unserer Literatur«. Martinis normative Definition konzentrierte sich allerdings auf einen Typus, die handlungsbetonte pointierte Form: »Die Story verlangt Konzentration des Geschehens, der Portraits, der Psychologie, einen spannenden Bericht in rascher Bewegung, eine klare, sichere Linienführung, eine schlagkräftige Pointe. Der Leser muß für eine kurze Weile völlig gefesselt sein« (1950: 5, Umschlagtext). Mit der Beliebtheit der Kurzgeschichte, durch die selbst etablierte Kurzprosagattungen wie Novelle, Anekdote, Legende verdrängt, »beinahe in den Kleiderschrank des Museums« gehängt würden, verband Martini die seit der Jahrhundertwende bekannte Erklärung, die modernen Leser/innen hätten keine Zeit und suchten Spannung für einen kurzen Augenblick. Dieser abgegriffene Gemeinplatz tauchte um 1950 mehrfach auf (vgl. Fechter 1950; Kutscher 1952, Krell 1953) und erinnert an die zurückliegende Polemik gegen die Gattung.

Einen treffenderen Bezug zur kulturellen Entwicklung stellte dagegen C.W. Ceram her. Er charakterisierte die Kurzgeschichte als eine literarische Form unter den Zivilisationsformen, »die nicht nur unserer atomisierten Welt entspricht, sondern innerhalb der Quantität des Vielgeschriebenen einen **qualitativen Kern** zu bilden vermag. […] jede gute short story ist ein mit dem literarischen Messer herausgeschnittenes lebendiges Stück Fleisch der Zeit«. Wolfdietrich Schnurres zehn Jahre später ebenfalls an der Short Story orientierte Definition der deutschen Kurzgeschichte (»ein Stück herausgerissenes Leben«) bietet sich hier zum Vergleich an und zeigt die enge Verbindung zwischen der Rezeption der Short Story und der Theoriebildung zur deutschen Kurzgeschichte nach 1945.

Die wesentliche Rezeptionsarbeit in *Story* war Ende 1950 getan, als nach dem Wechsel der Zeitschrift vom Rowohlt zum Heliopolis-Verlag die theoretischen Einschübe wegfielen (vgl. W. Cordan 1963). Das Angebot wurde bis auf klassische kurze Geschichten, einschließlich solcher aus der Antike, ausgeweitet, wodurch die bis dahin erarbeiteten begrifflichen Konturen verblassten (vgl. Rohner ²1976, 91f.). Diese Entwicklung in den letzten drei Jahrgängen der Zeitschrift dürfte eher auf ein redaktionelles Desinteresse an der modernen Kurzgeschichte zurückzuführen sein als auf eine Abkehr von der Gattung unter Autoren und Lesern (vgl. Durzak 1980, 458).

Bis 1950 hatte sich, wenn auch gelegentlich noch gegen amerikanische Anleitungen für die rezeptmäßige Herstellung von Kurzgeschichten polemisiert wurde (vgl. H. Reitz 1949), eine überwiegend **positive Einschätzung der Short Story** verbreitet. Ihre wirkungsvolle Komprimierung, die Technik des Understatements, die psychologisch genaue, subtile Erzählweise, die unmittelbaren und menschlichen Figuren (E. Kirchner 1950) bewirkten eine Umwertung, so dass Percy Eckstein 1951 feststellen konnte, die Auffassung von der Kurzgeschichte habe sich entscheidend gewandelt. Eckstein erklärte, die in rund zwei Jahrzehnten praktizierte Routine im Erfinden von Pointen, auf denen die Redaktionen bestanden, sei unbrauchbar geworden; er bezog sich dabei offenbar auf Hemingways Geschichte »Hills like white elephants«, beobachtete also eigentlich das Verschwinden der Strukturpointe (vgl. Auzinger 1956, 54), die für die Zeitungskurzgeschichte vor 1945 zur Norm erhoben worden war.

4.4.2 Aufstieg und Stellenwert der Kurzgeschichte

In den ersten Nachkriegsjahren hatte die Kurzgeschichte gute Absatzmöglichkeiten, vielleicht ihre größte Chance, weil der literarische Nachholbedarf groß war und demgemäß die Nachfrage (vgl. Rohner [2]1976, 25). Ein Forum in Zeitschriften, Zeitungen und Anthologien stand zur Verfügung; »vor allem ringen die Zeitungen die Hände nach Kurzgeschichten«, berichtete Elisabeth Langgässer (briefl. am 26.6.1948). Unter den vielen Zeitschriften (z.B. *Athena, Ulenspiegel, Der Ruf, Die Erzählung, Das Karussell, Horizont, Literarische Revue, Frankfurter Hefte*) bevorzugte *Die Erzählung* die traditionellen Gattungen Novelle und Erzählung, während *Das Karussell* beispielsweise neben ausländischen auch junge deutsche Autoren brachte, unter ihnen **Heinrich Böll** (»Die Botschaft«, »Kumpel mit dem langen Haar«, 1947; »Der Mann mit den Messern«, 1948), und mit dem zweiten Jahrgang (1947) in ziemlich regelmäßiger Folge Geschichten von **Wolfgang Borchert**; mit Borchert stellte die Zeitschrift den »vorläufig dünn gesäten begabten Nachwuchs« vor (II: 8, 1947, 59). *Horizont*, die *Halbmonatsschrift für junge Menschen* richtete eine Sparte »Versuche« ein und veröffentlichte u.a. **Schnurres** »Der Ausmarsch« (1948). Anthologien wie *Der Anfang* (1947), *Die Pflugschar* (1947; Prosa u. Gedichte), *Erzähler der Zeit* (1949), *Tausend Gramm* (1949) bemühten sich ebenfalls um die **Förderung des literarischen Nachwuchses**; insbesondere **Wolfgang Weyrauch** ging es in den von ihm besorgten Sammlungen um das Bekenntnis zu Themen der Gegenwart und zu einem konsequenten Realismus, der »die Magie nicht vergißt«, wenn er »den Alltag bis in die Ritzen und bis unter die letzten Zwiebelhäute ergreift« (*Die Pflugschar*, 396). Es blieb diesbezüglich, was die Mehrzahl der Beiträge anging, bei einem Postulat, obgleich Weyrauch mit seinem »Kahlschlag«-Konzept im Nachwort zu *Tausend Gramm* schon die Behauptung verband, eine Gruppe von Schriftstellern – darunter die Kurzgeschichtenautoren Alfred Dreyer, Ernst Schnabel und Wolfdietrich Schnurre – sei dabei, die »Fibel der neuen deutschen Prosa« zu schreiben und leiste damit die Pionierarbeit eines literarischen Kahlschlags (217).

Gemäß der historischen Situation ging es Weyrauch um literarische Umwertung von kalligraphischer Vernebelung (vgl. Hocke, Andersch) **zur Wahrheit engagierter Prosa**, ähnlich wie sich Borchert in seinem Manifest gegen »gute Grammatik« ausgesprochen hatte; es kam auf eine themengerechte, wahrhaftige, eigene Grammatik an, was übrigens ganz im Sinne von Saroyans Ratschlag war (*Story*, 1946/47). Ansätze dazu stellte Weyrauch u.a. in den Geschichten Ernst Kreuders (vgl. auch *Der Anfang*), Hans Erich Nossacks, Luise Rinsers, Rolf Schroers und des verstorbenen Friedo Lampe fest. Der literarischen Situation entsprechender aber bewertete er die Schreibpraxis der »Kahlschlag«-Autor/innen, weil sie »in Sprache, Substanz und Konzeption« von vorn anfingen, d.h. »bei der Addition der Teile und Teilchen der Handlung, beim A-B-C der Sätze und Wörter, beim Stand der Anabasis« (214 u. 216). Die Merkmale der **»Kahlschlag«-Prosa** umriss Weyrauch mit den Stichworten: Wahrheit, Wirklichkeitsfixierung, Bestandsaufnahme; das sei kein Photographieren, vielmehr ein Röntgen mit chirurgischer Genauigkeit.

Diese Beschreibung stimmte im Wesentlichen mit Schönberners Charakteristik der neueren, von Hemingway beeinflussten amerikanischen Short Story überein, ebenso mit der von Lucas beobachteten Entwicklung in der modernen englischen und irischen Kurzgeschichte (*Story* l u. 6, 1949). Abgesehen davon war der Einfluss insbesondere Hemingways unter den genannten »Kahlschlag«-Autoren entscheidend für ihr Schreiben. Schnurre, der die Begegnung mit der amerikanischen Short Story gleich nach 1945 in späteren Aussagen als **Offenbarung für die jungen Autoren** bezeichnete (1961 u. 1971), hatte auf der ersten Tagung der Gruppe 47 seine im »magischen Realismus« szenisch-dialogisch aufgebaute Kurzgeschichte »Das Begräbnis« vorgetragen; ihr folgte die satirisch-grotesk akzentuierte Geschichte »Der Ausmarsch« (1948).

Von **Alfred Dreyer** hatte der *Horizont* das »Gespräch in der Nacht« (1948) veröffentlicht. Dreyer hatte bereits 1935 in der *Frankfurter Zeitung* seinen literarischen Start »nach einer entscheidenden Begegnung mit den Büchern von Ernest Hemingway«. Zu Dreyers Arbeiten hieß es weiter im *Horizont,* er habe sich »aus dem Schatten dieses großen Meisters zu seiner eigenen Form und Art freigeschrieben« und verstehe es, »jenseits jeder Neuerungssucht [...] bei aller Kargheit der Aussage schwebende, ausgesprochen poetische Stimmungen zu erzeugen und ein ganz alltägliches Erlebnis zu einem spannenden kleinen Dramolett in Prosa« durchzugestalten (III: 12, 1948, 14). Dreyers »Gespräch in der Nacht«, mit dialogisch entwickelter Fabel und kaum angedeuteter Vorgeschichte, bestätigte die Richtigkeit dieser Einschätzung, machte die Auswirkungen des Krieges in schonungsloser, psychologisch subtiler Darstellung bewusst. Von **Ernst Schnabel** erschien 1949 die Kurzgeschichtensammlung *Sie sehen den Marmor nicht.*

Interessanterweise wurden die nachweislich bedeutenden amerikanischen Einflüsse von Weyrauch nicht angesprochen. Statt dessen eröffnete er seine Anthologie mit fünf »klassischen« Modellgeschichten: mit Friedrich Hebbels »Die Kuh«, Heinrich v. Kleists »Der neue (glücklichere) Werther«, Guy de Maupassants »Auf See«, Anton Tschechows »Der Tod des Beamten«, Johann Peter Hebels »Merkwürdige Schicksale eines jungen Engländers«. Mit dieser Auswahl hielt sich Weyrauch an Beispiele, die einer noch weit verbreiteten Begriffsvorstellung von der Kurzgeschichte entsprachen. Rückblickend erklärte Weyrauch zum Fehlen der Short Story, er habe gerade diese, schon klassischen Geschichten und keine modernen – daher auch keine amerikanischen – wohl deshalb gewählt, weil sie seinem »Kahlschlag«-Programm scheinbar am ehesten entgegenkamen und weil die modernen eben die nachfolgenden deutschen Geschichten sein sollten (in Durzak 1980, 23).

Welche Funktion Weyrauch laut jenem Programm von 1949 den vorangestellten Geschichten – das »häufig gedruckte, außerordentliche ›Trockendock‹ von Stefan Andres« nannte er zusätzlich im Nachwort – beimaß, lässt sich aus seiner emphatisch formulierten Beurteilung ersehen: Sie führen zielbewusst auf den zu setzenden, ethisch-thematischen Akzent hin, und das mit einer Konsequenz in Kausalität und Unausweichlichkeit, die »eine echte Affinität mit der Wirklichkeit, mit der Moral und Unmoral ihres Gefälles« bietet; sie führen mit ihrer Deskription schon zur Analyse hin, zur Auseinandersetzung mit der »Intoleranz, der Erbarmungslosigkeit, der Ausbeutung, der Isolierung des Menschen vom Menschen« (218). Damit wurden sie richtungsweisend für das Ziel einer **neuen, zeitbezogenen, ethisch engagierten Prosa**, für deren formale Ausprägung allerdings die Bedeutung der Short Story nicht unterschätzt werden darf.

Die Reaktionen auf das Angebot von **Geschichten in *Tausend Gramm*** fielen, vor allem durch den Vergleich mit den vorangestellten klassischen Modellen, sehr kritisch aus. Lediglich **Marieluise Fleissers** »Die Stunde der Magd« und **Luise Rinsers** »Die rote Katze« fanden weitgehend Anerkennung ohne Vorbehalte; von den jüngeren Autoren wurden außerdem noch **Johann Schuh** (»Die Schwalben überm Bett«) und **Alfred Dreyer** (»Hoffnung«) als Ausnahmen gewertet. **Elisabeth Langgässers** scharfe Kritik lief auf das Ergebnis hinaus, die Geschichten seien, mit Ausnahme der zwei von Fleisser und Rinser, künstlerisch unausgereift und vertauschbar; sie spiegelten die missverstandene Kunst des Weglassens, Aussparens wider. In dieser Anthologie lasse der Kurzgeschichtenerzähler außer dem Überflüssigen auch noch die Kunst fort, vollziehe »eine Amputation der Personen«, reduziere sie zu Schemen, zu schablonisierten Figuren, gefüllt mit Klischee. Eine erschreckende Folge davon sei ihre Sprachlosigkeit, d.h. eine ebenso wie die Figurenzeichnung amputierte Sprache. Langgässer erklärte sich ihre Ergebnisse aus einer **missverstandenen Rezeption amerikanischer Vorbilder** unter den Autoren, indem sie 1949 kritisierte:

»Eine ungeheure Verwirrung der Geister, die sich scheut, ›Herz auf Taille‹ zu tragen, und in der Absage an den Ausdruck von menschlichen Gefühlen Keuschheit mit Kälte verwechselt und Stumpfsinn mit Melancholie, glaubt sich Saroyan, Wolfe und Hemingway ähnlich, wenn sie nur noch stottert und bellt – diesen herrlich unreflektierten Burschen: dem franziskanischen Saroyan, dem aus Feuer und Eis gemischten, prägnanten Hemingway, dem überquellenden Wolfe [...].«

Diese scharfe Kritik mag Elisabeth Langgässer als Gegnerin der »Kahlschlag«-Position erscheinen lassen, obwohl sie selbst – außer Borchert – schon 1947 in einer Art **Manifest für eine neue literarische Sprache**, befreit von den Vorbelastungen der Propaganda, Gefühlsschwärme und künstlicher, weltferner Naturidylle, plädiert hatte. Der Annahme Durzaks, Langgässer verwerfe die »Kahlschlag«-Postulate (1980, 183), wäre entgegenzuhalten, dass sie ihre Kritik gegen die literarischen Mängel in den einzelnen Geschichten richtete, durch die das Programm für eine klare, asketische Sprache von unzulänglichen Beispielen begleitet wurde – hatte doch Weyrauch selbst bei seiner Auswahl für die Anthologie die Diskrepanz zwischen der skizzierten Position für eine neue deutsche Prosa und den aufgenommenen Geschichten empfunden (vgl. Nachwort).

Aufschlussreich ist Langgässers Rezension für ihre eigene Wertschätzung der amerikanischen Short Story, wenngleich sie der Stilimitation sehr kritisch gegenüberstand – wie Weyrauch in seinem Nachwort übrigens auch – und schon vorher den Berliner Trend, »wie Faulkner oder Hemingway« zu schreiben, beklagt hatte (briefl.

am 13.3.1947). Im Übrigen nannte auch Langgässer ihre Kurzgeschichten »Short stories«, die sie 1948 als Zyklus in dem Band *Der Torso* veröffentlichte (briefl. 1946; dort noch unter dem ursprüngl. vorgesehenen Titel *Koordinaten*).

Dass einige Autor/innen für ihre Kurzgeschichten schon während der NS-Zeit Anregungen aus der Weltliteratur und speziell von der amerikanischen Short Story aufnahmen, zeigt sich nicht allein bei Friedo Lampe und Alfred Dreyer; auch Wolfgang Weyrauch erwähnt in einem Gespräch die »wunderbare Anthologie« von Kurt Ullrich (*Neu-Amerika*, 1937) und meint, sicherlich hätten er »und viele andere schon unter dem Einfluß dieser Amerikaner mit ihren Geschichten« gestanden (in Durzak 1980, 22). Von einer unabhängigen Entstehung der deutschen Kurzgeschichte um 1940 und einer zur amerikanischen Short Story lediglich analogen Entwicklung, wie Motekat sie befürwortet (vgl. Kap. 2.l), kann daher nicht die Rede sein, erst recht nicht im Hinblick auf die Aussagen vieler Autor/innen der Nachkriegszeit. Spielten auch die Schriftsteller der »lost generation« eine besondere Rolle für die Kurzgeschichte, so wurde doch ebenfalls auf Poes »Philosophy of Composition« zurückgegriffen (Andersch) und auf die Geschichten von **Ambrose Bierce** aus dem amerikanischen Bürgerkrieg.

Von Bedeutung wurde für **Stephan Hermlin** und **Wolfgang Weyrauch** vor allem die berühmte Geschichte von Bierce »An Occurrence at Owl Creek Bridge« (»Bei der Owl Creek Brücke«). Sie erschien 1946 zusammen mit zwei anderen Geschichten aus der Sammlung *In the Midst of Life* (»Der Tod und der Philosoph«, »Gefallen bei Resaca«) in Fritz Güttingers Anthologie *Amerikanische Erzähler* (Zürich); der Band *In the Midst of Life* lag außerdem bereits 1920 in deutscher Übersetzung vor unter dem Titel *Physiognomien des Todes*.

In dieser Frühphase der deutschen Nachkriegsliteratur, der Phase der »Trümmerliteratur« (Böll), besaß die Kurzgeschichte nach der tiefen Zäsur von 1945 für eine Anzahl junger deutscher Autor/innen einen spezifischen Stellenwert, der teils auf die Begegnung mit der amerikanischen Short Story, teils auf die eigenen Kriegs- und Nachkriegserfahrungen zurückzuführen war und sich mit bestimmten Erwartungen sowie Anforderungen an diese literarische Form verband. Dass zu dieser Zeit so viele Autor/innen mit der Kurzgeschichte begannen, und was sie an ihren ausländischen Vorbildern beeindruckte und faszinierte, ergab sich aus der Reaktion auf den in der NS-Zeit üblichen, wirklichkeitsfernen Lesestoff mit seinen Helden- und Bauernfiguren, diesen »allzu gesunden und idealisierten Gestalten« (Bender 1962, 214). Mit ihnen kontrastierten die komplizierten Außenseiterfiguren in der Short Story, das Freibeuterische und das Bitter-Süße

sowie das formale Raffinement, das Understatement, Dissonanz und
Kühle (ebd.).

Derartige Geschichten, »ihre Sprache und ihr Klima«, kamen
der Wirklichkeitserfahrung und den literarischen Ansprüchen der
so genannten »jungen Generation« entgegen; Hemingways Bedeutung war vorläufig größer als die der eigenen »letzten Klassiker«, als
es um Gewissenserforschung und Rückblick ging, um das Berichten
von Krieg, Gefangenschaft, KZ und Ruinen, d.h. um die Verarbeitung dieser Stofffülle in einer adäquaten Form und Sprache (Bender
1961, 377f.). Auch im Ostteil Deutschlands war man an der Short
Story interessiert, wie die frühen Anthologien belegen, doch konnte
die Form der Kurzgeschichte auf die Dauer nicht den literaturpoliti-
schen Forderungen in der DDR genügen, die der »Konstruktion epo-
chaler Prozesse« mittels traditioneller Erzählmittel den Vorzug gaben
(Wurm 2000, 185).

4.4.3 Themen und Formenvielfalt der Kurzgeschichte

Bis 1950 war nicht nur eine Vielzahl von Kurzgeschichten durch Zeitungen und Zeitschriften in Umlauf gekommen, es lagen auch bereits
wesentliche Sammelbände von Weyrauch, Borchert, Langgässer, Schnabel, Stelly, Böll und Schnurre vor. In diesen wie auch in anderen zeitgenössischen Geschichten zeichnen sich die intensiv gestalteten Versuche der Autor/innen ab, »ihre Biographie, ihre ganz individuelle
Stellung zur zerschlagenen Wirklichkeit zu ordnen« (Bender 1961, 378).

Wie die damit verbundene, **überwältigende Stofffülle** in der
Kurzgeschichte verarbeitet wurde, zeigt sich in der engen, thematischen Beziehung zur Zeitgeschichte, so dass es in besonderem Maße
für die Phase der Trümmerliteratur gilt, wenn immer wieder auf den
dokumentarischen Wert der Nachkriegskurzgeschichte hingewiesen
wird (Wippermann 1959, 106f.; Rohner [2]1976, 191; Durzak 1980,
18 u. Kap. 3). Beherrschend waren vorläufig **Themen aus dem »Aus-
nahme-Alltag«** von Nationalsozialismus, Widerstand, Judenverfolgung, Krieg (Kriegsverbrechen, Gefangenschaft), Heimkehrerpro-
blematik, Wiedergutmachung sowie sozialem Außenseitertum und
weltanschaulichen Konflikten in den Jahren nach 1945 (Wippermann 1959, 107). Eine Übersicht über die geradezu chronikhafte,
mit Daten versehene oder auf sie anspielende Thematisierung selbst
erlebter, historischer Ereignisse im Zeitraum 1938 bis 1948 bietet
Rohner an Beispielen von Schnurre, Kaschnitz, Eisenreich, Borchert,
Böll, Bender, Weyrauch, Schnabel, Andersch, Eich und vor allem
Langgässer 1947 ([2]1976, 192-194).

Die umfassende **Verarbeitung** insbesondere **der Kriegsthematik** bis weit über 1950 hinaus erlaubt es daher, von einem thematischen »Hauptstrang der deutschen Kurzgeschichte nach 1945« zu sprechen (Durzak 1980, 311). Als Movens bei dieser Stoffbewältigung ist stets das Ethos des Humanen, das auch in den Aussagen zur Short Story mehrfach betont wurde (vgl. Vauquelin, Saroyan, Andersch), erkennbar; es verbindet sich mit der moralischen Anklage gegen den Krieg und alle Abstufungen von Unmenschlichkeit.

Kennzeichnend für die **Kurzgeschichte der Trümmerliteratur** ist die knappe, aussparende Erzählweise: das geradlinig auf den Schluss zulaufende Gegenwartsgeschehen, teilweise mit äußerst komprimiert eingefügter Vorgeschichte, meistens in umgangssprachlichem, untertreibendem Stil. Die solchermaßen erreichte Komplexität beleuchtet über den gesellschaftskritisch erzählten Einzelfall hinaus die oft fatale Interdependenz von Individuum und Gesellschaft. Dennoch verfügt die Kurzgeschichte dieser Zeit bereits über formale Vielseitigkeit.

Allein **Wolfgang Borchert** probierte in seinen, zwischen 1946 und 1947 entstandenen Geschichten verschiedene Strukturtypen aus. »**Das Brot**« stellt ein Musterbeispiel für die linear erzählte Geschichte mit Kulminationspunkt am Schluss und äußerst **verdichteter Zeitstruktur** dar, hier durch Sprungraffung (Gutmann 1970), bei räumlicher Begrenzung und Konzentration auf den Bruchteil einer, wenn auch alltäglichen, so doch für den Einzelnen existentiell bedeutungsvollen Situation. Gleichzeitig beleuchtet diese Situation durch das unterschiedliche Verhalten der Eheleute – den Übergriff des Mannes auf die Brotration seiner Frau und die Entscheidung der Frau, auf ihre zweite Scheibe Brot zu verzichten – »das ganze Elend und die ganze Größe des Menschen« (Böll 1952/1963, 355). Dadurch, dass der begrenzte Ausschnitt aus einer individuellen Situation dokumentarischen Wert erhält und zum »Protokoll des Augenzeugen einer Hungersnot« wird (ebd., 354), zeigt sich der doppelbödige Charakter der Kurzgeschichte.

In der Geschichte »**Die Küchenuhr**«, vom Inhalt her eine Gegenstandsgeschichte, erzielt Borchert die eindringliche Gestaltung des Themas vom verlorenen Paradies durch übereinander gelagerte Zeitebenen. Aus der Sicht eines Überlebenden, dem nach dem Bombardement seines Elternhauses nur die Küchenuhr verblieb, arbeitet Borchert über diesen Gegenstand den menschlichen Verlust scharf heraus, indem er in die knappe gegenwärtige Situation Rückwendungen zur erinnerten Vergangenheit und Vorvergangenheit einfügt und die damals als selbstverständlich hingenommene Geborgenheit mit dem jetzigen Verlust kontrastiert. Dass die Geschichte ein Modell für die bei aller Knappheit dennoch äußerst komplexe und tief greifend wirkungsvolle Geschichte darstellt, liegt am Einsatz des zentralen Gegenstandes; denn die Küchenuhr fungiert als Auslöser für die Erinnerung, da sie um halb zwei stehen blieb, dem Zeitpunkt des Bombeneinschlags, dadurch gleichzeitig den Zeitpunkt vergegenwärtigt, an dem der junge Mann früher nachts von der Arbeit heimkehrte und von seiner Mutter mit Essen versorgt wurde. Die Uhr vergegenwärtigt somit den menschlichen Verlust, indem sie drei Zeitebenen komprimiert und an den beiden vergangenen die existentielle Not der Gegenwart scharf profiliert.

Andererseits arbeitet Borchert in »**Die lange, lange Straße lang**« mit assoziativ in den inneren Monolog eingefügten Rückblendungen, nimmt auf diese Weise das erinnerte Kriegsgeschehen in den **Bewusstseinsstrom** des heimgekehrten Leutnant Fischer innerhalb der Zeit- und Wegspanne auf, die Fischer bis zur Straßenbahnhaltestelle braucht; dabei wird die rhythmische Akzentuierung der Sprache teils vom Hungertaumel, teils vom erinnerten Marschtempo bestimmt.

Abgesehen davon wendet Borchert in der Geschichte »**An diesem Dienstag**« die **Montagetechnik** an, um das Geschehen räumlich auseinander liegender Szenen aus Deutschland und vom russischen Kriegsschauplatz durch filmschnittartigen Szenenwechsel in die zeitliche Einheit eines Tages zusammenzuziehen. Dadurch, sowie durch die für jede Szene wiederholte Anfangszeile »An diesem Dienstag«, suggeriert Borchert »dem Leser die Gleichzeitigkeit der Vorgänge« (Unseld 1955, 141). Dieser kontrastive Aufbau stellt einerseits die gänzlich unheroische, brutale Kriegswirklichkeit heraus, weist andererseits auch darauf hin, dass der Krieg durch das gelassene realitätsferne Verhalten der Erwachsenen zu Hause bzw. durch frühe Indoktrinierung in der Schule noch unterstützt wird. Aus olympischer Perspektive bleiben die Szenen indirekt um die Figur Hauptmann Hesses gruppiert, der nur einmal, bereits als Sterbender erscheint. Die zum Ende hin gesteigerte Konstrastwirkung erhält einen Schwerpunkt, als bei Ullas Rechtschreibeübung am Schluss die Korrektur der Lehrerin vom Anfang der Geschichte wiederholt wird: »Und Krieg mit G. Wie Grube« (1949, 194). Aufgrund der vorangegangenen Kriegsszenen beinhaltet »Grube« hier »Grab«, umfasst mit dieser, von Anfang an vorbereiteten kritischen Anspielung auf die grausame Realität des Krieges sowohl Anklage als auch Bewusstmachung. Diese Art von stilpointierendem Fazit vermittelt dem Leser eine indirekte Enthüllung, so dass sich von einer »**politisch aufklärerischen**« **Kurzgeschichte** sprechen lässt, »die auf die Sinnlosigkeit der politischen Geschichte aufmerksam machen soll« (Durzak 1980, 122).

Ähnliche, auf Simultaneität ausgerichtete Strukturexperimente im Stil der Filmmontage finden sich in Schnabels »Um diese Zeit« (1949), außerdem schon in Lampes Geschichte aus dem Nachlass »Laterna Magica« (1945; vgl. auch »Von Tür zu Tür«, Kap. 4.3).

Obwohl Borchert seine Kurzgeschichten »meine stories« nannte (briefl. 1947, in Rühmkorf 1961, 156), sind keine amerikanischen Vorbilder für seine Arbeiten dokumentiert. Eine Einwirkung der Short Story läge allerdings nahe, bedenkt man die lakonisch gehaltene Alltags- bzw. Umgangssprache und die in vielen Geschichten erzähltechnisch sehr geschickt gehandhabte Aussparungstechnik, deren verhaltene psychologische Darstellung das Betroffensein des Einzelnen durch den Krieg mit aller Wucht bewusst macht– sei es im Rahmen eines äußerst konzentriert geführten Gesprächs oder eines Situationsbildes (vgl. z.B. »Nachts schlafen die Ratten doch«, »Der Kaffee ist undefinierbar«).

Schon 1948 meinte Alfred Andersch, Borchert habe außer Faulkner und Hemingway »seinen Thomas Wolfe gelesen«. Andersch führte Borcherts plastische, alliterativ-eindringliche Sprache nicht auf expressionistische Vorbilder zurück, sondern auf Wolfe: »Vor allem ist er viel härter als Wolfe. Knapper konzentrierter, – seine Beiworte sind niemals so schwelgerisch, wie manchmal bei Wolfe, sondern immer motiviert. Borchert formuliert seine Adjektive genau und folgerichtig, weil er auf das ›wie‹ Rilkes und der Symbolisten verzichten will. So entsteht ein hämmernder Staccato-Stil, der plötzlich in großartige dynamische Passagen ausschwingen kann« (*FH*, 928). Außerdem fällt der Stilwechsel zu einer unpathetischen, realistischen Sprache nach dem sentimental-schwärmerischen Ausdruck in Borcherts literarischen Anfangsarbeiten auf (dazu Durzak 1980, 115ff.).

Etwa zur gleichen Zeit wie Borchert schrieb **Elisabeth Langgässer** ihren Kurzgeschichtenzyklus *Der Torso* (1948) aus dem Stoffbereich von NS-Zeit, Kriegs- und Nachkriegssituation – vorwiegend aus dem Berliner Alltag gesehen. Gemäß der im Titel anklingenden übergreifenden Thematik steht das Torsohafte des Menschen vor diesem historischen Hintergrund im Mittelpunkt, geben diese Geschichten Bruchstücke einer zu bewältigenden Stofffülle, sind sie Dokumentation menschlicher Verhaltensweisen. Dabei wird auch das formale Spektrum der Kurzgeschichte erweitert.

Mit dem Typus der **Rahmengeschichte** gelingt es Langgässer in »**Glück haben**«, ein nahezu ganzes Leben zu erfassen. Die Ich-Erzählerin vergegenwärtigt im Rückblick auf ihren Besuch in einer Irrenanstalt das Selbstgespräch einer Insassin, das sie zufällig mitgehört hatte. Der geraffte Lebenslauf dieser Frau gibt einen erschütternden Einblick in ein sinnentleertes, nur von äußerem Fortkommen beherrschtes bürgerliches Leben. Dessen Stationen – behütete Kindheit nach dem

Ersten Weltkrieg, Ehejahre, gesellschaftlicher Aufstieg und Übersied-
lung auf ein Gut im Osten während des Dritten Reichs, schließlich
die Flucht nach Westen und der Verlust sämtlicher Familienmitglie-
der – vermitteln im Zerrspiegel den Untergang einer bürgerlichen, auf
falsche Werte gebauten Existenz, der stellvertretend für eine Epoche
steht, da es sich dabei nicht um ein deutsches Einzelschicksal handelt. Die groteske Verzerrung erreicht Langgässer über den gezielten
Einsatz der sprachlichen Mittel, vor allem durch die leitmotivisch
variierte, doppeldeutige Redewendung »Glück haben«, die schon im
Rahmen anklingt und in der Binnengeschichte über eine Skala von
oberflächlichem Gelingen und zweifelhaftem Glück bis zum gestei-
gerten Unglück reicht.

Schockierend am **banal-alltäglichen Gesprächsstil** wirkt die Distanz der gefühlskalten Sprache, sowohl in der Rahmen- als auch in der
Binnengeschichte, denn »Wortwahl und Ausdrucksweise sind beherrscht
von dem Willen zu schnoddrigem Zynismus und trivialisierendem
Slang« (Pfeiffer 1965, 88). Dieser Sprache mag eine Abwehrfunktion,
gleichsam zum Selbstschutz gegen die grausamen Erschütterungen
jener alltäglich gewordenen Erfahrungen zukommen: »es gab soviel
Unglück in dieser Zeit, daß es auf weniger oder mehr schon überhaupt nicht mehr ankam – man behielt es im Grunde nicht. (Heute
sage ich: Gott sei Dank. Wo käme man sonst hin?)« (Langgässer, GW
1964, 231 f.). Der Handlungsverlauf allerdings zeigt, dass sie mehr
als das, nämlich ein Verdrängungsmechanismus ist. Obwohl sich die
Rahmenerzählerin momentan vom Schicksal der Anderen betroffen
fühlt, am Schluss von deren Monolog zusammen mit ihr auf die Wär-
terin losschlägt und selbst vier Wochen in der Anstalt bleibt, fungiert
sie letztlich als eine die groteske Verzerrung steigernde Kontrastfigur,
da dieser Aufenthalt für sie Glück, nämlich die ersehnte paradiesi-
sche Ruhe vor dem harten Alltagsleben bedeutet.

So verständlich diese ironische Umwertung der Irrenanstalt in ein
Paradies verglichen mit dem chaotischen Nachkriegsalltag ist, so deutet
sich doch an, dass bei der Rahmenerzählerin trotz des Beispiels eines
sinnentleerten, von fataler Anpassung an zweifelhafte gesellschaftliche Werte gezeichneten Lebens keine Bewusstseinsänderung eintritt.
Vielmehr bleibt die Anpassung an vordergründige Bedürfnisse bestimmend, werden Ursachen und Konsequenzen der umfassenden Misere
auch sprachlich-salopp zugunsten einer wiedergefundenen Harmonie verdrängt: »das Wetter war wie gemalt. Es war überhaupt meine
schönste Zeit: gutes Essen und Ruhe, die Krankenschwester fand ich
schließlich besonders nett, wir freundeten uns an. Sie war früher mal
mit einem Gasmann verlobt. Na ja. Aber diese Geschichte steht auf
'nem anderen Blatt« (237).

Langgässer variiert den Typus der Rahmengeschichte in »Untergetaucht« durch eine distanziertere, kommentierende Erzählerfigur, die
sich erst am Schluss pointierend in die Binnengeschichte einmischt.

Den schlusspointierenden linearen Typus setzt Langgässer ebenfalls ein, und zwar mit eindrucksvoll kalkulierter **Andeutung und
Aussparung**, also nicht im Sinne eines überraschenden Knalleffekts.
In »**Saisonbeginn**«, wo sie die beginnende Judenverfolgung thematisiert, ist das tragende Element der spannend aufgebauten Situation
ein Schild, dessen Aufschrift dem Leser bis zum Schluss vorenthalten
bleibt und das zu Beginn der Sommersaison von einigen Straßenar-
beitern gut sichtbar für die erwarteten Feriengäste am Ortsausgang
eines alpinen Kurortes angebracht werden soll. Die Spannung steigert
sich mit den unterschiedlichen Reaktionen der einzelnen Figuren in
der Geschichte, als das Schild letztlich neben dem Wegekreuz einge-
rammt wird. Für die Leser/innen löst sich das Rätsel und damit die
Spannung, als sie endlich erfahren, worin die Ironie dieser Platzie-
rung liegt, was auf dem Schild neben dem Gekreuzigten steht, nämlich »In diesem Kurort sind Juden unerwünscht« (193).

Gleichzeitig aber verweist diese Enthüllung des Themas zurück
auf den Titel der Geschichte, dessen Doppelwertigkeit plötzlich klar
wird, während die Thematik die ganze Geschichte hindurch unaus-
gesprochen bleibt, lediglich durch eine zu erwartende Ungereimt-
heit angedeutet ist, da dem unterschiedlichen Verhalten der Passan-
ten viel Aufmerksamkeit gewidmet wird. Das passive Verhalten der
Vorübergehenden, einschließlich der Nonnen, und das naiv-hilfrei-
che Benehmen der Schuljungen geben den Denkanstoß in dieser
Geschichte, berühren die umfassende Anpassung der Menschen an
die neue Situation und damit ihre Mitverantwortung für die kom-
mende Verfolgung.

Für **Wolfdietrich Schnurre** steht die Short Story Hemingways als
formales Vorbild für die ersten, »atemlos heruntergeschriebenen«
Kurzgeschichten zwischen 1945 und 1949 fest: »Was mich an der
Form der Kurzgeschichte interessierte, war die Tatsache, daß man in
ihr ohne Umschweife auf sein Ziel losgehen kann. Eine aufregende
Entdeckung, wenn man, wie Böll, wie Borchert oder wie ich so viel
im Kriege Erlebtes schreibend loswerden mußte« (in Rudolph 1971,
118). Der an der Short Story bewunderte, **untertreibende Dialog**
und das Bemühen Schnurres um eine neue Sprache wirkten sich in
den frühen Geschichten (zusammengefasst in *Man sollte dagegen sein*,
1960) ausschlaggebend auf die Struktur des linear auf den Schluss
zustrebenden Geschehens aus. Szenisch-dialogisch aufgebaut, eine ide-
alisierte Umgangssprache verwendend (vgl. U. Widmer 1966), the-

matisiert Schnurre in der für den »magischen Realismus« beispiel-
haften Geschichte »**Das Begräbnis**« (1947) allegorisch den Verlust
des Glaubens vor dem Hintergrund der existentiellen Notlage in der
unmittelbaren Nachkriegszeit, ohne das abgegriffene Wort ›Glauben‹
zu benutzen (Arnold 1980, 81). Das geschieht im »Lapidarstil einer
knappen, von der Redundanz direkter Rede gereinigten Umgangssprache«. Ihre Unmittelbarkeit »entspringt aus dem durchgehenden
Präsens, aus der Transkription gesprochener Sprache, aus elliptischen
Konstruktionen, aus umgangssprachlichen Wendungen und aus den
kurzen, parataktischen Sätzen bei Verzicht auf ausmalende Adjektive
und Adverbien« (ebd.).

Ebenso kennzeichnen **Ideologieverdacht** und Bemühung um
eine authentische, zeitgemäße Sprache und Form den szenisch-dialogisch entwickelten Aufbau in »**Der Ausmarsch**«. Dort kommt die
satirisch-grotesk gesteigerte Darstellung von Situation und Figuren
hinzu und ergibt eine eindringliche Anklage gegen den Einsatz von
Kindern und Jugendlichen in der letzten Kriegsphase. Indem Schnurre
den Ausmarsch von bewaffneten, »Hänschen klein«-singenden Vier-
jährigen in Szene setzt, klagt er nicht nur die grausame Ausbeutung
der Kinder durch Militär und Kirche an, sondern auch die Mitläu-
ferhaltung und Mitschuld der winkenden Mütter vor dem Kasernen-
tor. Auf eine genauere psychologische Ausarbeitung der Charaktere
wird zugunsten der knappen gesellschaftskritischen Aussage, der schar-
fen Kontraste von »›Ausnahme‹-Situationen« verzichtet (in Schultz
1967, 28), während gleichzeitig die kahle, »das Mißtrauen gegenüber jeglichem Wohllaut und großen Worten« spiegelnde Sprache dem
Satiriker Schnurre, »der nicht von der Menschenverachtung, sondern von der Verzweiflung herkam« gemäß war (ebd. 28). Allerdings
besaß diese formale Gestaltung in den ersten Nachkriegsjahren für
Schnurre den Wert eines Übergangsstils (vgl. Schulz, 30 u. Rudolph
1971, 118). Dennoch kann man in dieser Zeit schon Schnurres »literarische Vielseitigkeit« erkennen (Bauer 1996, 85), gerade in seinen
Kurzgeschichten.

Für **Heinrich Böll**, der wie Elisabeth Langgässer schon vor 1945 zu
schreiben begonnen hatte, bedeutete der Zeitabschnitt von 1945 bis
1947 eine literarische Neuorientierung. Dementsprechend weist Klaus
Schröter auf den Übergang von einem pathetischen Stil zu einem kritischen Realismus in dieser Zeit hin, wozu die von Alfred Andersch
und Hans Werner Richter herausgegebene Zeitschrift *Der Ruf* beigetragen haben mag, ebenso wie die von den Amerikanern lizensierten Erzähler des objektivistischen Realismus (1983, 66f.). Böll selbst
erwähnt Faulkner und Hemingway, hebt hervor, die Short Story sei

nach 1945 »ein starkes Erlebnis« gewesen (in Rudolph 1971, 29f.) und betont mehrfach seine Vorliebe für die Kurzgeschichte. In seinen Geschichten ist die Einwirkung Hemingways in der lapidaren, dialogisch-untertreibenden Stilart spürbar, teilweise schon vermischt mit satirischen Ansätzen (»Mein teures Bein«, 1948; »Mein trauriges Gesicht«, 1950). Die **beherrschende Kriegsthematik** in dem ersten Sammelband »Wanderer, kommst du nach Spa...« ist im Zusammenhang mit Bölls Grundthema, dem Zerfall der bürgerlichen Gesellschaft zu sehen, das sein Werk entscheidend bestimmt (vgl. Balzer 1978, 14ff.).

Das betrifft auch die **gesellschaftskritischen Initiationsgeschichten**; sie weisen das Kind, den Jugendlichen als Kriegsopfer aus, d.h. als Opfer dieses gesellschaftlichen Verfalls, der sich im Krieg manifestiert, etwa in der Titelgeschichte »**Wanderer, kommst du nach Spa...**«. Dort bringt Böll die fehlgeleitete, für NS-Ideologie und Kriegseinsatz missbrauchte Bildung von Idealen durch das humanistische Gymnasium zur Sprache. Es gelingt ihm, den einfachen, geradlinigen Geschehensverlauf der Geschichte mit thematisch komplexen Bezügen zur Rolle der Schule als verbildendem Instrument einer kranken Gesellschaft durch Gedankenassoziationen des Ich-Erzählers auszustatten, als dieser schwer verstümmelt zur Operation in das Notlazarett – den Zeichensaal seiner alten Schule – eingeliefert wird, nachdem er drei Monate zuvor aus der Oberprima ins Feld geschickt worden war. Die kurze Zeit- und Wegspanne vom Schuleingang bis zum Operationstisch im Zeichensaal beinhaltet eine Fülle von Assoziationen, die sich – ausgelöst durch die Büsten und Bilder in den Korridoren – zur Kritik an jener »Mischung aus glorifizierter humanistischer Antike und preußischem Patriotismus« einer Bildungsinstitution summieren, deren »Anpassungsbereitschaft an die jeweiligen ideologischen Trends mit an der Verblendung des Bewußtseins und an der Zerstörung« beteiligt war (Durzak 1980, 326).

Kurz vor seinem Tod, im Höhepunkt der Geschichte, liegt auch der Erkenntnismoment des Ich-Erzählers, als er an der Tafel des Zeichensaals die noch lesbare eigene Handschrift in der kalligraphischen Übung an dem vom Titel der Kurzgeschichte her bekannten Satz aus der griechischen Geschichte erkennt. Dieser auch in ideologischer Hinsicht als Beispiel dienende Satz erhält eine ähnliche Funktion wie der Rechtschreibesatz in Borcherts »An diesem Dienstag«. Fortgesetzt würde er lauten: »Wanderer, kommst du nach Sparta, so sage, du habest uns liegen sehen, wie das Gesetz es befahl«, womit sich, angesichts der grausamen, am eigenen Leib erfahrenen Kriegswirklichkeit, ein solches Gesetz sowie ein glorifizierter Heldentod als »Lüge und Täuschung« herausstellen (Durzak 1980, 327).

Nicht nur bei Böll (ein weiteres Beispiel wäre »Lohengrins Tod«, 1950), auch bei anderen Autoren dieser Zeit, verbindet sich vielfach die einfach und umfangmäßig knapp gehaltene Erzählstruktur mit dem Stofftypus der Initiationsgeschichte (vgl. z.B. Langgässer: »Die Gittertorte«, 1946, in *Der Torso* unter dem Titel »Der Erstkommuniontag«; Borchert: »Nachts schlafen die Ratten doch«, 1947; Rinser: »Die rote Katze«, 1949). Diese Kurzgeschichten vermitteln Eindrücke von der ungeheuren Belastung, dem verfrühten Erwachsenwerden von Kindern und Jugendlichen durch existentielle Notlagen und unterschiedliche Konfrontationen mit dem Tod, zeigen sie als gesellschaftlich Missbrauchte, als Kriegsopfer im umfassendsten Sinn des Wortes; (vgl. dazu Durzak 1980,128ff. u. 3. Kap., T. 2).

Die 1949 und 1950 veröffentlichten Kurzgeschichtensammlungen belegen, dass bis dahin die formalen Grundtypen der Gattung, auch variiert mit inhaltlichen Typen, im Wesentlichen erarbeitet worden sind.

4.5   Konsolidierung: Die Kurzgeschichte in den fünfziger Jahren

Was in der konstitutiven Nachkriegsphase der Trümmerliteratur durchprobiert wurde, die **Vielseitigkeit der Kurzgeschichte**, konsolidierte sich bis etwa zur Mitte der 1960er Jahre durch immer neue Variationen der formalen und stofflichen Grundtypen. Die auf starke Schockierung und moralische Anklage ausgerichtete Kurzgeschichte rückte mit der Abkehr von magischem Realismus und ›Kahlschlag‹-Position in den Hintergrund. Der harte realistische Stil wich einer subtileren Gestaltung, wobei es weniger auf die knappe, zwei bis fünf Seiten zählende Geschichte ankam; vielmehr wurden bei zunehmendem Spielraum (»zwischen 8 und 12 Seiten«, Rohner [2]1976, 157) die bis 1950 erprobten strukturellen Möglichkeiten weiter ausgelotet durch variationsreicheren Einsatz von Erzählperspektiven und umgestellten Erzählphasen. Hinzu kamen eine psychologisch vertieftere Figurenzeichnung und eine subtilere, von Stakkato-Rhythmus und Satzwiederholung abweichende Ausgestaltung. Dabei blieb in thematischer Hinsicht der zeitkritisch-dokumentarische Wert der Kurzgeschichte erhalten.

4.5.1 Das Repertoire: Stoff, Stil, Struktur

Bei **Böll** zeigt sich um 1950 eine Erweiterung des Repertoires am Beispiel von **Gegenstandsgeschichten** (»Abenteuer eines Brotbeutels«, 1950; »Schicksal einer henkellosen Tasse«, 1952). Aus der Erzählperspektive einer henkellosen Tasse wird ein historisches Panorama von Erlebnissen aus fünfundzwanzig Jahren gerafft und rückwendend in die Grundsituation projiziert. Dadurch gelingt es Böll, menschliche Verhaltensweisen und gesellschaftliche Entwicklungen indirekt-kritisch, mit satirischen Untertönen und durchaus schon im Hinblick auf den beginnenden Wohlstand des neuen Jahrzehnts, zu beleuchten.

Auffällig ist, wie oft die **Perspektive des Kindes** eingesetzt wird, um durch frühe Wunden auf gesellschaftliche Missstände aufmerksam zu machen, so in **Weyrauchs** Kurzgeschichte »Mein Schiff, das heißt Taifun«, deren psychologisch konzentriertes, ganz im inneren Monolog ablaufendes Geschehen in einer spannenden Verbindung von Alltagsrealität und Phantasie wiedergegeben ist. Auch Bender, Schnurre und Kaschnitz gelingt es wiederholt, sich in die Gefühls- und Erlebniswelt von Kindern und Jugendlichen zu versetzen (vgl. Bender: »Forgive me«; Schnurre: »Jenö war mein Freund«, »Freundschaft mit Adam«, »Reusenheben«; Kaschnitz: »Popp und Mingel«, »Lange Schatten«). Der gesellschaftskritische Aspekt ist dabei oftmals auf indirekte Art besonders nachdrücklich herausgearbeitet, etwa in Schnurres »Reusenheben«, wo die stilpointierende Gestaltung andeutet, dass die Angst des Jungen, sein Schulschwänzen könne verraten werden, größer ist als seine Angst vor dem Mörder, dem er die Leiche beseitigen hilft.

Auch die Aufspaltung der Grundsituation durch **filmschnittartige Montage** findet sich weiterhin in einigen Geschichten, z.B. – inspiriert von Friedo Lampes Erzähltechnik – in Benders »Die halbe Sonne«; die dort szenisch dargestellte Simultaneität verläuft im Sinne von Lampes Motto aus »Laterna Magica«: statt Raum und Zeitschranken beizubehalten, gilt es, »*eine* große Gegenwart« zu evozieren (Lampe, GW, 299). Noch experimenteller geht **Andersch** in seiner Geschichte »Drei Phasen« vor, in der sich die Grundsituation des Ich-Erzählers aus den erinnerten, ineinander verschränkten drei biographischen und historischen Phasen ergibt.

Im Zuge der Kafka-Rezeption nahm die Kurzgeschichte **parabelhafte und surrealistische Stilmerkmale** auf, wurde die Phantasie wieder stärker berücksichtigt. Charakteristisch dafür sind u.a. die von der Entfremdung des Menschen ausgehenden, formal variationsreichen Geschichten **Ilse Aichingers**: beispielsweise die abstrakt-parabolische, ein Existenzmodell vorführende Erzählweise in »Der

Gefesselte« (1951) und die 1952 mit dem Preis der Gruppe 47 aus-
gezeichnete »Spiegelgeschichte«, deren strukturelle Verschmelzung
von Rückwendungs- und Simultaneitätstechnik surreal aus der Perspektive einer Toten erfolgt, also wörtlich »vom Ende her« geschrieben
ist. Die verfremdende Spiegelung entlarvt »durch die Richtungsum-
kehrung des Geschehens die Motivationen«, die das zurückliegende
Leben bestimmt haben (Eggers 1970, 254). Darin weist ihr verspäte-
ter Protest gegen die erfolgte fatale Abtreibung auch auf die Fremdbe-
stimmung durch ihren Freund hin, berührt dadurch die Problematik,
seiner Entscheidung nachgegeben zu haben. Aichinger konfrontiert
die Leser/innen also mit einer formalen sowie inhaltlichen Herausforderung, für die es keinen gerundeten Schluss gibt.

Unter Aichingers Kurzgeschichten findet sich auch die seltenere,
lyrisch-monologisch geprägte, Einheit von Raum und Zeit wah-
rende Form in »Die Rede unter dem Galgen«, daneben der pointierte
Typus, z.B. »Das Fenster-Theater« und, in zunehmendem Maße, der
Hang zur fortschreitenden Entfabelung in der monologisch-assoziativ äußerst verdichteten Arabeskengeschichte, die Raum und Zeit
nicht näher bestimmt, sondern im Reflektionsprozess als Hier und
Jetzt behandelt, sich damit vom Epischen zum Lyrischen hinwendet
(z.B. »Die Maus«).

Bei **Martin Walser** (*Ein Flugzeug über dem Haus*, 1955) und **Wolfgang Hildesheimer** (*Lieblose Legenden*, 1952; überarb. u. erw. 1962)
tritt die satirische, bereits auf eine restaurative gesellschaftliche Entwicklung abzielende Erzählweise mit **grotesker und absurder Akzentuierung** in den Vordergrund. Die bedrohte Lebensqualität durch die
auf äußeren schönen Schein ausgerichtete Wohlstandsgesellschaft schil-
dert Walser, indem er den Verlust menschlicher Eigenschaften, die
surreale Reduktion der sogenannten besseren Gesellschaft auf mecha-
nisch funktionierende Wesen als groteske Verdinglichung darstellt
(»Der Umzug«). Ähnlich thematisiert Hildesheimer den bundesrepublikanischen Kulturbetrieb als absurden Zustand durch eine statische
Gegenwartssituation mit eingeschobener Rückwendung aus der Perspektive eines entfremdeten, räumlich isolierten Ich-Erzählers (»Das
Atelierfest«). Das Künstliche dieses Zustandes und der ihn fördern-
den Menschen demaskiert Hildesheimer in »Das Ende einer Welt«
durch die groteske, zur Karikatur gesteigerte Zeichnung der Figuren,
deren Festhalten an ihrer realitätsfernen Vorstellungswelt als selbst-
zerstörerischer Snobismus hervorgehoben wird.

Gleichzeitig hielt **Marie Luise Kaschnitz**, von der bereits zwei
frühe Erzählungen in der Prosa-Anthologie *Vorstoß* (1930) erschienen waren, an einem **traditionelleren Erzählstil** fest, wie mehrfach
bemerkt worden ist. In ihrem ersten Kurzgeschichtenband *Lange Schat-*

ten (1960) deuten darauf hin: »die stimmigen Titel, die meist hand-
feste Fabel, fast novellistisch wirkende Symbolik, die Pointierung am
Schluß« (Rohner [2]1976, 129). Die Fabel ist stofflich und motivisch
oft breiter angelegt, auch kann bisweilen ihre Hauptfigur in einem
chronologisch ausführlicheren Kontext erzählter Zeit stehen und eine
Entwicklung aufweisen, etwa in »Laternen«. Dort wird außerdem die
Entwicklung der Hauptfigur »von der Kindheit bis zum Kriegstod«
im Erwachsenenalter nur teilweise aus der Figurenperspektive vermittelt, denn der allwissende, den Geschehensverlauf kommentierende Erzähler, »der nicht selbst in die Erzählstruktur integriert ist,
sondern von außen her ordnet und arrangiert« (Durzak 1980, 339),
bleibt übergeordnet.

Im Übrigen belegen die vorwiegend in der Ich-Perspektive gehaltenen Geschichten, vielfach mit wirkungsvoll angewandter Rückwen-
dungstechnik, eine psychologisch genaue und thematisch gesellschaftskritische Darstellungsweise (vgl. z.B. »Popp und Mingel«, »Das dicke
Kind« und »Der Deserteur«). Gerade an der Figurenzeichnung, gelegentlich in Dialogform, wird das Interesse der Autorin an der indirekten Art der Darstellung sichtbar, die sie an der Short Story schätzte
(1964; in Kaschnitz 2002, 169f.). Für Kaschnitz war die Gattung »ein
sehr gemäßes Ausdrucksmittel unserer Zeit« (1950; ebd., 164f.), das
keine Lösungen bot und bei aller Aussparungskunst eine »innere Einheit« erforderte, die Kaschnitz in der Gestaltung der Protagonistin in
»Ja, mein Engel« verwirklicht hatte (1964; ebd., 169f.).

Arno Schmidt lässt sich allerdings nicht so eindeutig an einem Beispiel aus den *Stürenburg-Geschichten* auf konventionelle Erzählweisen
festlegen, wie es infolge Durzaks Interpretation den Anschein hat (vgl.
1980, 335f.). Vielmehr demonstriert z.B. die Geschichte »Trommler
beim Zaren«, wie Schmidt, der sich eingehend mit den Werken von
Joyce und Poe beschäftigt hatte, durch sprachschöpferisch, assoziativ
und ironisch geprägte, figurenperspektivisch komplexe Handlungsführung und durch das Spiel mit der Geschichte in der Geschichte
die Einheit der Wirkung mit modern komprimierender Erzähltechnik zu erreichen verstand.

Daneben schrieb **Kurt Kusenberg** vorwiegend Geschichten in
heiter pointierendem, fabulierendem und gelegentlich satirischem
Stil, wobei es ihm auf äußerste Verdichtung des kleinen erzählerischen Raumes, »über den die Kurzgeschichte verfügt«, ankam (1965,
832), was bisweilen durch die spielerische Behandlung kausaler, raum-
zeitlicher Zusammenhänge auf Kosten der tragenden Erzählsituation
in der Kurzgeschichte geht (Durzak 1980, 200). Kusenberg distanzierte sich in seiner gattungstheoretischen Betrachtung (1965) von der
naturalistischen Kurzgeschichte Maupassants und Maughams ebenso

wie von O. Henrys Pointentyp, hob dagegen an anderer Stelle James
Thurber anerkennend hervor (in Schultz 1967, 81). Dennoch stellt
Durzak eine Affinität zwischen Kusenberg und O. Henrys heiteren,
phantasievollen Pointengeschichten fest, wie auch zu den satirischen
Geschichten von Thurber, jedoch ohne Thurbers und O. Henrys
zeitbezogene Gesellschaftskritik. An den bei Kusenberg vorhandenen, gesellschaftskritischen Zügen weist Durzak ein eher rückwärts
gewandtes, vom zeitgenössischen gelöstes Gesellschaftsbild nach, das
im Gegensatz steht zu der für die Nachkriegskurzgeschichte so charakteristischen, engen zeitgeschichtlichen Beziehung (vgl. »Die Audi-
enz«, 1957; »Ein verächtlicher Blick«, 1962). Das mag – wie auch die
manchmal feuilletonistisch wirkenden Geschichten – auf Kusenbergs
schriftstellerische Ausgangsposition in den späten 1930er Jahren
zurückzuführen sein (vgl. Durzak 1980, 194), sicherlich aber ebenfalls auf seine Auffassung, die relativ konstanten menschlichen Verhaltensweisen ergäben zwar neue Stoffe, doch »nicht unbedingt neue
Situationen und Konflikte« (Kusenberg 1965, 837).

4.5.2 Das Themenrepertoire

Über die **Thematik der Kurzgeschichte** merkte Hanna Wippermann (1959) an, es handele sich in der Regel um Lebensumstände,
die dem Einzelnen unverständlich, bedrohlich sind, ihn verunsichern
und befremden, beispielsweise die alltäglich gewordene, »verding-
lichte und versachlichte Umwelt« der Großstadt (106); allgemein-
alltägliche Problemkreise wie Ehekrisen, unbewältigte Vergangenheit, Jugend- und Gesellschaftsprobleme seien in den Mittelpunkt der
Kurzgeschichte gerückt. Insgesamt besehen lässt sich die Hauptthema-
tik der Kurzgeschichte nach 1945 mit »Einzelgängertum bei Verlust
der gemeinsamen Welt, Vieldeutigkeit in der beschränkten eigenen
Traumverlorenheit (vor allem an den Wachtraum), Todesnähe« charakterisieren, wobei die Todesthematik vorherrscht (Rohner [2]1976,
170). Kennzeichnend ist weiterhin, dass vorzugsweise **Übergangsstadien** gestaltet werden: zeitliche Übergänge bei Altersstufen (Kindheit, Jugend, Alter); räumliche Übergänge: Fahrt mit dem Schiff, Zug
oder Flugzeug, Schauplätze am Rande der Stadt, psychische Übergänge: Mögliches und Unmögliches werden verschränkt, die Grenzen zwischen Traum und rational erfasster Wirklichkeit verwischen
sich. Diese Übergangsstadien bezeichnet Rohner in Anlehnung an
den Titel von Gerd Gaisers Kurzgeschichtenband als »Zwischenland«
und schließt die Entsprechung mit »Zwischenzeit« an (ebd., 170–
182).

Obwohl Wippermann bemerkt hatte, die Kurzgeschichtenautor/
innen seien im Verlauf des Jahrzehnts wieder zum gewöhnlichen Alltag übergegangen, so waren doch jene **Themen des »Ausnahme«-All-
tags** keineswegs abgetan. Da es sich bei den Stoffen aus Vorkriegs-,
Kriegs- und Nachkriegszeit in erster Linie um den Erfahrungsbereich
einer Generation handelte, war der daraus entstandene Themenkomplex durchgängig bis zum Ende der 1960er Jahre vertreten, wenn auch
nicht länger beherrschend und in zusehends abnehmendem Maße.
Durzaks umfassende Analyse dieses Themenkomplexes stellt außerdem überzeugend heraus, dass diese Geschichten selbst mit verblassen-
der Erinnerung an den Krieg durchaus nicht an Wirkungskraft und
erst recht nicht an Gültigkeit und dokumentarischem Wert verloren
haben, sofern sie über individuelle Notlage und Krisenbewusstsein
hinaus Perspektiven auf die historischen Voraussetzungen der behandelten Problemkreise einerseits sowie auf die sich daraus ergebenden
Konsequenzen und Hoffnungen andererseits eröffnen. In sechs thematischen Hauptgruppen und historischen Abschnitten legt Durzak
ein breites **Spektrum an Existenzhaltungen und an Reduktions-
formen des Menschlichen** frei, die aus dem dargestellten Zeitge-
schehen erwachsen.

1. Die Doppelbödigkeit der Welt: Wirklichkeit im Krieg (Wolfdiet-
    rich Schnurre: »Das Mannöver«; Johannes Bobrowski: »Der Tän-
    zer Malige«; Hans Bender: »Die Schlucht«; Herbert Eisenreich:
    »Doppelbödige Welt«); Schnurres und Bobrowskis Geschichten
    nehmen hier jeweils den Stellenwert der Vorbereitung auf den
    Krieg ein.
2. Zerstörung und Verstörung: Auswirkungen des Krieges (Wolfgang
    Borchert: »Nachts schlafen die Ratten doch«; Heinrich Böll: »Wan-
    derer, kommst du nach Spa...«; Luise Rinser: »Die rote Katze«).
3. Anpassung bis zum Untergang: Deutschland im Dritten Reich
    (Alfred Andersch: »Die Inseln unter dem Winde«; Arno Schmidt:
    »Er war ihm zu ähnlich«; Marie Luise Kaschnitz: »Laternen«; Johan-
    nes Bobrowski: »Lipmans Leib«; Alexander Kluge: »Ein Liebes-
    versuch«; Günter Kunert: »Zentralbahnhof«; Friedrich Wilhelm
    Korff: »Jericho«; Heiner Müller: »Das eiserne Kreuz«).
4. Die Blutspur zur Freiheit: Kollaboration und Widerstand (Stephan
    Hermlin: »Arkadien«; Jürg Federspiel: »Orangen vor ihrem Fenster«).
5. Überdenken und Überleben: In der Kriegsgefangenschaft (Alfred
    Andersch: »Festschrift für Captain Fleischer«; Hermann Kant:
    »Kleine Schachgeschichte«; Hans Bender: »Die Wölfe kommen
    zurück«).
6. Restauration in Ruinen: Probleme der Nachkriegszeit (Heinz
    Piontek: »Verlassene Chausseen«; Wolfdietrich Schnurre: »Auf

der Flucht«; Elisabeth Langgässer: »Glück haben«; Herbert Eisenreich: »Die neuere [glücklichere] Jungfrau von Orleans«; Gerd Gaiser: »Die schlesische Gräfin«; Siegfried Lenz: »Der Gleichgültige«;
Martin Walser: »Die Rückkehr eines Sammlers«; Wolfgang Weyrauch: »Im Gänsemarsch«). (vgl. 1980, 310-382).

Diese Gruppen ließen sich um zusätzliche beispielhafte Geschichten erweitern.

4.5.3 Literarischer Markt und Leser

Auf dem literarischen Markt fand die Kurzgeschichte in den 1950er
Jahren weiterhin ein **Forum in Zeitungen und Zeitschriften**, obwohl
nach der Währungsreform viele der ersten Nachkriegszeitschriften
eingestellt worden waren. 1953 erschien der letzte Jahrgang von
Story, die ab 1950 auch deutschen Autoren zur Verfügung gestanden
hatte. Ihre wichtige Funktion für die Kurzgeschichte übernahm die
1954 von Hans Bender und Walter Höllerer gegründete **Zeitschrift
Akzente** in einem, verschiedene literarische Gattungen und theoretische Beiträge umfassenden Angebot. Nachdem 1953 Doderers wissenschaftliche Arbeit über die deutsche Kurzgeschichte veröffentlicht
worden war, befasste sich auch die Schule eingehender mit der Gattung, so dass der Schulbuchmarkt allmählich an Bedeutung für ihre
Verbreitung gewann, als über die literaturdidaktische Diskussion eine
intensive Aufnahme der modernen deutschen Kurzgeschichte einsetzte (vgl. Kap.5).

Hinzu kamen **Preisausschreiben** überregionaler Tageszeitungen
(*Die Welt*, 1950, im Rahmen eines internationalen Wettbewerbs; *Die
Zeit*, 1954). Aus dem Wettbewerb der *Zeit* ging die Anthologie *Die
Probe* hervor, benannt nach der mit dem ersten Preis ausgezeichne-
ten Geschichte Herbert Malechas.

In seiner Einleitung wertete Paul Hühnerfeld das Preisausschreiben als positiven Beitrag zur deutschen Literatur vor allem, weil es wie
vielleicht seit 1945 nicht mehr »ein so breites und intensives Gespräch
zwischen Lesern und Autoren« gegeben habe (17). Insgesamt waren
2040 Geschichten eingesandt worden, von denen die sechzehn für
die Anthologie ausgewählten ursprünglich in der *Zeit* gedruckt wurden, um aus dem **Urteil der Leser** die drei besten zu ermitteln. Die
Anzahl von 1911 eingesandten Urteilen bestätigt die aktive Leserbeteiligung, besonders – auf den Rat der Lehrer hin – von Seiten höherer Schulklassen. Gerade die jungen Leser/innen, stellte Hühnerfeld
fest, hätten sich daran erinnert, »daß die short-story in ihrer heutigen

Prägung amerikanischen Ursprungs ist und deshalb im Stil knapp, banal und zugleich effektvoll sein kann« (13).

Wie stark eine solche Charakteristik die Beurteilung der Geschichten bestimmte, zeigt Hühnerfelds Bericht, es gebe im Übrigen noch keine »spezifisch deutsche Vorstellung, wie eine gute Kurzgeschichte bei uns zu schreiben sei«, doch könne Malechas »Die Probe« richtungsweisend sein, denn sie vereine »tatsächlich die modernen amerikanischen Vorzüge der Gattung – dramatisch ablaufende Handlung und knappe Alltagssprache – mit sparsamen Reflektionen, Selbstgesprächen des Helden«; die letzteren Merkmale assoziierte Hühnerfeld mit der Anekdote, und zwar mit der Hebelschen (14f. u.13). Charakteristisch für die Kurzgeschichte sei außerdem ihre enge Verknüpfung mit dem modernen Leben, da sie, im Gegensatz zu den anderen Gattungen – darunter auch Novelle und Erzählung – diese Lebensnähe durch ihre Vorliebe für alltägliche, banale Themen erreiche.

Das stets wiederkehrende Merkmal ›Banalität‹ schien allerdings durch Missverständnisse belastet zu sein. Hühnerfeld schloss auf eine allgemeine Abneigung der Leser/innen gegenüber der Kurzgeschichte, auch der guten amerikanischen, etwa Hemingways »Ein Tag Warten«, wobei banal mit langweilig gleichgesetzt werde. Er fand dafür die Erklärung, »das Verständnis für die gewollte literarische Banalität der amerikanischen short-story« sei deshalb in Deutschland gering, weil eine derartige Schilderung wohl auf den amerikanischen Alltag, nicht aber auf die europäische Wirklichkeit passe (15). Eine näher liegende statt einer solchen pauschalen Erklärung dürfte in einer einseitigen Rezeption der Kurzgeschichte Hemingways unter Lesern und Autoren zu suchen sein, worauf Hühnerfelds Warnung an den deutschen Kurzgeschichtenautor ebenfalls hindeutet: »[...] wenn er wie die großen Amerikaner durch harte Alltagsdialoge die Umwelt zerreißen und ein Stück tragische Welt aufleuchten lassen will, dann muß er ganz eigene Dialogformen und eigene Verdichtungen finden« (ebd.); er dürfe nicht den Alltagsjargon Hemingways oder Saroyans imitieren.

Statt einer Definition der Kurzgeschichte hatte man bei der Ausschreibung des Wettbewerbs »drei praktische Beispiele aus der Weltliteratur als Maßstab« angegeben, zwei europäische Geschichten der Jahrhundertwende – Tschechows »Der Student«, Auburtins »Die Heimkehr des Odysseus« — und ein amerikanisches Beispiel, Hemingways Initiationsgeschichte »Ein Tag Warten«. Bei der Beurteilung der eingesandten Geschichten gab es übereinstimmend Kritik wegen des fehlenden Humors in allen Beiträgen; positive **Bewertungskriterien** waren Handlung, Figur und Problematik sowie Stil. Handlung wurde »durchaus nicht in einem rein äußerlichen Sinne begriffen«, weshalb auch Malechas Geschichte hoch eingeschätzt wurde,

»in der meisterlich die innere Transparenz einer fast knalligen Handlung mit abläuft«, erklärte Hühnerfeld (12). Recht konservativ fiel die Bewertung von Figuren und dargestellter Problematik aus: sie sollten »normal« sein, Identifizierung oder echtes Mitleid mit der Hauptfigur ermöglichen. Während, was den Stil betraf, zwar eine individuellere Gestaltung gut geheißen wurde, z.B. in Herbert Eisenreichs »Ein Augenblick der Liebe«, so geschah das nicht ohne die Bedenken, dem Zeitungsleser könne damit zuviel zugemutet werden. Darin tritt wiederum die bekannte Auffassung zutage, die Zeitungs- und Magazingeschichte sei weniger anspruchsvoll, da es auf ihrem Niveau darum gehe, »wenigstens zunächst einmal die Aufmerksamkeit des Lesers zu fesseln« (16).

Zeitbezogene Lebensnähe bis in die Sprachgestaltung sowie fesselndes Geschehen bestimmten ebenfalls die redaktionelle Auswahl in *Westermanns Monatsheften*, in denen 1960 mit fünf der besten Kurzgeschichten »von namhaften Autoren« um die Meinung der Leser/innen gebeten wurde: zur Wahl standen Borcherts »Schischyphusch« (H. 2), Bölls »Der Mann mit den Messern« (H. 3), Aichingers »Die geöffnete Order« (H. 4), S. Lenz‹ »Ein Haus aus lauter Liebe« (H. 6), Gaisers »Die Vögel singen so laut« (H. 7). Dem Urteil der Redaktion zufolge gab es keine besseren, höchstens gleichwertige deutsche Kurzgeschichten; ihr gemeinsamer Nenner wurde skizziert als »der unrhetorisch berichtende Sprachstil der Zeit und ein gleichfalls aus ihr entwickeltes Geschehen, das bis zum letzten Satz fesselt und in seiner Pointierung unser gegenwärtiges Daseinsgefühl bewegt« (H. 7, 48). Mit 925 gegenüber 404 Erststimmen wurde Borcherts vor Gaisers Geschichte zur besten gewählt (vgl. H. 10, 82). Dieser große Abstand scheint Hühnerfelds Erfahrung fünf Jahre zuvor zu bestätigen, dass nämlich Humor für das Leserurteil ein wichtiges Kriterium darstellt. Allerdings blieb die humoristische Kurzgeschichte im Gegensatz zur satirischen eine Seltenheit.

Weitere Unterstützung erhielt die Gattung durch den 1960 begründeten, ab 1962 verliehenen »**Georg-Mackensen-Preis** für die beste deutsche Kurzgeschichte in deutscher Sprache«. Neben »Fördergaben« für junge Autoren (500 DM) wurde dieser, zunächst mit 3.000 DM dotierte Preis bis Mitte der 1960er Jahre – allerdings nicht durch Leserbefragung, sondern durch eine redaktionelle Jury des Westermann Verlags – an folgende Autor/innen vergeben: Wolfdietrich Schnurre und Siegfried Lenz (1962), Erich Landgrebe und Stephan Vajda (1963), Heinz v. Cramer und Marie Luise Kaschnitz (1964), Gabriele Wohmann und Jürg Federspiel (1965). Ihre **Maßstäbe** für die Preisverleihung bezog die Jury einerseits aus gattungstypologisch unergiebigen Kriterien (Umfang, unveröffentlichtes Manuskript), andererseits aus den eingesandten Beiträgen selbst und aus den schon früher ausgezeichneten Geschichten anerkannter Autoren wie »Ja, mein Engel« von Marie Luise Kaschnitz (vgl. dazu Durzak 1980, 460ff.).

Um 1960 lagen auch einige **Anleitungen zum Schreiben** von Kurzgeschichten vor (von A. Behrmann, O. Czierski). Die Verfasser bevorzugten den **Pointentypus** und gaben **Schreibregeln** die auf Spannung und Unterhaltung abzielten und gegen die des Öfteren im Hinblick auf ähnliche amerikanische Schreibschulen Kritik geübt worden war (vgl. Reitz, A. Kutscher, Kap. 4.4.1). So wird bei Czierski die handlungsbetonte, linear verlaufende pointierte Erzählstruktur zur Gattungsnorm erhoben: Die Kurzgeschichte ist vom Schluss her zu schreiben, hat mit dem ersten Satz in medias res einzusetzen, denn »Handlung ist oberstes Gesetz«, hat sich dramatisch auf einen überraschenden Schluss hin zu steigern und dieses Tempo auch sprachlich durch kurze, abgehackte Sätze einzuhalten (3ff).

In diesen Leitfäden wird jedoch nicht immer zwischen Kurzgeschichte und anderen Kurzprosagattungen unterschieden, was sich u.a. in dem verwendeten Spektrum der Vorbilder zeigt. Als Modelle aus der deutschen Literatur dienen Geschichten wie Hebels »Kannitverstan«, »Unverhofftes Wiedersehn«, Kleists »Anekdote aus dem letzten preußischen Krieg«, Wilhelm Schäfers »Anekdoten«; daneben nennt Czierski die zeitgenössischen Autoren Schnurre und Böll. Aus der europäischen Literatur werden Tolstoi (Volkserzählungen), Tschechow, Maupassant, Maugham, die Satiren von Sostschenko und Awertschenko hervorgehoben und vorwiegend amerikanische Short Story-Autoren wie Poe, O. Henry, Hemingway, Saroyan, Faulkner, Wolfe gemäß der früheren Rezeptionsphase nach 1945. Behrmann gibt den Rat, es könne nicht schaden, sich auch einmal mit den hochliterarischen Kurzgeschichten zu beschäftigen, beabsichtige man aber Erfolg, so könne man sich auf O. Henry, »den Schöpfer der modernen Zeitungsgeschichte« konzentrieren und alle anderen Autoren übergehen (17). Auf dieses **Erfolgsziel** sind die detaillierten Hinweise ausgerichtet.

Etwa zur gleichen Zeit sprach Schnurre wiederholt aus der Sicht des engagierten Autors von einer **Krise der Kurzgeschichte**. Er kommentierte die Entwicklung der Gattung, indem er ihre Krise schon zu Beginn der 1950er Jahre ansetzte, mit der Feststellung, »der Anklage-Furor der deutschen Nachkriegsautoren« sei so schnell aufgezehrt gewesen; sie hätten mittlerweile begonnen, »sich in ihrer eben noch attackierten Trümmerwelt zu etablieren« (1961, 64f.). Was Schnurre als »die ersten Verfallserscheinungen« nach einer Blütezeit von kaum fünf Jahren kritisierte, nämlich »bloße artistische Perfektion, Manierismus, Abgleiten in Klischees, Simplifizierung bis zum naturalistischen Wirklichkeitsabklatsch« (64), spiegelt die Abneigung der schon nach Kriegs-ende bezogenen engagierten Position gegen eskapistische, »kalligraphi-sche« oder sich in Platitüden erschöpfende Schreibweise wider.

Speziell im Hinblick auf die Gattungsform beklagte Schnurre »Grenzübertretungen aufs Gebiet des Feuilletons, der Groteske, der Reportage, der Skizze und der Erzählung« (ebd.), ohne dass sich seine Erklärung im Hinweis auf Kompromisse der Autoren erschöpfte. Viel-mehr tauchte hier der aus der Gattungsgeschichte bekannte Zirkel im Verhältnis von Angebot, Nachfrage und Zeitungspraxis in abgewan-delter Form wieder auf: Der Leser, so Schnurre, habe es satt gehabt, »schockiert zu werden«, sehne sich stattdessen »nach epischem Gebor-gensein« im Roman bzw. suche beim Zeitungslesen die Zerstreuung, weshalb der Feuilletonredakteur die Kurzgeschichte nur noch in den erwähnten »bastardisierten Mischformen« aufgenommen, der Verle-ger sich aber ganz von ihr abgewandt habe (65).

4.5.4 Neue Autor/innen, Themen, Experimente

Auch ohne Schnurres Appell an die Autoren/innen sich die Gattung wieder mit anspruchsvollen, gesellschaftskritischen Geschichten, die ihren Stoff aus der unmittelbaren Vergangenheit und Gegenwart beziehen sollten, zu erobern, ließ sich Ende der 1950er Jahre eine **neue Generation** von Kurzgeschichtenautor/innen erkennen. Her-bert Eisenreich, Siegfried Lenz, Josef Reding, Gabriele Wohmann hatten ihre ersten Kurzgeschichtenbände veröffentlicht und bezogen ebenfalls entscheidende Anregungen aus der Begegnung mit der Short Story Hemingways, O. Henrys, Saroyans, Caldwells, Mansfields, was teils aus eigenen Aussagen, teils aus Adaptionen – vor allem bei Sieg-fried Lenz (Hemingway) – hervorgeht (vgl. Lenz u. Reding in Durzak 1980). **Neue gesellschaftskritische Themen** lagen in der Richtung, die sich schon in Bölls »Bekenntnis zur Trümmerliteratur« (1952), d.h. zu ihren noch immer gültigen Ausgangspunkten, abgezeichnet hatte, worin es hieß, es gelte, mit kritischem Blick auf die Trümmer hinter den neuen Fassaden der Verwaltungs- und Versicherungsbüro-kratie aufmerksam zu machen. Ein derartiges Engagement lag letzt-lich auch Schnurres Appell zugrunde.

Wie diese Trümmer aussahen, brachten Kurzgeschichten bekann-ter und neuer Autoren zum Ausdruck, indem sie **Einblicke in eine Gesellschaft** gaben, in der Wohlstand und einseitiger Fortschritt überbewertet wurden, die es versäumte, sich ihrer jüngsten Vergan-genheit zu stellen und stattdessen versuchte, diese unbewältigt hin-ter einer Fassade von wirtschaftlichem Aufschwung und trügerischer

Harmonie zu verdrängen (vgl. dazu die Analysen in Durzak 1980, 3. Kap.). In diesem Rahmen unterzog Gabriele Wohmann Eheverhältnisse, vor allem die Einsamkeit in der Ehe, einer kritischen Darstellung (vgl. Geldrich-Leffmann 1994). Zur **Gesellschaftskritik** wurden verstärkt **satirische Mittel** eingesetzt, u.a. in Schnurres »Das Manöver«, Grass' »Die Linkshänder«, Bölls Sammlung *Doktor Murkes gesammeltes Schweigen*, »Der Bahnhof von Zimpren«, Anderschs »Mit dem Chef nach Chenonceaux« und Martin Walsers zweitem Kurzgeschichtenband *Lügengeschichten*. Redings Kurzgeschichten gingen über den bundesrepublikanischen Alltag hinaus und beschäftigten sich demonstrativ mit den Nöten gesellschaftlicher Außenseiter unabhängig von deren Staatsangehörigkeit, z.B. mit der Diskriminierung von Farbigen in den USA (vgl. *Nennt mich nicht Nigger*).

Mit dem zunehmend **offenen gesellschaftlichen Engagement** um 1960, als einige Autor/innen versuchten, den »Schwierigkeiten beim Schreiben der Wahrheit« mit Sprachexperimenten und dokumentarischer Methode zu begegnen, um den Leser zu aktivieren und stärker an dargestellten Themen zu beteiligen, führten die **neuen Erzählweisen** durch verschiedene Reduktionsstrategien weg von der bisherigen plastischen Fabelgestaltung. Die Skepsis an den Möglichkeiten fest umrissener Gattungsmuster drückte sich schon in dem bevorzugten Oberbegriff »Texte« aus.

Texte von **Helmut Heißenbüttel** wie »Short-story« und »Hochzeitsgesellschaft« reduzierten die Fabel sowohl in ihrem erzählstrukturellen als auch in ihrem syntaktischen Gefüge auf die Hauptzüge einer Verwicklung zwischen anonym verbleibenden Figuren. Demzufolge lesen sie sich wie ein syntaktisches Spiel mit dem Grundmuster einer Kurzgeschichtenfabel aus der Sicht eines außenstehenden, registrierenden und arrangierenden Erzählers, der spielerisch mit seinen anonymen Figuren (der, die, jemand, alle) und den minutiös variierten Satzelementen umgeht und mögliche zwischenmenschliche Konstellationen auszuprobieren scheint, damit aber die unklare bzw. fehlende Beziehung oder Kommunikation dieser Menschen untereinander thematisiert. Zu neuen Erzählmustern für die Kurzgeschichte führt diese, um der klaren direkten Kommunikation willen, spielerisch betriebene **Entfabelung** nicht; vielmehr wird der doppelbödig-komplexe Verweisungskontext lediglich auf gattungstypologische Elemente reduziert (vgl. Bender in Rudolph 1971, 18f.).

Unter **Alexander Kluges** dokumentarischen Prosastücken, in denen es um die **Reduktion auf faktische Genauigkeit** ging, lässt sich »Ein Liebesversuch« als Kurzgeschichte werten. Durch den Einsatz von verfremdendem Protokollstil und wissenschaftlich genauer Beobachtung am menschlichen Objekt gelang es Kluge, eine tiefe

Schockwirkung über die medizinischen Experimente an KZ-Insassen im Dritten Reich auszulösen. Entscheidend für die Verschmelzung der auf ein Minimum reduzierten Fiktion mit einem Maximum an Fakten erweist sich hierbei die Erzählperspektive. Die Anordnung des Berichtmaterials erfolgt durch einen Ich-Erzähler und steigert den Eindruck von Unmenschlichkeit durch dessen gänzlich unberührt vorgetragenes Wissenschaftsprotokoll. In den rückwendend eingeschobenen biographischen Informationen über die beiden Versuchspersonen, d.h. über ihre lange bestehende Zuneigung zueinander, wird eine menschliche Dimension sichtbar, die aber sogleich in eine Tauglichkeit für das Experiment umgewertet wird und die Grausamkeit des Geschehens unterstreicht. Die eingefügten, möglichen Begründungen des Berichtenden für den fehlgeschlagenen Paarungsversuch bewirken einen nachdrücklichen Appell an den Leser, gegen die unmoralische Haltung jenes Ich-Erzählers und derer, für die er stellvertretend spricht, Position zu beziehen (vgl. Piedmont in: *ZfdPh*, 1973, 546).

Im Zuge dieser Veränderungen im Erzählen, besonders zugunsten der dokumentarischen Methode, erhob **Martin Walser** 1964 Einspruch gegen die Tendenz dokumentarischen Registrierens und rechtfertigte in seiner »winzigen Theorie der Geschichte« im Anschluss an seinen Band *Lügengeschichten* den engagierten Einsatz von Phantasie beim Erzählen.

4.6   Verschiebungen:
Die Kurzgeschichte bis Ende der siebziger Jahre

Um die Mitte der 1960er Jahre machte sich eine deutliche **Zäsur in der Entwicklung** der Kurzgeschichte bemerkbar. Zu dieser Zeit fällt, gemessen an dem rapiden Aufstieg nach 1945, ihr **Rückgang zugunsten anderer Gattungen**, u.a. der zeitweilig tonangebenden Reportagen und Protokolle auf.

Ähnlich wie Martin Walser zwei Jahre vorher widersetzte sich Siegfried Lenz 1966 mit einem »Gnadengesuch für die Geschichte« dem Trend, die plastisch gestaltete Verweisungsstruktur der Kurzgeschichte durch naturwissenschaftlichen Berichtstil zu ersetzen. Dem neuen »Stil der schmucklosen Verzagtheit und der unerschrockenen Registrierung«, dem »Mißtrauen gegenüber der verpflichtenden Architektur einer Geschichte« hielt er die gut gebaute, mit Phantasie auf den Leser einwirkende und auf komplexe Sinnvermittlung angelegte Kurzgeschichte entgegen (1970, 127 u. 129).

4.6.1 Abkehr und Umorientierung

Trotz dieses Plädoyers zeichnete sich deutlich eine **Abkehr von der Kurzgeschichte** ab, nicht allein mit den Prosaexperimenten jüngerer Autor/innen, sondern auch bei der Generation, die unmittelbar nach 1945 oder zu Beginn der 1950er Jahre mit Kurzgeschichten begonnen hatte. Autoren wie Aichinger, Bender, Kaschnitz, Walser wandten sich allmählich von der Gattung ab, Lenz und Böll legten eine längere Pause ein, von Andersch erschienen nur noch vereinzelt Kurzgeschichten. Der verfügbare Raum in den Tageszeitungen schrumpfte ebenfalls, so dass Karl-Heinz Holzhausen 1971 einen Aufruf an Verleger und Schriftstellerverbände richtete und sie aufforderte, der Gattung wieder mehr Platz auf den Feuilletonseiten einzuräumen.

Wie die **Buchverlage** um diese Zeit die Kurzgeschichte einschätzten und welche Faktoren dabei im Einzelnen mitspielten, beleuchten die Ergebnisse aus Rohners Umfrage an deutschsprachige Verleger im Februar 1971. Rohner konnte die Antworten von zwanzig Verlagen auswerten und bietet eine Fülle von Angaben über die Anzahl der verlegten Titel pro Jahr, die Auflagenhöhe und besondere Erfahrungen der einzelnen Verlage mit der Kurzgeschichte. Zwar wurde die Gattung in der Verlagspraxis ziemlich weit gefasst, doch ließ sich abschließend konstatieren, dass sich die Kurzgeschichte »als Buch mäßig bis sehr schlecht« verkauft (^{2}1976, 32).

Aus der Sicht der Verlage wurde die große Zeit der deutschen Kurzgeschichte auf den Zeitraum etwa seit den frühen 1950er Jahren bis in die 1960er Jahre hinein veranschlagt, wenngleich sie generell nicht als Kassenschlager betrachtet wurde. Die Verkaufserfahrungen fielen überwiegend negativ aus. Der Anteil der Kurzgeschichten an der belletristischen Literatur lag im Durchschnitt bei 13 % (zwischen 40 % u. 3 %); dabei ergab sich durch einige Verlage ein stark angehobener Durchschnitt. Von großer Bedeutung wurden allmählich die Schulbuchverlage. So gab Schöningh von 1956 bis 1964 die Reihe *Moderne Erzähler* (19 Hefte) heraus, knüpfte damit an eine ältere mehrbändige Sammlung *Moderne Prosa* von 1935 an. Mit gutem Absatz verkauften sich Anthologien etwa ab Mitte der 1950er bis Mitte der 1960er Jahre. Bestimmte, besonders berühmte (deutsche und ausländische) Autor/innen gingen gut, wie es überhaupt den Käufern um die großen Namen zu gehen schien. Im Allgemeinen wurde der Roman bevorzugt, Kurzgeschichtenbände waren schwerer abzusetzen, wurden nicht so häufig rezensiert wie Romane, machten einen unbekannten Autor nicht bekannt.

Vereinzelte Beispiele für sehr **erfolgreiche Kurzgeschichtenbände** waren Bölls *Doktor Murkes gesammeltes Schweigen* (1958) und – auch ohne vorherigen Roman – Peter Bichsels *Eigentlich möchte Frau Blum den Milchmann kennenlernen* (1964). Unter den Leser/innen schienen, soweit feststellbar, die jüngeren zu überwiegen. Abnehmer für Zweitrechte waren laut Angaben von elf Verlagen hauptsächlich Tageszeitungen, Wochenblätter, Zeitschriften; danach rangierten Anthologien, Rundfunk, Fernsehen, Taschenbuch und Buchklubs. Die Kurzgeschichte schien besonders geeignet für den Rundfunk bei einer Lesezeit von etwa 20 Minuten (ca. 6–8 Seiten Umfang). Generell wurde eine »Baisse zwischen 1963 und 1970« verzeichnet (²1976, 15-36).

Die Schwierigkeiten, sich bei den Verlegern mit einem Kurzgeschichtenband durchzusetzen, brachte auch Josef Reding in seinem Sammelband von Kurzgeschichten zweier Jahrzehnte *Nennt mich nicht Nigger* (1978) zur Sprache. Doch hielt er an der Gattung fest und veröffentlichte ziemlich regelmäßig Kurzgeschichtenbände, desgleichen Gabriele Wohmann. Heinrich Böll, von dem zwischen 1965 und 1976 kaum Geschichten erschienen, formulierte seine Schreiberfahrung wohl am deutlichsten. Obwohl er die Vorzüge der Gattung – die straffe, intensive Form, die »alle Elemente der Zeit enthält: Ewigkeit, Augenblick, Jahrhundert« (in Bienek 1962, 170) – nach wie vor schätzte und auch weiterhin Kurzgeschichten schrieb, drückte er gleichzeitig seine Bedenken gegenüber dem zu lange geübten eigenen Schreibmuster aus: »Nur wird man selber wohl mißtrauischer gegenüber Formen, die man beherrscht« (in Rudolph 1971, 30). Diese Befürchtungen, eine lange geübte und variierte Literaturform zur **Routine** erstarren zu lassen, mögen andere erklärte Anhänger der Kurzgeschichte geteilt haben; Benders Aussagen wenigstens lassen darauf schließen (in Rudolph, 18; in Durzak 1980, 69 u. 74). Damit verband sich jedoch auch eine, verglichen mit der frühen Nachkriegszeit, veränderte Erwartungshaltung und folglich – außer dem Abrücken von der Kurzgeschichte – ebenfalls ihre **formale Erneuerung** durch die Skepsis an den etablierten Gattungsnormen.

Schnurre etwa charakterisierte seine Erzähltexte 1971 mit dem Oberbegriff »Prosa«, die zwischen den Gattungen Roman, Fabel, Geschichte liegt und meinte, seine derzeitigen Arbeiten ließen »keine eindeutige Definition« zu (in Rudolph, 119). Sein 1976 erschienener Band *Ich brauch Dich* löst sich von gängigen Erzählweisen, denn hier wird sprachlich und strukturell spannend, stilpointierend erzählt, während die Fabel gänzlich aus dem Gespräch aufgebaut wird – ohne zwischengeschobene Beschreibungen, aber auch ohne jegliche Form von Regieanweisung oder Rolleneinteilung. Diese dialogisierte Erzählstruktur vergegenwärtigt die Vorgeschichte der bestehenden Situation, deckt zeitkritisch zwischenmenschliche Beziehungen mit dem Hauptthema »Partnerschaft« auf und zwingt den Leser, langsam und genau mitzudenken (vgl. z.B. »Wendemarke«, »Die Basis« und »Mutterns Hände«, darin das eingearbeitete Spiel mit dem Muster der Kriminalgeschichte).

Schnurre skizzierte diesen Verzicht auf »Hilfe für den Leser« in seinen **»Dialoggeschichten«** – eine an seine frühen Geschichten erinnernde, fortgeschrittene Verdichtungstechnik – in den Aufzeichnungen *Der Schattenfotograf* (1978) wie folgt: »Weder Namenshinweis noch Prosabrücke. Plastische Sprache: Die Figuren beschreiben sich selber – nur durch die Art, wie sie reden. Streng literarisch. Hörspielkriterien unangebracht: Lesbar, nicht sprechbar. Talmudtechnik. Den Dialog aus der Situation entwickelt; assoziativ, ganz von der Figur her; auch rhythmisch. Der Autor wird mundtot gemacht« (48). Für den Leser freilich entsteht die Situation aus dem gebotenen Dialog, und zwar durch intensives Mitdenken. Von daher gesehen, ließe sich Durzaks Urteil verstehen, manche der im *Schattenfotograf* eingestreuten Geschichten seien »in der hingetuschten Abkürzungsform [...] bildhaft konkreter als in der dialogischen Facettierung in *Ich brauch Dich*« 1980, 159), denn der Leser braucht sich dort längst nicht in demselben Maße das äußere Geschehen der Geschichte zu erarbeiten. Der Titel des Bandes *Ich brauch Dich* wäre also deutlich appellierend an die Adresse des Lesers gerichtet.

Außer Schnurre beschäftigte sich vor allem **Wolfgang Weyrauch** kontinuierlich damit, immer neue formale Ausdrucksmöglichkeiten in der Kurzgeschichte durchzuprobieren (vgl. dazu das Interview und die Interpretationen in Durzak 1980). Die *Geschichten zum Weiterschreiben* (1969) belegen das **Experimentieren** mit Pointierung (»Meine 11 Töchter«), Zeitstruktur (»Ist die Maus zuhaus?«) und mit dem Bewusstseinsstrom (»Kinderspiel«, »Uni«), den Weyrauch vielfach einsetzt (vgl. auch u.a. »Das Ende von Frankfurt am Main«), so dass man – wie bei Ilse Aichinger – vom Rückzug auf ein assoziativ monologisierendes Ich gesprochen hat (Rohner [2]1976, 129). Daneben findet sich jedoch auch die knappe, linear verlaufende, parabelhafte Geschichte in der dritten Person Singular und im Erzählpräsens geschrieben (in *Beinahe täglich*, 1975) und die größtenteils dialogisch entwickelte Handlung in »Woche« (in dem posthum ersch. Band *Anders wär's besser*, 1982).

Überblickt man die Kurzgeschichte der zwei Nachkriegsjahrzehnte bis um 1970, so lässt sich allerdings feststellen, dass sie stark zur **Ich-Form** hinstrebt, zu einer Erzählperspektive also, die keinen Anspruch auf allwissendes Überschauen erhebt (vgl. Kaschnitz in: G. Hartlaub 1967) und in der es überdies leichter fällt, »eine direkte Beziehung zum Leser herzustellen, die Perspektive zu verändern und die Gegenwartsfiktion beim Leser zu erzeugen« (Gutmann 1970, 146).

4.6.2 Konstanten und Wandlungsfähigkeit

Die bisher einzige Übersicht über die Gattung in den 1970er Jahren bietet Durzaks Darstellung (1980). Aus den Hauptentwicklungslinien ist zu ersehen, dass die Kurzgeschichte weiterhin eine, den **zeitkritischen Themen** entsprechende literarische Form blieb:

- für den verschärften Kontrast zwischen einer ästhetizistischen Wohlstandsgesellschaft und ihren unterschwelligen Verdrängungsmechanismen, die das Unmenschliche aber auch das Brüchige des Systems belichten (Wohmann: »Ländliches Fest«, Schnell: »David spielt vor Saul«);
- für die Probleme des Gastarbeiters (Lenz: »Wie bei Gogol«);
- für den fatalen, von den Kontrahenten auf beiden Seiten unterschätzten Kreislauf der Gewaltanwendung während der Studentenrevolte (Weyrauch: »Uni«, Andersch: »Jesuskingdutschke«);
- für die misslungene gesellschaftliche Reintegration nach der Studentenbewegung (Jägersberg: »Dazugehören«);
- für die internalisierte gesellschaftliche Einschüchterung und die daraus folgende Selbstzensur nach dem »Radikalenerlaß« (Böll: »Du fährst zu oft nach Heidelberg«);
- für die desillusionierende »Suche nach Subjektivität« und »nach neuen Orientierungen« (Schneider, »Das Wiedersehen«).

Bezogen auf **formale Veränderungen** fällt an der Kurzgeschichte – bereits seit Mitte der 1960er Jahre – der **Hang zur Reflexion** auf; er prägt die aufgrund der Erzählperspektive komplex gestaltete Verweisungsstruktur: im Bewusstseinsstrom, verschränkt mit der Zitatmontage aus einem erinnerten Zeitungsartikel, bei Verschmelzung von äußerem Geschehen – den oberflächlichen Partyereignissen – mit dem inneren Geschehen, das aus dem Reflektieren über die Party und über das erinnerte Geschehen aus dem Zeitungsbericht besteht (Wohmann: »Ländliches Fest«), im Nebeneinander von Gespräch, Reflexion und Geschehen (Andersch: »Jesuskingdutschke«), in der rekapitulierenden Rückwendung (Böll: »Du fährst zu oft nach Heidelberg«, »Bis daß der Tod Euch scheidet«; vgl. bes. Durzaks 3. Kap., Abschn. 8-9).

Alexander Kluges von der Filmmontage inspirierte Erzählform näherte sich mit dem Band *Neue Geschichten* (1977) – sie sollten laut eigener Aussage als »Geschichten ohne Oberbegriff« (9) verstanden werden – wieder »viel stärker der fiktionalen Struktur der Kurzgeschichte« (Durzak 1980, 296). Trotz einer gewissen Affinität zur Kurzgeschichte in einigen Texten aufgrund von gattungstypologischen Merkmalen wie zentrale, auf eine Hauptfigur konzentrierte Situation,

Wende im Geschehen und abschließende Pointe ergeben diese Texte eher **Fallstudien** aus der Sicht eines auktorialen, zur Belehrung neigenden Erzählers und geraten damit »in die Nähe zur didaktisch demonstrierenden Kalendergeschichte« (ebd., 298; vgl. »Die Fahrtrichtung durch Entgleisung ändern«, »Das Zeitgefühl der Rache«).

Als weiteren zeitgeschichtlichen Themenkomplex bezieht Durzak die kritische **Darstellung des Lebens in der DDR** ein – weniger aus westlicher Perspektive (so am Beispiel von Lenz' Geschichte »Die Wellen des Balaton«, wo primär die Entfremdung und Kommunikationsprobleme zwischen Verwandten aus der Bundesrepublik Deutschland und der DDR im Mittelpunkt stehen) als aus der Sicht von DDR-Schriftstellern –, und zwar vorwiegend vom Standpunkt einer neuen, nach Hermlin, Bobrowski und Kant hervorgetretenen Autorengeneration, die – außer Kunert – nicht in dem engen Rezeptionszusammenhang der Short Story steht. Sie bedienten sich der in den 1970er Jahren dominierenden Kurzprosaformen (vgl. Roisch 1974, 106f.), darunter der Kurzgeschichte als einer Gattung unter anderen, um die Intensität ihrer **Wirklichkeitserfahrung in der DDR** zum Ausdruck zu bringen.

Durzak vermittelt unter Einbezug der gesellschaftlichen und kulturpolitischen Arbeitsbedingungen dieser Autoren einen ersten Einblick in das zeitgeschichtliche Themenspektrum, das die Kurzgeschichte zu Alltagskonflikten in der DDR aufweist: Konfliktsituationen aufgrund von gesellschaftskonformem Verhalten (in Strittmatter: »Der Soldat und die Lehrerin« und in Kunerts politisch akzentuierter Geschichte »Die Waage«), entwicklungshistorisch bedingte Krisensituationen (Hermlin: »Die Kommandeuse«, Klaus Schlesinger: »Der Tod meiner Tante«) sowie hauptsächlich die verschiedenen, massiv erfahrenen Bedrohungszustände, »die aus einer sich spreizenden, allmächtig werdenden Bürokratie hervorgehen« (so in Kunze: »Element«, Plenzdorf: »kein runter kein fern«, Brasch: »Fliegen im Gesicht«). Andererseits entlarvt Schädlich in »Versuchte Nähe« diese ansonsten bedrohliche gesellschaftliche Wirklichkeit dort, »wo sie sich selbst feiert und feiernd repräsentieren will [...] als leeres Ritual« (Durzak 1980, 452 u. 10. Kap.).

Eine der thematischen Konfrontation entsprechende sprachlich-strukturelle Intensität (wie sie über die Rezeption von J.D. Salingers Roman *Catcher in the Rye* schon in den *neuen Leiden des jungen W.*, allerdings nicht so radikal, erprobt wurde) erzielt hierbei Plenzdorf in seiner Monologgeschichte »kein runter kein fern«. Hier wird der Bewusstseinsstrom in der demonstrativ individuellen Umgangssprache des Protagonisten durchkomponiert, mit leitmotivisch und spielerisch gehandhabter Zitatmontage aus dem Protestsong der Rolling

Stones »I can get no satisfaction« verschränkt, und zwar in phoneti-
scher Angleichung an die deutsche Aussprache: EIKENNGETTNO-
SETTISFEKSCHIN«, so dass dieser Sprachduktus mit dem korrekten
Hochdeutsch der eingeschobenen, kursiv gedruckten Propagandazi-
tate kontrastiert (vgl. ebd., 444ff.).

4.6.3 Foren und Leserkontakt

Trotz der offenkundigen **Wandlungsfähigkeit der Kurzgeschichte**
ist aus den Stellungnahmen zu ihrer Entwicklung um 1980 der plä-
dierende Ton deutlich herauszuhören (Zimmer 1978, Reich-Ranicki
1978, Durzak 1980), sofern die Kurzgeschichte nicht überhaupt –
als vom Roman abgelöste Gattung – der Vergangenheit zugerechnet
wird wie bei Meyerhoff (1981). Durzak machte in diesem Zusammenhang auf das Hauptproblem, die **Distributionsschwierigkeiten**
der Kurzgeschichte, aufmerksam (457), die bereits Schnurre 1960
angesprochen hatte, als er auf das notwendige Forum für die Gattung, die erforderlichen Publikationsorgane hinwies: »Zeitschriften,
Revuen, Magazine, die ihre Hauptaufgabe in der Pflege der qualifizierten Kurzgeschichte sehen« (Schnurre 1960, 63), die der Kurzgeschichte aber in den 1970er Jahren in stark verringertem Umfang zur
Verfügung standen.
   Der seit 1962 verliehene, auf 5.000 DM angehobene »Georg-
Mackensen-Literaturpreis für die beste Kurzgeschichte in deutscher
Sprache« (nicht vergeben 1966 u. 1972) förderte sowohl anerkannte
als auch weniger bekannte bzw. neue Autor/innen, Letztere vor allem
in den 1980er Jahren. Mit der Umbenennung in **Westermann's Literaturpreis** wurde die Preissumme 1986 auf 15.000 DM erhöht. Gleichzeitig betonte die Redaktion, wie sie sich eine gut geschriebene »kurze
Story« wünschte. Vor allem sollte »keine sterile Selbstschau betrieben«
werden. Dagegen hoffte man auf Geschichten, »die Fleisch nicht Fett
an den Knochen haben, die nicht davor zurückschrecken, Banalitä-
ten kunstvoll auszubreiten, die Klischees und Trivialität wie die Pest
meiden, die ungekünstelt sind, ohne die Spur von Trivialität an sich
zu haben«. Aus dem eindringlich mahnenden Ton scheint reichhal-
tige redaktionelle Erfahrung mit den »etwa 2.000 Einsendungen« der
letzten Jahre zu sprechen. Mit einer deutlich am Leserkreis orientierten Perspektive heißt es, »die Wenigsten« seien bereit, »sich mit den
verquälten Bedenken der Autoren mitzuquälen«. Vielmehr bestehe
bei Lesern und Literaturkritik »in seltener Einhelligkeit ein starkes
Bedürfnis nach gut geschriebenen Geschichten [...], die in einer ausgezeichneten Sprache Witz, Spannung und die nötige Erkenntnis ent-

falten« (*Westermanns Monatshefte*, April 1986, 55). Ende der 1980er Jahre fand keine Preisausschreibung mehr statt, da auch *Westermanns Monatshefte* ihr Erscheinen einstellten.

Der jüngere, recht bald international bekannte **Kurzgeschichtenpreis der Stadt Arnsberg/Neheim-Hüsten** verfügte zwar nicht über ein Publikationsorgan wie *Westermanns Monatshefte*, lief jedoch parallel zu dem alle zwei Jahre veranstalteten internationalen Autoren-Kolloquium, das sich von seiner Konzeption her im Lauf der 1970er Jahre zu einem wichtigen **Diskussionsforum** entwickelte. Seine Ursprünge gingen auf literarische Gespräche westfälischer Autoren ab 1957 zurück, die sich 1965 zu einem westdeutschen, zwei Jahre später zu einem internationalen Schriftstellertreffen, und 1969 zum »Internationalen Kurzgeschichten-Kolloquium«, im Rahmen des zeitgenössischen Städteforums »Quadrum« erweiterten mit Preisverleihung für die beste deutsche, noch unveröffentlichte und gleichfalls für die beste übersetzte Kurzgeschichte. Das besondere Konzept des Initiators Dr. Hartwig Kleinholz, damals Leiter der Volkshochschule Neheim-Hüsten, bestand darin, dass einerseits das Autorentreffen Kernstück der Veranstaltung blieb und von Anfang an auch Schriftsteller aus der DDR und osteuropäischen Ländern einbezog, andererseits die Leser/innen, d.h. die Bürger/innen von Neheim-Hüsten an der literarischen Diskussion beteiligt wurden, nämlich durch öffentliche Lesungen in Schulen, Buchhandlungen, Cafés, Sparkassen, Betrieben, Krankenhäusern und Altenheimen. Dazu lagen die zur engeren Auswahl stehenden, anonym vorgestellten Kurzgeschichtentexte in einem Sammelband öffentlich aus und ermöglichten das Votum einer Bürger- und einer Schüler/innen-Jury (seit 1981 ebenfalls mit Preisvergabe), während die offizielle Jury aus Autoren und Kritikern den zunächst mit 3.000 DM dotierten, 1979 auf 5.000 DM und 1983 auf 10.000 DM angehobenen Preis vergab. Dieses Konzept wurde seit der Raumneuordnung von 1975 in der Nachbarstadt Arnsberg von den Nachfolgern des 1978 unerwartet verstorbenen Dr. Kleinholz weitergeführt.

Nicht nur durch die **Kontaktaufnahme zum Leser** zeichnete sich das Kolloquium aus, es setzte sich außerdem von Anfang an über die Totsagungen der Gattung souverän hinweg und über die einseitige Auffassung, die deutsche Kurzgeschichte sei an die realistisch und zeitkritisch darzustellende Kriegserfahrung gebunden (vgl. Ziermann 1969 u. *Befunde I*, 3–6). Vielmehr attestierte die Jury 1969 der Kurzgeschichte ihre Wandlungsfähigkeit mit der Preisverleihung an Gabriele Wohmann für die monologisch-assoziativ erzählte Geschichte »Aus dem weißblauen Tagebuch« und mit der Vergabe eines zweiten Preises an die DDR-Autorin Johanna Braun für die traditionell erzählte

Geschichte »Das Schild an der Ladentür«. Diese Entscheidung entsprach dem literarischen Arbeitskonzept, die Standortveränderung der
modernen Kurzgeschichte und Kurzprosa zu sichten, und zu klären,
»inwieweit sie als moderne künstlerische Ausdrucksform an der Entwicklung neuer Schreibtechniken teilnehmen« (vgl. Programm, 1979;
Befunde I, 3). Abgesehen von dem mehrfach beobachteten Verzicht
auf ausschlaggebende Formkriterien – nicht nur bei diesem Kurzgeschichtenwettbewerb (vgl. Zimmer, 1979; Durzak 1980, 461ff.) –
geht aus den Preisverleihungen dieses Kolloquiums außer der Abneigung gegen eine normative Definition das stetige Bemühen hervor, die
Weiterentwicklung der Gattung zu fördern, also »nicht das von der
Form her Vertraute« zu bestätigen, sondern Texte zu prämieren, »die
inhaltliche und formale Entwicklungen zeigen« (Jury, 1983; vgl. dazu
die prämierten Geschichten von Ingeborg Kaiser »Zu den Dörfern«
und Werner Dürrson »Kleist für Fortgeschrittene oder Falscher Aufstand der Gefühle«). Die jeweils nach der Vorentscheidung gedruckten Sammlungen der Wettbewerbstexte sowie die anschließend lokal
veröffentlichten *Befunde*, die »prämierte und überliefernswerte«, für
das Kolloquium exemplarische Kurzgeschichten- und Kurzprosatexte
enthalten, wären eine Untersuchung im Hinblick auf das Arbeitskonzept der Kolloquien wert. Vor allem sind nicht nur bekannte deutsche
Autoren wie Gabriele Wohmann, Josef Reding, Christoph Meckel,
Herbert Eisenreich, Eva Zeller, Max von der Grün vertreten, sondern
auch viele jüngere noch unbekannte Schriftsteller.

Dass das Interesse an der Kurzgeschichte keineswegs schwand,
unterstreicht die im Laufe von zwei Jahrzehnten gewachsene Anzahl
eingesandter Texte von 150 (1969) auf 600 (1983) und schließlich
auf 919 (1990), während die Rolle dieses Forums für die Distribu-
tion der Kurzgeschichten wiederum von der Aufnahmebereitschaft
in Presse und Rundfunk abhängig war.

Einen weiteren Versuch, die Öffentlichkeit auf die Kurzgeschichte
aufmerksam zu machen und gegen das Vorurteil literarischer Kreise,
der deutsche Leser interessiere sich nicht für diese Gattung, anzugehen,
stellt die von Dieter E. Zimmer herausgegebene **Anthologie** *Vierunddreißig neue Kurzgeschichten aus der »Zeit«* dar (1979, nach Vorabdru-
cken im *Zeitmagazin*, 1978/79). Sie bietet in der Mehrzahl übersetzte
und eine Reihe deutscher z.T. für diesen Zweck geschriebene Kurzgeschichten, nicht von neuen, sondern hauptsächlich von bekannten
Schriftstellern, darunter von Günter Kunert, Siegfried Lenz, Martin
Walser, Gabriele Wohmann. In diesem Vermittlungszusammenhang
ist auch die Anthologie *Ja, mein Engel. Die besten deutschen Kurzgeschichten* (1981) zu sehen, eine von Heinz Piontek getroffene Auswahl
aus den ab 1962 mit dem »Georg-Mackensen-Literaturpreis« prämier-

ten Kurzgeschichten (betitelt nach einer Geschichte von Marie Luise Kaschnitz); von den einundzwanzig Geschichten stammen dreizehn von Preisträgern aus dem Zeitraum 1970-1980.

Seit dem Ende der 1970er Jahre wird wieder ein stärkeres Interesse unter Verlegern und Redakteuren großer Tages- und Wochenzeitungen verzeichnet (vgl. Bender in Durzak 1980, 74; Michael Neumann u. Heinz Piontek in *Ja, mein Engel ...*, 8 u. 283).

4.7 Vom 20. ins 21. Jahrhundert: Die Kurzgeschichte zwischen Wettbewerb und Internet

Überblickt man die Entwicklung der Gattung seit 1900, so erweist sich als wesentlicher Bestandteil ihrer Geschichte ein komplexes Muster aus Förderungsinitiativen, Polemik, Niedergangsprognosen und wiederum Plädoyers für die Kurzgeschichte, aus denen Faszination und Wertschätzung sprechen.

Während sich ihr bedeutender Aufschwung in Westdeutschland unmittelbar nach 1945 mit der intensivsten von drei Rezeptionsphasen der amerikanischen Short Story verband, besonders aber mit der Verarbeitung tief greifender **Erlebnisse einer Generation** und mit deren kritischer Stellungnahme zur Nachkriegssituation in Deutschland, so lässt sich, was Letzteres betrifft, eine gewisse **Parallelerscheinung** bei den Geschichten der jungen DDR-Autor/innen in den späten 1970er und in den 1980er Jahren erkennen. Auch hier fand die Suche nach Aussagekraft und -möglichkeiten, konzentriert um gemeinsame intensive Alltags- und Lebenserfahrungen einer jungen Generation ihren Niederschlag in Kurzgeschichten von erzählerischer Vielfalt, so etwa bei Thomas Brasch, Ulrich Plenzdorf, Hans Joachim Schädlich, Klaus Schlesinger, Helga Schubert. Die Kurzgeschichte als Gattung profitierte also jeweils durch den intensiven Kommunikationszusammenhang einer jungen Generation, dem sie mit ihrer literarischen Aussagekraft diente. Das zeigt sich verstärkt in den Jahren nach der Vereinigung beider deutscher Staaten.

4.7.1 Erneuerungsinitiativen

Demgegenüber fällt auf, dass sich im Laufe der 1980er und 1990er Jahre die **Initiativen zur Förderung** der Kurzgeschichte vermehrten, vor allem durch Preisausschreiben, stellenweise verbunden mit Kolloquien. Obwohl Westermanns geschätzter Literaturpreis für die beste Kurzgeschichte nach fast drei Jahrzehnten nicht mehr vergeben wurde, lassen sich seither neu gestiftete Preise verzeichnen, wie der 1991 erstmals ausgeschriebene Bettina-von-Arnim-Preis des Magazins für Frauen, *Brigitte* (*Brigitte*-Kurzgeschichten-Wettbewerb, zunächst jährlich, ab 1997 alle zwei Jahre). Genau genommen besteht er aus drei Kategorien mit unterschiedlicher Dotierung (1. Preis: 25.000 DM bzw. 12.500 €, 2. Preis: 15.000 DM bzw. 7.500 €, 3. Preis: 10.000 DM bzw. 5000 €). Für die Teilnahme gilt, dass die Texte noch unveröffentlicht sein müssen, außerdem ein Umfangskriterium von maximal sieben Schreibmaschinenseiten bei 30 Zeilen zu 60 Anschlägen pro Seite. Dieser Wettbewerb konnte seit der ersten Ausschreibung mit weit verbreitetem Interesse rechnen (1994 und 1995 wurden knapp 3.000 Manuskripte eingesandt, für 2001 waren es fast 4000), schon wegen seiner ansehnlichen Preise, die aufgrund der Staffelung in drei Kategorien mehr Chancen bieten und somit auch beginnende Autorinnen und Autoren zur Teilnahme ermutigen, ähnlich den Arnsberger Wettbewerben dieser Jahre.

Außerdem aber erreichen Ausschreibung sowie Preisgeschichten jährlich einen umfassenden Leserkreis, da es sich bei der *Brigitte* zwar nicht um eine literarische Zeitschrift, wohl aber um ein international vertriebenes Magazin von gehobenem Niveau handelt, das seine Wettbewerbsjury aus Literaturkritikern und Autoren zusammensetzt. Aus der Mitteilung der *Brigitte*-Redakteurin Franziska Wolffheim (briefl. v. 17.5.1996) ist ersichtlich, dass sich die Auswahlkriterien der Juroren an allgemeinen literarischen Qualitätsmerkmalen bezüglich der Komposition einer Geschichte orientieren, wobei Wert gelegt wird auf »Originalität in der Darstellung des Sujets« sowie in der Handhabung der metaphorischen Sprache. Die Kriterien »Spannung« und »atmosphärische Dichte« deuten noch am ehesten auf gattungsspezifische Merkmale der Kurzgeschichte hin.

Charakteristisch ist aber die offene, auf eng gefasste Gattungsnormen verzichtende Haltung gegenüber den eingesandten Texten, wie sie ebenfalls für die Arnsberger Wettbewerbe bezeichnend war, in denen die zwei Begriffe »Kurzgeschichten« und »Kurzprosa« stets nebeneinander gebraucht wurden. Allmählich schob sich die gattungsneutralere Bezeichnung in den Vordergrund. So wurde in der Ausschreibung von 1991 die Umbenennung von Preis für »Kurzgeschichten« zu Preis für »Kurzprosa« vorgenommen, während von einem »Kurzgeschichten- und Kurzprosa-Wettbewerb« die Rede war; für den seit 1985 bestehenden »Hartwig-Kleinholz-Preis«, ab 1991 ist er der Förderung junger Autoren bis zu 30 Jahren gewidmet, setzte sich die Bezeichnung »Hartwig-Kleinholz-Preis für junge Prosa« durch. Angeregt wird zum Verfassen von »Kurzprosa, auch in experimentellen und neuen Formen«

im Umfang von maximal »10 Seiten oder 20.000 Zeichen« (Ausschreibungsblatt 1993). Bezeichnung und Richtlinien setzten deutliche Signale, die auf **formale Erneuerung** statt auf Festhalten an traditionellen Gattungsmustern aus dem Kanon der Kurzgeschichte ausgerichtet waren. Die gleichzeitige Anhebung der Preissummen im Arnsberger Wettbewerb 1993 ging mit einer Umstrukturierung der bisherigen vier Preise zugunsten der Konzentration auf zwei Schwerpunkte einher: auf den genannten Wettbewerb für junge deutschsprachige Autorinnen und Autoren (10.000 DM) und den für ausländische um den »Preis für Europäische Kurzprosa« (20.000 DM). Von diesen Reformen zielte die literarische bewusst darauf ab, »andere und neue Formen moderner Kurz-Prosa verstärkt« in die Wettbewerbe einzubeziehen, wie aus einer Mitteilung von Ingrid Willeke, der Arnsberger Kulturamtsleiterin, hervorgeht (Brief v. 23.5.1996).

Während sich die genannten Wettbewerbe zur Preisvergabe an anonym gelesenen Texten orientieren und bislang unbekannten Autor/innen eine Chance bieten, gilt für den seit 1991 in unregelmäßigen Abständen verliehenen Montblanc Literaturpreis (4.810 Euro, 2004 zum sechsten Mal) ein unterschiedliches Verfahren. Zehn Autor/innen werden eingeladen, unter dem Motto »Schreiben im Hotel« (seit 1995) innerhalb eines Tages in einem ausgewählten Hamburger Hotel eine Kurzgeschichte zu einem vorgegebenen Thema zu schreiben. Zu den Preisträger/innen zählen bislang Gabriele Wohmann, Doris Dörrie, Ingomar v. Kieseritzky, Keto v. Waberer und Moritz v. Uslar.

Das Profil der Gattung seit den 1980er Jahren lässt sich nachzeichnen wie es sich, teils im Rahmen von Wettbewerben, teils außerhalb solcher Foren, ergeben hat durch viele Geschichten so verschiedener Autor/innen wie beispielsweise Johanna Braun und Günter Braun, Doris Dörrie, Werner Dürrson, Karen Duve, Adelheid Duvanel, Bodo Kirchhoff, Walter Laufenberg, Hans van Ooyen, Burkhard Spinnen, Hannelies Taschau, Keto von Waberer. Bei ihnen nimmt die Kurzgeschichte keine dominante Stellung ein im Gegensatz zu Autor-/innen wie etwa Siegfried Lenz oder Gabriele Wohmann. Prüft man die Geschichten der Wettbewerbe, sowohl prämierte als auch die in eine engere Auswahl gekommenen (Arnsberger Texte), so zeichnet sich ein stoffliches Interesse ab, das den Bereich oft noch verdrängter Probleme thematisch erweitert. Die Situation von Asylanten, von alten Menschen in der bundesdeutschen Gesellschaft, die Auseinandersetzung mit der nationalsozialistischen Vergangenheit aus heutiger Sicht werden thematisiert, am eindrucksvollsten dort, wo es den Autoren gelingt, sich in die psychische Verfassung eines Menschen einzuleben und sie erzähltechnisch mehrdimensional zu vermitteln, so jeweils sehr unterschiedlich durchgeführt in Werner Dürrsons »Kleist für Fortgeschrittene oder Falscher Aufstand der Gefühle« (*Befunde VII-VIII*; dazu Durzak 1989), Hans van Ooyens »Wahre Geschichte aus meiner Stadt« (*Befunde X*) oder Karen Duves »Im Keller« (*Befunde XII*). An den besten Kurzgeschichten zeigt sich, dass bei ihnen die Autoren eine erzählstrategisch begrenzte Stoffwahl vorgenommen und diese anschließend in suggestiv-verkürzender Technik ausgelotet haben.

Der Ruf nach Erneuerung zu Beginn der 1990er Jahre ist auch in Gerd Uedings negativer Bilanz erkennbar, und zwar geht es ihm um die **Erneuerung durch Phantasie**. Laut Uedings These haben inzwischen die Massenmedien von der Erzähltechnik der Gattung gelernt, was zu einer Ästhetisierung der Nachrichten auf Kosten der Kurzgeschichte geführt habe. Erforderlich ist zweifellos ein meisterhafter Einsatz der Phantasie, wie er sich schließlich in den besten Geschichten mit nuancierter Erzählstrategie verbindet. Ebenso erforderlich sind allerdings geeignete Foren, die den Zugang zum Lesepublikum erleichtern.

4.7.2 Erweiterung der Foren

Unter den vielen Bemühungen um die Kurzgeschichte verdient in diesem Zusammenhang die Initiative Michael Hametners, Kulturredakteur des Mitteldeutschen Rundfunks in Halle, besondere Beachtung. Angeregt durch die »Aufforderung vom damaligen Bundespräsidenten Richard von Weizsäcker, daß sich Deutsche aus Ost und West ihre ost- und westgeprägten Geschichten erzählen, um mehr voneinander zu erfahren und sich über das Verstehen dieser Geschichten verstehen zu lernen«, unternahm er es, speziell im Hinblick auf die schwierige ostdeutsche Verlagssituation nach der politischen Wende, ein literarisches **Forum für die Kurzgeschichte** zu schaffen (Hametner 2000, 4: 7). Er besann sich auf den Stellenwert des Rundfunks als bedeutendes Forum für viele Autor/innen in den 1950er Jahren und sah eine ähnliche Situation in der Zeit um 1994.

Auf seine Initiative hin kam es zur Gründung des **MDR-Literaturwettbewerbs um die beste Kurzgeschichte** mit jährlicher Ausschreibung ab 1996, zunächst für »Schriftstellerinnen und Schriftsteller im mitteldeutschen Sendegebiet« (Hametner 1999, 1: 7), seit 2003 bundesweit für Autor/innen, »die bereits veröffentlicht haben« (Hametner 2004, 8: 82). Mit der Einrichtung des Wettbewerbs verband sich die »Hoffnung, auf diesem Wege über den einzelnen Text hinaus Auskunft zu erhalten darüber, wie das veränderte Land wahrgenommen wird« (1999, 1: 7). Laut Teilnahmebedingungen sollte und soll es sich »um einen unveröffentlichten Text handeln«, um »die

Form der Kurzgeschichte« in einer »Länge von höchstens 15 Leseminuten« (ebd.), also »ca. 6 Manuskriptseiten mit je 30 Zeilen à 60 Anschlägen pro Seite« (Ausschreibung 2004). Das Interesse an dieser Ausschreibung verdeutlicht der Anstieg von anfangs 228 auf mittlerweile 1452 Beiträge (Hametner, Interview 2004). Er bestätigt, dass der Wettbewerb mit seinem großzügig angelegten Konzept zu einem bedeutenden Forum für die Kurzgeschichte geworden ist, denn die Anerkennung für gute Texte ist breiter gefächert und garantiert mehreren Autoren ein Auftreten in öffentlichen Lesungen.

Aus den anonym vorliegenden Einsendungen wählt eine Vorjury sieben Kurzgeschichten für das öffentliche Wettlesen der vierstündigen Endrunde im Leipziger Haus des Buches aus. In dieser Literaturnacht, die das Hörfunkprogramm von MDR-Kultur (jetzt MDR-FIGARO) direkt überträgt, entscheidet »eine Jury aus Hörerinnen und Hörern von MDR-Kultur sowie aus Literaturkritikern« über die Vergabe der drei MDR-Literaturpreise in Höhe von jeweils 2.500, 1.500 und 1.000 Euro; anschließend stellen sich die Preisträger, inzwischen auch die Finalisten, mit ihren Texten »auf einer Lesereise im Sendegebiet des MDR vor« (Hametner 2004, 8: 82). Veröffentlicht werden die Geschichten der Endrunde in der Programmzeitschrift *Triangel*, die neuerdings auch einen Sonderpreis vergibt. Außerdem ermöglicht der MDR den Zugriff auf die Geschichten im Internet. Die Kurzgeschichten aus der Endrunde zusammen mit fünf weiteren, von Michael Hametner ausgewählten erscheinen in einer sorgfältig ausgestatteten Jahresanthologie im Leipziger Faber und Faber Verlag, wobei ein Teil der Auflage sächsischen Bibliotheken gestiftet wird (ebd). Mit dieser einzigartigen **Verbindung verschiedener Medien** und der Offenheit gegenüber dem interessierten Publikum ist dem MDR eine vorbildliche Förderung der Kurzgeschichte gelungen. Den Autorinnen und Autoren ermöglichen Gattung und Wettbewerb »den Probelauf zum eigenen Ton, zum eigenen Thema«, was die eingesandten Geschichten in der Regel belegen (Hametner 2004, 8: 9).

Bei den ersten Wettbewerben waren hauptsächlich Geschichten über Enttäuschungen und Probleme aus der Zeit des gesellschaftlichen Umbruchs nach 1990 eingegangen, wobei literarische Qualität oder gar ästhetische Neuerungen nicht im Vordergrund standen. Das änderte sich allmählich, als mehr Autorinnen und Autoren mit Schreiberfahrung sowie junge Autor/innen, vielfach aus dem Deutschen Literaturinstitut in Leipzig, teilnahmen. Rückblickend vom Jahr 2000 kann Hametner feststellen, die Kurzgeschichten vermittelten **Einsichten in Alltägliches** und besäßen den besonderen Reiz von »**Momentaufnahmen**, die ganz in unserer Nähe entstanden sind«, oder der einer subtil gestalteten Short Story (4: 8-9); sie tendierten ein Jahr später dahin, »daß sich das Private wieder politisch« auflade, nur dass »die Lust am ästhetischen Wagnis« noch nicht damit Schritt halte (2001, 5: 9). Diese Bilanz sollte aber nicht darüber hinwegtäuschen, dass einige Teilnehmer/innen am MDR-Wettbewerb inzwischen Kurzgeschichtenbände veröffentlicht haben, beispielsweise Katja Oskamp (*Halbschwimmer* 2003) und Franziska Gerstenberg (*Wieviel Vögel* 2004).

Dass am Übergang ins 21. Jahrhundert tatsächlich eine erneute **Freude am Erzählen** zu verzeichnen ist, bestätigen nicht nur die Wettbewerbe. Auch Kurzgeschichtenbände finden sich wieder vermehrt auf dem literarischen Markt, sowohl Anthologien von Wettbewerben als auch Erzählbände einzelner Autoren, darunter sichtbar viele neue Autorinnen.

Was sich in der Situation der Kurzgeschichte um 2000 deutlich veränderte, hing mit einer enormen Erweiterung ihres Diskussionsforums zusammen. Sie resultierte nur teilweise aus der Anzahl von Wettbewerben, denn eine wesentliche Rolle spielte die rapide **Verbreitung und Ausweitung des Internets**. Hatte sich die Kurzgeschichte unmittelbar nach 1945 durch die Vielfalt von Zeitschriften entwickeln und verbreiten können, so dass ihr mit deren Rückgang auch das eigene Ende vorausgesagt wurde, bot sich der Gattung mit Aufkommen und Ausbreitung des Internets zur Wende ins 21. Jahrhundert eine ungeahnt neue Chance. Manche der Internetinitiativen entstanden gerade, um dem Mangel an Möglichkeiten wie sie von Zeitschriften und Rundfunk in den ersten beiden Nachkriegsjahrzehnten geboten wurden, abzuhelfen. Da zudem viele Wettbewerbe unregelmäßig ausgeschrieben werden, richteten einige Internetseiten eine Plattform ein, die wieder eine »Kultur der Kurzgeschichte« ermöglichen soll (http://iak-talente.de 2004).

Die Kurzgeschichte erhielt hierdurch ein **neues und schnelles Forum**, das vielerlei Möglichkeiten zum **Experimentieren, Kommentieren und Meinungsaustausch** bietet. Das vielfältige Angebot zur Kurzgeschichte stellt Informationen zu unterschiedlichen Stadien des Interesses bereit: Es finden sich auf die Schreibpraxis bezogene theoretische Hinweise zum Verfassen einer Kurzgeschichte; daneben gibt es die Gelegenheit, mit Anderen zusammen an einer Geschichte zu schreiben oder die auf einer Webseite veröffentlichten Versuche Anderer zu kommentieren, eventuell mit Verbesserungsvorschlägen zum Aufbau einer Geschichte. Umgekehrt lassen sich mit der Publikation eigener Geschichten auf einer Internetseite Anregungen und Kritik einholen. Abgesehen davon mangelt es nicht an Hinweisen auf Wettbewerbe und an der Bereitstellung der preisgekrönten Geschichten, darunter die Ergebnisse von Schreibschulen. Ob interaktiv oder lediglich informativ, das **Forum Internet fördert das Verfassen von Kurzgeschichten** durch Angebote zum Selbststudium, zu kreativer und kritischer Praxis. Es ermöglicht außerdem den Zugang zur Öffentlichkeit unabhängig von einer Auswahl durch Juroren und Medien.

Diese Möglichkeiten zusammen mit den Wettbewerben für Kurzgeschichten und Kurzprosa mögen die steigende Zahl junger Erzählerinnen und Erzähler erklären. Jedenfalls mangelt es nicht an Versuchen, Kurzgeschichten zu schreiben. Wie es dabei mit der Kunst bestellt ist, zeigt der Umgang mit den Mitteln der Komprimierung. Er verdeutlicht erneut, dass Aussparung eine nicht zu unterschätzende Herausforderung darstellt. Das gilt ebenfalls für die Gestaltung der leicht verfügbaren Alltagsthemen, deren Handhabung, will sie der Banalität entgehen, sich als recht anspruchsvoll erweist. Es taucht also wieder einmal eine alt bekannte Begleiterscheinung der Kurzgeschichte auf, nämlich »die appetitliche ›Magazingeschichte‹« (Hametner, Interview 2004).

Inzwischen muten die Kurzgeschichten der ersten zwanzig Nachkriegsjahre ›klassisch‹ an, nicht zuletzt auf Grund der Kanonbildung, vor allem aber wegen der stofflich-thematischen Vielfalt und des Formenreichtums, mit dem sich die Gattung in diesen Geschichten präsentiert und **Erzählmodelle** geboten hat. Wie die theoretische Darstellung gezeigt hat, experimentierten viele Autor/innen nach 1945 mit den verschiedenen Komprimierungsmöglichkeiten der Kurzgeschichte, was besonders auffällig im Bereich der zahlreichen Bauformen zu sehen ist, wo die Gestaltung simultan verlaufender Geschehnisse zu erzählerischen Experimenten herausforderte. Seit den 1980er Jahren weisen die Geschichten meistens eine einfache Progression auf, wenn nicht einen von Rückwenden unterbrochenen chronologischen Handlungsverlauf oder eine rückwendend erzählte Vorgeschichte. Dabei bleibt es nicht aus, dass manche Geschichten rezeptmäßig abgefasst wirken, so etwa Ulrike Draesners Titelgeschichte »Hot Dogs« (2004); sie baut die Handlung auf der in diesem Fall makabren Ambivalenz des Ausdrucks auf.

4.7.3 Neue Perspektiven

In vielen neuen **Kurzgeschichten der 1990er Jahre** zeichnet sich eine erhöhte Sensibilität ab, wenn Alltagssituationen auf die Bewusstseinsebenen und Gefühlsinhalte hin ausgelotet werden, die sich hinter dem Verhalten von Eltern, Kindern, Freunden und Fremden verbergen oder verbergen mögen. Der dargestellte Alltag betont oft, wieviel näher sich die Menschen aus verschiedenen Kulturen gerückt sind, sei es durch Reisen (Michael Kleeberg, Malin Schwerdtfeger, Lilian Faschinger) oder durch Migration (Judith Hermann, Schwerdtfeger), näher zwar, in globaler wie in innerdeutscher Hinsicht, aber ohne dass sich daraus zwangsläufig eine reibungslose Nähe ergibt (Helmut Krausser, Hermann). Das findet oft seinen künstlerischen Ausdruck in der Subtilität zwischenmenschlicher Kommunikation bis hin zur Unmöglichkeit sinnvoller Verständigung. Neben dem Bewusstsein, sich mit der NS-Vergangenheit auseinandersetzten zu müssen, fordert auch die **Aufarbeitung der DDR-Zeit** zur Stellungnahme heraus, vielfach aus der Perspektive des Kindes. Entscheidend für Letzeres dürfte das Alter vieler der jungen Autorinnen und Autoren sein, die die DDR vorwiegend aus dieser Sicht erlebten. Ein immer wiederkehrendes Thema in verschiedensten Schattierungen ist das der Gewalt. Dabei erfahren die Beziehungen in der Familie, aber auch die Verbindungen zwischen Familie und Gesellschaft erhöhte Aufmerksamkeit ohne Rücksicht auf die gewohnte Verdrängung und Tabuisierung gewisser Problembereiche. Hier wird vermehrt die **Perspektive junger Mädchen** eingesetzt und zwar vorwiegend aus der Sicht von Autorinnen.

Damit ändert sich auch die Blickrichtung auf das Geschehen, so dass sich eine andere **Behandlung des Themas Initiation** ergibt. Den Hintergrund bildet nicht länger das heranwachsende, behütete Mädchen aus gut situiertem Hause, das sich wie bei Marie Luise Kaschnitz (1960: »Lange Schatten«) oder in Keto von Waberers Geschichten mit der Neugier weckenden, doch mitunter auch bedrohlichen Welt außerhalb des schützenden Familienkreises konfrontiert sieht (1983: »Lisa«, »Das blaue Zimmer«, »Hinter der Hecke«). Statt dessen stehen immer öfter die Töchter allein erziehender Mütter, gelegentlich auch Väter, oder dysfunktionaler Eltern im Mittelpunkt der Handlung. Aus ihrem Blickwinkel gestaltet sich die Doppelrolle, die sie als Kind zu bewältigen haben. Nicht die Initiation in die Sphäre der Erwachsenen charakterisiert diese Geschichten, sondern die Verdeutlichung einer längst zurückliegenden, in der Handlung ausgesparten Initiation, die zu einem distanzierten Blick auf die Eltern bei fortwährender Abhängigkeit von ihnen geführt hat; sie wird suggeriert durch die Exposition einer täglichen Belastung. Für diese viel zu früh in die Verantwortung von Erwachsenen geratenen Töchter ist die Last bereits zur Routine geworden. Vielfach sich selbst und dem nächtlichen Fernsehprogramm überlassen, entwickeln diese Mädchen eine gewisse Stärke bestehend aus Wissen, Altklugheit und dem Gefühl, ihren Alltag beherrschen zu können (Barbara Frischmuth: »Hexenherz«, 1994). Der Angst vor unberechenbarer Gefahr, etwa durch Gewalt wie im Fernsehen geboten, wird die Macht des geschärften

Bewusstseins und Kombinierens entgegengesetzt, so die Vorstellung sich im täglichen Leben Kontrolle durch scheinbares hexen- oder hellsehen-Können zu verschaffen.

Dass es sich dabei um eine höchst prekäre Art von Zuversicht oder Überlegenheit handeln kann, verdeutlicht **Karin Reschke** in ihrer Geschichte »Kuschelfisch« (1996). Dort verschafft sich die Tochter Mascha Gesellschaft, indem sie sich in eine Phantasiewelt um die Erlkönigfigur einlebt und sich eine zweite Identität als Erlkönigs Tochter Nebelstreif ausdenkt, während ihre geschiedene Mutter die Nacht bei ihrem neuen Liebhaber verbringt. In der subtilen Verschränkung beider Identitäten bewegt sich die Handlung auf ihren beinahe tragischen Höhepunkt am Schluss zu. Als Mascha nach Rückkehr der Mutter am nächsten Nachmittag die Abscheu erregenden Spuren der nächtlichen Ausschweifungen nicht mehr ertragen kann, unternimmt sie es, auf geheimen Befehl des Erlkönigs dem Nachtleben ihrer Mutter ein Ende zu setzen, indem sie auf die schlafende Mutter schießt. In dieser Steigerung zur schockierenden Tat wird am Schluss erst sichtbar, wie oft das Mädchen schon die Rolle der Pflegerin am Tag danach zu übernehmen hatte. Dieses Ende macht eine Rückkehr zum Anfang der Geschichte erforderlich, wo Maschas Verhalten aus der Kenntnis ihrer Erfahrungen und aufgestauten Gefühle heraus nachträglich in neuem Licht erscheint.

Es handelt sich hier wie in vielen ähnlichen Geschichten um Permutationen unter den Erzählfiguren, denen einiges an Komik anhaften kann, so etwa bei **Malin Schwerdtfeger** in der Geschichte »Mein erster Achttausender« (2001). Dort findet ein völliger Austausch der Erwachsenen- und Kinderrolle statt; außerdem haben sich zunächst die traditionellen Geschlechterrollen verschoben, denn die Mutter befindet sich ständig auf Expeditionen in aller Welt, während sich der Vater aus Protest dagegen mit seinem Laptop ins Bett zurückzieht. Das egozentrische, unreife Benehmen der Eltern kontrastiert mit der mütterlichen Sorgfalt der Tochter, die es auf sich nimmt, für Ordnung zu sorgen, beide Eltern zu pflegen und zu versorgen, wie man sich um unmündige Kinder kümmert. **Tristesse und Komik** vermischen sich bis zu dem Punkt am Schluss, an dem sich die Tochter gegenüber ihrer Erwachsenenrolle behauptet und aus dieser häuslichen Situation flieht, indem sie sich der nächsten Expedition ihrer Mutter anschließt und so den Vater zum Aufstehen zwingt. Die Permutation dient hier der Pointierung und bereitet den überraschenden Schluss schrittweise vor.

Ernster gestaltet Schwerdtfeger die Doppelrolle der Tochter im Berliner Migrantenmilieu. In »Für gutes Betragen« (2001) ist die massive psychische Belastung der ältesten Tochter in einer siebenköpfigen polnischen Einwandererfamilie mit tragik-komischen Akzenten versehen. Kasia übernimmt angesichts der Abwesenheit des Vaters, der Unfähigkeit der Mutter und unter dem Druck katholischer Erziehung die Führung in der Familie auf Kosten ihrer einst glänzenden schulischen Leistungen und persönlichen Entwicklung. Sie übernimmt sich nicht allein hinsichtlich der eigenen Belastbarkeit, sondern übertritt durch Ladendiebstahl auch das Gesetz. Erst durch eine vom Sozialamt angeforderte Hilfe, eine Studentin, kommt es zu einer Umwertung bisheriger Normen und damit zu einer neuen Zukunftsperspektive in Kasias Leben, in der »gutes Betragen« nicht länger als Unterordnung sondern als produktive Selbstbehauptung definiert wird. Von daher gewinnt der Schlusssatz bei Rückkehr der Mutter aus dem Krankenhaus eine doppelte Bedeutung: »Wir haben ein bißchen aufgeräumt« (39).

Was vielen dieser Geschichten aus der Kinderperspektive einen besonders erschütternden Zug verleiht, ist die Selbstverständlichkeit, mit der sie die Verantwortung eines Erwachsenen in einer psychisch und oft auch physisch unerträglichen Familiensituation auf sich nehmen. Eine Autorin wie **Angelika Klüssendorf** hat dafür in ihrem ersten Kurzgeschichtenband *Aus allen Himmeln* (2004) ein besonders feines Gespür bewiesen. Ihre Geschichten steigern, was den Kinderprotagonisten an Belastbarkeit zugemutet wird, jedoch nicht immer auf einen Höhepunkt hin. Oft entlassen sie die Leser/innen mit bösen Ahnungen über die mögliche weitere Entwicklung der Verhältnisse wie im Fall der etwa zwölfjährigen Ausreißerin in der DDR, die sich im Verhör durch den Polizisten klar darüber wird, dass sie seinen sexuellen Übergriffen ausgeliefert ist (»Dich kriegen wir auch noch«). Die täglichen körperlichen und seelischen Quälereien der Kinder in einer von Einsamkeit, Gefühlskälte und Vernachlässigung gekennzeichneten Familiensituation spitzen sich in »Gespenster« derart zu, dass es nach unendlicher Geduld mit dem Egoismus und den Schikanen der Mutter zum offenen Widerstand kommt. Allerdings überraschen die Beweggründe für die Rebellion der älteren Tochter, die beobachtet hat, wie die Mutter nachts als Gespenst auftritt und die kleine Schwester mit Nadeln sticht, um herauszufinden, welche der beiden Töchter ihr die fehlenden fünfzig Pfennige gestohlen hat. Trotz der Kulmination im Widerstand gegen die Mutter handelt es sich nicht um eine Reaktion aus Hass, sondern um eine Vorbeugung zum Schutz der kleinen Schwester. Die Ältere lässt sich für ihre Rebellion zusammenschlagen, um die Mutter so zu erschöpfen, damit der Schwester eine ruhige Nacht vergönnt ist. Entsprechend der dargestellten Selbstverständlichkeit, mit der die Kinderprotagonisten ihr Schicksal akzeptieren, handeln sie strategisch, um eine Art von Gleichgewicht in ihrem Alltag zu erhalten. Indem ihnen ein ständiges Krisenmanagement zugemutet wird, bewegt sich der Spannungsbogen in diesen Geschichten im Spielraum zwischen Anpassung und möglicher Katastrophe.

Wie klein der Schritt von der privaten zur öffentlichen oder auch politischen Sphäre sein kann, geht aus verschiedenen Geschichten hervor, sei es dass es sich um **Diskriminierung und Gewalt gegen Ausländer** handelt oder gegen die, die dagegen einschreiten und ihr Leben dabei verlieren, so in **Barbara Frischmuths** Geschichte »Das Lachen des Dalei Lama« (1994), wo die Verbindung zwischen Gewalt in der Familie und in der Gesellschaft nahegelegt wird. Aus dem Blickwinkel eines heranwachsenden Jungen verdeutlicht **Franziska Gerstenberg**, wie Vorurteile gegen alles Fremde sich täglich im Kleinen äußern, daher Wachsamkeit, Courage erfordern und bereits in der Familie zu beseitigen sind (»Der Carlos Santana bin ich«, 2004), wie es überhaupt in gängigen Auffassungen eine gegensätzliche Seite zu entdecken gilt. Über die Schwierigkeiten, auch die eigenen Vorurteile schon in der Kindheit zu erkennen und zu bekämpfen, gibt **Brigitte Burmeisters** »Mohnkörner« (1995) Aufschluss.

Mitunter führt eine neue, völlig unerwartet auftauchende Sicht zu der Erkenntnis, dass man Persönliches nicht von Politischem abkapseln kann, vielmehr dass nationale und individuelle Geschichte ineinander verschränkt und zu verarbeiten sind. **Michael Kleeberg** widmet sich in »Liebes Brüderchen, liebe Schwester« (1997) der Infragestellung gewohnter Denkmuster durch den plötzlichen Einbruch der Vergangenheit in den Nach-Wende-Alltag eines etablierten Berliner Arztes. Im Gespräch Dr. Brauns mit einer neuen Patientin aus dem Ostteil der Stadt beleuchtet Kleeberg Aspekte zweier Lebensläufe und verschiedener ethischer Standpunkte, wobei sich die Rollen von Helfer und Hilfesuchender als ungeahnt komplex erweisen. Die Patientin, eine ehemalige Prostituierte, die aus Angst vor einer Alzheimererkrankung um Sterbehilfe bittet, stellt sich als die wahrscheinliche Lebensretterin Brauns heraus, als dieser 1944 fälschlicherweise als Homosexueller denunziert worden war. Bei entsprechendem ständigem Perspektivenwechsel vollzieht sich eine Annäherung der Figuren an die jeweilige Lage des Anderen.

Viele Geschichten befassen sich mit Gleichgültigkeit, Egoismus, Gefühlskälte der Mitmenschen (**Helmut Krausser**: »Neues vom Norbert«, 1990) oder thematisieren die Unfähigkeit, auf den Anderen einzugehen, glücklich zu sein (**Lilian Faschinger**: »Frau mir drei Flugzeugen«, 1993). Die Figuren kennzeichnet ein hoher Grad an Unklarheit ihrer Lebenssituation gegenüber oder gewalttätiges, bisweilen extrem brutales Verhalten, ein Leben zwischen Traum und Alptraum wie in einer Reihe von Geschichten in **Ingo Schulzes** Sammlung *33 Augen-*

blicke des Glücks (1995). Vielfach projizieren diese Geschichten durch Permutationen unter den Erzählfiguren verborgene Seiten im Charakter einer Figur an die Textoberfläche. In »Camera obscura« und »Bali-Frau« von **Judith Hermann** (1998) kommt es zu einem Rollenspiel mit letztlicher Umkehrung der überlegeneren Position. So stehen weniger die Ereignisse im Blickpunkt als die Figurenkonstellation und die Art des zwischenmenschlichen Kontakts. Während die Autorin eine Figur auf eine wesentliche Eigenschaft, ein Verhalten reduziert – beispielsweise Christiane in »Bali-Frau«, auf das der berechnenden Verführerin des berühmten Regisseurs und sie als schöne Konkurrentin seiner balinesischen Frau auftreten lässt – beleuchtet sie verschiedene Formen der Einsamkeit und der Kompensierungsversuche unter den handelnden Personen. Die allmähliche Umkehrung in Verhalten und Position der Figuren findet statt, indem die Bali-Frau mehr und mehr die Initiative für das Geschehen übernimmt, einschließlich der Führungsrolle im Gespräch, während Christiane und die Anderen letztlich verstummen. Darin liegt eine schrittweise, scheinbar schwebende Pointierung. Es gelingt Hermann, im Umgang der Figuren untereinander eine Dynamik der Gefühlsentwicklungen darzustellen, die den Spannungsbogen der Geschichte virtuos auf die erfolgreiche Gegenwehr der fremden, in der deutschen Kultur scheinbar so wehrlosen Frau aus Bali konzentriert.

Auch unter den jüngeren Autorinnen und Autoren hat die amerikanische **Hemingway-Tradition** ihre Spuren hinterlassen. Darauf weist nicht nur die Titelgeschichte »Die grünen Hügel Afrikas« von Rainer Klis aus der MDR-Wettbewerbsanthologie 2003 mit ihrer Anspielung auf Hemingways gleichnamige autobiographische Erzählung (*The Green Hills of Africa*) hin. Auch die Aussagen über **Raymond Carver** von Ingo Schulze und Judith Hermann belegen, welche Impulse weiterhin vom Stil dieser Tradition und der Short Story ausgehen, hier speziell durch Carvers Kurzgeschichten, seine lakonische Sprachgestaltung, das Register seiner Aussparungskunst, in der »die Motive miteinander arbeiten wie die Muskeln beim Laufen« (Schulze 2002, 14). Zudem empfand **Ingo Schulze** Entsprechungen zwischen Carvers Alltagsepisoden und dem täglichen Leben in Ostdeutschland nach 1989. Das legte eine Orientierung an Carvers Stil nahe, als Schulze *Simple Storys,* seinen Roman in Geschichten »aus der ostdeutschen Provinz« schrieb (ebd., 12). Carvers Fähigkeit, fast die gesamte Vorgeschichte durch Andeutungen zu ersetzen, faszinierte **Judith Hermann**, denn es sind »vor allem die Dinge, die hier erzählen«, und »[b]ei allem Schrecken über das, was nicht greifbar ist [...], sind die Carverschen Dinge aber auch tröstlich und ergreifend, liegt in ihrem Verbergen der Geschichte auch Geborgenheit« (Hermann 2003,

10). In den Kommunikationssituationen ihrer eigenen Geschichten des Bandes *Sommerhaus, später* (1998) zeigt sich eine ähnliche Strategie des Aussparens; dadurch wirkt das alltägliche Nebeneinander der Figuren gleichzeitig vertraut und verrätselt.

Somit spiegelt sich in den Themen und Situationen der Kurzgeschichte, vor allem seit 1945, der Alltag in seiner jeweiligen historischen und sozialen Prägung so kontinuierlich wie es wohl selten in einer Kurzprosagattung der Fall ist. Dieses starke Interesse unter den Autorinnen und Autoren, ihre Zeitgenossenschaft in Kurzgeschichten zu verarbeiten, trägt zu einer die Leser/innen fordernden Dokumentation der Zeit bei, einer sowohl mikroskopisch präzise als auch durch das Brennglas der Phantasie beobachteten Zeit. Es macht zusammen mit der Internetpräsenz der Gattung zu Beginn des 21. Jahrhunderts ihre ganz besondere Alltags- und Publikumsverbundenheit aus und verspricht, dass sie weiterhin eine gewichtige Rolle spielen wird als Seismograph für das Nebeneinander kleiner und großer Erschütterungen im Leben der Menschen.

5. Die Kurzgeschichte im Schulunterricht

Bekanntlich wurden Kurzgeschichte und Kurzgeschichtentheorie durch das Interesse der Schule an dieser Gattung entscheidend gefördert. Schon 1950 schlug Emil Belzner in der Zeitschrift *Story* vor, die Kultusministerien sollten erwägen, ob nicht die Hefte von *Story* für den Literaturunterricht in den oberen Klassen herangezogen werden könnten. Belzner argumentierte, die Kurzgeschichte könne durch ihre stofflichen Reize »eine sinnvolle Brücke von der klassischen Literatur zu modernen Themenkreisen« schlagen (Umschlagtext). Er nahm damit bereits einen Hauptaspekt aus der bald darauf einsetzenden ersten Phase der Schuldiskussion vorweg. Es ging Belzner darum, dass an der Kurzgeschichte im Unterricht literarische Qualitätsnormen erarbeitet würden, und die Gattung somit als Gegengewicht zu Kitsch und Kolportage dienen könne.

5.1 Theorie und Didaktik

Etwa seit Mitte der 1950er Jahre gingen vom Schulsektor die wesentlichen Impulse zur Anerkennung und Verbreitung der Kurzgeschichte aus. Das geschah einerseits durch theoretische Beiträge – auch unter Berücksichtigung der modernen Short Story –, andererseits durch Erstellung von Anthologien und Einzelinterpretationen sowie durch literaturdidaktische Arbeitsvorschläge. Den Anstoß dazu gab die Notwendigkeit, sich mit der Gegenwartsliteratur auseinanderzusetzen, in der die Kurzgeschichte bis dahin eine zwar bedeutende, aber auch umstrittene Rolle spielte. Wie die Theoriebildung nach 1945, so war die literaturpädagogische Zielsetzung anfangs ebenfalls sehr stark von der historischen Situation und der Intensität der existentiellen Gegenwartserfahrung geprägt, wies nebenher jedoch auch die Bemühung auf, eine Beziehung zwischen Gegenwartsliteratur und klassischer Dichtung herzustellen. In diesem Rahmen wurde die Frage nach dem **Bildungswert der Kurzgeschichte** zunächst mit entsprechenden inhaltlichen Maßstäben beantwortet. Siegfried Hajek urteilte 1955 noch sehr vorsichtig über die Aufnahme moderner Kurzgeschichten in den Leseplan der Schule und stellte die Frage nach der Klassizität aktueller literarischer Werke. Die Kurzgeschichte bot sich seiner Meinung nach an, weil sie dem Auswahlkriterium eines Dokumentes menschlicher Selbstauslegung entsprach, nämlich »Modelle, Grundfiguren des menschlichen Lebens« abbildete (6). Auf ähnliche Weise bemühte sich Robert Ulshöfer, über das neue Menschenbild in Borcherts Kurzgeschichten die **Verbindung zwischen Klassik und Gegenwartsliteratur** herzustellen, sah die Dichtung, hier wie dort, in der Funktion bestätigt, »Hüterin und Gestalterin unseres Menschentums in Zeiten seiner Gefährdung« zu sein (1955, 40). Darüber hinaus wurde der Kurzgeschichte in der Regel eine vorbereitende Rolle für Werke des 18. und 19. Jh.s (Lehmann) und für größere Werke der Gegenwartsliteratur (Essen) zugesprochen.

Mit diesem Ziel verband sich eine Reihe formaler Gesichtspunkte, an denen Erika Essen den **didaktisch-methodischen Wert der Kurzgeschichte** erläuterte. Sie unterstrich die offene, andeutende Gestaltung; der unmittelbare Zugriff »auf die alltägliche Situation, deren helle und scharfe Durchleuchtung« in der Kurzgeschichte schärften »den Blick für das Ereignishafte des Unscheinbaren«, wodurch sich an der Kurzgeschichte aufzeigen lasse, dass es nicht auf das »Finden des Außergewöhnlichen«, sondern auf den »Blick für die zeichenhafte Bedeutung [...] auch des ›gewöhnlichen‹ Wirklichen« ankomme (1959, 210).

Inwiefern die Kurzgeschichte den **Zielen des Deutschunterrichts** gleich in mehrfacher Hinsicht entgegenkam, teils infolge ihrer gattungsspezifischen Merkmale, teils aufgrund der allgemeinen literarischen und pädagogischen Situation, ist aus der frühen Übersicht Jakob Lehmanns (1956) ersichtlich. Lehmann ging von folgender Sachlage aus:

1. Gegenüber einem schwindenden Interesse der Jugend an der Betrachtung älterer Literatur zeige sich ein gesteigertes Interesse an der Gegenwartsliteratur.

2. Eine der Hauptaufgaben des Deutschunterrichts bestehe darin, »den Sinn für echte Dichtung zu wecken und zu fördern« (3).

3. Bisherige Fehlhaltungen im Literaturunterricht, »wie geheucheltes Ergriffensein, ästhetisierendes Getue, schablonenhafte Begrifflichkeit, überhebliches Gerede und vorschnelle Kritik« gelte es zu überwinden; die Gegenwartsliteratur mit ihrer veränderten Gesamthaltung könne dazu verhelfen und ebenfalls »zum Verständnis des dichterischen Erbes der Vergangenheit hinführen« (ebd.).

Dass unter diesen Umständen insbesondere der Kurzgeschichte für die Erfüllung der genannten Aufgaben eine Schlüsselstellung eingeräumt wurde, begründete Lehmann mit folgenden **Vorzügen der Gattung**:

1. »Übersichtlichkeit, geballte Kürze und Dichtigkeit«, dazu »Einfachheit und die geschlossene Einheitlichkeit der Stimmung« mache die Kurzgeschichte besonders geeignet für den Unterricht, denn sie könne zeitlich besser integriert und als Ganzes behandelt werden, helfe auch, das Verständnis anderer Gattungen vorzubereiten. Indem die formalen Gestaltungselemente, die »oftmals feine Struktur«, stärker als die inhaltlichen Aspekte betont würden, werde »die Gefahr einer bloß inhaltsbezogenen Deutung von vornherein weitgehend ausgeschaltet« und eine auf »denkendes Anschauen« abzielende Werkanalyse gefördert (4f.).

2. Zentral für das Geschehen in der Kurzgeschichte sei eine Wirklichkeitsauffassung, für die »der Glaube an übergreifende Ordnungen in der Geschlossenheit des Kosmos« zweifelhaft geworden sei. Die so gesehene »fremde, fragliche, ja feindliche Welt« schlage sich formal im offenen Schluss der Kurzgeschichte nieder und lasse ein Menschenbild erkennen, dass die Erschütterung darüber kennzeichne, »daß die bisher gesetzmäßige Welt plötzlich unter den Schlägen des persönlichen Schicksals unbegreifbar« werde. Eine solche »antiklassische Welthaltung«, die sich nicht auf »große Einzelne« sondern auf Durchschnittsmenschen konzentriere, spreche die Jugend eher an, da sie »angesichts des Versagens des idealistischen Humanismus« weniger Sinn in »heldischem Siegen« sehe als in »tapferem Überstehen« (5f.). Vom Verständnis dieses modernen Menschenbildes her ließen sich die Schüler/innen dann erfolgreicher an das Menschenbild des 19. und 18. Jahrhunderts heranführen.

3. Besonders zu empfehlen sei »eine verstärkte Heranziehung der Kurzgeschichte in der Schule«, weil es für sie als Bestandteil der modernen Dichtung »noch keine fertigen Wertschablonen« gebe, die »gedankenlos übernommen« würden; es gelte, ihre Sinnmitte, verbindliche künstlerische sowie ethische Wertmaßstäbe zu finden. Diesbezüglich liege »gerade in der schonungslosen Offenheit und dem unbequemen Offenlassen ein ethischer Anstoß für den jungen Menschen«. Das für die Kurzgeschichte charakteristische »bloße Andeuten« fordere zum Interpretieren heraus (6f.).

Lehmann stützte sich bei seiner Definition der Kurzgeschichte ausgiebig auf Klaus Doderers Untersuchungsergebnisse (1953), übernahm damit auch die Festlegung der Kurzgeschichte auf einen bestimmten Typus mit einlinigem, straffem Handlungsverlauf auf einen Höhepunkt hin, der wiederum als »Schicksalsbruch« zum beherrschenden Form- und Inhaltskriterium wurde. Eine ähnliche **normative Auffassung** der Kurzgeschichte förderten 1957 die Beiträge von Motekat und Pongs in formaler bzw. inhaltlicher Hinsicht, wohingegen Lorbe im selben Themenheft des *Deutschunterrichts* nachdrücklich erklärte, die Kurzgeschichte lasse sich nicht auf einen einzigen Typus begrenzen (vgl. Kap. 2.4). Gemäß ihrer deskriptiven, gattungstheoretischen Ausführungen sprach sich Lorbe gegen den Einsatz normativer Lehrbeispiele aus, betonte sowohl die formale Vielfalt als auch die verschiedenen Interpretationsmöglichkeiten, die es zu beachten galt. Dennoch bildete sich in literaturdidaktischen Aufsätzen zur Kurzgeschichte eine normative Definition heraus, die, bei allem methodischen Einfallsreichtum, einer sehr begrenzten Typisierung Vorschub leistete.

So hieß es zwar in Sieghard Rosts Arbeitsvorschlag für die Oberstufe, es gebe keine normative Ästhetik der Kurzgeschichte, doch legte Rost seiner Methode eine mit Doderers Theorie übereinstimmende Definition zugrunde. Er bestätigte sie am Beispiel zweier Modellgeschichten aus der Zeit vor 1945 (Wilhelm Schäfers »Im letzten D-Zugwagen«, Hans Francks »Spielen!«) und verankerte sie in sieben Arbeitsnormen; diese wiederum dienten seinen Schülern als »**äußere Formgesetze« für die Anfertigung einer Kurzgeschichte aus einer Zeitungsnotiz:**

1. Konstruiere die Kurzgeschichte rückwärts vom Text der Zeitungsmeldung aus!
2. Motiviere und begründe alle Handlungen, die auf das Ende hinweisen, damit die Vorgeschichte der Zeitungsnachricht glaubhaft wird!
3. Laß nach Möglichkeit am Ende der Einleitung die Problemlösung schon anklingen!
4. Begrenze die Szenen unbedingt auf die geringste Zahl!
5. Laß die Personen durch ihre Handlungen und Gebärden sprechen – im Hinblick auf den Schicksalsbruch! Beschreibe sie nicht! Nebenpersonen dürfen nur zur helleren Beleuchtung der Hauptperson dienen!
6. Achte auf die Übereinstimmung von Aussage und Aussageweise (Geschehen und Sprache) sowie den Satzbau! Veranschauliche das Geschehen durch die Einheit der Bilderfolge (Szenen), der Stimmung, der Zeit und in der Haltung der handelnden Personen – immer im Hinblick auf den Schicksalsbruch!
7. Bemühe dich, mit der Überschrift schon das ideelle Leitmotiv anzuschlagen! (1957, 84).

Damit wurde ein **Idealtyp der Kurzgeschichte** hergestellt, wie er teils den an Poe orientierten Anleitungen zum Schreiben von Kurzgeschichten und teils dem auf einen tragischen Höhepunkt zulaufenden Typus in Doderers Theorie entsprach. Was die Charakteristik des »inneren Wesens« anging, so wurde dieser Idealtyp ebenso kategorisch nach Doderers Definition ausgerichtet, denn »die deutsche Kurzgeschichte«, so Rost, lasse »den Menschen nicht mehr aus sich selbst handelnd auftreten, sondern als handelndes Werkzeug des Schicksals« und begnüge sich, »den Lebensbruch darzulegen, der durch ein Geschehnis auftritt«, ohne nach den Folgen für die Betroffenen zu fragen (79).

Definitionen und pädagogische Absichten konzentrierten sich bei der Kurzgeschichte vielfach auf den Schicksalsgedanken. Über ein aktuelles menschliches Schicksal in einer Zeitungsnotiz sollten bei der Ausarbeitung in einer Kurzgeschichte **allgemein-menschliche Werte und Konflikte** behandelt, der **Realitätsbezug zur Literatur** hergestellt werden, nicht zuletzt zur klassischen Literatur (vgl. Hömke 1957). Die Kurzgeschichte diente also vor allem als Medium, um das Interesse an der Literatur zu wecken, in ihre Gesetze einzuführen, zu kritischem Nachdenken über zeitgenössische Probleme, menschliche Reaktionsweisen und ethische Fragen anzuregen und um zur sprachlich-stilistischen Schulung beizutragen.

An der bevorzugten idealtypischen Behandlung der Kurzgeschichte änderte auch der Vorschlag Ulshöfers in einem weiteren Themenheft des *Deutschunterricht* nichts. Ulshöfer griff zurück auf die drei inhaltlich normierten Geschichtentypen von Pongs, zog überdies Motekats und Doderers formale Kriterien hinzu und gelangte zu einer Typisierung der Kurzgeschichte, die der Gattung nur scheinbare Vielfalt einräumte, indem sie sie inhaltlich-ideologisch in drei »Grundformen« kategorisierte. An die Stelle von Paul Ernsts Geschichten setzte Ulshöfer »die abstrakte Erzählung Kafkas, die von der metaphysischen Einsamkeit des Menschen handelt«, unterschied sie von der »Geschichte von Krieg, Not und seelischem Zusammenbruch bei Borchert, Eich, Böll, Gaiser u.a.«; als dritte Grundform führte er »das sozialrevolutionäre Lehrstück Brechts« an (1958, 20). Die didaktischen Vorzüge einer solchen Typisierung sah Ulshöfer darin, dass sie einen »Überblick über die vorhandenen Möglichkeiten der Daseinsbewältigung [...] mit drei verschiedenen Ausprägungen ein und derselben Kunstform« böte (ebd.), wobei allerdings moderne Parabel und Kurzgeschichte durcheinander gerieten. In formaler Hinsicht schränkte er die Kurzgeschichte, Doderer folgend, auf einen Typus ein. Auf eine leicht abgewandelte Form, die die Technik der Gleichzeitigkeit verwendet (Borchert: »An diesem Dienstag«), wies Ulshöfer zwar hin, umschrieb sie jedoch metaphorisch-graphisch, ohne das so gewonnene anschauliche Tafelbild in die entsprechenden erzähltechnischen Begriffe zu übersetzen. Damit zeichnete sich die Gefahr einer theoretischen Anpassung der Gattung an literaturdidaktische Ziele ab.

Gegen den Einwand der noch nicht geklärten **Qualitätsfrage** des vorliegenden Kurzgeschichtenmaterials führte Ulshöfer an, ein Kanon allgemein anerkannter Kurzgeschichten sei durch Lesebücher, Anthologien und Interpretationen im Entstehen und Wachsen begriffen. Was darüber hinaus den Bildungswert betraf, so verfuhr Ulshöfer zwar zurückhaltend wegen des noch fehlenden historischen Abstandes, betrachtete jedoch eine Reihe von Vorzügen, darunter die spannungs- und wirkungsvolle Kürze, das »Wechselverhältnis von Sprachform und Existenzaussage«, d.h. – aus didaktischer Sicht –, »die Sprachbetrachtung in Verbindung mit Untersuchungen über die Menschenzeichnung und die Art der Daseinsbedrohung« als ein »lohnendes Thema für die Schule« (1958, 8). Er sah die Gattung als für den Literaturunterricht besonders geeignet an, u.a. weil sie »scheinbar belanglose Einzelfälle des Alltagsgeschehens durch die Art der künstlerischen Gestaltung zu Modellfällen« erhebe und mit dieser hintergründigen Darstellungsweise »von der Betrachtung des unmittelbar empirischen Alltagsgeschehens ohne Umwege zur literarischen Form« hinführe.

Während Ulshöfers Beurteilung diejenige Lehmanns bekräftigte, waren die Vorbehalte gegenüber der Gattung keineswegs verschwunden, hatten vielmehr den Anstoß für die Diskussion in diesem Themenheft gegeben: »Die Sorge, der Deutschunterricht beziehe kritiklos Gegenwartsliteratur zweifelhaften Wertes mit ein« gelte, so Ulshöfer, »in erster Linie der Kurzgeschichte« (4). Demgemäß schlug er im Verlauf seiner Erörterung eine weitere didaktische Verwendungsmöglichkeit (für die Oberstufe) vor, dass sich nämlich an den Schwächen vieler Kurzgeschichten (leicht durchschaubares Schema, abstruser Tiefsinn, gekünstelter Stil, gewollte Modernität, zu deutlich aufgetragene Enthüllungs- oder Warnungsabsicht) Maßstäbe für die literarische Wertung erarbeiten ließen sowie für die Beurteilung von menschlichem Verhalten, politischen Zeiterscheinungen und deren literarischer Gestaltung. Wie zuverlässig solche Wertmaßstäbe sein mochten, ist allerdings fraglich angesichts der einengenden Interpretationen von Bölls »Wanderer, kommst du nach Spa...« und Aichingers »Mondgeschichte« in Bezug auf ihre Schwächen bzw. ihre Eignung für den Literaturunterricht (bei Böll stellte Ulshöfer gekünstelte Verwendung von Stilmitteln fest, bei Aichinger »Künstelei und gewollte Zeitgemäßheit«, Unauflösbarkeit, »konstruierten Tiefsinn«; vgl. 9-19).

Dass bei vielen Interpretationen außer didaktischen auch ideologische Gründe für die Einengungen verantwortlich waren, haben Jochen Vogt und Rainer Nägele am Beispiel der Geschichten Bölls hervorgehoben, die meistens »verharmlosend und harmonisierend« interpretiert wurden (Nägele 1976, 121); vor allem an der ahistorischen Behandlung von Bölls Kurzprosa hatte sich selbst 1982 laut Klaus-Michael Bogdals Bilanz nichts, an dem schmalen Repertoire von Schulbeispielen wenig geändert.

Das »Ungesicherte des Gegenstandes« war nicht so schnell in den Griff zu bekommen, was noch der Berliner Germanistenkongress 1961 bewies, auf dem Walter Höllerer seine Typologie der Kurzgeschichte vortrug, denn in der abschließenden Podiumsdiskussion zeigte sich die verbreitete Unsicherheit im Umgang mit dieser Gattung (Hans Bender in Durzak 1980, 75). Doch hatte die Schuldiskussion bis dahin die ausschlaggebenden Akzente gesetzt, die zu Beginn der 1960er Jahre in die literaturdidaktischen Überlegungen der Volks- und Realschulpädagogen aufgenommen wurden, freilich nicht ohne Einsprüche hervorzurufen, wie etwa den unhaltbaren Einwand, die Kurzgeschichte überfordere den Volksschüler (vgl. die Debatte zwischen Klaus Gerth und Hermann Kölln, 1963).

Verbreiteten sich einerseits die in den 1950er Jahren gesetzten Normen, so tauchte andererseits auch die an Zierotts Arbeit (1952) orientierte Definition der **Kurzgeschichte als Sammelbegriff** auf (vgl. Alberti, 1963). 1970 bemerkte Gutmann diesbezüglich, es herrsche noch immer begriffliche Verwirrung auf dem Schulsektor (76f.), doch hatte sich die Kurzgeschichte bis Mitte der 1960er Jahre mit Unterstützung des Schulbuchmarktes in der Schule durchgesetzt. 1964 stellte der Schöningh-Verlag seine Kurzgeschichtenreihe *Moderne Erzähler* ein, die bis dahin »in 19 Heften 125 Geschichten von 27 Erzählern« vorgestellt hatte (vgl. Rohner [2]1976, 22-25, 60). Während die Gattung ihren festen Platz im Schulunterricht bekam, bildete sich allerdings auch der von Ulshöfer angedeutete Kanon von Kurzgeschichten heraus, der die Gattung auf eine begrenzte Anzahl von ständig herangezogenen **Modellgeschichten** regelrecht fixierte.

Bevorzugt wurden bei Interpretationen und in Anthologien Geschichten von:

- Borchert: »Die Küchenuhr«, »Das Brot«, »Nachts schlafen die Ratten doch«, »Die drei dunklen Könige«, »An diesem Dienstag«
- Langgässer: »Saisonbeginn«, »Untergetaucht«
- Böll: »Die Waage der Baleks«, »Wir Besenbinder«, »Wanderer, kommst du nach Spa...«, »So ein Rummel«
- Weisenborn: »Zwei Männer«
- Bender: »Die Wölfe kommen zurück«, »Der Brotholer«
- Malecha: »Die Probe«
- Britting: »Brudermord im Altwasser«
- Aichinger: »Fenster-Theater«, »Die geöffnete Order«
- Eich: »Züge im Nebel«, »Der Stelzengänger«
- Gaiser: »Der Mensch, den ich erlegt hatte«
- Eisenreich: »Der Weg hinaus«
- Lenz: »Ein Freund der Regierung« und
- die Anekdote »Das Trockendock« von Stefan Andres.

5.2 Kanon und literarische Öffentlichkeit

In den 1970er Jahren wurde der traditionelle **Kanon von Modellgeschichten** durch die vierbändige Sammlung *Arbeitstexte für den Unterricht* (Reclam 1973) erweitert mit dem Zweck, »ein ausgewogenes Verhältnis von längst bewährten, aber in verschiedenen Lesewerken verstreuten und deshalb für den Schüler schlecht zugänglichen Beispielen und bislang noch kaum im Unterricht erprobten herzustellen« (Vorbemerkung). Der Herausgeber, Winfried Ulrich, unternahm es in dieser Reihe, der lange geübten, auf isolierte Einzelinterpretationen ausgerichteten Unterrichtspraxis ein Konzept entgegenzusetzen, das aus vorwiegend thematisch gruppierten Sequenzen bestand.

Auch die **methodischen Gesichtspunkte** wurden vielfältiger angelegt, indem sich das Erkenntnisinteresse nicht auf den lange vorherrschenden Schicksalsgedanken, auch nicht ausschließlich auf Orientierungshilfe im Leben richtete, sondern zusätzlich auf ideologiekritische, wirkungsästhetische, kommunikationstheoretische Aspekte sowie gattungspoetische Fragen mit einbezog, wozu ein parallel erschienenes Heft in Auszügen eine Übersicht über die Theorie der Kurzgeschichte bot (v. Nayhauß 1977). Ähnlich, doch auf breiterer methodischer Basis stellte die Projektgruppe Zams »Methoden und Beispiele der Kurzgeschichteninterpretation« zusammen (1977). Trotz solcher Konzepte zeigt ein Blick auf die *Deutschvorbereitung für das Abitur* (1975, überarb. u. erw. [3]1978) eine formorientierte, aber in Bezug auf gattungstheoretische und zeitgeschichtliche Aspekte äußerst vage Behandlung der Kurzgeschichte am Beispiel von Borcherts »Mein bleicher Bruder« und lässt eine Entwicklung erkennen, über die Bogdal noch zu Beginn der 1980er Jahre feststellte, die »textlinguistisch aufpolierte [...] formale Betrachtungsweise« habe sich methodisch durchgesetzt, die ahistorische Behandlung der Kurzgeschichte sei noch immer »konstituierend für die epistemologische Struktur geisteswissenschaftlicher Curricula« (1982, 127 u.128). Formale Aspekte und Fragen der Lebenshilfe (etwa gesellschaftliche Orientierung anhand von Außenseiterfiguren) bestimmen weiterhin den Bildungswert der Kurzgeschichte (vgl. Steffe). Erfreulich ist, dass die 1989 von Günter Lange herausgegebene zweite Folge der Kurzgeschichten für den Unterricht (Reclams Arbeitstexte) eine notwendige **Erweiterung des Kurzgeschichtenkanons** bietet.

Neben dem Bestreben, die Textbasis verfügbarer Kurzgeschichten stetig zu erweitern, öffnete sich die Schule auch für die aktive Teilnahme an Ereignissen der literarischen Öffentlichkeit. Beispielhaft dafür war die Einbeziehung der Schüler in Diskussion und Bewertung von Kurzgeschichten im Rahmen des Arnsberger Wettbewerbs und Kolloquiums, wo es in den 1980er Jahren einen **Preis der Schü-**

ler mit eigener **Schülerjury** gab, die auch mit einem Vertreter an der Gesamtjury beteiligt war. Wenn Schüler selbst einen Preis für die nach ihrem Ermessen beste unter den eingesandten Kurzgeschichten verleihen können, ergibt sich als natürliche Folge, dass ihr Interesse keineswegs auf den kritisch-theoretischen Bereich begrenzt bleibt, sondern auch die eigene Kreativität anregt und den Wunsch nahelegt, selbst eine Geschichte zu verfassen. Auf dieses Interesse baute die Schulpraxis zunehmend. Wie schon in den 1950er Jahren vereinzelt der Fall, wird vor allem seit den 1990er Jahren immer häufiger der **kreative Umgang** mit Sprache und Literatur für didaktische Ziele eingesetzt. Das führt im Deutschunterricht vermehrt zu Projekten, die sich dem theoretischen Verständnis der Kurzgeschichte nähern, indem sie die Schüler/innen selbst zum Schreiben einer Geschichte veranlassen. Gleichzeitig bietet sich diesen jungen Autorinnen und Autoren auch die Gelegenheit, ihre Geschichten bei speziell für sie ausgeschriebenen Wettbewerben einzureichen. Diese Praxis erstreckt sich inzwischen auf die verschiedenen Schultypen von der Grundschule bis zum Gymnasium (vgl. www.realschule-mayen.de/Schuler/schuler.html). In Dülmen wurde der bekannte Kurzgeschichtenautor Josef Reding im März 2004 eingeladen, eine dreitägige **Schreibwerkstatt** für die Klassen 8 bis 12 zu leiten. Teilnahme an diesem Workshop war Voraussetzung für die Beteiligung am Wettbewerb um den 5. Dülmener Kurzgeschichtenpreis. Reding forderte die über 100 Schüler/innen aus allen Dülmener Schulen, die diese Schreibwerkstatt besuchten, auf: »Schreibt über Dinge aus eurem Umfeld. Das macht es lebendiger und anschaulicher«. Dementsprechend fanden sich unter den von 44 Schülern eingereichten 57 Beiträgen Geschichten mit Themen aus folgenden Bereichen: Probleme des Erwachsenwerdens, Leistungs- und Erwartungsdruck, Gewalt, Kritik an der Konsumgesellschaft und an rollentypischem Geschlechtsverhalten (www.dülmen. de/kultur_bildung/schulen/index.htm).

Auch **überregionale Wettbewerbe** stehen Schüler/innen zur Verfügung, wobei die Kriterien für einzureichende Kurzgeschichten allerdings oft sehr weit gefasst sind oder offen bleiben, eventuell auf eine bestehende Schulpraxis bauen. So etwa lud das Schweizer Lyceum Alpinum in Zuoz anlässlich seines 100-jährigen Jubiläums mit einer Ausschreibung zum landes- und europaweiten Kurzgeschichtenwettbewerb ein (www.lyceum-alpinum.ch). In Österreich bot der deutschsprachige Schreibwettbewerb zum Thema »Mit anderen Augen« für die Altersgruppen acht bis dreizehn und vierzehn bis zwanzig Jahre den zwanzig besten Geschichten und Gedichten in jeder Altersgruppe die »Teilnahme an einer internationalen Werkstattwoche im Juli 2003 in Graz« (www.jugendschreibt.com).

Diese Wettbewerbe verdeutlichen, welch besondere Rolle das **Internet** seit der Wende vom 20. ins 21. Jahrhundert für die Schreibpraxis in der Schule spielt. Abgesehen von leicht zugänglichen Textbeispielen, theoretischen sowie didaktischen Informationen zur Gattung Kurzgeschichte finden sich dort auch Ergebnisse didaktischer Praxis, oft in Form von Kurzgeschichten, die Schüler im Deutschunterricht verfasst haben, für die sie gelegentlich bei einem Schulwettbewerb einen Preis erzielt haben. Diese auf einer Schulwebseite ins Internet gestellten Geschichten, durchschnittlich im Umfang einer Din-A4-Seite, orientieren sich am Strukturmodell der in einfacher Progression erzählten, auf einen überraschenden Schluss zustrebenden Geschichte mit mehr oder weniger Spannung durch Verzögerung und damit an entsprechenden Kriterien, wie sie auf Webseiten für die Schule verbreitet sind.

»Die **Merkmale einer Kurzgeschichte**« werden beispielsweise an spezifischen Geschichten ausgeführt, und in einprägsamen Stichworten zusammengefasst als: »Unvermittelter Anfang, Kürze, Beschränkung auf das Wesentliche, Aussparungen, Alltäglichkeit, offener Schluss, zum Nachdenken anregend« (www.schule-inside.de). Das Gewicht liegt auf dem Merkmal »Kürze«, allerdings nicht darauf, dass die Kunst in der suggestiven Verkürzung besteht und dass diese Kunst sich in der formalen Gestaltung äußerst variantenreich erweist. In der Regel lassen die ins Internet gestellten Geschichten aus Schreibprojekten des Deutschunterrichts erkennen, dass die Schüler hier neben psychologischer Einsicht in soziale Verhaltensmuster formale Aspekte wie Handlungsaufbau und Erzählperspektive geübt haben, denn im gebotenen Ausschnitt aus einem Alltagsgeschehen sind Figurenzeichnung, Perspektivik und geraffte Ereignisfolge sichtbar auf den Höhepunkt am Schluss hin konstruiert. Wer für den geschickten Umgang mit dieser Grundform als Preis die Teilnahme an einer Schreibwerkstatt gewonnen hat, erhält die Gelegenheit seine literarischen Fähigkeiten fortzubilden. Da inzwischen das Angebot an Kurzgeschichten im Internet bereits ziemlich umfassend geworden ist (vgl. Kap. 4.7), wurde es in diesem Medium auch zum Thema für die Schulpraxis und dient den Schüler/innen dazu, sich mit den künstlerischen Gestaltungsmöglichkeiten dieser Gattung analytisch auseinanderzusetzen (http://home.t-online.de/home/gym-barntrup/deproj.htm).

Die Kurzgeschichte bietet somit ein **breites Spektrum didaktischer Anwendung,** wofür im Internet vielfältige Informationsmöglichkeiten vorliegen. Da sie leicht zugänglich sind, verbreiten sich auch einheitliche Gattungskriterien. Das beinhaltet allerdings die Gefahr, dass dadurch eine Verengung auf die Merkmale ausschließlich eines Strukturtyps der Kurzgeschichte gefördert wird, es sei denn eine sol-

che Verengung fordert zur weiteren Orientierung an anderen Bauformen der Gattung heraus. Wie fördernd oder nachteilig sich die
didaktische Nutzung des Internets auf die Entwicklung der Kurzgeschichte auswirken mag, bleibt abzuwarten.

Abkürzungen

detebe	Diogenes Taschenbuch
dt	deutsche Texte (Niemeyer)
dtv/sr	Deutscher Taschenbuch Verlag/Sonderreihe
DU	Der Deutschunterricht
DVjs	Deutsche Vierteljahrsschrift für Literaturwissenschaft und Geistesgeschichte
FAT	Fischer Athenäum Taschenbücher
FAZ	Frankfurter Allgemeine Zeitung
FH	Frankfurter Hefte
FZ	Frankfurter Zeitung
GRM	Germanisch-Romanische Monatsschrift
GW	(Das) Gesamtwerk/Gesammelte Werke
LE	Das literarische Echo
N.F.	Neue Folge
RL	Reallexikon der deutschen Literaturgeschichte
SBB	Suhrkamp BasisBibliothek
Slg.	Sammlung
SZ	Süddeutsche Zeitung
ZfDk	Zeitschrift für Deutschkunde
ZfdPh	Zeitschrift für deutsche Philologie

6. Literaturverzeichnis

A. Zur Einführung und Übersicht

Bender, H.: »Ortsbestimmung der Kurzgeschichte«. In: *Akzente* 9 (1962), 205–225.

Durzak, M.: *Die deutsche Kurzgeschichte der Gegenwart. Autorenporträts, Werkstattgespräche, Interpretationen.* Stuttgart 1980, 3., erw. Aufl. Würzburg 2002.

– : *Die Kunst der Kurzgeschichte.* München 1989 (UTB 1519).

Gutmann, P.O.: »Erzählweisen in der deutschen Kurzgeschichte«. In: *Germanistische Studien* II (1970), 73-160 (Schriftenreihe der Kant-Hochschule Braunschweig 15).

Höllerer, W.: » Die kurze Form der Prosa«. In: *Akzente* 9 (1962), 226–245.

Kritsch Neuse, E.: *Die deutsche Kurzgeschichte. Das Formexperiment der Moderne.* Bonn 1980 (Abhandlungen zur Kunst-, Musik- und Literaturwissenschaft, 306).

Lorbe, R.: »Die deutsche Kurzgeschichte der Jahrhundertmitte«. In: *DU* 9.1 (1957), 36–54.

Marx, L.A.: »Die Kurzgeschichte«. In: *Formen der Literatur.* Hg. O. Knörrich. Stuttgart 1991, 224–235 (Kröners Taschenausg. 478).

Rohner, L.: *Theorie der Kurzgeschichte.* Frankfurt a.M. 1973, 2., verb. Aufl. 1976.

Schnurre, W.: »Kritik und Waffe. Zur Problematik der Kurzgeschichte«. In: *Deutsche Rundschau* 87.1 (1961), 61–66.

B. Allgemein

Ahrends, G.: *Die amerikanische Kurzgeschichte. Theorie und Entwicklung.* Stuttgart 1980.

Andersch, A.: »›The real thing‹«. In: *Horizont* 3, 18 (1948), 4-5.

– : *Deutsche Literatur in der Entscheidung.* Karlsuhe 1948.

– : »Das Gras und der alte Mann«. In: *Frankfurter Hefte* 3 (1948), 927–929.

Atzenbeck, C.: »Die deutsche Kurzgeschichte«. In: *Die Scholle* 13 (1936/37), 732–735.

Aust, H.: *Novelle.* Stuttgart 1990, ³1999 (Sammlung Metzler 256).

Auzinger, H.: *Die Pointe bei Čechov.* Diss. München 1956.

Bade, W.: »Die Aufgaben des deutschen Feuilletons. Pressekonferenz im Ministerium für Volksaufklärung und Propaganda«. In: *Völkischer Beobachter*, Ausg. A (Berlin) v. 20.7.1933 (2. Beiblatt).

Bahrawy, L. de Serbine: *The Voice of History. An Exegesis of Selected Short Stories from Ingeborg Bachmann's ›Das dreißigste Jahr‹ and ›Simultan‹ from the Perspective of Austrian History*. New York 1989.

Baldeshwiler, E.: »The Lyric Short Story: The Sketch of a History«. In: *Short Story Theories*. Hg. Ch. E. May. Athens, Ohio 1976, 202–213.

Baldwin, L.D.: *The Child Narrator in the Postwar German Short Story*. Diss. State Univ. of New Jersey 1990.

Bartels, A.: »Kleine Geschichten«. In: *Der Kunstwart* 11, 1 (1897/98), 10–13.

Baum, I.: »Die Kurzgeschichte lebt von der Gegenwart«. In: *Publikation. Der literarische Markt* 18, 8 (1968), 4.

Bausinger, H.: »Bemerkungen zum Schwank und seinen Formtypen«. In: *Fabula* 9 (1967), 118–136.

Behrmann, A.: *So schreibt man Kurzgeschichten*. München 1959.

– : (Bearb.): *Technik der Erzählkunst. Methodischer Lehrgang*. Darmstadt o.J. [1956].

Bellmann, W. (Hg.): *Interpretationen. Klassische deutsche Kurzgeschichten*. Stuttgart 2004.

Bender, E.: »Schwank und Anekdote«. In: *DU* 9, 1 (1957), 55–67.

Bender, H.: »Ende, Übergang, Anfang. 15 Jahre Gegenwartsliteratur«. In: *Akzente* 8 (1961), 374-383.

– : »Ortsbestimmung der Kurzgeschichte«. In: *Akzente* 9 (1962), 205–225.

– : [Die short story deutscher Spielart]; Beitrag zum »International Symposium on the Short Story, Part Two«, verzeichnet als: »West Germany: Hans Bender«. In: *The Kenyon Review* XXXI, 123, 1 (1969), 85–92.

Bienek, H. (Hg.): *Werkstattgespräche mit Schriftstellern*. München 1962, [3]1976 (erw.).

Bienenstein, K.: »Kurze Geschichten«. In: *LE* 6 (1903/04), 1344–1347.

Böll, H.: »Bekenntnis zur Trümmerliteratur« [1952]. In: Ders.: *Erzählungen, Hörspiele, Aufsätze*. München 1963, 352–356.

Borcherdt, H.H.: »Anekdoten«. In: W. Hofstaetter u. U. Peters (Hg.): *Sachwörterbuch für Deutschkunde* I. Berlin/Leipzig 1930, 33.

Born, N. u. J. Manthey (Hg.): *Literaturmagazin 7. Nachkriegsliteratur*. Reinbek 1977.

Bowen, E.: »The Short Story«. In: Dies. (Hg.): *The Faber Book of Modern Stories*. London 1937, 7–19.

Brandt, O.: »Anekdote und Kurzgeschichte«. In: *Reichspost* (Wien) Nr. 171 v. 21.6.1936.

Brandt, T.O.: »The modern German ›Kurzgeschichte‹«. In: *Monatshefte* XLIV, 2 (1952), 79-84 (Die Kurzgeschichte nach 1945 bildet nicht die Grundlage der Definition »anecdotal Novelle«; diese ist vorwiegend an v. Grolman und Nadler orientiert).

Braune-Steininger, W.: »Uwe Johnsons *Karsch, und andere Prosa* im Gattungsdiskurs der deutschsprachigen Kurzgeschichte nach 1945«. In: *Johnson-Jahrbuch* 7 (2000), 85-95.

Brennecke, B.: »Kurzgeschichte oder Novelle«. In: *Der deutsche Schriftsteller* 3 (1938), 75–77.

Brettschneider, W.: *Die moderne deutsche Parabel. Entwicklung und Bedeutung.* Dortmund [2]1980.

Brie, F.: »Die junge amerikanische Bewegung«. In: *LE* 24 (1921/22), 961–973.

Brustmeier, H.: *Der Durchbruch der Kurzgeschichte in Deutschland. Versuch einer Typologie der Kurzgeschichte, dargestellt am Werk Wolfgang Borcherts.* Diss. Marburg 1966 (vgl. dazu den ausführlichen Kommentar in Rohner 1973, 54f.).

Bungert, H. (Hg.): *Die amerikanische Short Story.* Darmstadt 1972.

– : »Zur Rezeption zeitgenössischer amerikanischer Erzählliteratur«. In: *Die amerikanische Literatur der Gegenwart. Aspekte und Tendenzen.* Hg. H. Bungert. Stuttgart 1977, 252–262.

Busse, C.: »Ein neuer russischer Dichter. Anton Tschechow«. In: *Die Gegenwart* 41 (1892), 392–393.

Christophé, E.C.: »Von der Kurzgeschichte«. In: *Der deutsche Schriftsteller* 3 (1938), 54.

Cordan, W.: *„Story«.* In: *Akzente 10,* 1 (1963), 49–54.

Corkhill, A.: »Monologisches Erzählen am Beispiel deutscher Kurzprosatexte seit 1945«. In: *Colloquia Germanica* 20 (1987), 184–202.

– : »1945 and onwards: female gender and participation in the German short story«. In: *The Modern Language Review* 91, 2 (1996), 414-426.

– : »Darstellung der Kindheit und der Adoleszenz in der deutschen Initiationsgeschichte seit 1945«. In: *Literatur für Leser* 3 (1997), 158-167.

Czierski, O.: *Im Blitzlicht der Epik. Struktur und Wesen der Kurzgeschichte mit Werkbeispielen.* Neunburg o.J.

Damrau, H.M.: *Studien zum Gattungsbegriff der deutschen Kurzgeschichte im 19. und 20. Jahrhundert.* Diss. Bonn 1967, 6–30.

Datta, A.: *Kleinformen in der Erzählprosa seit 1945. Eine poetologische Studie.* Diss. München 1971.

Dines Johansen, J.: *Novelleteori efter 1945. En Studie i litterær taxonomi.* Kopenhagen 1970.

Doderer, K.: *Die Kurzgeschichte in Deutschland. Ihre Form und ihre Entwicklung.* 1953 (Diss. Marburg 1952). Reprograph. Nachdruck Wiesbaden 1953, Darmstadt 1969 (mit Vorbemerkung u. bibliograph. Ergänzungen), [3]1972.

– : »Die angelsächsische ›Short Story‹ und die deutsche Kurzgeschichte«. In: *Die Neueren Sprachen,* 1953, 417– 424 (Nachdruck in: H. Bungert (Hg.): *Die amerikanische Short Story.* Darmstadt 1972, 174–185).

– : »Die Kurzgeschichte als literarische Form«. In: *Wirkendes Wort* 8 (1957/58), 90–100.

– : »Kurzgeschichte und Short Story«. In: *Lexikon der Weltliteratur im 20. Jahrhundert,* 2. Freiburg i. Brsg. [u.a.] 1961, 93–97.

Donnenberg, J.: »Bevorzugte Gattungen I: Kurzgeschichte, Reportage, Protokoll«. In: Weiss, W. u.a. (Hg.): *Gegenwartsliteratur. Zugänge zu ihrem Verständnis.* Stuttgart 1973, 78–93 (Urban 162).

Dopatka, D.: »Erzählte Kindheit, erzählte Geschichte. Das Erleben der Befreiung und des Anbruchs einer neuen Zeit in ausgewählter Kurzprosa der 70er und 80er Jahre«. In: *DU* (DDR) 38 (1985), 174-178.

Dürscheidt, N.: »Uwe Johnsons Kurzgeschichte ›Osterwasser‹«. In: *Internationales Uwe-Johnson-Forum* 3. Bern 1993, 25-33.

Durzak, M.: *Das Amerika-Bild in der deutschen Gegenwartsliteratur. Historische Voraussetzungen und aktuelle Beispiele.* Stuttgart 1979 (Sprache und Literatur 105). Darin: »Ambrose Bierce und Stephan Hermlin. Zur Rezeption der amerikanischen Short Story in Deutschland«, 82–111, u. »Ernest Hemingway, Siegfried Lenz und Günter Kunert. Die Adaption der amerikanischen Short Story in Deutschland«, 112–128.

– : *Die deutsche Kurzgeschichte der Gegenwart. Autorenporträts, Werkstattgespräche, Interpretationen.* Stuttgart 1980; 3. erw. Aufl.: Würzburg 2002.

– : »Drei-Minuten-Romane. Zu den Anfängen Heinrich Manns«. In: H. Koopmann u. P.-P. Schneider (Hg.): *Heinrich Mann. Sein Werk in der Weimarer Republik.* Frankfurt a.M. 1983, 9-23; u. in: Ders. 1989.

– : »Die parabolische Kurzgeschichte der Gegenwart«. In: T. Elm u. H.H. Hiebel (Hg.): *Die Parabel. Parabolische Formen in der deutschen Dichtung des 20. Jahrhunderts.* Frankfurt a.M. 1986, 345-366; u. in: Ders. 1989.

– : *Die Kunst der Kurzgeschichte.* München 1989 (UTB 1519).

Ebing, H.A.: *Die deutsche Kurzgeschichte. Wurzeln und Wesen einer neuen literarischen Kunstform.* Bochum-Langendreer 1936 (Diss. Münster 1935).

– : »Kurzgeschichte als neue Kunstform«. In: *Ostdeutsche Monatshefte* (Berlin) 19, 7 (1938/39), 377–380.

Eckstein, P.: »Nachruf auf die Pointe«. In: *Die Tat* (Zürich) v. 24.7.1951.

Edelhoff, H.: »Schriftleiternöte mit der Kurzgeschichte«. In: *Zeitungs-Verlag* (Berlin) 43, 7 1942), 50.

Eisenreich. H.: »Eine Geschichte erzählt sich selbst. Vorläufige Erfahrungen eines Autors«. In: Ders.: *Böse schöne Welt.* Stuttgart 1957, 166–173.

Elster, H.M.: »Die Kurzgeschichte oder ›Skizze‹«. In: *Die Horen* 6 (1930), 708–711.

Engelhardt, A. v.: »Der russische Maupassant (Anton Tschechow).« In: *LE* 1 (1898/99), 150–153.

Erné, N.: *Kunst der Novelle.* Wiesbaden 1956, [2]1961.

Erpenbeck, F.: »Short Story«. In: *Das Wort* 2.8 (1937), 39-44.

Essen, E.: »Nachwort«. In: Dies. (Hg.): *Moderne deutsche Kurzgeschichten.* Frankfurt a.M. 1957, [7]1970, 54–56. (Sein und Sagen 1).

Ewers, H. H.: »Edgar Allan Poe«. In: *Die Dichtung* XLII, 1905.

Fallada, H.: »Ernest Hemingway oder Woran liegt es?«. In: *Die Literatur* 33 (1930), 672–674.

– : »Gespräch zwischen Ihr und Ihm über Ernest Hemingway: *In unserer Zeit*«. In: *Die Literatur* 35 (1932), 21–24.

Fischer, W.: »Der demokratische Gedanke in der neueren amerikanischen Literatur«. In: *GRM* 14 (1926), 126–140 (Vortrag v. 1.10. 1925, 55. Versammlung dt. Philologen u. Schulmänner, Erlangen).

Fitz Gerald, G.: »The Satiric Short Story. A Definition«. In Ch. E. May (Hg.): *Short Story Theories.* Athens, Ohio 1976, 182–188.

Fechter, P.: *Deutsche Dichtung der Gegenwart. Versuch einer Übersicht.* Leipzig 1929.

– : *Kleines Wörterbuch für literarische Gespräche.* Gütersloh 1950. Darin: »Feuilleton«, 95–98 u. »Short story«, 286–288.

Franck, H.: »Deutsche Erzählkunst«. In: M. Tau (Hg.): *Die deutsche Novelle,* 2. Trier 1922, 26.

– : »Die Kunst der Kurzgeschichte«. In: *Die Woche* (Berlin) Nr. 1 v. 3.1.1931.

– : »Die Kurzgeschichte«. In: *Kritische Gänge* (Beilage der Berliner *Börsen-Zeitung,* Nr. 4) v. 24.1.1932.

Franke, W.: »Vom Wesen der deutschen Kurzgeschichte«. In: *Die badische Schule* 4 (1937), 275–277.

Frenz, H. u. J. Hess: »Die Nordamerikanische Literatur in der Deutschen Demokratischen Republik«. In: Frenz/Lang 1973, 171–199.

– : u. H. J. Lang (Hg.): *Nordamerikanische Literatur im deutschen Sprachraum seit 1945.* München 1973.

Freydank, K.: *Das Prosawerk Borcherts. Zur Problematik der Kurzgeschichte in Deutschland.* Diss. Marburg 1964 (begrenzt auf Kurzgeschichten und kurze Prosa Borcherts).

Fried, A.: »Fug und Unfug der Kurzgeschichte«. In: *Das Wort* 2.8 (1937), 44-46.

Friedman, N.: »What makes a Short Story Short?« In: H. Bungert (Hg.): *Die amerikanische Short Story.* Darmstadt 1972, 280–297 (Wege der Forschung CCLVI).

Fritz, G.: »Nordamerika mit Kanada«. In: *Weltliteratur der Gegenwart 1890-1931,* I. Berlin 1931, 127-210.

Fülleborn, U.: *Das deutsche Prosagedicht. Zur Theorie und Geschichte einer Gattung.* München 1970.

Gehring, H.: *Amerikanische Literaturpolitik in Deutschland 1945-1953. Ein Aspekt des Re-Education-Programms.* Stuttgart 1976 (Schriftenreihe der Vierteljahrshefte für Zeitgeschichte 32).

Geppert, H.V.: *Perfect Perfect. Das kodierte Kind in Werbung und Kurzgeschichte (Katherine Mansfield, Marie-Luise Kaschnitz, Gabriele Wohmann, Christa Wolf, u.a.).* Augsburg 1989 (Mansfield-Symposium der Univ. Augsburg 1988).

Giloi, D.: *Short Story und Kurzgeschichte. Ein Vergleich Hemingways mit deutschen Autoren nach 1945.* Tübingen 1983.

Goetsch, P.: »Arten der Situationsverknüpfung. Eine Studie zum ›explosive principle‹ in der modernen Short Story«. In: *Studien und Materialien zur Short Story.* Hg. Ders. Frankfurt a.M. ³1978, 40–63 (Schule und Forschung); vgl. ebd., Ders.: »Probleme und Methoden der Short-Story-Interpretation«, 27–39.

Greenberg, V.D.: *Literature and Sensibilities in the Weimar Era. Short Stories in the »Neue Rundschau«.* Madrid 1982 (studia humanitatis).

Gelzer, H.: *Guy de Maupassant.* Heidelberg 1926.

Greiffenhagen, H.: »Novelle oder Kurzgeschichte«. In: *Neue Preußische Kreuz-Zeitung* (Berlin). Nr. 45 v. 13.2.1930 (2. Beiblatt).

Grenzmann, W.: »Anekdote«. In: *RL* 1, (²1958), 63–66.

Grolman, A. v.: »Die strenge Novellenform und die Problematik ihrer Zertrümmerung«. In: *ZfDk* 43 (1929), 609–627.

Grothe, H.: *Anekdote*. Stuttgart [2]1971, [3]1984 (Sammlung Metzler 101).

Gutmann, P.O.: »Erzählweisen in der deutschen Kurzgeschichte«. In: *Germanistische Studien* II (1970), 73-160 (Schriftenreihe der Kant-Hochschule Braunschweig 15).

Haacke, W.: »Vom Wiener Feuilleton«. In: *Die Literatur* 42.12 (1940), 503–504.

– : Brief an Helga von Kraft v. 11.7.1941. In: Kraft, H. v.: *Die Kurzgeschichte als Gegebenheit und als Idee*. Diss. (masch.) Münster 1942, 2-5.

– : *Feuilletonkunde. Das Feuilleton als literarische und journalistische Gattung* I-II, Leipzig 1943-1944, I, 151 u. II (1944), 204ff.; vgl. auch die veränderte Neuausg.: *Handbuch des Feuilletons* 1–3. Emsdetten 1951–1953. Bes. 2 (1952), 215–220.

Halm, H.: *Anton Tschechows Kurzgeschichte und deren Vorläufer.* Weimar 1933 (Forschungen zur neueren Literaturgeschichte, LXVII).

Hametner, M.: »Lese-Marathon und Glücks-Momente«. Interview. <http://www.mdr.de> 31. Oktober 2004.

– : Vorbemerkungen und Nachworte in den MDR-Anthologien 1-8. 1999-2004. [vgl. 6.2.5]

Harte, B.: »Das Glück von Roaring Camp«. In: Heyse/Kurz 13, 1874, 175–198.

Hartung, G.: *Literatur und Ästhetik des deutschen Faschismus.* Berlin (DDR) 1983 (Literatur und Gesellschaft).

Hausmann, H.: »Niedergang der Kurzgeschichte – fehlendes Verantwortungsbewußtsein«. In: *Deutsche Presse* (Berlin). Nr. 24 v. 21. 8. 1937, 381–382.

Hermann, J.: »On Carver. Ein Versuch«. In: Raymond Carver: *Kathedrale.* Berlin [2001] 2003, 9-16 (Berliner Taschenbuchverlag).

Herzfeld, M.: »Vom Skizzenhaften in der Literatur«. In: *Jugend* 3 (1898), 364–367.

Heselhaus, C.: »Parabel«. In: *RL*, 3. Berlin [2]1977, 7–12.

Hesse, O.E.: »Gibt es überhaupt einen ausreichenden Kurzgeschichtenmarkt?«. In: *Zeitungs-Verlag* (Berlin) 35, 51 (1934), 828.

Heyse, P. u. H. Kurz (Hg.): *Novellenschatz des Auslandes* 1-13. München 1872-74.

Hirschmann, O.: *Die Kurzgeschichte. Eine gattungs-, form- und stilgeschichtliche Untersuchung.* Diss. (masch.) Wien 1933.

Hochdorf, M.: »Kleine Geschichten«. In: *LE* 7 (1904/05), 633–636.

Hocke, G.R.: »Deutsche Kalligraphie oder: Glanz und Elend der modernen Literatur«. In: H. Schwab-Felisch (Hg.): *Der Ruf. Eine deutsche Nachkriegszeitschrift.* München 1962, 203-208.

Hoefert, S.: *Russische Literatur in Deutschland.* Tübingen 1974 (dt 32).

Höllerer, W.: »Die kurze Form der Prosa«. In: *Akzente* 9 (1962), 226–245.

Hoffmann, M.: »Die Skizze«. In: *LE* 5 (1902/03), 1161–1165.

Holzhausen, K.: »Die Pointe«. In: *Die deutsche Presse* (Berlin) Nr. 22 v. 24.7.1937, 337.

Holzhausen, K.H.: »Der Tod der Kurzgeschichte«. In: *Publikation. Der literarische Markt* 21, 8 (1971), 5.

Hühnerfeld, P.: »Bemerkungen zu einem Preisausschreiben«. In: *Die Probe*. Hamburg 1955, 5–17.

Iehl, D. u. Hombourg, H. (Hg.): *Von der Novelle zur Kurzgeschichte. Beiträge zur Geschichte der deutschen Erzählliteratur*. Frankfurt a.M. u.a. 1990.

Jäckel, G. u. Roisch, U.: *Große Form in kleiner Form. Zur sozialistischen Kurzgeschichte*. Halle/Saale 1974. Darin: Jäckel, G.: »Nachrichten und poetische Informationen«, 7–105 u. Roisch, U.: »Geschichte als Geschichten«, 106–163.

Jenkner, H.: »Plädoyer für die Novelle«. In: *Die Literatur* 36 (1933/34), 330–332.

Jerosch, E.: »Die Kurzgeschichte in der Tageszeitung«. In: *Deutsche Presse* (Berlin), 26, 18 (1936), 212–213.

Kayser, W.: *Kleines Literarisches Lexikon*, 3 (Sachbegriffe). Bern/München [4]1966.

Kilchenmann, R.: *Die Kurzgeschichte. Formen und Entwicklung*. Stuttgart 1967, [5]1978.

– : *Rezept für die bösen Weiber*. Wuppertal-Barmen 1970.

– : »Die deutsche Kurzgeschichte heute«. In: *Welt und Wort* 22 (1967), 225–226. (Auszug aus dem Schlusskapitel v. *Die Kurzgeschichte. Formen und Entwicklung*. 1967).

King, J.: *Literarische Zeitschriften 1945-1970*. Stuttgart 1974 (Sammlung Metzler 129).

Kirchner, E.: »Short Story«. In: *Frankfurter Hefte* 5 (1950), 507–509.

Klein, J.: »Kurzgeschichten«. In: *RL*, 1. Berlin [2]1958, 912–915.

König, F.H.: »Short Prose by Female GDR Writers«. In: *GDR-Bulletin* 17, 2 (1991), 13-16.

Kovář, J.: »Antikriegsprosa in Ost und West: Heinrich Bölls Kurzgeschichte ›Wanderer, kommst du nach Spa...‹ und Franz Fühmanns Novelle ›Kameraden‹ im Vergleich«. In: Hg. U. Heukenkamp: *Schuld und Sühne? Kriegserlebnis und Kriegsdeutung in deutschen Medien der Nachkriegszeit (1945–1961). Amsterdamer Beiträge zur neueren Germanistik* 50.1 (2001), 45-55.

Kraft, H. v.: *Die Kurzgeschichte als Gegebenheit und als Idee*. Diss. (masch.) Münster 1942.

Krell, M.: »Kondensierte Lektüre. Gedanken über die Kurzgeschichte«. In: *Neue Literarische Welt* (Darmstadt/Zürich) Nr. 10 v. 25.5.1953.

Kritsch Neuse, E.: *Die deutsche Kurzgeschichte. Das Formexperiment der Moderne*. Bonn 1980 (Abhandlungen zur Kunst-, Musik- und Literaturwissenschaft, 306).

– : »Wer erzählt die Kurzgeschichte? Funktionen der Erzählsituation«. In: *Der gesunde Gelehrte* (1987), 41–56.

– : *Der Erzähler in der deutschen Kurzgeschichte*. Columbia, S.C. 1991.

Kröll, F.: *Gruppe 47*. Stuttgart 1979 (Sammlung Metzler 181).

Krumrey, M.: »Beachtliche Kurzgeschichten junger Autoren«. In: *Weimarer Beiträge* 29, 2 (1983), 305-309.

Kührt, A.: »Uwe Johnsons Kurzgeschichte ›Jonas zum Beispiel‹ als Modell künstlerischer Selbstverständlichkeit über die Gegenwart«. In: C. Gansel (Hg.): *Biographie ist unwiderruflich [...]: Materialien des Kolloquiums zum Werk Uwe Johnsons im Dezember 1990 in Neubrandenburg.* Frankfurt a.M. 1992, 79-95.

Kuipers, J.: *Zeitlose Zeit. Die Geschichte der deutschen Kurzgeschichtsforschung.* Groningen 1970. (Versuch einer Typologie im 2. Teil).

»Kurzgeschichte«. In: *Brockhaus Konversations-Lexikon* 10. Leipzig 1931.

Kusenberg, K.: »Über die Kurzgeschichte«. In: *Merkur* XIX (1965), 830–838.

Kutscher, A.: *Stilkunde der deutschen Dichtung* 2. Bremen-Horn 1952.

Lämmert, E.: *Bauformen des Erzählens.* Stuttgart 1955, ⁵1972.

Langer, F.: »Die Kurzgeschichte«. In: *Die Literatur* 32 (1929/30), 613–614.

– : »Die Kurzgeschichte. Versuch einer Analyse«. In: *Das Wort* 2, 8 (1937), 47-49.

Langgässer, E.: »Schriftsteller unter der Hitler-Diktatur«. In: *Ost und West* 1, 4 (1947), 36-41.

– : »Das Kreuz der Kurzgeschichte«. In: *Süddeutsche Zeitung* v. 9.12. 1949.

– : »Das leichte Kilogramm«. In: *Frankfurter Hefte* 5 (1950), 211-212.

– : *... so viel berauschende Vergänglichkeit. Briefe 1926-1950.* Frankfurt a.M. [u.a.] 1954 (ungek. Ullstein Werkausg., 1981; darin: Nr. 96, S. 142-144, bes. S. 144 u. Nr. 129, S. 186-187, bes. S. 187).

Laufenberg, W.: »Kurz und gut: die Kurz-Kurz-Geschichte; ein Essay«. In: *Passagen* 28 (1994), 56-57.

Lehmann, J.: »Zur Einführung«. In: Ders. (Hg.): *Interpretationen moderner Kurzgeschichten.* Frankfurt a.M. 1956, 3-8 u. ¹³1982, 5–10.

Leib, F.: *Erzählereingänge in der deutschen Literatur.* Diss. Gießen 1913.

Leippe, H.: »Die Kurzgeschichte in der Zeitung«. In: *Zeitungswissenschaft* (Berlin), 13, 10 (1938), 617–635.

Leitel, E.: *Die Aufnahme der amerikanischen Literatur in Deutschland: Übersetzungen der Jahre 1914–1944.* Diss. (masch.) Jena 1958.

Lenz, S.: »Gnadengesuch für die Geschichte« [1966]. In: Ders.: *Beziehungen. Ansichten und Bekenntnisse zur Literatur.* Hamburg 1970, 127–131 u. *Werkausgabe in Einzelbänden* 19. *Essays 1 (1955-1982).* Hamburg 1997, 145-151. (vgl. dazu auch die Erzählung »Die Phantasie«. In: Ders.: *Einstein überquert die Elbe bei Hamburg. Erzählungen.* Hamburg 1975, 265–311).

– : »Geschichte erzählen – Geschichten erzählen«. In: *Werkausgabe in Einzelbänden* 20. *Essays 2 (1970-1997).* Hamburg 1999, 165-182.

Lorbe, R.: »Die deutsche Kurzgeschichte der Jahrhundertmitte«. In: *DU* 9,1 (1957), 36–54.

Lubbers, K.: »Zur Rezeption der amerikanischen Kurzgeschichte in Deutschland nach 1945«. In: Frenz/Lang 1973, 47-64.

– : *Typologie der Short Story.* Darmstadt 1977.

Lucas, R.: »Die englische Short Story«. In: *Story* 4,6 (1949), 188–189.

Lypp, M.: »Der geneigte Leser verstehts«. In: *Euphorion* 64 (1970), 385–398.

Maassen, J.P.J.: *Die Schrecken der Tiefe. Untersuchungen zu Elisabeth Langgässers Erzählungen. Im Anhang: Erstdruck der Venus II-novelle.* [Leiden] 1973.

Mahn, P.: *Guy de Maupassant. Sein Leben und seine Werke.* Berlin 1908.

Mahrholz, W.: »Reportage – Kurzgeschichte«. In: Ders.: *Deutsche Literatur derGegenwart.* Berlin 1930, 429–431.

Mann, K.: »Ernest Hemingway«. In: *Neue Schweizer Rundschau* XXIV (1931), 272–277.

Marcus, M.: »What is an Initiation Story?« In: Ch. E. May (Hg.): *Short Story Theories.* Athens, Ohio 1976, 189–201.

Markovicz, J.: »Zur textlinguistischen Analyse der Textsorte Kurzgeschichte, exemplifiziert an ›Der Knecht von Persenning‹ von W. Altendorf«. In: *Germanistiktreffen Bundesrepublik Deutschland – Polen 1993, Regensburg. Dokumentation der Tagungsbeiträge.* DAAD Bonn 1994, 93-102.

Martini, F.: »Begegnung mit der ›Story‹«. In: *Story* 5, 5 (1950), (Umschlagseiten).

Marx, L.: »Die Kurzgeschichte«. In: O. Knörrich (Hg.): *Formen der Literatur.* Stuttgart 1991, 224–235.

Mattson, M.: »The Function of the Cultural Stereotype in a Minor Literature: Alev Tekinay's Short Stories«. In: *Monatshefte* 89 (1997), 68-83.

Matthews, B.: *The Philosophy of the Short-story.* New York [u.a.] 1901.

Maurer, K.: »Novel, Travel Report and Short Story«: Modern Narratives«. In: *Archiv für das Studium der neueren Sprachen und Literaturen* 236, 2=151, 2 (1999), 325-329.

Mayer, H.: *Zur deutschen Literatur der Zeit.* Reinbek 1967.

Meindl, D.: »Der Kurzgeschichtenzyklus als modernistisches Genre«. In: *GRM* 64, N.F. 33 (1983), 216-228.

Metwally, N.: »Reflexionen über die deutsche Kurzgeschichte der Gegenwart«. In: *Kairoer germanistische Studien* 1986, 107–137.

Meyer, R.M.: *Die deutsche Literatur des 19. Jahrhunderts.* Berlin 1900, 812–814; [4]1910 (umgearb.), 273-278.

– : *Grundriß der neueren deutschen Literaturgeschichte.* Berlin [2]1907, 16 (Artikel 27).

– : »short story (Kurzgeschichte)«. In: *Meyers Konversationslexikon* 22. (Jahressupplementband) Leipzig 1909/10, 789–790.

– : *Deutsche Stilistik. Handbuch des Deutschen Unterrichts an höheren Schulen.* 3.1. München [2]1913 (verm. u. verb.),182.

– : *Die Weltliteratur im zwanzigsten Jahrhundert.* Stuttgart/Berlin 1913.

Meyer, U.: »Kurz- und Kürzestgeschichte«. In: *Kleine literarische Formen in Einzeldarstellungen.* Stuttgart 2002, 124-146.

Meyerhoff, H.: »Die Kurzgeschichte«. In: *Formen der Literatur.* Hg. O. Knörrich. Stuttgart 1981, 224–235.

Mielczarek, Z.: *Kurze Prosaformen in der deutschsprachigen Schweizer Literatur der sechziger und siebziger Jahre des 20. Jahrhunderts.* Katowice 1985.

Miller, N.: »Moderne Parabel?« In: *Akzente* 6 (1959), 200–213.

Möbius, R.M.: »Zur Technik der Kurzgeschichte«. In: *Die deutsche Presse* (Berlin) Nr. 27 v. 2.10.1937, 436-437.

Moeller-Bruck, A.: »Von der modernen Novelle«. In: *Nord und Süd* 110 (Juli 1904), 79-85.

– : »Poes Schaffen«. In: H. u. A. Moeller-Bruck (Hg.): *Edgar Allan Poes Werke in zehn Bänden* 1. Minden/Westf. 1901-04.

Moritz, K. (Hg.): *Novelle und Kurzgeschichte. Texte zu ihrer Entwicklung und Theorie.* Frankfurt a.M. [1966] ^{3}1972 (Sein und Sagen 15; Texte für den Deutschunterricht).

Motekat, H.: »Gedanken zur Kurzgeschichte. Mit einer Interpretation der Kurzgeschichte ›So ein Rummel‹ von Heinrich Böll«. In: *DU* 9, 1 (1957), 20-35.

– : »The Modern Short Story in Germany. An Aspect of American Influence on Contemporary German Literature«. In: H. Dieckmann, H. Levin, u. H. Motekat (Hg.): *Essays in Comparative Literature.* St. Louis 1961, 21–40 (Washington University Studies).

Müller, G.: *Die Bedeutung der Zeit in der Erzählkunst.* Bonn 1947 (Bonner Antrittsvorlesung 1946).

– : *Morphologische Poetik. Gesammelte Aufsätze.* Darmstadt 1968.

Nayhauss, H.-C. Graf v. (Hg.): *Kürzestgeschichten.* Stuttgart 1982.

Nennstiel, K.: »Die Kurzgeschichte – eine Frage des Ansehens der Zeitung«. In: *Zeitungs-Verlag* (Berlin), 43, 1 (1942), 4–5.

Neumann, G.: »Christa Wolf: Selbstversuch – Ingeborg Bachmann: Ein Schritt nach Gomorrha. Beiträge weiblichen Schreibens zur Kurzgeschichte des 20. Jahrhunderts«. In: *Sprache im technischen Zeitalter* 28, 115 (1990), 58-77; u. in: Iehl/Hombourg 1990, 81–99.

Neureuter, H. P.: »Zur Theorie der Anekdote«. In: *Jahrbuch des Freien Deutschen Hochstifts* (1973), 458–480.

Nischik, R.M.: »»Das Bild in der Fiktion‹: Film in Kurzprosatexten«. In: *GRM* 45 (1995), 131-155.

Obermann, K.: »Nationalsozialistische Kurzgeschichte«. In: *Das Wort* 2, 8 (1937), 53-58.

Oh, T.-C.: »Eine Studie über die Kurzgeschichte in der deutschen Nachkriegsliteratur: unter besonderer Berücksichtigung ihrer Theorie und Rezeption«. In: *Dogilmunhak* 32, 46 (1991), 89–128. [Koreanisch mit dt. Zusammenfassung 126–128].

Oppens, E.: »Über die Kurzgeschichte. Versuch einer literarischen Deutung«. In: *Die Zeit* (Hamburg) v. 5.6.1947.

Perry, B.: »The Short Story«. In: Ders.: *A Study of Prose Fiction.* Boston/New York 1902, 300–334.

Peters, S.: »Ein Gleichnis«. In: *Kölnische Zeitung* v. 1.8.1943.

Petsch, R.: *Wesen und Formen der Erzählkunst.* Halle 1934, 226 u. 234; ^{2}1942 (vrm. u. verb., 418ff.).

Pfeiffer, J.: »Nachwort«. In: Lampe, F.: *Das Gesamtwerk.* Hamburg 1955, 325–330.

– : »Laterna Magica. Über Friedo Lampe«. In: Ders.: *Die dichterische Wirklichkeit.* Hamburg 1962, 30–34.

– : »Friedo Lampe: Von Tür zu Tür«. In: Ders.: *Was haben wir an einer Erzählung?* Hamburg 1965, 77–85.

Pflug-Franken, H.: »Bedeutung und Wesen der Kurzgeschichte. Ist die Kurzgeschichte Dichtung?« In: *Bücherkunde* 5, 6 (1938), 291–294.

– : »Unsere tägliche Kurzgeschichte, ihr Wesen und ihre Bedeutung in der Presse«. In: *Der deutsche Schriftsteller* 5 (1940), 5–6.

Pichnow, E.H.: »Novelle und Kurzgeschichte. Schrifttum oder Schreibertum – das ist hier die Frage!« In: *Deutsche Presse* (Berlin), Nr. 23 v. 7. 8. 1937, 356–357; auch in: *Der deutsche Schriftsteller* 2 (1937), 194–197.

Piedmont, F.: »Zur Rolle des Erzählers in der Kurzgeschichte«. In: *ZfdPh* 92 (1973), 537–552.

– : »Kurzgeschichte und Kurzerzählung«. In: M. Durzak u.a. (Hg.): *Texte und Kontexte. Studien zur deutschen und vergleichenden Literaturwissenschaft. (Festschrift für Norbert Fuerst)* Bern 1973, 149–160.

Piontek, H.: »Graphik in Prosa. Ansichten über die deutsche Kurzgeschichte«. In: Ders.: *Buchstab – Zauberstab. Über Dichter und Dichtung.* Esslingen 1959, 60–78.

– : »*Am Rande der Nacht.* Der Erzähler Friedo Lampe«. In: Ders.: *Buchstab – Zauberstab*, 81–93.

Pisarz-Ramírez, G.: »Internationale Kurzprosa in Anthologien der DDR: Die Reihe ›Erkundungen‹«. In: H. Kittel (Hg.): *International anthologies of literature in translation.* Berlin 1995, 199-238.

Plouffe, B.: *The Postwar Novella in German Language Literature: An Analysis.* Diss. McGill Univ. Montreal, Canada 1990.

Poe, E.A.: »Der Mord in der Rue Morgue«. In: P. Heyse u. H. Kurz (Hg.): *Novellenschatz des Auslandes* 12, 45–103.

– : *Poems and Essays.* Leipzig, 1884 (Collection of British Authors, Tauchnitz ed., 2211).

– : »Philosophie der Komposition«. In: Ders.: *Werke in zehn Bänden.* Hg. H. u. A. Moeller-Bruck. Minden/Westf. 1901-1904. 2 (1902), 81–106.

Polgar, A.: »Der neue Hemingway«. In: *Das Tagebuch* (Berlin). 11. Oktober 1930. 1646, 1647.

Polheim, K.K.: »Gattungsproblematik«. In: Ders (Hg.): *Handbuch der deutschen Erzählung.* Düsseldorf 1981, 9–16.

Pongs, H.: »Die Anekdote als Kunstform zwischen Kalendergeschichte und Kurzgeschichte«. In: *DU* 9, 1 (1957), 5–20.

Rademacher, K.: »Der Schrei nach dem guten Feuilleton. Ein paar Worte über die alltäglichen Kurzgeschichten«. In: *Deutsche Presse* (Berlin), Nr. 22 v. 26.10.1940, 221.

Rasch, W.: »Das Problem des Anfangs erzählender Dichtung. Eine Beobachtung zur Form der Erzählung um 1900«. In: Ders.: *Zur deutschen Literatur seit der Jahrhundertwende.* Stuttgart 1967, 49–57.

Reich-Ranicki, M.: »Keine Zeit für Kurzgeschichten«. In: *Kulturbrief* 2 (Inter Nationes) Bonn 1978, 5–6.

– : »Für Kurzgeschichten muß man Zeit haben«. In: Ders.: *Nichts als Literatur.* Stuttgart 1985, 61–65.

Reimann, K.: »Patrick Süskinds zwei Kurzgeschichten ›Die Taube‹ und ›Die Geschichte von Herrn Sommer‹: Ein Abriß ihrer stilistischen Struktur und inhaltlichen Komponente«. In: *Forschungsberichte zur Germanistik* 34. Osaka 1992, 1-14.

Reitz, H.: »Wie schreibt man Kurzgeschichten?« In: *Welt und Wort* 4 (1949), 364–365.

Rieder, H.: »Zwischen Todessehnsucht und Daseinsbejahung. Zu Ingeborg Bachmanns Erzählung ›Simultan‹«. In: *Annali della Facoltá di Lettere e Filosofia Universitá degli Studi Perugia* 3. *Studi Linguistico – Letterari* 28 (1990/91). Perugia 1991, 151-161.

Riha, K.: »Massenliteratur im Dritten Reich«. In: H. Denkler u. K. Prümm (Hg.): *Die deutsche Literatur im Dritten Reich. Themen, Tradition, Wirkungen.* Stuttgart 1976, 281–304.

– : »Cut-up-Kürzestgeschichten … am Beispiel von Helmut Heißenbüttel und Ror Wolf«. In: Dieter Borchmeyer (Hg.): *Poetik und Geschichte. Viktor Žmegač zum 60. Geburtstag.* Tübingen 1989, 425–440.

– : »Kürzestgeschichten am Beispiel von Helmut Heißenbüttel und Ror Wolf«. In: Iehl /Hombourg 1990, 113–124.

Rinn, H. u. Alverdes, P. (Hg.): *Deutsches Anekdotenbuch. Eine Sammlung von Kurzgeschichten aus vier Jahrhunderten.* München [2]1936 (veränd.). Nachwort, 308–312.

Roberts, D.: »Nach der Apokalypse. Kontinuität und Diskontinuität in der deutschen Literatur nach 1945«. In: B. Hüppauf (Hg.): *»Die Mühen der Ebenen«. Kontinuität und Wandel in der deutschen Literatur und Gesellschaft 1945-1949.* Heidelberg 1981, 21-45.

Rockenbach, M.: »Geleitwort des Herausgebers«. In: Ders. (Hg.): *Orplid.* Literarische Monatsschrift in Sonderheften 3, 2 (1926), 1–2 (Sonderheft: Kurzgeschichten).

Rohner, L.: *Theorie der Kurzgeschichte.* Frankfurt a.M. 1973 [2]1976 (verb.).

– : *Kalendergeschichte und Kalender.* Wiesbaden 1978.

Rudolph, E. (Hg.): *Protokoll zur Person. Autoren über sich und ihr Werk.* München 1971. Vgl. zu: Hans Bender, 11–26, bes. 18f.; Heinrich Böll, 27–43, bes. 30; Wolfdietrich Schnurre, 107–119, bes. 119.

Schäfer, W.: »Wie entstanden meine Anekdoten?« In: *Mitteilungen der Literarhistorischen Gesellschaft Bonn* 5 (1910), 203-225, bes. 221f.

– : *Lebensabriß.* München [1918] 1928.

– : Brief an Helga von Kraft v. 8.6.1941. In: Kraft, H. v. 1942, 2.

Scheidt, J. vom.: *Kurzgeschichten schreiben: Eine praktische Anleitung.* Frankfurt a.M. 1995 u. 2002.

Schmidt, A.: »Die aussterbende Erzählung«. In: *Texte und Zeichen* 1 (1955), 266–269.

– : »Das Klagelied von der aussterbenden Erzählung«. In: *Süddeutsche Zeitung* (München) v. 25./26.1.1958.

Schmidt (Bonn), W.: »Kurze Geschichten«. In: *LE* 7 (1904/05), 908-913.

Schmidt-Dengler, W.: »Durchgestrichen. Notizen zu Erich Frieds Kurzprosa«. In: Wolff, R. (Hg.): *Erich Fried.* Bonn 1986, 53-60.

Schnabel, E.: »Die amerikanische Story«. In: *Nordwestdeutsche Hefte* 1, 3 (1946), 25–28.

Schneider, R.: »Realismustradition und literarische Moderne. Überlegungen zu einem Epochenkonzept ›Nachkriegsliteratur‹«. In: *DU* 33, 3 (1981), 3-22.

Schnurre, W.: »Kritik und Waffe. Zur Problematik der Kurzgeschichte«. In: *Deutsche Rundschau* 87, 1 (1961), 61–66, hier: 64. Kürzere Fassung in: *Literarium* 5 (1960), 1–3. (Information des Walter-Verlags, Olten i. Brsg.)

Schönbach, A.E.: »Über die amerikanische Romandichtung der Gegenwart«. In: *Deutsche Rundschau* XLVII (1886), 93–112 u. 186–214; hier: 197f.

Schönberner, F.: »Die amerikanische Short Story«. In: *Story* 4, 1 (1949), 28–29.

Schubert, S.: *Die Kürzestgeschichte: Struktur und Wirkung. Annäherung an die Short Short Story unter dissonanztheoretischen Gesichtspunkten.* Diss. Mainz 1996, Frankfurt a.M. u.a. 1997.

Schulze, I.: »Endstation Sehnsucht«. In: Raymond Carver. *Wovon wir reden, wenn wir von Liebe reden.* Berlin [2000] 2002, 9-16 (Berliner Taschenbuchverlag).

Schwarz, G.: »Als es noch Novellisten gab«. In: *Welt und Wort* 22 (1967), 224.

Smith, A.C.: »The American Short Story.« In: *Internationale Wochenschrift für Wissenschaft, Kunst und Technik* 4, 51 (1910), 1596-1618.

– : »Die amerikanische Short-Story«. In : *Die amerikanische Literatur.* Berlin 1912. Kap. 16 (Bibliothek der amerikanischen Kulturgeschichte 2).

Soergel, A.: *Dichter aus deutschem Volkstum.* Leipzig 1934, 128f. (*Dichtung und Dichter der Zeit* 3) zu H. Francks Sammlungen *Der Regenbogen. Siebenmal sieben Geschichten,* 1927 (entst. Dez. 1911–1926) u. *Zeitenprisma. Dreimal dreizehn Geschichten,* 1932 (entst. 1926–1931).

Sohn, K.-Y.: »Die moderne deutsche Kurzgeschichte« In: *Büchner und moderne Literatur* 3 (1990), 47-67 (Koreanische Büchner-Gesellschaft).

Spahmann, I.: *Die Skizze in der deutschen Literatur des 19. Jahrhunderts.* Diss. (masch.) Tübingen 1956.

Sprengel, J.G.: »Wilhelm Schäfers Kurzgeschichten«. In: *Zeitschrift für deutsche Bildung* 17 (1941), 53-55.

Springer, A.M.: *The American Novel in Germany. A study of the critical reception of eight American novelists between the two wars.* Hamburg 1960 (Britannica, N.F. 7).

Straßner, E.: *Schwank.* Stuttgart 1968, [2]1978 (Sammlung Metzler 77).

Ströter, M.: »Zum Begriff der Kurzgeschichte«. In: *Der deutsche Schriftsteller* 1, 1 (1936), 34–36.

Strothmann, D.: *Nationalsozialistische Literaturpolitik. Ein Beitrag zur Publizistik im Dritten Reich.* Bonn [3]1968 (Abhandlungen zur Kunst-, Musik- und Literaturwissenschaft 13).

Sucharewicz, L.: *Israelische Geschichten aus Deutschland: Kurzgeschichten zwischen Krieg und Frieden.* München 1989.

Tovote, H.: »Guy de Maupassant«. In: *Freie Bühne* 1 (1890), 426–430.

Träbing, G.: »Ansätze zu einer Theorie der deutschen ›Geschichte‹«. In: *DVjs* 41 (1967), 468–498.

Trommler, F.: »Der zögernde Nachwuchs. Entwicklungsprobleme in Ost und West«. In: T. Koebner (Hg.): *Tendenzen der deutschen Literatur seit 1945.* Stuttgart 1971, 1-116.

Tussing, M.O.: *The Function of the Symbol in the Modern German Kurzgeschichte.* Diss. Univ. of Southern California 1971.

Ueding, G.: »Katastrophen wider die Langeweile des Sonntags. Warum die Kurzgeschichte unwiederbringlich zum Niedergang verurteilt ist«. In: *Die Welt.* Nr. 268 v. 16.11.1991, 21.

Uhlig, H.: »Kurzgeschichten. Kritische Anmerkungen zu einer literarischen Gattung«. In: *Colloquium* 17, 9/10 (1963), 22–24.

Ullrich, K. (Hg.): *Neu-Amerika. Zwanzig Erzähler der Gegenwart.* Berlin 1937.

Unseld, S.: »›An diesem Dienstag‹. Unvorgreifliche Gedanken über die Kurzgeschichte«. In: *Akzente* 2 (1955), 139–148.

Walser, M.: »Eine winzige Theorie der Geschichte«. In: *Dichten und Trachten* 24, 2 (1964), 30–33.

Weber, D. (Hg.): *Deutsche Literatur seit 1945 in Einzeldarstellungen.* Stuttgart [2]1970 (überarb. u. erw.), 252-270 (Kröners Taschenausg. 382).

Wehdeking, V.: *Der Nullpunkt. Über die Konstituierung der deutschen Nachkriegsliteratur (1945-1948) in den amerikanischen Kriegsgefangenenlagern.* Stuttgart 1971.

– : »Eine deutsche ›Lost-Generation‹? Die 47er zwischen Kriegsende und Währungsreform«. In: *Literaturmagazin* 7 (1977).

– : »›Erste Ausfahrt‹. Überraschendes vom jungen Andersch«. In: *Neue Rundschau* 92, 4 (1981), 129-144.

– : *Alfred Andersch.* Stuttgart 1983 (Sammlung Metzler 207).

Weiskopf, F.C.: »Kurzgeschichten von Hemingway«. In: *Das Wort* 2, 8 (1937), 88–89.

Weyrauch, W.: »Bemerkungen des Herausgebers«. In: *Die Pflugschar.* Berlin 1947, 395–397. – Zuvor gab Weyrauch schon die Prosa-Anthologie: *Junge deutsche Prosa* (1940) heraus; vgl. dazu Weyrauchs Aussage in Durzak 1980, 21.

– : Nachwort zu *Tausend Gramm. Sammlung neuer deutscher Geschichten.* Hamburg u.a. 1949. 209-219; vgl. dazu die Rezensionen von E. Langgässer, »Das Kreuz der Kurzgeschichte« (1949) u. »Das leichte Kilogramm« (1950).

Werner, B.E.: »Wie steht es mit der Kurzgeschichte?« In: *Die Literatur* 39, 7 (1937), 421 (Echo aus Zeitungen).

Wenzel, P.: *Von der Struktur des Witzes zum Witz der Struktur: Untersuchungen zur Pointierung in Witz und Kurzgeschichte.* Heidelberg 1989 (Anglistische Forschungen 198).

Widmer, U.: *1945 oder die »Neue Sprache«. Studien zur Prosa der »Jungen Generation«.* Düsseldorf 1966.

Wiegand, J.: *Geschichte der deutschen Dichtung.* Köln 1922, 413 (§ 949).

Wiese, B. v.: »Wesen und Geschichte der deutschen Novelle seit Goethe«. In: Ders. (Hg.): *Die deutsche Novelle von Goethe bis Kafka.* Düsseldorf 1962, 11–32.

– : *Novelle.* Stuttgart 1963, [4]1969 (Sammlung Metzler 27).

Wilhelm, R.: »Kurzformen der erzählenden Prosa«. In: *Frankfurter Zeitung* (Abendblatt) Nr. 233 v. 9.5.1943.

Wilpert, G.v.: »Kurzgeschichte«. In: *Sachwörterbuch der Literatur.* Stuttgart [7]1989, 493f.

Wippermann, H.: »Zur Soziologie der Kurzgeschichte«. In: *Priester und Arbeiter* 9, 2 (1959), 100–110.

Wolpers, T.: „Kürze im Erzählen«. In: H. Bungert (Hg.): *Die amerikanische Short Story. Theorie und Entwicklung.* Darmstadt 1972, 388–426.

Wulf, J.: *Literatur und Dichtung im Dritten Reich. Eine Dokumentation* 1-2. Reinbek 1966; Frankfurt a.M. 1989.

Wurm, C.: »Kurzgeschichte und allegorische Erzählung. Der Anteil der Anthologien an der Prosaentwicklung«. In: U. Heukenkamp (Hg.): *Deutsche Erinnerung. Berliner Beiträge zur Prosa der Nachkriegsjahre (1945-1960)*. Berlin 2000, 167-197.

Ziermann, H.: »Kurzgeschichte auf dem Prüfstand«. In: *Darmstädter Echo* v. 26.4.1969.

Zierott, K.: *Die Kurzgeschichte in Literatur und Presse*, Diss. (masch.) München 1952.

Zimmer, D.E.: »Allen Gerüchten zum Trotz. Die Story lebt«. In: *Zeit-Magazin* (Hamburg) Nr. 43 v. 20. 10. 1978, 5.

– : »Neheim-Hüsten und die weite Welt. Karger Boden kulturell beackert. Notizen von einem Kurzgeschichtenwettbewerb«. In: *Die Zeit* (Hamburg) v. 30.3.1979.

Zweig, S.: »Skizzen- und Novellenbücher«. In: *LE* 5 (1902/03), 744-746.

C.   Die Kurzgeschichte im Schulunterricht

Belzner, E.: »Erziehung zu Geschmack und literarischem Urteil«. In: *Story* 5, 9 (1950), (Umschlagseite).

Bender, H.: »An eine Schulklasse«. In: *Worte, Bilder, Menschen*. München 1969, 406-411.

Alberti, Z.: »Die Kurzgeschichte in der Oberstufe der Realschule«. In: *Die Realschule* 1963, 228-232 u. 315-319.

Berger, N. u.a.: *Deutschvorbereitung für das Abitur. Grund- und Leistungskurse der neugestalteten gymnasialen Oberstufe (Kollegstufe). Textanalysen und Interpretationen, Anleitungen und Lösungen*. Landsberg/Lech 1975, 1978 u.ö. (überarb. u. erw.; darin: Kurzgeschichte, 20-25).

Binder, L. (Hg.): *Kurzgeschichten, Gedichte, Sprachspielereien. Kurzformen der Kinder- und Jugendliteratur der Gegenwart*. Wien 1984 (Sonderdruck aus *Die Barke*, 1984).

Bogdal, K.-M.: »Der Böll. Erkundungen über einen Gegenwartsautor in der Schule«. In: *Heinrich Böll. Text + Kritik* 33 (1982, Neufg.), 126-137.

Burger, G. u.a. (Hg.): *Methoden und Beispiele der Kurzgeschichteninterpretation*. Hollfeld/Ofr. 1977 (Banges Unterrichtshilfen; Einleitung, 6-10).

Csúri, K.: »Zur systematischen Erklärungsmöglichkeit von Borcherts Kurzgeschichten«. In: *Sprache und Literatur in Wissenschaft und Unterricht* 22,2 (1991), 33-49.

Dormagen, P. (Hg.): *Moderne Erzähler* 2. Paderborn 1958. Nachwort, 89-97.

Essen, E.: »Zur Kurzgeschichte«. In: *Methodik des Deutschunterrichts*. Heidelberg 1956, 144-145. [2]1959 (neubearb. u. erw.), 209-212.

Friedrichs, R.: *Unterrichtsmodelle moderner Kurzgeschichten in der Sekundarstufe* I. München 1973 u.ö. (Schriften für die Schulpraxis 63 – Harms Pädagogische Reihe. Darin: Theoretischer Teil, 6-30).

Fuchs, H. u. E. Mittelberg, Bearb.: *Klassische und moderne Kurzgeschichten: Varianten – kreativer Umgang – Interpretationsmethoden.* Frankfurt a.M. 1988 (Texte u. Materialien sowie Lehrerheft).

Gerth, K.: »Die Kurzgeschichte in der Schule«. In: *Westermanns Pädagogische Beiträge* 14, 1 (1962), 437-447.

– : »Kritik der Kritik. Zur Kurzgeschichte in der Schule«. In: *Westermanns Pädagogische Beiträge* 15 (1963), 298-301.

Greifenstein, K.: »Der Umgang mit Kurzgeschichten in literarischen Arbeitskreisen«. In: *Umgang mit literarischen Texten. Arbeitsunterlagen für Volkshochschulen* 11. Frankfurt a.M. 1964, 32-48.

Hajek, S.: »Die moderne Kurzgeschichte im Deutschunterricht«. In: *DU* 7,1 (1955), 5-12.

Helmers, H. (Hg.): *Moderne Dichtung im Unterricht.* Braunschweig 1967, 1972 (völlig neubearb. Aufl.). Vgl.: Einführung, 7–15 u. die Beiträge von K. Gerth: »Die Kurzgeschichte in der Schule«, 90-100 u. K. Doderer: »Literaturdidaktische Bemerkungen zur Kurzgeschichte«, 101-104.

Höllerer, W.: »Die Kurzgeschichte« (Referat auf der Berliner Tagung der Schulgermanisten. Bericht von D.C. Kochari). In: *Mitteilungen des Deutschen Germanisten-Verbandes* 8, 4 (1961), 11-12.

Hömke, H.: »Die Umstimmung einer gemischten Oberprima zu Aktivität im Unterricht durch das Schreiben von Kurzgeschichten«. In: *DU* 9, 6 (1957), 88-93.

Kölln, H.: »Literarische Formenanalyse in der Volksschule?« In: *Westermanns Pädagogische Beiträge* 15 (1963), 108-112.

Könecke, R.: *Interpretationshilfen: deutsche Kurzgeschichten 1945-1968.* Stuttgart/Dresden [2]1995 (Texte u. Interpretationen, Sekundarstufe II).

Künnemann, H.: »Short Story und Kurzgeschichte. Ein Weg zur Literatur«. In: *Jugendliteratur. Monatshefte für Jugendschrifttum* 8 (1961), 340-357.

Lange, G. (Hg.): *Deutsche Kurzgeschichten II.* Stuttgart 1989 (Arbeitstexte für den Unterricht. 4 Hefte für die Schuljahre 5-13).

Marquardt, D.: »Erzählungen, Novellen und Kurzgeschichten im Unterricht«. In: G. Lange (Hg.): *Taschenbuch des Deutschunterrichts. Grundfragen und Praxis der Sprach- und Literaturkritik* 2. Baltmannsweiler [4]1990, 567-586.

Mayer, H.: »Kurzgeschichte und Erzählung«. In: E. Benedikt u.a. (Hg.): *Germanistik.* Bericht über die gesamtösterreichische Arbeitstagung für Lehrer an allgemeinbildenden höheren Schulen vom 25. bis 29. August in Wien. Wien 1971, 187-205 (Beiträge zur Lehrerfortbildung 4).

Nayhauss, H.-C. Graf v. (Hg.): *Theorie der Kurzgeschichte.* Stuttgart 1977 (Reclam Nr. 9538, Arbeitstexte für den Unterricht; Vorwort 5–8) u. [2]2004 überarb. u. erw., Reclam Nr. 15057, 6-12).

Neis, E.: *Wie interpretiere ich Gedichte und Kurzgeschichten?* Hollfeld/Ofr. 1963, [10]1977 (erw. Aufl.), Teil II, 119-125. Vgl. auch [17]1995 (neu bearb.).

– (Hg.): *Kurzprosa (Kurzgeschichte, Kalendergeschichte, Anekdote, Skizze).* Hollfeld/Ofr. 1981, Vorwort 6-7.

Nentwig, P.: *Die moderne Kurzgeschichte im Unterricht. Interpretationen und methodische Hinweise.* Braunschweig 1967 u.ö. (einleitender Teil, 7–23).

Rentner, G.: »Die Kurzgeschichte in der Schule«. In: *Westermanns Pädagogische Beiträge* 12 (1960), 311-318.

Riedel, W. u. L. Wiese: *Klausur- und Abiturtraining Deutsch 3. Einführung in die Kurzprosa*. Köln 1995.

Rost, S.: »Die Kurzgeschichte als literarische Facharbeit nach einer Zeitungsnotiz (8. Klasse)«. In: *DU* 9, 6 (1957), 78-87.

Salzmann, W.: *Stundenblätter Kurzgeschichten für die Klassen 8, 9*. Stuttgart ⁵1991 (neubearb.).

Schardt, F.: *Interpretieren 1: Kurzgeschichten und Erzählungen*. Hannover 1991.

Schlepper, R.: *Was ist wo interpretiert? Eine bibliographische Handreichung für das Lehrfach Deutsch*. Paderborn ⁶1980 u.ö. (erw. Aufl.; umfasst den Zeitraum 1960-1979).

Schulz, B.: *Der literarische Unterricht II*. Düsseldorf 1963, 66-94.

– : »Die moderne Kurzgeschichte«. In: E. Wolfrum (Hg.): *Taschenbuch des Deutschunterrichts*. Esslingen 1972, 296-311.

Seyler, H.-K.: *Literaturformen im Unterricht. Kurzgeschichte 2*. Puchheim 1996.

Skorna, H.J.: *Moderne Literatur in didaktischer Sicht*. Weinheim 1965 u. ²1968 (erw.), 73-84 (Schriften der Pädagogischen Hochschule Kaiserslautern 5).

– : *Die deutsche Kurzgeschichte der Nachkriegszeit im Unterricht*. Ratingen 1967.

Spinner, K.H.: »Poetisches Schreiben und Entwicklungsprozeß«. In: *DU* 34, 4 (1982), 5-20. Vgl. dazu die Antwort von R. Ulshöfer in: *DU* 35, 2 (1983), 107-109.

– : *Moderne Kurzprosa in der Sekundarstufe I*. Hannover 1984.

– : »Die deutsche Kurzgeschichte und ihre Rolle im Deutschunterricht«. In: *Die neueren Sprachen* 3 (1995), 231-242.

Steffe, A.M.: »Kurzgeschichten zum Thema ›Außenseiter‹. Vorschlag für eine Unterrichtsreihe«. In: *DU* 35, 5 (1983), 103-105.

Thiemermann, F.-J.: *Kurzgeschichten im Deutschunterricht. Texte, Interpretationen, Methodische Hinweise*. Bochum 1967 u.ö. (Kamps pädagogische Taschenbücher 32: Praktische Pädagogik. Einleitung 9–20).

Ulrich, W. (Hg.): *Deutsche Kurzgeschichten*. Stuttgart 1973 (Arbeitstexte für den Unterricht. 4 Hefte für die Schuljahre: 5-6, 7-8, 9-10, 11-13. Hierin das Vorwort, 4-9. Diesen Heften für die Sekundarstufe sind zwei weitere für die Primarstufe angeschlossen, die sich zwar nur entfernt an die im Vorwort gegebene Definition der Kurzgeschichte halten, doch als Vorbereitung auf die Gattung gedacht sind).

Ulshöfer, R.: »Die Wirklichkeitsauffassung in der modernen Prosadichtung. Dargestellt an Thomas Manns ›Tod in Venedig‹, Kafkas ›Verwandlung‹ und Borcherts ›Kurzgeschichten‹ verglichen mit Goethes ›Hermann und Dorothea‹«. In: *DU* 7, 1 (1955), 13-40. Hier der Abschn. IV: »Der magische Realismus in Wolfgang Borcherts ›Kurzgeschichten‹«, 36-40.

– »Unterrichtliche Probleme bei der Arbeit mit der Kurzgeschichte«. In: *DU* 10, 6 (1958), 5-35.

Unseld, S.: »‹An diesem Dienstag›. Unvorgreifliche Gedanken über die Kurzgeschichte«. In: *Akzente* 2 (1955), 139–148.

Vogt, J.: »Das falsche Gewicht. Oder: Vom armen H.B., der unter die Lite-
raturpädagogen gefallen ist«. In: H. Beth (Hg.): *Heinrich Böll. Eine Einführung in das Gesamtwerk in Einzelinterpretationen*. Kronberg/Ts 1975,
83-102 (zuvor u.a. in J. Vogt: *Korrekturen. Versuche zum Literaturunterricht*. München 1974).

Zimmermann, W.: *Deutsche Prosadichtungen unseres Jahrhunderts. Interpretationen für Lehrende und Lernende* I-III. Düsseldorf 1960 u.ö. (versch.
Neufassungen. Vgl. die Einleitungen zur Gegenwartsliteratur im Unterricht u. auch: »Deutsche Prosa seit 1945« in Bd. 2 d. Neufg. 1966,
[5]1981, 7-53).

Zobel, K.: *Moderne Kurzprosa*. Eine Textsammlung für den Deutschunterricht. Paderborn 1978.

– : *Textanalysen*. Eine Einführung in die Interpretation moderner Kurzprosa.
Paderborn [u.a.] 1985.

– u. Ch. Eschweiler: *Vergleichende Analysen zu literarischer Kurzprosa*. Nort-
heim [1997].

6.1   Die Zeit vor 1945

6.1.1 Zur frühen Rezeption der Short Story
Vgl. Schönbach 1886; Smith 1910; Meyer 1900-1913.

6.1.2 Zur literarischen Situation in der NS-Zeit
Vgl. Hartung 1983; Strothmann [3]1968; Wulf 1966; Leitel 1958; Springer
1960; Ullrich 1937; Kraft 1942 (hierin auch zeitgenössische Aussagen
zur Kurzgeschichte).

6.1.3 Frühe Kurzgeschichtentexte
Bischoff, F.: »Der Clown«. In: *Orplid* 3,2 (Sonderheft: Kurzgeschichten, 1926);
»Die Hinrichtung nach dem Tode«. In: Reich-Ranicki, M. (Hg.): *Gesich-
tete Zeit. Deutsche Geschichten 1918-1933*. 1980 (dtv 1527).

Britting, G.: »Brudermord im Altwasser«. In: *Die kleine Welt am Strom*. 1933 u.
in: *Erzählungen 1920-1936*. 1958; »Fischfrevel an der Donau«. In: *Erzählungen 1920-1936*. 1958 (Gesamtausgabe in Einzelbänden).

Busse, K.: »Der Windig«. In: *Jugend* 1 (1896), 558.

Hardt, E.: »Gardinenwäsche«. In: *Simplicissimus* 1, 15 (1896), 2.

Hirschfeld, M.: »Ja, Mama!«. In: *Simplicissimus* 2 (1897/98), 138.

Kamper, H.: »Der Fronleichnamstag«. In: Jugend 1 (1896), 527-528.

Pröll, K.: *Am Seelentelefon. Neue Kurzgeschichten*. Berlin/Leipzig, o.J.
[1895].

Rilke, R.M.: »Die Turnstunde« [1902]. In: Ders.: *Sämtliche Werke 4*, 1961,
601-609; u. in: Reich-Ranicki, M. (Hg.): *Anbruch der Gegenwart. Deutsche Geschichten 1900-1918*. 1980 (dtv 1526).

Schäfer, W.: »Im letzten D-Zugwagen« [1907]. In: Ders.: *Anekdoten. Gesamt-ausgabe* 3. 1943; Abdruck in: Doderer, K.: *Die Kurzgeschichte in Deutsch-land* [3]1972, 34-36.
Weiss, E.: »Die Herznaht«. In: Reich-Ranicki, M. (Hg.): *Notwendige Geschich-ten 1933-1945.* 1980 (dtv 1528).
Vgl. auch: Bender, H. (Hg.): *Deutsche Geschichten 1920 – 1960.* 1985.

Kraft (1942) gibt im Anhang zu ihrer Arbeit einige Beispiele der Zeitungs-kurzgeschichte und kontrastiert sie mit der üblicheren Form, den kurzen Geschichten.
Beispiele für die künstlerische moderne Kurzgeschichte im Dritten Reich enthalten folgende Bände:

Kreuder, E.: *Die Nacht des Gefangenen,* 1939; *Das Haus mit den drei Bäu-men,* 1944. – Dazu: Gehl, I.: »Ernst Kreuder«. In: *Handbuch der deut-schen Gegenwartsliteratur* 1, [2]1969, 404–405.
Kusenberg, K.: *La Botella,* 1940; *Der blaue Turm,* 1942.
Lampe, F.: *Von Tür zu Tür,* 1945; daraus die Titelgeschichte zuerst als: »Geh mal zu Tante Gertrud«. In: *Kölnische Zeitung* v. 1.8.1943 (Unterhaltungs-beilage); *Das Gesamtwerk.* Hamburg 1955.
Zu Kreuder u. Lampe: Rohner 1973, [2]1976 (verb.).
Zu Lampe: Pfeiffer 1955, 1962, 1965; Piontek 1959.

6.2   Nach 1945

6.2.1   Zur literarischen Situation

Andersch 1948; Born/Manthey (Hg.) 1977; Bungert 1977; Durzak 1979; Gehring 1976; Hocke 1962; King 1974; Lubbers 1973.
Die Anthologien: *Der Anfang.* Hg. P.E.H. Lüth, 1947; *Erzähler der Zeit.* Hg. F.A. Hoyer, 1948; *Tausend Gramm.* Hg. W. Weyrauch, 1949; *Unterm Not-dach.* Hg. H. Rein, 1949; kommentiert in: Rohner [2]1976 (verb.), 96f.

In *Story* erschienen in den ersten vier Jahrgängen folgende Stellungnah-men:

Vauquelin, G.: »Die Moral der Kurzgeschichte«. 1, 6 (1946/47), 32; Bowen, E.: »Über die Kurzgeschichte«. 1, 7 (1946/47), 32 (auch in: *Tagesspiegel,* Berlin v. 4.3.1948); Saroyan, W.: »Was ist eine Story?« 1, 9 (1946/47), 32; Miller, H.: »Vom wahren Erzähler«. 2, 4 (1947/48), 31; Maugham, S.W.: »Der Eisberg und die Kohlsuppe. Oder über die Thematik der Story«. 2, 8 (1947/48), 31; »*Times Literary Suplement,* London (Auszug): Über die Technik der Story«. 3, 1 (1948), 30–31; Schönberner, F.: »Die amerika-nische Short Story«. 4, 1 (1949), 28–29; Lucas, R.: »Die englische Short Story«. 4, 6 (1949), 188–189; Liebeneiner, W.: »Wenn eine Geliebte zum erstenmal ein neues Kleid anzieht...«. 4, 12 (1949). Umschlagseiten. Im fünften Jahrgang (1950), jeweils auf den Umschlagseiten: Pressestimmen über die *Story* (darunter E. Belzner, G. Hensel, W. Schnurre), H.1; Pfeiffer-Belli, E., H.2; Zuckmayer, G.: »Über die *Story*«. H.3; Peden, W.: »Was ist eine Kurzgeschichte?« H.4; Martini, F.: »Begegnung mit der *Story*. H.5; Eppelsheimer, H. W.: »*Story* – Die Tür zur ausländischen Dichtung«. H. 6; Stromberg, K.: »Die *Story* ist ein imaginärer Ort«. H.7; Ceram, C. W.: »Über die *Story*«. H.8; Belzner, E.: »Erziehung zu Geschmack und literarischem Urteil«. H.9; Bamm, P.: Kommentar in H.10.

Vgl. dazu die Urteile über *Story* in: Cordan, W.: »*Story*«. In: *Akzente* 10, 1 (1963), 49–54 (hier: 51f.); Rohner1973, ²1976 (verb.), 91f.; Durzak 1980, 457f.

6.2.2 Forschungsüberblicke zur Kurzgeschichte

Kuipers 1970 (darin: Teil 1: chronologische Übersicht über die Theorie seit dem 19. Jahrhundert unter Berücksichtigung der internationalen Diskussion); Datta 1971 (Das 3. Kap. befasst sich mit der Kurzgeschichte); Rohner 1973, ²1976 (verb.; enthält in Teil II die umfassendste kommentierte Bibliographie zur deutschen Kurzgeschichte, berücksichtigt auch z.T. die Kurzgeschichte als internationale Erscheinung); Donnenberg 1973 (begrenzter, auf den Ergebnissen Kuipers und Höllerers beruhender Überblick über Strukturmerkmale).

6.2.3 Theoretische Aussagen zur Kurzgeschichte von Autor/innen

Bender, Hans: »Ortsbestimmung der Kurzgeschichte«. In: *Akzente* 9 (1962), 205–225.

Braun, Johanna u. Günter: »Ein ambulantes Gewerbe. Gedanken über das Schreiben von Kurzgeschichten«. In: *Neue deutsche Literatur* 13 (1965), 69-74.

Eisenreich, Herbert: »Eine Geschichte erzählt sich selbst. Vorläufige Erfahrungen eines Autors«. In: *Böse schöne Welt*, 1957, 166–173.

Hermann, Judith: »On Carver. Ein Versuch«. In: Raymond Carver: *Kathedrale*, [2001] 2003, 9-16.

Kaschnitz, Marie Luise: »Lesung 1951« [1950]. In: *Gesammelte Werke* 7 (1981-1989), 590-594; u. die Äußerungen in *Westermanns Monatshefte* 105,9 (1964), 18, anlässlich der Preisverleihung für die Kurzgeschichte »Ja, mein Engel«; auch in: Marie Luise Kaschnitz: *Das dicke Kind und andere Erzählungen*. Mit einem Kommentar v. A.-M. Bachmann u. U. Schweikert. 2002, 163-170.

Kunert, Günter: »Kurze Betrachtung der Kurzgeschichte« [1967]. In: Ders.: *Warum schreiben? Notizen zur Literatur*, 1976, 211-213.

Kusenberg, Kurt: »Über die Kurzgeschichte«. In: *Merkur* XIX (1965), 830–838.

Lenz, Siegfried: »Gnadengesuch für die Geschichte« [1966]. In: Ders.: *Beziehungen. Ansichten und Bekenntnisse zur Literatur*, 1970, 127–131.

Piontek, Heinz: »Graphik in Prosa. Ansichten über die deutsche Kurzgeschichte«. In: Ders.: *Buchstab – Zauberstab. Über Dichter und Dichtung*, 1959, 60-78.

Schnurre, Wolfdietrich: »Kritik und Waffe. Zur Problematik der Kurzgeschichte«. In: *Deutsche Rundschau* 87, 1 (1961), 61–66.

Schulze, Ingo: »Endstation Sehnsucht«. In: Raymond Carver: *Wovon wir reden, wenn wir von Liebe reden*, [2000] 2002, 9-16.

6.2.4 Anthologien

Die z.T. mit knappen Referaten versehene, kommentierte Auswahl an Anthologien bei Rohner [2]1976, 96–103 umfasst folgende Bände der fünfziger und sechziger Jahre: Horckel, W. (Hg.): *Du bist nicht allein. 27 Erzählungen*, 1953; Karsch, W. (Hg.): *Das Rasthaus. 32 deutsche Erzähler aus unserer Zeit*, 1954; Malecha, H. [u.a.] (Hg.): *Die Probe. Die 16 besten Kurzgeschichten aus dem Preisausschreiben der Wochenzeitung »Die Zeit«*, 1955; Wolter, G. (Hg.): *Das kleine Mädchen Hoffnung. Eine Prosa Anthologie*, 1955; Ders. (Hg.): *Lichter gleiten durch den Schatten. Erzählungen*, 1955; Rabe, F. (Hg.): *Menschen im Feuer. Erzählungen*, 1955; Albers, H. u. H. Stöckmann (Hg.): *Auch in Pajala stechen die Mücken. 22 deutsche Erzähler der Gegenwart*, 1956; Mehl, D. (Hg.): *Sein Reich – die Erde. Eine Anthologie aus unserer Zeit*, 1956; Kesten, H. (Hg.): *Unsere Zeit. Die schönsten deutschen Erzählungen des zwanzigsten Jahrhunderts*, 1956; Bruns, M. u. H. Lipinsky-Gottersdorf (Hg.): *Deutsche Stimmen*, 1956. *Neue Prosa und Lyrik aus Ost und West*, 1956; Essen, E. (Hg.): *Moderne deutsche Kurzgeschichten*, 1957 (Sein und Sagen. Texte für den Deutschunterricht 1); Piedmont, F. (Hg.): *Textsammlung moderner Kurzgeschichten. Für die Schule ausgewählt*, 1958; Schroers, R. (Hg.): *Auf den Spuren der Zeit. Junge deutsche Prosa*, 1959; Karsch, W. (Hg.): *Prosa 60. Sechsundzwanzig deutsche Erzählungen aus unserer Zeit*, 1960; Reich-Ranicki, M. (Hg.): *Auch dort erzählt Deutschland. – Prosa von ›drüben‹*, 1960; Wiese, B. v. (Hg.): *Deutschland erzählt. Sechsundvierzig Erzählungen*, 1962; Seidler, M. (Hg.): *Prosaformen der deutschen Literatur im 20. Jahrhundert*, 1962 (Sein und Sagen. Texte für den Deutschunterricht 10); Bingel, H. (Hg.): *Deutsche Prosa. Erzählungen seit 1945*, 1963 (ab 1965 auch als dtv/sr 46); Pratz, F. u. H.Thiel (Hg.): *Neue deutsche Kurzgeschichten. Eine Anthologie für die Oberstufe höherer Schulen*, 1964; Reich-Ranicki, M. (Hg.): *Erfundene Wahrheit. Deutsche Geschichten seit 1946*, 1965; Helmich, W. u. P. Nentwig (Hg.): *Kurzgeschichten unserer Zeit*, 1965; Becker, A. u. H.Thiel (Hg.): *Der Lacher. Heitere und satirische Kurzgeschichten deutscher Autoren der Gegenwart*, 1965; Nitschke, H. (Hg.): *Auch eine Antwort. Fragen des Lebens in Geschichten der Zeit*, 1965; Urbanek, W. (Hg.): *Spiegelungen. Moderne deutsche Kurzprosa*, 1966 (Kurzgeschichtensammlung für die Schule); Pratz, F. (Hg.): *Neue deutsche Kurzprosa*, 1970; Spangenberg, B. (Hg.): *25 Erzähler unserer Zeit*, 1971.

Weitere Anthologien:
Reich-Ranicki, M. (Hg.): *Verteidigung der Zukunft. Deutsche Geschichten 1960–1980*, 1972, 1975 (erg.), 1980 (erw. Ausg., dtv 1530; chronologisch nach den Jahren des Erstdrucks geordnet, bezieht auch DDR-Autor/

innen mit ein; der weitgefasste Begriff schließt andere Kurzprosagattungen nicht aus; mit biograph. u. bibliograph. Notizen); Ulrich, W. (Hg.): *Deutsche Kurzgeschichten*, 1973 (Arbeitstexte für den Unterricht, Reclam 9505, 9506, 9507 für die Sekundarstufe I; 9508 für die Sekundarstufe II, mit Vorwort, 4–9); Franke, K. u. W.R. Langenbucher (Hg.): *Erzähler aus der DDR*, 1973 (Vorwort v. T. Koch; Einleitung v. K. Franke: »Literatur aus der DDR«, 11-28; enthält nicht ausschließlich Kurzgeschichten); Heym, S. (Hg.): *Auskunft. Neue Prosa aus der DDR*, 1974 u. *Auskunft 2. Neue Prosa aus der DDR*, 1978 (enthält außer Kurzgeschichten auch Skizzen, essayistische Prosastücke u. Romanauszüge); Zimmer, D.E. (Hg.): *Vierunddreißig neue Kurzgeschichten aus der »Zeit«*, 1979 (enthält hauptsächlich übersetzte Geschichten; deutsche Beiträge von: H. Fichte: »Freddys Verwandlungen«, G. Herburger: »Klassentreffen«, A. Kluge: »Ein lebhaftes Kontaktbedürfnis«, »Alte schlafsüchtige Frau«, »Das Rennpferd«, S. Lenz: »Mein Verhältnis zu Altona«, A. Muschg: »Vorübergegangen und davongekommen«, E. Plessen: »Nach dem Zug der Lemminge«, J. Schutting: »Bittbriefe«, M. Walser: »Annemaries Geschichte!«, U. Widmer: »Eine Herbstgeschichte«, G. Wohmann: »Lorenz und Natalie«; vgl. das Nachwort zu Begriff u. Situation der Kurzgeschichte, 299–303); Durzak, M. (Hg.): *Erzählte Zeit. 50 deutsche Kurzgeschichten der Gegenwart*, 1980 (mit bibliograph. Hinweisen u. mit Einleitung, 7–18; als Textgrundlage gedacht zu den Interpretationen im 3. Kap. von Durzak, M.1980); Piontek, H. (Hg.): *Ja, mein Engel. Die besten deutschen Kurzgeschichten*, 1981 (Münchner Edition; 21 Geschichten aus dem Zeitraum 1962-1980 von Preisträgern des Georg-Mackensen-Literaturpreises für die beste unveröffentlichte Kurzgeschichte eines deutschsprachigen Autors; Vorwort v. M. Neumann, 7–9; Nachwort v. H. Piontek, 279–283); Hochhuth, R. (Hg.): *Die Gegenwart. Deutschsprachige Erzähler der Jahrgänge 1900–1960*. 2 Bde., 1981 (bringt nicht ausschließlich Kurzgeschichten; Nachwort in Bd. 2, 513–536: »Neue Themen – alte Formen. Erzähler in der Krise«); *Fünfundsiebzig Erzähler der DDR*. 1981 (2 Bde.). Salzmann, W. (Hg.): *Siebzehn Kurzgeschichten*, 1982 (Lesehefte für den Literaturunterricht); Bender, H. (Hg.): *Geschichten aus dem Zweiten Weltkrieg*, 1983; Vormweg, H. (Hg.): *Erzählungen seit 1960 aus der Bundesrepublik Deutschland, aus Österreich und der Schweiz*, 1983; Lange, G. (Hg.): *Deutsche Kurzgeschichten II*, 1989 (Arbeitstexte für den Unterricht, Reclam 15007, 15008, 15011, 15013); Brettschneider, W. (Hg.): *Erzählungen aus der DDR*, 1989 (Arbeitstexte für den Unterricht, Reclam 15014-2); Stähle, R. u. N.P. Engel (Hg.): *Oberrheinischer Rollwagen*, 1987; Döring, C. u. H. Steinert (Hg.): *Schöne Aussichten. Neue Prosa aus der DDR*, 1990; Sailer, T. (Hg.): *Stimmen aus Brandenburg: Kurzgeschichten; die besten Beiträge des Literaturwettbewerbs »Geschichte erleben – Geschichten erzählen«*. 1994; Auffermann, V. (Hg.): *Beste deutsche Erzähler 2000*. 2000; Dies.: *Beste deutsche Erzähler 2001*, 2001; Trautwein, S. (Hg.): *Netzgeschichten 4. Die Anthologie von literature.de*, 2002; Bellmann, W. (Hg.): *Klassische deutsche Kurzgeschichten*, 2003 (Reclam 18251).

6.2.5 Kurzgeschichtenwettbewerbe und Preisfragen

Hühnerfeld, P.: »Bemerkungen zu einem Preisausschreiben«. In: Malecha, H. [u.a.] (Hg.): *Die Probe. Die 16 besten Kurzgeschichten aus dem Preisausschreiben der Wochenzeitung »Die Zeit«.* 1955, 5–17.

Westermanns Monatshefte »Preisfrage: Die beste Kurzgeschichte« (1960); vgl. H. 2, 3, 4, 6, 7, 10; vgl. auch die Novemberhefte ab 1962 zu den jährlichen Preisverleihungen des Georg-Mackensen-Literaturpreises für die beste deutsche Kurzgeschichte in deutscher Sprache (außer 1966 u.1972). 1988 eingestellt. – Dazu die Anthologie von Piontek, H. (Hg.): *Ja, mein Engel,* 1981.

Zum Kurzgeschichtenwettbewerb der Stadt Arnsberg/Neheim-Hüsten (Deutscher und Internationaler Kurzgeschichtenpreis) liegen vor: Kleinholz, H. (Hg.): *Befunde I,* 1970; *Literatur im Briefkasten. Prämierte Kurzgeschichten per Postwurfsendung,* 1971; *Befunde II,* 1972; *Befunde III,* 1974; Herring, H. (Red.): *Befunde IV–V,* 1978; *Befunde VI,* 1980; *Befunde VII-VIII,* 1984; *Befunde IX,* 1986; *Befunde X,* 1988; Wehrle-Willeke, I. u. S. Kleine (Red.): *Befunde moderner Kurzprosa XI,* 1990; Willeke, I. (Red.): *Befunde moderner Kurzprosa XII,* 1992; Willeke, I. u. E. Wegemann (Red.): *Arnsberger Kurzgeschichten und Kurzprosawettbewerb 1994,* Bd. I: *Junge Prosa.* [Bd. II: *Europäische Kurzprosa*], Sonderdruck 1994.

Bettina-von-Arnim-Preis des Magazins *Brigitte,* jährlich seit 1992: *Brigitte* Nr. 11. Alle zwei Jahre seit 1997. – Dazu die Anthologien von Bauer, U., (Hg.): *Neues vom Leben,* 1993; *Stimmen von morgen,* 1994.

Montblanc-Literaturpreis: seit 1991 unregelmäßig vergeben; zum 6. Mal 2004. – Dazu die Anthologien von Westphalen, J.v. (Hg.): *Profit: Die besten Geschichten des Montblanc-Literaturpreises 1991,* 1991; *Umarmungen: Die besten Geschichten des Montblanc-Literaturpreises 1992,* 1992; *Der Gipfel: Die besten Geschichten des Montblanc-Literaturpreises,* 1993; *Der Termin: Die besten Geschichten des Montblanc-Literaturpreises,* 1994.

MDR-Literaturwettbewerb: jährlich seit 1996, bundesweit seit 2003. Ausschreibung vgl. <http://www.mdr.de> 14. November 2004. – Dazu die Jahresanthologien im Leipziger Faber & Faber Verlag: Michael Hametner (Hg.): *Grüner Mond und andere Erzählungen.* 1 [Auswahl 1996] 1999. *Der Turmspringer und andere Erzählungen.* 2 [Auswahl 1997] 1999; *Das Ende der Nibelungen und andere Erzählungen.* 3 [Auswahl 1998] 1999; *Wenn das Wasser im Rhein und andere Erzählungen.* 4 [Auswahl 1999] 2000; *Videoclip und andere Erzählungen.* 5 [Auswahl 2000] 2001; *Nikita und andere Erzählungen.* 6 [Auswahl 2001] 2002; *Antigones Bruder und andere Erzählungen.* 7 [Auswahl 2002] 2003; *Anthologie der Jahre 1-5.* 2003. [Enthält die jeweilige Auswahl der Jahre 1996-2000]; *Die grünen Hügel Afrikas und andere Erzählungen.* 8 [Auswahl 2003] 2004.

6.2.6 Webseiten zur Kurzgeschichte im Internet

<http://www.mdr.de>
<http://www.iak-talente.de> [»Magazine kommen und gehen« 28. 11.2004]
<http://www.netzine.de>

<http://www.roman.de/kurzgeschichten_index.html>
<http://www. kurzgeschichten-planet.de>
<http://www.schule-des-schreibens.de/teilnehmer/kurzgeschichten>
<http://www.kurzgeschichten.at>
<http://www.dülmen.de/kultur-bildung/schulen/index.htm> 3.10.2004 [Dül-
mener Kurzgeschichtenschreibwerkstatt]
<http://www.evangelisches-gymnasium-meinerzhagen.de> 28.11.2004 [Kurz-
geschichten einer Schulklasse]
<http://home.t-online.de/home/gym-barntrup/deproj.htm> 28.11.2004
[»Didaktische Überlegungen zur Unterrichtsreihe Kurzgeschichten aus
dem Internet/für das Internet«]
<http://www.jugendschreibt.com> 3.10.2004
<http://www.lyceum-alpinum.ch/kurzgeschichte/eingabe/teilnahmebedin-
gungen.htm> 28.11.2004
<http://www.realschule-mayen.de/Schuler/schuler.html> 28.11.2004 [»Das
geschriebene Wort stößt bei Kindern und Jugendlichen auf großes Interesse«,
»Wettbewerb junge Talente zwischen 8 und 20 Jahren, Mayen-Koblenz«]
<http://www.schule-inside.de> 28.11.2004
<http://www.school-scout.de/kurzgeschichten.cfm> 2004 [Für Interpreta-
tionen]

6.2.7 Kurzgeschichtenautor/innen

Rohner, L.: *Theorie der Kurzgeschichte*, [2]1976, zu: Aichinger, Bender, Borchert,
Eisenreich, Kaschnitz, Langgässer, Schnabel, Schnurre, Weyrauch.
Durzak, M.: *Die deutsche Kurzgeschichte der Gegenwart [...]*, 1980, Kapi-
tel 3. Interpretationen zu: Andersch, Bender, Bobrowski, Böll, Borchert,
Brasch, Federspiel, Fries, Gaiser, Hermlin, Hildesheimer, Jägersberg, Kant,
Kaschnitz, Kluge, Korff, Kunert, Kunze, Kusenberg, Langgässer, H. Müller,
Piontek, Plenzdorf, Reding, Rinser, Schädlich, K. Schlesinger, P. Schnei-
der, Schnell, Schnurre, Strittmatter, Weyrauch, Wohmann.
Vgl. Neumann 1990; Rieder 1991, zu Bachmann; Schmidt-Dengler 1986 zu
Fried; Braune-Steininger 2000, Dürscheidt 1993, Kührt 1992, zu John-
son; Reimann 1992, zu Süskind; Neumann 1990, zu Wolf.

Aichinger, Ilse: *Rede unter dem Galgen*, 1952; *Der Gefesselte*, 1953 (Titelgesch.
zuerst in: *Neue Rundschau* 62, 2, 1951, 98-109); *Wo ich wohne. Erzählungen, Dialoge, Gedichte*, 1953; *Eliza, Eliza*, 1965; *Nachricht vom Tag*, 1970
(enthält die bisherigen Geschichten u. drei neue: »Die Rampenmaler«, »Die
Schwestern Jouet«, »Ajax«); diese Slg. auch mit neuer Titelgeschichte als:
Meine Sprache und ich, 1979. Vgl. dazu: Aichinger, I.: »Über das Erzählen
in dieser Zeit«. In: *Die Literatur, Blätter für Literatur, Film, Funk und Bühne*
l, 1952, 1; Dies.: »Die Sicht der Entfremdung«. In: *Frankfurter Hefte* 9,
1954, 56-60; Dies.: »Film und Verhängnis«. In: Auffermann (Hg.): *Beste
deutsche Erzähler 2000*, 2000, 23-32. – Dazu: Kahler, E. v.: »Untergang
und Übergang der epischen Kunstform«. In: *Neue Rundschau* 64, 1 (1953),
1-44, hier: 35; Höllerer, W.: »Statt eines Nachworts«. In: Aichinger, I.: *Der*

Gefesselte, 1958, 76-78; Piontek, H.: »Graphik in Prosa. Ansichten über die deutsche Kurzgeschichte«, 1959, 74f.; Brückl, O.: »Vordergründige Wirklichkeit und das ›Eigentliche‹ in der zeitgenössischen Kurzgeschichte«. In: *Acta Germanica* 1 (1966), 89–98; Eggers, W.: »Ilse Aichinger«. In: Weber ²1970, 252-270; Lorenz, D.C.G.: *Ilse Aichinger*, 1981; Corkhill, A.: »Ilse Aichingers ›Seegeister‹ und Christa Reinigs ›Drei Schiffe‹. Zwei motivgleiche Erzählungen«. In: *Colloquia Germanica* 15 (1982), 122-132; Schönhaar, R. »›Der Erzählwelt Schweigen abfordern‹. Ilse Aichingers Prosaminiaturen seit dem Band *Eliza, Eliza*«. In: Bartsch, K. u. G. Melzer (Hg.): *Ilse Aichinger*, 1993 (Dossier 5), 102-137; Moser, S. (Hg.): *Ilse Aichinger. Leben und Werk*. 1995; Hermann, B. u. B. Thums (Hg.): *»Was wir einsetzen können, ist Nüchternheit«. Zum Werk Ilse Aichingers*, 2001; Barner, W.: »Ilse Aichinger: ›Spiegelgeschichte‹«. In: Bellmann 2004, 76-88; Reichensperger, R. »Ilse Aichinger: ›Die geöffnete Order‹«. In: ebd., 107-114. Ders.: »Ilse Aichinger: ›Seegeister‹«. In: ebd., 126-134.

Andersch, Alfred: *Geister und Leute. Zehn Geschichten*, 1958; *Ein Liebhaber des Halbschattens. Drei Erzählungen*, 1963; *Mein Verschwinden in Providence*, 1971; alle drei auch in: *Studienausgabe in 15 Bänden*, 1979 (detebe Bd. 1/4, 1/6, 1/8); *Gesammelte Erzählungen*, 1971 (enthält die ersten beiden Bände u. aus dem Roman *Die Rote* die selbständigen Geschichten: »Grausiges Erlebnis eines venezianischen Ofensetzers«, »Folgen eines Schocks«, »Das Meer«; dazu zwei Fragmente historischer Erzählungen: »Die Existenz des Lodovico Gonzaga«, »Die Arktis seiner Lordschaft«). – Dazu: Migrier, K.: »Alfred Andersch«. In: Weber ²1970, 347-363; G. Haffmans (Hg.) unter Mitarbeit von R. Charbon u. F. Cavigelli: *Über Alfred Andersch*, 1974, ²1980 (erw. Neuausg., detebe 53), darin: Enzensberger, H.M.: *»Geister und Leute«*, 92-94; Koeppen, W.: »Geschichten aus unserer Zeit«, 94-96; Sieburg, F.: »Ein überzeugter Erzähler«, 105–107; Schonauer, F.: »Die Wahrheit ist konkret«, 132-135; Korn, K.: »Paß auf, wenn Du ausgehst!«, 136–139; dort auch Bibliographie, vgl. bes. 321, 324f., 329ff.; Durzak, M.: »Alfred Andersch. Seismographisches Erzählen – Poe/ Hemingway«. In: Ders. 1980, 136-145; Schütz, E.: *Alfred Andersch*, 1980 (Autorenbücher 23 Hg. H.L. Arnold u. E.-P. Wieckenberg; zu den Kurzgeschichten vgl. 90-104); Wehdeking, V.: *Alfred Andersch*, 1983 (Sammlung Metzler 207; vgl. darin: u.a. bes. Kap. 2.3, 4.2.2., 5.1., 6.); Huber, M.: »Vom Erzählen erzählen und in Geschichten verstrickt. Zu Alfred Anderschs Erzählungen«. In: Heidelberger-Leonard, I. u. V. Wehdeking (Hg.): *Alfred Andersch. Perspektiven zu Leben und Werk. Kolloquium zum 80. Geburtstag des Autors*, 1994, 88-97; Wehdeking, V.: »Alfred Andersch: ›Mit dem Chef nach Chenonceaux‹«. In: Bellmann 2004, 199-211.

Barnsteiner, Catrin: *Verglüht*, 2004.

Bender, Hans: *Die Hostie. Vier Stories*, 1953; *Wölfe und Tauben. Erzählungen*, 1957; *Mit dem Postschiff. 24 Geschichten*, 1962 (enthält die Sammlungen von 1953 u. 1957); *Worte, Bilder, Menschen. Geschichten, Roman, Berichte, Aufsätze*, 1969 (mit Bibl.). – Dazu: Pfeiffer, J.: »Hans Bender. ›Die Hostie‹«. In: *Was haben wir an einer Erzählung?* 1965, 91–96 u. 135–

137 (dort Vergleich mit den beiden Fassungen von 1957 u. 1962); Piontek, H.: »Graphik in Prosa. Ansichten über die deutsche Kurzgeschichte«,
1959, 75f.; Piedmont, F.: »Kurzgeschichte und Kurzerzählung. Zu drei
Prosatexten von Ernst Jünger, Wolfdietrich Schnurre und Hans Bender«.
In: Durzak 1973 (»Schafsblut«), 149-160; Durzak, M.: »›Die Kurzgeschichte deutscher Spielart‹. Gespräch mit Hans Bender«. In: Ders. 1980,
68-84 u. ebd.: »Hans Bender. Erzählerische Zeugenschaft und Zeugnis-
kraft – Hemingway«, 200-212; Schachtsiek-Freitag, N.: »Hans Bender:
›Die Wölfe kommen zurück‹«. In: Bellmann 2004, 151-156.

Bichsel, Peter: *Eigentlich möchte Frau Blum den Milchmann kennenlernen.*
21 Geschichten. Hg. O.F. Walter. 1964 u. 1993; *Geschichten zur falschen
Zeit,* 1979; *Wo wir wohnen. Geschichten.* Hg. R.Weiss 2004; *Geschichten.*
Kommentar v. R. Jucker. 2005; vgl. auch: *Der Leser. Das Erzählen. Frank-
furter Poetikvorlesungen,* 1982. – Dazu: Jucker, R.: »›Ich bin für Unruhe.‹
Gespräch mit Peter Bichsel«. In: Ders. (Hg.): *Peter Bichsel,* 1996; Ders.:
»Peter Bichsel: ›San Salvador‹«. In: Bellmann 2004, 267-273.

Bobrowski, Johannes: *Boehlendorff und andere. Erzählungen,* 1965; *Mäusefest
und andere Erzählungen,* 1965; *Der Mahner und andere Prosa aus dem Nach-
laß,* 1968; *Lipmanns Leib. Erzählungen,* 1973 (Auswahl u. Nachwort von
W. Dehn; mit Bibliograph.). – Dazu: *Johannes Bobrowski. Selbstzeugnisse
und neue Beiträge über sein Werk,* 1975; Durzak, M.: »Johannes Bobrowski.
Gestisches Erzählen – Conrad«. In: Ders.1980, 241-249; Williams, A.F.:
»Direct and Indirect Means of Historical Elucidation in Bobrowski's Short
Stories«. In: *GDR Monitor* 18 (1987/88), 27-49.

Böll, Heinrich: *Wanderer, kommst du nach Spa...,* 1950; *Werkausgabe Heinrich
Böll. Romane und Erzählungen 1. 1947-1951 .* Hg. Balzer, B. 1978, darin
die frühen Geschichten: »Aus der ›Vorzeit‹« u. »Der Angriff«; Erzählungen
1950–1970, 1972; *Werkausgabe. Romane und Erzählungen 15,* 1977 (1:
1947-1951; 2: 1951-1954; 3: 1954–1959; 4: 1961–1970; 5: 1971–1977);
Du fährst zu oft nach Heidelberg und andere Erzählungen, 1979 (alle Ausgaben mit Angabe des Ersterscheinungsjahres der Kurzgeschichten). – Dazu:
Bienek, H. (Hg.): *Werkstattgespräche mit Schriftstellern,* 1962, [3]1976 (erw.,
dtv), 168-184; Rudolph, E. (Hg.): *Protokoll zur Person. Autoren über sich
und ihr Werk.* 1971, 27–43; Nägele, R.: *Heinrich Böll. Einführung in das
Werk und in die Forschung,* 1976 (FAT 2084), darin: »Die Kurzgeschichten«, 118–124; Balzer, B.: »Heinrich Bölls Werke. Anarchie und Zärt-
lichkeit«, Vorwort in: Ders. (Hg.): *Werkausgabe Heinrich Böll. Romane
und Erzählungen 1. 1947-1951,* 1978. [9]–[128]; Schröter, K.: *Heinrich
Böll,* 1983; Piontek, H.: »Graphik in Prosa. Ansichten über die deutsche
Kurzgeschichte«, 1959, 72f.; *Interpretationen zu Heinrich Böll verfaßt von
einem Arbeitskreis. Kurzgeschichten I u. II,* 1965, (Hg. Hirschenauer, R. u.
A. Weber. Interpretationen zum Deutschunterricht); Benn, M.: »Heinrich Bölls Kurzgeschichten«. In: Jurgensen, M. (Hg.): *Böll. Untersuchungen zum Werk.* 1975, 165–178 (Queensland Studies in German Langu-
age and Literature V); Durzak, M.: »Heinrich Böll. Die Verdichtung der
Zeitgeschichte – Salinger«. In: Ders. 1980, 124-136; Friedrichsmeyer,
E.: *Die satirische Kurzprosa Heinrich Bölls,* 1981; Gerber, H.: *Krieg und*

Nachkrieg. Heinrich Böll: Kurzgeschichten, Erzählungen, Romane. Erläuterungen, 1, 1987; Sowinski, B.: *Heinrich Böll: Kurzgeschichten. Interpretationen*, 1988; Wehdeking, V.: »Die Kurzgeschichte im Nachkrieg und Heinrich Bölls Aufnahme der klassisch-modernen Short Story Tradition«. In: Wehdeking, V. u. G. Blamberger (Hg.): *Erzählliteratur in der frühen Nachkriegszeit (1945–52)*, 1989; Jurgensen, M.: »Die Poesie des Augenblicks. Die Kurzgeschichten«. In: Balzer, B. (Hg.): *Heinrich Böll, 1917-1985, zum 75. Geburtstag*, 1992, 43-60; Berman, R.A.: »The Rhetoric of Citation and the Ideology of War in Heinrich Böll's Short Fiction«. In: Ders.: *Cultural Studies of Modern Germany: History, Representation, and Nationhood*, 1993, 147-158; Speirs, R.: »Between pathos and irony: The rhetoric of the early short stories«. In: Butler, M. (Hg.): *The narrative fiction of Heinrich Böll: social conscience and literary achievement*, 1994, 49-69; Bellmann, W. (Hg.): *Heinrich Böll. Romane und Erzählungen. Interpretationen*, 2000, 71–99; Hummel, C.: *Intertextualität im Werk Heinrich Bölls*, 2002; Reid, J.H.: »Heinrich Böll: ›An der Brücke‹«. In: Bellmann 2004, 70-75; Ders.: »Heinrich Böll: ›Wanderer, kommst du nach Spa...‹«. In: ebd., 96-106; Friedrichsmeyer, E.: »Heinrich Böll: ›Der Wegwerfer‹«. In: ebd., 212-220.

Borchert, Wolfgang: *Die Hundeblume. Erzählungen aus unseren Tagen*, 1947; *An diesem Dienstag (19 Erzählungen)*, 1947; *Das Gesamtwerk*, 1949, darin: Biograph. Nachwort von B. Meyer-Marwitz, 323–349; *Die traurigen Geranien und andere Geschichten aus dem Nachlaß*. P. Rühmkorf (Hg.) mit e. Nachwort, 1962, 1967 (Neuausg.). – Dazu: Andersch, A.: »Das Gras und der alte Mann«. In: *Frankfurter Hefte* 3 (1948), 927–929; Böll, H.: »Die Stimme Wolfgang Borcherts«. [1955]. In: Ders.: *Erzählungen, Hörspiele, Aufsätze*. 1965, 352–356; Rühmkorf, P.: *Wolfgang Borchert*, 1961, darin der briefl. Nachweis von 1947 (156) u. chronolog. Liste der Kurzgeschichten (132f.) sowie bibliograph. Anhang von P. Raabe; Freydank 1964; Brustmeier 1966; Gumtau, H.: *Wolfgang Borchert*. 1969 (Köpfe des 20. Jahrhunderts 55); Schulmeister, R.: »Wolfgang Borchert« in: Weber, [2]1970, 271-289; Schröder, C.B.: *Draußen vor der Tür. Eine Wolfgang Borchert-Biographie*, 1989; Csúri, K.: »Zur systematischen Erklärungsmöglichkeit von Borcherts Kurzgeschichten«. In: *Sprache und Literatur in Wissenschaft und Unterricht* 22,2 (1991), 33-49; Große, W.: *Wolfgang Borchert. Kurzgeschichten*. 1995; Burgess, G. u. H.-G. Winter (Hg.): »Pack das Leben bei den Haaren«. Wolfgang Borchert in neuer Sicht, 1996; Bellmann, W.: »Wolfgang Borchert: › An diesem Dienstag‹«. In: Ders. 2004, 39-45; Winter, H.-G.: »Wolfgang Borchert: ›Das Brot‹«. In: ebd., 23-27; Ders.: »Wolfgang Borchert: ›Nachts schlafen die Ratten doch‹«, ebd., 46-51.

Burmeister, Brigitte: *Herbstfeste*, 1995.

Dörrie, Doris: *Was wollen Sie von mir? und fünfzehn andere Geschichten*, 1989; »Der Vater der Braut«. In: *Brigitte* 11 (1996), 108-112 (Bettina-von-Arnim-Preis 1996).

Draesner, Ulrike: *Reisen unter den Augenliedern*, 1999; *Hot Dogs*, 2004.

Dreyer, Alfred: »Gespräch in der Nacht«. *Horizont* 3,12 (1948), 14-15. – Dazu: ebd., die kurze Charakteristik von Dreyers Arbeiten.

Dürrenmatt, Friedrich: »Der Tunnel«. In: Ders.: *Die Stadt. Prosa I-IV*, 1952 u. Neufassung (1978) in: *Werkausgabe in dreißig Bänden* 20, 1980, 19-34 (Anhang: Der ursprüngliche Schluss des »Tunnels«, 97-98). – Dazu: Spycher, P.: *Friedrich Dürrenmatt. Das erzählerische Werk*, 1972; Knapp, G.P.: *Friedrich Dürrenmatt*. ²1993 (überarb. u. erw.); Knopf, J.: »Friedrich Dürrenmatt: ›Der Tunnel‹«. In: Bellmann 2004, 135-145.

Dürrson, Werner: *Der Luftkünstler. Dreizehn Stolpergeschichten*, 1983; »Kleist für Fortgeschrittene oder Falscher Aufstand der Gefühle«. In: Herring, H. (Hg.): *Befunde VII-VIII*. 1984, 62-66. – Dazu: Durzak, M.: *Die Kunst der Kurzgeschichte*, 1989, 318-331.

Duvanel, Adelheid: *Windgeschichten*, 1980; *Gnadenfrist*, 1991.

Eich, Günter: »Am Bahndamm«. In: *Die Welt* (Hamburg) v. 1.4.1947, u. d. T. »Züge im Nebel« In: P.E.H. Lüth (Hg.): *Der Anfang*. 1947; »Der Stelzengänger«. In: E. Essen (Hg.): *Moderne deutsche Kurzgeschichten*, 1970, 47-53.

Eisenreich, Herbert: *Böse schöne Welt*, 1957; *Sozusagen Liebesgeschichten*, 1965; *Die Freunde meiner Frau*, 1966 (Slg., 1978 als detebe 172; Vorwort von H. v. Doderer, 7-8); *Ein schöner Sieg und 21 andere Mißverständnisse*, 1973; *Die blaue Distel der Romantik. Erzählungen*, 1976. – Dazu: Piontek, H.:»Graphik in Prosa. Ansichten über die Kurzgeschichte«, 1959, 73f.; Pfeiffer, J.: »Herbert Eisenreich ›Von seinem Büro aus‹«. In: Ders.: *Was haben wir an einer Erzählung?*, 1965, 97-107; Brückl, O.: »Vordergründige Wirklichkeit und das ›Eigentliche‹«. In: *Acta Germanica* 1 (1966), 89-98; Reich-Ranicki, M.: »Herbert Eisenreich. *Sozusagen Liebesgeschichten*«. In: Ders.: *Literatur der kleinen Schritte*, 1967, 121-129; Schmidt-Dengler, W.: »›Erlebnis wie bei Dostojewski‹ und ›Die ganze Geschichte‹. Zu zwei Erzählungen von Herbert Eisenreich«. In: *ZfdPh* 87 (1968), 591-612; Ders.: »Herbert Eisenreich«. In: Weber ²1970, 329-346; Durzak, M.: »Herbert Eisenreich. Wahn- und Warnbilder der Existenz – Mansfield«. In: Ders. 1980, 232-241; Köhler, J.: *Janusköpfige Welt. Die Kurzgeschichten Herbert Eisenreichs*, 1990; Schmidt-Dengler, W.: »Herbert Eisenreich: ›Die neuere (glücklichere) Jungfrau von Orléans‹«. In: Bellmann 2004, 294-302.

Faschinger, Lilian: *Frau mit drei Flugzeugen*, 1993.

Federspiel, Jürg: *Orangen und Tode*, 1961; *Halbtagsstelle in Pompeji*, 1993.

Fries, Fritz Rudolf: *Der Seeweg nach Indien. Erzählungen,* 1978, unter dem Titel *Das nackte Mädchen auf der Straße: Erzählungen,* 1980. – Dazu: Grimm, R.: »Intertextuelle Fingerübungen? Zu zwei Kurzgeschichten von Fritz Rudolf Fries«. In: *Literatur für Leser* 4 (1999), 185-198.

Frischmuth, Barbara: *Hexenherz*, 1994.

Fühmann, Franz: *Das Judenauto*, 1993. *Erzählungen 1955-1975*, 1993. – Dazu: Mojem, H.: »Die Vertreibung aus dem Paradies«, *Jahrbuch der deutschen Schillergesellschaft* 41 (1997), 460-480; Richter, H.: »Franz Fühmann: ›Das Judenauto‹«. In: Bellmann 2004, 259-266.

Gaiser, Gerd: *Zwischenland*, 1949; *Einmal und oft*, 1956; *Gib acht in Domokosch*, 1959; *Am Paß Nascondo*, 1960; *Gazelle, grün. Aufzeichnungen*, 1965.

– <u>Dazu</u>: Hohoff, C. *Gerd Gaiser – Werk und Gestalt*, 1962; Reich-Ranicki, M.: »Der Fall Gerd Gaiser«. In: *Deutsche Literatur in Ost und West*, 1963, 55-80; Keller, O.: »Interpretation zu: G. Gaiser. ›Am Paß Nascondo‹«, 1965 (Interpretationen zum Deutschunterricht) R. Hirschenauer u. A. Weber (Hg.); darin: G. Gaiser: »Eine Erzählung, wie sie entsteht«, 98-117, zuvor in: *Pädagogische Provinz* 4, 1963); Kreuzer, H.: »Gerd Gaiser«. In: *Lexikon der deutschsprachigen Gegenwartsliteratur*, begr. v. H. Kunisch, neu bearb. u. hg. v. H. Wiesner, 1981, 155; Bekes, P.: »Gerd Gaiser: ›Der Mensch, den ich erlegt hatte‹«. In: Bellmann 2004, 165-173.

Gerstenberg, Franziska: *Wie viel Vögel*, 2004.

Grass, Günter: »Die Linkshänder«. In: *Neue deutsche Hefte* 5, 1 (1958/59), 38-42 u. In: A. Overwien-Neuhaus u. V. Neuhaus (Hg.): *Werkausgabe in zehn Bänden* I, 1987. Unter d. Pseudonym Artur Knoff: *Geschichten*, 1968 u. in: *Werkausgabe* I, 1987.

Grün, Max von der: *Fahrtunterbrechung und andere Erzählungen*, 1965. – <u>Dazu</u>: Reinhardt, S. (Hg.): *Materialienbuch* (Slg. Luchterhand 237, mit Bibliographie).

Heckmann, Herbert: *Das Porträt. Erzählungen*, 1958; *Schwarze Geschichten*, 1964; *Ein Bauer wechselt seine Kleidung*, 1980 (ges. Erzählungen). – <u>Dazu</u>: Höllerer, W.: »Die kurze Form der Prosa«. In: *Akzente* 9 (1962), 226-245, hier: 244.

Heidenreich, Elke: *Der Welt den Rücken,* 2000.

Hein, Christoph: *Exekution eines Kalbes und andere Erzählungen*. Berlin/Weimar 1994 u. Frankfurt a.M. 2002.

Heißenbüttel, Helmut: »short story«. In: *Textbuch 5*, 1965, 26; vgl. dazu: Ders.: »Theorie der Erzählung 1963«. In: Ders.: *Über Literatur*, 1966, [2]1972, 156-170 (dtv/sr 84); Ders.: »Die Frage der Gattungen«. In: Ders.: *Zur Tradition der Moderne. Aufsätze und Anmerkungen 1964-1971*, 1972, 49-55 (Slg. Luchterhand 51).

Hermann, Judith: *Sommerhaus, später*, 1998 (Collection S. Fischer 94); Dies.: »On Carver. Ein Versuch«. In: Raymond Carver: *Kathedrale* [2001]. 2003, 9-16.

Hermlin, Stephan: *Der Leutnant Yorck von Wartenburg*, 1946; *Reise eines Malers in Paris*, 1947; *Die Zeit der Gemeinsamkeit*, 1949, darin: »Arkadien«; auch in: *Gedichte und Prosa*, 1965. *Die Kommandeuse. Erzählung*, 1954; *Gesammelte Erzählungen*, 1980. – <u>Dazu</u>: Durzak, M.: »Ambrose Bierce und Stephan Hermlin: Zur Rezeption der amerikanischen Short Story in Deutschland«. In: Ders. 1979, 82-111; Ders.: »›Ein der Wirklichkeit abgetrotztes Werk‹. Gespräch mit Stephan Hermlin«. In: Ders. 1980, 34-50 u. Ders.: »Stephan Hermlin. Überlebenskämpfe – Bierce«. In: ebd., 159-169.

Hildesheimer, Wofgang: *Lieblose Legenden*, 1952, 1962 (überarb. u. erw.); *Gesammelte Werke in sieben Bänden* I: *Erzählende Prosa*. Hg. Hart Nibbrig, C. u. V. Jehle. – <u>Dazu</u>: Koebner, T.: »Wolfgang Hildesheimer«. In: Weber [2]1970. 202-224; Hummel, C.: »Wolfgang Hildesheimer: ›Das Atelierfest‹«. In: Bellmann 2004, 115-125.

Kaschnitz, Marie Luise: *Lange Schatten. Erzählungen*, 1960; *Ferngespräche. Erzählungen*, 1969 u. in: *Gesammelte Werke* 4. (Hg. C. Büttrich, C. u. N. Miller), 1983. Vgl. dazu die 1950 entstandenen poetologischen Aussagen von Kaschnitz zur Kurzgeschichte, »Lesung 1951«. In: *Gesammelte Werke* 7, 590-594 u. die Äußerungen in *Westermanns Monatshefte* 105,9 (1964), 18 anlässlich der Preisverleihung für die Kurzgeschichte »Ja, mein Engel«, Abdruck in *Westermanns Monatshefte* 105,10 (1964), 5-12; auch in: Marie Luise Kaschnitz: *Das dicke Kind und andere Erzählungen*. Mit einem Kommentar v. A.-M. Bachmann u. U. Schweikert, 2002, 163-170 (SBB 19). – Dazu: Pfeiffer, J.: »Marie Luise Kaschnitz.›Christine‹«. In: *Was haben wir an einer Erzählung?* 1965, 122-133; Hartlaub, G.: »Wie sie sich sehen. Marie Luise Kaschnitz: Warum ich keine Romane schreibe«. In: *Sonntagsblatt* (Hamburg) Nr. 33, v. 13.8.1967; Witter, B.: »Spaziergänge XV: Um die Dorfkirche mit Marie Luise Kaschnitz«. In: *Die Zeit* (Hamburg) Nr. 18 v. 3.5.1968; *Interpretationen zu Marie Luise Kaschnitz. Erzählungen, verfaßt von einem Arbeitskreis*, 1969 (Interpretationen zum Deutschunterricht. Hg. R. Hirschenauer u. A. Weber); Bender, H.: Nachwort zu: Kaschnitz, M.L. *Der Tulpenmann*, 1979, 77-86 (Auswahl; Reclam 9824); Schweikert, U.: »Marie Luise Kaschnitz. ›Das dicke Kind‹«. In: *Interpretationen. Erzählungen des 20. Jahrhunderts* 2, 1996, 41-55; Østbø, J.: »›Im Angesicht des Todes ...‹: Zu den existentiellen Bezügen der motivischen Tiefenstruktur von Marie Luise Kaschnitz' Kurzgeschichten in der Sammlung *Das dicke Kind und andere Erzählungen*«. In: Askedal, J.O. u.a. (Hg.): *Ingerid Dal in memoriam*, 1990, 129-153; Ders.: »Wirklichkeit und Kunst im Spiegel impliziter Politik und gattungsspezifischer Erzählstrategie: Zu Marie Luise Kaschnitz' Kurzgeschichten ›Die Schlafwandlerin‹ und ›Wer kennt seinen Vater‹. In: *Osloer und Rostocker Studien zur deutschen Sprach- und Literaturwissenschaft*, 1991, 197-208; Ders.: *Wirklichkeit als Herausforderung des Wortes. Engagement, poetologische Reflexion und dichterische Kommunikation bei Marie Luise Kaschnitz*, 1996; Göttsche, D. (Hg.): »*Für eine aufmerksamere und nachdenkliche Welt*. *Beiträge zu Marie Luise Kaschnitz*, 2001; Bachmann, A.-M.: »Marie Luise Kaschnitz: ›Lange Schatten‹«. In: Bellmann 2004, 232-239; Schweikert, U.: »Marie Luise Kaschnitz. ›Vogel Rock‹«. In: ebd., 274-285; Holdenried, M. »Marie Luise Kaschnitz. ›Ja, mein Engel‹«. In: ebd., 286-293.

Kirchhoff, Bodo: *Ferne Frauen*, 1988; *Katastrophen mit Seeblick*, 1998.

Kleeberg, Michael: *Der Kommunist vom Montmartre und andere Geschichten*, 1997.

Klüssendorf, Angelika: *Aus allen Himmeln*, 2004.

Kluge, Alexander: *Lebensläufe. Erzählungen*, 1962; *Neue Geschichten. Heft 1-18. »Unheimlichkeit der Zeit«*, 1977, [3]1978 (ed. suhrkamp 819; Vorwort, 9). – Dazu: Piedmont, F. »Zur Rolle des Erzählers in der Kurzgeschichte«. In: *ZfdPh* 92 (1973), 537-552; Finndegen, L.: »Kommentar zu: Alexander Kluge: ›Ein Liebesversuch‹«. In: *Freibeuter* 1 (1979), 88-93; Durzak, M.: »Alexander Kluge. Zwischen Dokument und Fiktion«. In: Ders. 1980, 292-300; Bosse, U.: *Alexander Kluge – Formen literarischer Darstellung von Geschichte*, 1989; Schulte, C.: »Alexander Kluge: ›Ein Liebesversuch‹«. In: Bellmann 2004, 247-258.

Krausser, Helmut: *Spielgeld*, 1990 u. 1994.

Kreuder, Ernst: *Tunnel zu vermieten*, 1966 (ges. Kurzprosa). Vgl. dazu: Ders.:
»›Man schreibt nicht mehr wie früher‹. Briefe an Horst Lange«. In: Born,
N. u. J. Manthey (Hg.): *Literaturmagazin 7. Nachkriegsliteratur*, 1977,
209-231. – Dazu: Gehl, I.: »Ernst Kreuder«. In: *Handbuch der deutschen
Gegenwartsliteratur* 1, ²1969, 404–405.

Kronauer, Brigitte: *Die gemusterte Nacht. Erzählungen*, 1981; *Schnurrer.
Geschichten*, 1992.

Kunert, Günter: *Die Beerdigung findet in aller Stille statt*, 1968; *Zurück ins
Paradies*, 1984; *Auf Abwegen und andere Verirrungen*, 1988. Vgl. dazu:
Warum schreiben? Notizen zur Literatur [1967]. 1976, 211-213. – Dazu:
Zimmer, D.E.: »Anmerkungen zu einer Geschichte«. In: Krüger, M. (Hg.):
Kunert lesen, 1979, 133-139; Durzak, M.: »Ernest Hemingway, Siegfried
Lenz und Günter Kunert: Die Adaption der amerikanischen Short Story
in Deutschland«. In: Ders. 1979, 112-128; 1980 (Kap. 3, Abschn. 3 u.
10 u. vgl.: »Die Gunst dieser negativen Situation‹. Gespräch mit Günter
Kunert«, 84–103 u. »Günter Kunert. Die Genauigkeit der Phantasie –
Poe/Hemingway«, 250–263); Egyptien, J.: »Die Aporien des Erinnerns.
Zu Günter Kunerts reflexiver Kurzprosa«. In: *Text + Kritik* 109 (1991),
6-14; Durzak, M.: »Die Widerstandskraft der Literatur. Zu der Kurzge-
schichte ›Bericht des Zensors über die Begegnung mit einem gewissen G.‹
von Günter Kunert«. In: Ders. u. Steinecke, H. (Hg.): *Günter Kunert.
Beiträge zu seinem Werk*, 1992, 190-216; Schönau, W.: »Günter Kunerts
›Mann über Bord‹: eine Kurzgeschichte als Familienroman«. In: Ibsch,
E. (Hg.): *Literatur und politische Aktualität*, 1993, 445-457; Durzak, M.:
»Kunerts gestisches Erzählen. Der Geschichtenerzähler Günter Kunert«.
In: Ders. u. Keune, M. (Hg.): *Kunert-Werkstatt. Materialien und Studien
zu Günter Kunerts literarischem Werk*, 1995, 169-182.

Kusenberg, Kurt: *Die Sonnenblumen und andere merkwürdige Geschichten*,
1951; *Wein auf Lebenszeit und andere kuriose Geschichten*, 1955; *Im falschen Zug und andere wunderliche Geschichten*, 1960; *Zwischen oben und
unten und andere Geschichten*, 1964; *Gesammelte Erzählungen*, 1969 (enthält nahezu alle Geschichten aus den zuvor ersch. Sammlungen mit
Angabe des Entstehungsjahres; vgl. Vorwort 5-6); vgl. auch: Ders.: »Über
die Kurzgeschichte«. In: *Merkur* XIX (1965), 830–838. – Dazu: Durzak,
M.: » Kurt Kusenberg. Heiter bis tückisch – Thurber«. In: Ders. 1980,
192-200.

Langgässer, Elisabeth: *Der Torso*, 1948; *Gesammelte Werke. Erzählungen*, 1964;
vgl. auch: *Ausgewählte Erzählungen*, 1979, Nachwort v. H. Krüger, 345–
356. – Dazu: Pfeiffer, J.: »Elisabeth Langgässer. ›Untergetaucht‹«. In: *Wege
zur Erzählkunst*, 1953, 136–138; Ders.: »Elisabeth Langgässer. ›Glück
haben‹«. In: *Was haben wir an einer Erzählung?*, 1965, 86–90; Maassen, J.P.J.: *Die Schrecken der Tiefe. Untersuchungen zu Elisabeth Langgässers Erzählungen*, 1973; Kloiber, H.: »Der Krieg als Thema in der Sammlung Der Torso von Elisabeth Langgässer«. In: Heukenkamp, U. (Hg.):
*Schuld und Sühne? Kriegserlebnis und Kriegsdeutung in deutschen Medien
der Nachkriegszeit (1945-1961)*. 2001, 353-361; Bellmann, W.: »Elisabeth

Langgässer: ›Glück haben‹«. In: Ders. 2004, 52-62; Vieregg, A.: »Elisabeth Langgässer: ›Saisonbeginn‹«. In: ebd., 28-38.

Lenz, Siegfried: *Jäger des Spotts. Geschichten aus dieser Zeit*, 1958; *Das Feuerschiff. Erzählungen*, 1960; *Der Spielverderber. Erzählungen* 1965; *Gesammelte Erzählungen*, 1970 (enthält die ersten drei Bände); *Einstein überquert die Elbe bei Hamburg. Erzählungen*, 1975; *Das serbische Mädchen*, 1987; *Ludmilla*, 1996; vgl. auch: Ders.: »Warum ich nicht wie Ernest Hemingway schreibe« [1966]. In: U. Schultz (Hg.): *Fünfzehn Autoren suchen sich selbst. Modell und Provokation*, 1967, 9–20; auch u.d.T.: »Mein Vorbild Hemingway. Modell oder Provokation«. In: *Beziehungen. Ansichten und Bekenntnisse zur Literatur*, 1970, 50–63; *Werkausgabe in Einzelbänden* 13-16. 1996-99, 13: *Erzählungen 1 (1949-1955)*, 1996; 14: *Erzählungen 2 (1956-1962)*, 1997; 15: *Erzählungen 3 (1964-1975)*, 1998; 16: *Erzählungen 4 (1976-1995)*, 1999; 19: *Essays 1 (1955-1982)*, darin: »Gnadengesuch für die Geschichte« [1966], 1997, 145-151; 20: *Essays 2 (1970-1997)*, darin: »Geschichte erzählen – Geschichten erzählen«. 1999, 165-182. – Dazu: Sieburg, F.: »Der junge Mann und das Meer«. In: *FAZ* v. 14.6.1958; *Interpretationen zu Siegfried Lenz, verfaßt von einem Arbeitskreis*, 1969 (Interpretationen zum Deutschunterricht. Hg. R. Hirschenauer u. A. Weber); Lachinger, J. »Siegfried Lenz«. In: Weber [2]1970. 457-483; Russ, C.: Nachwort zu: Siegfried Lenz. *Gesammelte Erzählungen*, 1970, 563–574; Ders.: »Die Geschichten von Siegfried Lenz«. In: Ders. (Hg.): *Der Schriftsteller Siegfried Lenz. Urteile und Standpunkte*, 1973, 45-61; Schwarz, W.J.: *Der Erzähler Siegfried Lenz*, 1974; Baßmann, W.: *Siegfried Lenz*, 1976, [2]1978 (Abhandlungen zur Kunst-, Musik- und Literaturwissenschaft 222); Wagner, H.: *Siegfried Lenz*, 1976 (Autorenbücher 2. Hg. Arnold, H.L. u. E.-P. Wieckenberg; im 2. Kap.: »Erzählungen«, 80-105, vgl. zu den Kurzgeschichten bes. 80-98); Durzak, M.: »Ernest Hemingway, Siegfried Lenz und Günter Kunert: Die Adaption der amerikanischen Short Story in Deutschland«. In: Ders. 1979, 112-128; Ders.: »Siegfried Lenz. Vom heroischen zum alltäglichen Augenblick – Hemingway/Crane«. In: Ders. 1980, 212–223; Ders.: »Männer mit Frauen. Zu den Kurzgeschichten von Siegfried Lenz«. In: Wolff, R. (Hg.): *Siegfried Lenz*, 1985, 35-54; Iehl. D.: »Le temps dans les récits de Siegfried Lenz. Reduction et extension«. In: D. Iehl u. H. Hombourg (Hg.): *Von der Novelle zur Kurzgeschichte*, 1990, 69-79; Rempel, J.: *The Short Stories of Siegfried Lenz: The Theory and the Texts*. (Magisterarbeit U of Waterloo, Canada)1991; Müller-Meehl, G.: *Fotografie als Paradigma der Rahmenschau in neun Kurzgeschichten von Siegfried Lenz*, 1994; Wagner, H.: »Siegfried Lenz: ›Die Nacht im Hotel‹«. In: Bellmann 2004, 89-95; Wagner, H.: »Siegfried Lenz: ›Ein Freund der Regierung‹«. In: ebd., 221-231.

Loschütz, Gert: *»Lassen Sie mich, bevor ich weiter muß, von drei Frauen erzählen. Geschichten*, 1990. *Unterwegs zu den Geschichten*, 1998.

Marti, Kurt: *Dorfgeschichten*, 1960; *Werkauswahl in 5 Bänden*, 1: *Neapel sehen. Erzählungen*, 1996 (Ausgew. v. K. Marti u. E. Pulver). – Dazu: Siering, J.: »Kurt Marti: Dorfgeschichten 1960«. In: *Neue deutsche Hefte* 82 (Juli/August 1961), 158f.; Maassen, J.: »Die Stadt am Ende der Zeit.

Zur Prosa von Kurt Marti 1970-1985«. In: Acker, R. u. M. Burkhard (Hg.): *Blick auf die Schweiz. Amsterdamer Beiträge zur neueren Germanistik* 22 (1987), 131-154; Mauch, C.: *Poesie – Theologie – Politik. Studien zu Kurt Marti*, 1992; Pulver, E.: »Kurt Marti: ›Neapel sehen‹«. In: Bellmann 2004, 240-246.

Meyer, E.Y.: *Wintergeschichten*, 1992.

Oskamp, Katja: *Halbschwimmer*, 2003.

Piontek, Heinz: *Vor Augen*, 1955; *Kastanien aus dem Feuer*, 1963; *Wintertage – Sommernächte. Gesammelte Erzählungen und Reisebilder*, 1977; *Werke in sechs Bänden*, 1985. – Dazu: Durzak, M.: »Heinz Piontek. Epiphanien des Alltags – Anderson«. In: Ders. 1980, 223-232; Horst, E.: »Hinter ausgestrichenen Wörtern lauere ich: Zur Lyrik und Prosadichtung Heinz Pionteks«. In: *Literatur in Bayern* 5 (1986), 2-10; Aßmann, C.: »Heinz Piontek: ›Erde unter dem Schnee‹«. In: Bellmann 2004, 174-181.

Reding, Josef: *Nennt mich nicht Nigger. Kurzgeschichten*, 1957; *Wer betet für Judas. Kurzgeschichten*, 1958; *Allein in Babylon. Kurzgeschichten*, 1960; *Papierschiffe gegen den Strom. Kurzgeschichten, Aufsätze, Tagebuchskizzen und Hörspiele*, 1963; *Ein Scharfmacher kommt. Kurzgeschichte*, 1967; *Schonzeit für Pappkameraden. Neue Kurzgeschichten*, 1977; *Nennt mich nicht Nigger. Kurzgeschichten aus zwei Jahrzehnten*, 1978 (darin Redings Vorwort: »Mein Bekenntnis zur Kurzgeschichte«, u.a.); *Die Stunde dazwischen. 10 Geschichten*, 1981; *Mühsam stirbt der Schnee. Kurzgeschichten, Tagebuchskizzen, Aufsätze. Eine Auswahl aus zwei Jahrzehnten* (mit einem Nachwort von Reinhard Hacke), 1980; *Friedenstage sind gezählt. Neue Kurzgeschichten*, 1983; *Und die Taube jagt den Greif. Kurzgeschichten für heute*, 1985; *Neue Not braucht neue Namen. Kurzgeschichten zum Tage*, 1986; *Wie eine Narbe im Stein. Kurzgeschichten*, 1996. – Dazu: Durzak, M.: »Josef Reding, Notate aus der Alltagswelt – Caldwell«. In: Ders. 1980, 263-272; Corkhill, A.: »Überlebenschancen der deutschen Kurzgeschichte: Josef Reding und Gabriele Wohmann«, in: *Literatur für Leser* 99,2 (1999), 63–72.

Rehmann, Ruth: »Der Gast«. In: E. Essen (Hg.): *Moderne deutsche Kurzgeschichten*, 1970, 34-42; *Paare*, 1978.

Rehn, Jens: *Der Zuckerfresser. Erzählungen*, 1961.

Reschke, Karin: *Kuschelfisch*, 1996.

Rinser, Luise: *Ein Bündel weißer Narzissen*, 1956 u. 1975; vgl. auch: Autobiographisches Nachwort zu: *Jan Lobel aus Warschau*, o.J., 73-76 (Auswahl; Reclam Nr. 8897). – Dazu: Hg. Schwab, H.-R.: *Luise Rinser. Materialien zu Leben und Werk*, 1986; Ester, H.: »Luise Rinser. ›Die rote Katze‹«. In: Bellmann 2004, 63-69.

Schär, Brigitte: *Liebesbriefe sind keine Rechnungen. Stories*. München 1998.

Schallück, Paul: *Lakrizza und andere Erzählungen*, 1966. – Dazu: Gödden, W. u. J. Grywatsch (Hg.): *»Wenn man aufhören könnte zu lügen«. Der Schriftsteller Paul Schallück 1922-1976*, 2002; Jung, W.: »Paul Schallück: ›Pro Ahn sechzig Pfennige‹«. In: Bellmann 2004, 157-164.

Schmidt, Arno: *Trommler beim Zaren*, 1966; *Sommermeteor. 23 Kurzgeschichten*, 1969 (Fischer 1046); Bargfelder Ausgabe. Werkgruppe I: *Romane, Erzählungen, Gedichte, Juvenilia*. Studienausgabe 4, 1988. – Dazu: Eggers,

W. » Arno Schmidt«. In: Weber [2]1970. 155-180; Proß, W. *Arno Schmidt* (Autorenbücher 15; vgl. S. 71); Rauschenbach, B. »Arno Schmidt: ›Nachbarin, Tod und Solidus‹«. In: Bellmann 2004, 193-198.

Schnabel, Ernst: *Sie sehen den Marmor nicht. Dreizehn Geschichten*, 1949, darin: »Der König ist tot«, 1944; auch als: *Sie sehen den Marmor nicht. Zwölf Geschichten und eine Montage*, 1963 (Fischer Bücherei); vgl. auch: Ders.: »Die amerikanische Story«. In: *Nordwestdeutsche Hefte* 1,3 (1946), 25-28.

Schnurre, Wolfdietrich: *Die Rohrdommel ruft jeden Tag*, 1950, darin Erstfassung von: »Die Tat«, »Die Reise zur Babuschka; *Als Vaters Bart noch rot war. Ein Roman in Geschichten*, 1958 (darin u. a. die aus Anthologien bekannten Geschichten: »Jenö war mein Freund«, »Veitel und seine Gäste«, »Der Brötchenclou«); *Eine Rechnung, die nicht aufgeht*, 1958; *Man sollte dagegen sein*, 1960; *Funke im Reisig*, 1963; *Die Erzählungen*, 1966; *Erzählungen 1945-1965*, 1977 (enthält die Bände: *Eine Rechnung, die nicht aufgeht, Man sollte dagegen sein, Funke im Reisig*; hier auch der Aufsatz über die Kurzgeschichte: »Kritik und Waffe«, d. biograph. Essay: »Wer ich bin« u. Werkauswahl); *Ich brauch Dich*, 1976; *Der Schattenfotograf. Aufzeichnungen*, 1978. – Dazu: Reich-Ranicki, M.: »Der militante Kauz Wolfdietrich Schnurre«. In: Ders.: *Deutsche Literatur in Ost und West*, 1963, 143-155; Ders.: Nachwort zu: W. Schnurre. *Die Erzählungen*, 1966, 429-442; Schmoldt, B.: »Der Erzähler Wolfdietrich Schnurre«. In: Schnurre, W: *Freundschaft mit Adam*, 1966, 7-26; Brückl, O.: »Vordergründige Wirklichkeit und das ›Eigentliche‹ in der zeitgenössischen Kurzgeschichte«. In: *Acta Germanica* 1 (1966), 89-98; Schultz, U. (Hg.): *Fünfzehn Autoren suchen sich selbst*, 1967, 20–32 (»Warum ich nicht wie Swift schreibe«); Kribben, K.-G.: »Wolfdietrich Schnurre«. In: Weber [2]1970. 311-328; *Interpretationen zu Wolfdietrich Schnurre. Erzählungen, verfaßt von einem Arbeitskreis*, 1970 (Interpretationen zum Deutschunterricht. Hg. Hirschenauer, R. u. A. Weber); Rudolph, E. (Hg.): *Protokoll zur Person. Autoren über sich und ihr Werk*, 1971, 107–119; Arnold, H.L. (Hg.): *Die Gruppe 47. Ein kritischer Grundriß*, 1980 (edition text + kritik, Sonderband); Gockel, H.: »Der Erzähler Wolfdietrich Schnurre«. In: *DU* 33, 3 (1981), 40–50. Piedmont, F.: »Kurzgeschichte und kurze Erzählung. Zu drei Prosatexten von Ernst Jünger, Wolfdietrich Schnurre und Hans Bender«. In: Durzak, M. (Hg.) u.a.: *Texte und Kontexte*, 1973, 149-160 (»Das Manöver«); Rohner, L.: »Bitte recht traurig! *Der Schattenfotograf.* Das Denkbuch eines Meisters der Kürzestgeschichte«. In: *Die Zeit* (Hamburg) v. 5.1.1979; Durzak, M.: »›Ein riesiges Notizbuch‹. Gespräch mit Wolfdietrich Schnurre«. In: Ders. 1980, 50-68; Ders.: »Wolfdietrich Schnurre. Erzählen im Zeitalter der Information – Hemingway«. In: ebd., 145-159; Corkhill, A.: »Überlegungen zur Binnenstruktur von Schnurres Dialoggeschichten *Ich brauch Dich*«. In: DU 5 (1986), 35-46; Sinka, M.M.: »Genre and Meaning. Wolfdietrich Schnurre's Die Tat in its Novelle and Kurzgeschichte Versions«. In: *Colloquia Germanica* 20 (1987), 213-221; Adelhoefer, M.: *Wolfdietrich Schnurre: ein deutscher Nachkriegsautor*. Mit einer Vorbemerkung von Marina Schnurre, 1990; Blencke, K.: *Wolfdietrich Schnurres Nachlaß. Kata-*

logisierung, Systematisierung und Darstellung der Werkgeschichte. Mit einer Bibliographie der Primär- und Sekundärliteratur, 1993; Bauer, I.: *»Ein schuldloses Leben gibt es nicht«. Das Thema »Schuld« im Werk von Wolfdietrich Schnurre*, 1996; Roberts, I.: *»Eine Rechnung, die nicht aufgeht«. Identity and ideology in the fiction of Wolfdietrich Schnurre.* With previously unpublished material, 1997; Helmes, G.: »Wolfdietrich Schnurre: ›Das Begräbnis‹«. In: Bellmann 2004, 13-22; Ders.: »Wolfdietrich Schnurre: ›Das Manöver‹«. In: ebd., 146-150.

Schubert, Helga: *Das verbotene Zimmer*, 1982.

Schulze, Ingo: »Berlin Bolero«. In: Auffermann, V. (Hg.): *Beste deutsche Erzähler 2000*, 2000, 65-76. Vgl. auch vereinzelte Geschichten in: *33 Augenblicke des Glücks. Aus den abenteuerlichen Aufzeichnungen der Deutschen in Piter*, 1995; vgl. auch: *Simple Stories. Ein Roman aus der ostdeutschen Provinz*, 1998; »Endstation Sehnsucht«. In: Raymond Carver. *Wovon wir reden, wenn wir von Liebe reden* [2000]. 2002, 9-16 – Dazu: Auffermann, V.: »Von der Verwestung des Ostens. Ingo Schulze erzählt messerscharf das Unheimlich-Neue aus Altenburg«. In: *SZ* vom 25. März 1995.

Schwerdtfeger, Marlin: *Leichte Mädchen*, 2001.

Spinnen, Burkhard: *Dicker Mann im Meer*, 1991; *Kalte Ente*, 1994.

Stelly, Werner: *Jetzt und hier*, 1947.

Waberer, Keto von: *Der Mann aus dem See*, 1983; *Der Schattenfreund*, 1988; *Fischwinter*, 1991; *Nachtblind*, 2005.

Walser, Martin: *Ein Flugzeug über dem Haus*, 1955; *Lügengeschichten*, 1964; »Annemaries Geschichte«. In: Zimmer, D.E. (Hg.) *Vierunddreißig neue Kurzgeschichten aus der »Zeit«* (Hamburg) 1979, 266-282; *Gesammelte Geschichten*, 1983; Kiesel, H. (Hg.) unter Mitw. v. F. Barsch: *Werke in zwölf Bänden* 8: *Prosa*. 1997; vgl. auch: Ders:. »Eine winzige Theorie der Geschichte«, in *Dichten und Trachten* 24, 2 (1964), 30-33. – Dazu: Kreuzer, I. »Martin Walser«. In: Weber [2]1970. 484-505, bes. S. 489f.; Richter, M. (Hg.): *Martin Walser*, [3]2000 (Neufassung, *text + kritik* 41/42); Meier, A.: »Martin Walser: ›Templones Ende‹«. In: Bellmann 2004, 182-192.

Weyrauch, Wolfgang: *Mein Schiff, das heißt Taifun*, 1959; *Unterhaltungen von Fußgängern*, 1966 (Goldmann 1706); *Geschichten zum Weiterschreiben*, 1969; *Mit dem Kopf durch die Wand. Geschichten, Gedichte, Essays und ein Hörspiel 1929-1971*, 1972, 1977 (erw., mit Bibliograph.); *Beinahe täglich. Geschichten*, 1975; *Anders wär's besser*, 1982 (Slg. mit Originalbeiträgen); ›*Tausend Gramm‹. Ein deutsches Bekenntnis in 30 Geschichten aus dem Jahr 1949.* Hg. W. Weyrauch, mit e. Einl. von Charles Schüddekopf, 1989; *Das war überall: Erzählungen.* (mit Vorwort) Hg. Deppert, F. 1998. – Dazu: Gregor-Dellin, M.: »Der Erzähler Wolfgang Weyrauch«. In: Weyrauch, W.: *Auf der bewegten Erde. Erzählungen*, 1967 (mit Bibliograph.); Krolow, K.: Nachwort zu: Weyrauch, W.: *Das Ende von Frankfurt am Main*, 1973, 66-71 (Auswahl; Reclam Nr. 9496); Durzak, M.: »›Die Fibel der neuen deutschen Prosa‹. Gespräch mit Wolfgang Weyrauch«. In: Ders. 1980, 19-34; Ders.: »Wolfgang Weyrauch. Die Auflösung der Geschichte in Geschehen – Poe/Bierce«, ebd., 169-180.

Wohmann, Gabriele: *Mit einem Messer*, 1958 (u.d. Mädchennamen G. Guyot);
Sieg über die Dämmerung, 1960; *Trinken ist das Herrlichste*, 1963; *Erzählungen*, 1963; *Erzählungen*, 1966; *Ländliches Fest*, 1968; *Sonntag bei den
Kreisands*, 1970; *Treibjagd*, 1970; *Selbstverteidigung, Prosa und anderes*,
1971; *Gegenangriff, Prosa*, 1972; *Habgier*, 1973; *Ein unwiderstehlicher
Mann*, 1975; *Alles zu seiner Zeit*, 1976; *Böse Streiche und andere Erzählungen*, 1977; *Das dicke Wilhelmchen*, 1977; *Paarlauf*, 1979; *Ausgewählte
Erzählungen aus zwanzig Jahren*. Hg. T. Scheuffelen, 1979 (Bd. 1: 1956-
1963, Bd. 2: 1964-1977; Slg. Luchterhand 296 u. 297); *Wir sind eine
Familie*, 1980; *Vor der Hochzeit*, 1980; *Ein günstiger Tag. Frühe Erzählungen*, 1981; *Stolze Zeiten*, 1981; *Einsamkeit*, 1982; *Goethe hilf!*, 1983; *Der
Irrgast*, 1985; *Gesammelte Erzählungen aus dreißig Jahren*, 3 Bde, 1986 (Slg.
Luchterhand 651, 652, 653); *Ein russischer Sommer*, 1988; *Kassensturz*,
1989; *Er saß in dem Bus, der seine Frau überfuhr*, 1991; *Wäre wunderbar.
Am liebsten sofort*, 1994; *Bleibt doch über Weihnachten. Erzählungen*, 1998;
Fahr ruhig mal 2. Klasse. Geschichten von unterwegs, 2004. – Dazu: Scheuffelen, T.: (Hg.): *Materialienbuch*, 1977, 1982 (Neufassung u. d. T: *Auskunft für Leser*. Hg. K. Siblewski, Slg. Luchterhand 418; darin ausführliche Bibliographie 146-181); Durzak, M.: »›Ein gewisses Faible für die
Kurzgeschichte‹. Gespräch mit Gabriele Wohmann«, in: Ders. 1980, 103–
114 u. Ders.: »Gabriele Wohmann. Verlustanzeigen aus dem Mittelstand
– Mansfield«, ebd., 272-284; Geldrich-Leffmann, H.: »Together Alone:
Marriage in the Short Stories of Gabriele Wohmann«. In: *Germanic Review*
69 (1994), 131-140; Mayer, S. u. Hanscom, M.: *Critical Reception of the
Short Fiction by Joyce Carol Oates and Gabriele Wohmann*, 1998. Corkhill,
A.: »Überlebenschancen der deutschen Kurzgeschichte: Josef Reding und
Gabriele Wohmann«, in: *Literatur für Leser* 99,2 (1999), 63–72.
Zwerenz, Gerhard: *Heldengedenktag. Dreizehn Versuche, in Prosa eine ehrerbietige Haltung einzunehmen*, 1964.

Register

Sammlung Metzler